BTV

2016 BEIJING TELEVISION

YEARBOOK

2016
北京电视台
年鉴

BTV 2016 BEIJING TELEVISION YEARBOOK

《北京电视台年鉴》编辑部　编

北京日报出版社

编辑说明

一、《北京电视台年鉴》以较翔实的图文资料，客观记述北京电视台在宣传业务、技术工作、队伍建设、事业发展、产业经营等各个方面的基本情况，反映电视事业产业的发展变化，是一部综合性资料工具书和史料文献的大型年刊。

二、本年鉴于2008年创刊，每年编印一卷，主要记录和反映北京电视台上一年度的宣传情况和各项事业产业发展成果。

三、本年鉴以马克思列宁主义、毛泽东思想、邓小平理论、“三个代表”重要思想、科学发展观为指导，深入贯彻习近平总书记系列重要讲话精神，坚持实事求是的编辑方针，坚持“贴近实际，贴近生活，贴近群众”的宣传原则，为广大电视工作者以及社会各界了解和研究北京电视台提供可靠信息。

四、对本年鉴有关栏目的几点说明。

《图片》——主要收录反映2015年北京电视台各方面情况的照片。

《特载》——收录上级领导对本台的批示及台领导撰写的有关文章和重要讲话。

《概况》——概要记录全台各部门一年中主要的工作情况。

《典型经验》——选录有关业务工作的经验、体会文章。

《专项纪事》——较详细介绍有关重大宣传报道活动。

《频道·栏目》——介绍各频道的基本情况、栏目设置、优秀栏目。

五、《北京电视台年鉴》的编辑工作得到本台各级领导及有关部门的关心和大力支持，在此一并表示感谢。对本书的疏漏之处与不足，恳请批评指正。

北京电视台史志办（本刊编辑部）

《2016北京电视台年鉴》编辑委员会

杜　研　科教节目中心主任
张　恒　影视剧中心主任
宗燕红　财经节目中心主任
焦少波　体育节目中心主任
赵　彤　生活节目中心主任
张　帆　动画节目中心主任
陈大立　纪实频道节目中心主任
王　方　播出部主任
郑　星　制作部主任
朱雨稼　转播传送部主任
王晓龙　动力部主任
刘晓光　技术设备管理部主任
周旭辉　信息网络管理部主任
刘绍芬　老干部工作办公室主任
朱晓宇　招投标管理工作领导小组办公室主任
齐学耕　北京卡酷传媒有限公司总经理
刘方平　北京电视产业发展集团总经理
史小东　北京京视传媒有限责任公司总经理
许建海　北京紫禁城影业有限责任公司总经理
姜培军　北京电视台黄金海岸培训中心总经理
郑　星　北京北视英特维文化传播有限公司总经理
牛振青　北京京视卫星传媒有限责任公司总经理
郭　斐　北京京视体育发展有限责任公司总经理
曹　征　新纪实（北京）传媒投资有限公司总经理

《2016北京电视台年鉴》编辑部

主　　编：赵福明（兼）

副 主 编：闫军才

编　　辑：谷　松　茹一娟　唐晓燕　魏向东　胡　泊

特约编辑：李　卓　党委办公室

秦　爽　办公室

李　毅　办公室

王　瑾　总编室

李　玲　研究发展部

董雄飞　监察审计办公室

张兰岚　人事部

史楠楠　计划财务部

崔国飞　行政部

陶小群　保卫部

张向华　基建办公室

王晓薇　广告部

李　然　经营管理部

孙　涛　卫视节目中心

张文天　新闻节目中心

郑文彦　新闻节目中心

杨东晓　文艺节目中心

鲁　盾　科教节目中心

杜　蕾　影视剧中心

孙慕瑶　财经节目中心

赵　硕　财经节目中心

汪　萃　体育节目中心

丁　宁　生活节目中心

康　健　青少·海外节目中心

韩　旭　动画节目中心

王一鸣　纪实频道节目中心
尚　宁　新媒体发展中心
王安琪　总工程师办公室
高剑虹　播出部
王建业　制作部
段　然　转播传送部
付　谦　技术设备管理部
许之明　信息网络管理部
孙少英　动力部
王　烨　老干部工作办公室
李　莉　北京电视产业发展集团
韩秋颖　北京卡酷传媒有限公司
韩　乔　北京京视传媒有限责任公司
刘　敏　北京紫禁城影业有限责任公司

中共中央政治局委员、中央书记处书记、中央宣传部部长刘奇葆（左一）到北京紫禁城影业有限责任公司调研

北京电视台台长赵多佳代表紫禁城影业公司向刘奇葆同志汇报工作

紫禁城影业公司总经理许建海汇报公司发展面临的挑战及采取的对策

▲ 北京市委副书记、市长王安顺（中）慰问北京电视台“申冬奥”前方报道记者，市政府秘书长李伟陪同慰问

▲ 2015年1月26日，市人大主任杜德印（右一）到BTV新媒体两会互动区考察

◀ 2015年1月25日，北京市政协主席吉林（二排左五），市委常委、宣传部部长李伟（二排左七），市政协副主席沈宝昌（二排左三），市政协秘书长周毓秋（二排右三）等看望北京电视台参加两会报道的编辑、记者

▶ 中共中央宣传部副部长孙志军（右二），市委常委、宣传部部长李伟、副部长张淼，北京广播电视台党委书记刘志远，市新闻出版广电局副局长王霞等到北京电视台新媒体基地调研

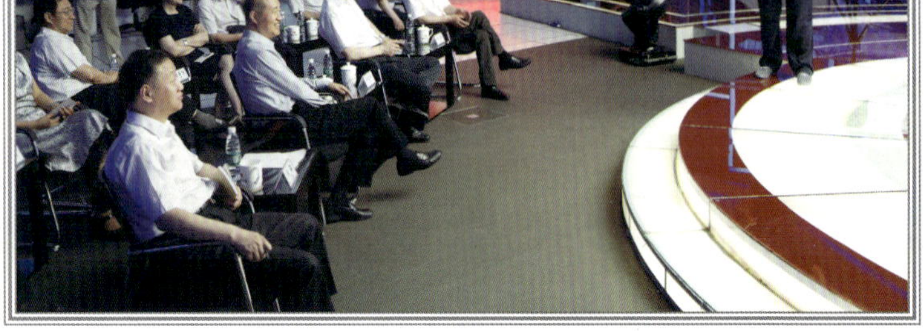

2015年1月9日，市委宣传部领导李伟、王海平、严力强、张淼、崔耀中、张劲林等到北京电视台新媒体基地调研。陪同调研的领导有刘志远、赵多佳

副市长王宁（右二）在北京电视台听取李春良台长关于北京市新闻出版广播影视工作及北京电视台工作情况汇报并考察新闻编辑机房

北京申冬奥代表团新闻宣传部部长王惠（前排左三），到北京电视台设在马来西亚吉隆坡会展中心的新闻工作间，亲切慰问前方报道团记者

◀ 赵多佳台长、田方总工程师等在《通向2022》大型直播演播室现场指导工作

▶ 北京电视台推出《通向2022》大型直播，副总编辑艾冬云在直播机房指导演练

▲ 2015年7月25日，朱江副总编带领申冬奥前方报道团出征，韦小玉常务副台长送行

▲ 2015年7月31日，国际奥委会主席巴赫宣布2022年冬奥会举办城市——北京，北京电视台《通向2022》大型直播演播室内一片欢腾

◀ 北京电视台2015年全国“两会”报道团队

▲ 2015年全国“两会”记者招待会上，北京电视台主持人曹一楠在会上提问

▲ 调试机器，精益求精

▶ 赵多佳台长、艾冬云副总编到北京会议中心，看望和慰问正在参加全国“两会”报道的编辑、记者和技术人员

◀ 赵多佳台长、艾冬云副总编在《永远的丰碑》大型直播演播室现场指导工作

▼ 2015年9月3日，在《永远的丰碑》——中国人民抗日战争暨世界反法西斯战争胜利70周年阅兵直播时，北京电视台记者在现场进行报道

▲ 阅兵式当天记者在现场拍摄

▲ 记者在阅兵村采访

◀ 北京电视台参与主办的“牵手蓝天”第一届首都大学生环保辩论邀请赛举行

▲ 2015年7月4日至5日，“牵手蓝天”首都大学生环保辩论邀请赛第一轮比赛在北京联合大学开赛，艾冬云副总编为比赛揭幕并担任首场辩论评委

◀ 2015年11月13日夜，三元桥大修施工直播现场

▶ 三元桥大修直播后工作人员合影

▲ 第七届北京影响力启动仪式

▲ 北京电视台台长赵多佳在启动仪上致辞

▲ 第七届北京影响力颁奖晚会举办

▲ 颁奖晚会现场

▲ 北京电视台第三届“观众喜爱的主持人”大型评选活动暨公益新闻行动启动

▲ 北京电视台2016年春节联欢晚会现场

▲ 陈楚生为爱子献声

▲ 郭冬临表演《劳动课》

▲ 李鸣宇和王文林搭档《捉放擎天柱》

▲ 苗阜、王声一唱一和，元宵搭档《同学会》

▲ 乌克兰La Vivo合唱团

北京电视台元宵节晚会现场

▲ 北京电视台中秋晚会现场

▲《北京喜剧幽默大赛》精选作品下乡演出现场

▲ 2015BTV卡酷少儿动画春晚

▲ 动物奇幻夜

▲ 歌舞美丽夜

◀ 故宫太和殿舞台

▶ 黄义达排练

2015年BTV卡酷少儿动画春晚现场

BTV乒乓球转播团队完成第一次奥运级别转播演练

摄像记者现场拍摄

体育频道记者在澳网采访

体育频道记者在澳大利亚亚冠赛场采访小球迷

▲ 《欢乐二打一》节目深受观众喜爱

▲ 体育节目中心制作团队完成“中国之队”国际足球赛事公共信号制作

▲ 体育频道组织全国电视“牌王争霸赛”

▲ 马布里参加北京电视台田径世锦赛宣传片拍摄

▲ 体育频道参与组织的首都大学生乒乓球邀请赛

▲ 体育频道组织万人广场舞大赛

▲ 直播亚洲杯足球赛采访

▲ 魏翊东和杨璞现场解说比赛

▲ 新闻中心抢发新闻

▲ 赛后采访中国队队长郑智

▲ 采访赛后的新闻发布会

▲ 电视剧《嘿，老头!》

▲ 电视剧《老农民》

▲ 电视剧《琅琊榜》

▲ 电视剧《芈月传》

◀ 电视剧《平凡的世界》海报

◀ 电视剧《左手劈刀》

▲ 2015年1月，北京电视台开始改造新媒体办公区

▲ 装饰一新的新媒体办公区

▶ 2015年4月，北京电视台对苏州街办公区进行修缮。图为修缮一新的主楼大厅

▼ 从2015年开始，北京电视台播出部施行设备自主季度检修工作

▲ 2015年11月22日，北京电视台播出部对积雪的卫星天线锅面进行除雪工作

▲ 2015年“七一”前夕，市委宣传部副部长严力强到我台信息网络管理部患病职工王翔家中慰问

▲ 严力强部长向患病职工发放慰问金

◀ 2015年2月10日，北京电视台召开2015年工作会议

▲ 工作会议现场

▲ 为2014年优秀员工颁奖

▶ 台领导与十佳、优秀员工合影

◀ 北京电视台“三严三实”教育活动启动，党委书记、台长赵多佳以《落实“三严三实”要求，扎实推进北京电视台改革发展》为题讲党课

▶ 党委副书记、常务副台长韦小玉主持报告会

▲ 报告会现场

2015年5月15日，北京电视台举办“砥砺·奉献”援建工作影像展并进行《记者手记》图书首发式

市委宣传部、北京广播电视台部分领导及北京电视台领导班子成员参观影像展并认真听取讲解

▲ 北京电视台2015年青年创新工作站初评举行

▲ 初评现场

▲ 2015年8月4日，新闻节目中心主持人张默在宣传系统“我们的价值观和京华英雄”宣讲比赛上发表主题为《保安陈胜的中国梦》的演讲

▲ 北京电视台召开2015年度青年创新工作站工作推进会

▲ 2015年8月4日，北京电视台常务副台长韦小玉率领党办和新闻节目中心相关人员到北京武警总队与武警总队政治部主任拓成祥等进行交流

北京电视台党委副书记、常务副台长韦小玉带领党员干部、入党积极分子到中国人民解放军三军仪仗队开展“我是党员我宣誓”主题教育活动

宣誓现场

北京电视台党委副书记、常务副台长韦小玉带领党员干部、入党积极分子到天安门国旗护卫队开展“我是党员我宣誓”主题教育活动

▲ 2015年5月5日下午，北京电视台团委举办“一起青春一起拼”“五四”青年节主题活动

▲ 2014年度十佳员工家属和赵多佳台长合影留念

▲ 韦小玉同志陪同员工及家属参观影像展，并合影留念

▲ 韦小玉同志代表台党委看望并慰问员工及家属，与大家进行亲切交谈

▲ 家属参观影像展

▲ 家属参观BTV大剧院

▲ 王昕简要介绍北京电视台的发展历程、人员情况、管理结构、频道资源、节目组成等情况

◀ 赵多佳同志看望在拉萨市广播电视台工作的北京电视台援藏干部

▶ 赵多佳同志看望在北京援藏指挥部工作的北京电视台援藏干部

▲ 赵多佳同志与拉萨市委副书记、北京援藏指挥部总指挥马新明等进行交流

▲ 赵多佳同志代表北京电视台向拉萨市广播电视台赠送音视频节目素材及后期包装软件

▲ 2015年11月20日，红通社教师走进北京电视台开展参观交流活动

▲ 总编室党支部举办“绿色低碳　健康生活”主题长走活动

◀ 北京电视台举办摄像机高新技术实操培训班

▶ 无人机操作培训

▲ 室内斯坦尼康操作培训

▲ 摇臂操作培训

▲ 北京电视台举办申冬奥宣传报道培训讲座

▲ 北京电视台召开记者站培训交流会

▲ 北京电视台举办新闻类播音员培训班

▲ 北京电视台举办综艺类节目主编、责编培训班

▲ 北京电视台举办广告法规与审查监管培训班

▲ 北京电视台“三严三实”专题教育党课

▲ 北京电视台举办制片人研发能力培训班

▲ 北京电视台举办2015年交通安全培训

▲ 北京电视台开展新员工入职教育

▲ 北京电视台对会计人员进行继续教育培训

▲ 2015年北京电视台职工乒乓球团体赛

▲ 2015年3月24日至26日赵多佳同志带队赴湖南、上海广播电视台考察

◀ 2015年4月21日，迪克·库克工作室董事长兼首席执行官一行到北京电视台参观

▲ 2015年5月11日，贵阳广播电视台来宾参观北京电视台机房和演播室

目　录

特　载

概　况

专项纪事

技术管理和新技术应用

典型经验

组织机构

频道·栏目

调研报告

获奖·表彰

节目播出时间表

广告价格表

大事记

索 引

特　　载

中央及市委领导对北京电视台节目作出指示

2015年，党中央及北京市委领导对北京电视台的一些节目作出指示，给予充分肯定，并鼓励大家再接再厉，把节目办得更好。

刘延东同志对《生命缘》作出指示

2015年3月12日，中共中央政治局委员、国务院副总理刘延东批示：北京卫视《生命缘》我看了几集，其制作精良、导向积极，办得很好。不仅展示了医务人员珍视生命、救死扶伤的精神，而且开展医学科普、宣传医改政策和患者理性勇敢对待疾病的意志，一些案例生动感人，为促进医患和谐、保障医改顺利稳妥推进发挥了积极作用。可推动有条件的省台建类似栏目，卫生计生部门可予支持协助，使之成为医改宣传的平台。

3月16日，中共北京市委副书记、市长王安顺批示：延东副总理对《生命缘》给予了充分肯定，要继续深化医改工作，进一步把《生命缘》栏目制作得更好，起到相互促进作用。

3月19日，市委常委、宣传部部长李伟批示：认真领会、落实好延东同志、安顺同志重要指示。

郭金龙同志对大型纪录片《西藏》作出批示

2015年10月20日，中央政治局委员、北京市委书记郭金龙在光明日报社北京记者站《关于呈送光明日报〈情况反映〉第200期的报告》上批示：请李伟同志阅。北京卫视《档案》栏目组配合重大活动、抓住重大题材，创作了《西藏》等一批精品，值得认真总结、借鉴。感谢《光明日报》的关心、支持。

10月23日，市委常委、宣传部部长李伟在报告上批示：力强、春良、多佳同志阅。要把金龙同志重要批示作为对工作的鞭策，总结好、运用好、推广好已有经验，创作更多高品质作品。

10月16日，光明日报社第200期《情况反映》刊登《大型纪录片〈西藏〉首次披露尘封档案还原历史引发知识界关注与热议》一文。文中说，《西藏》一经播出即在知识界引起强烈反响，有关专家学者认为，《西藏》凭借众多首次披露的尘封档案和独家史料、波澜壮阔的历史叙事、严谨的创作态度、创新独到的电视语汇，创新发展主旋律传播形式，堪称展示西藏历史文化宝库的电视纪录片精品。该片以敬畏献礼神圣，用真实书写恢弘；以真情勾勒宏大，用创新打造品质；时机选择恰当，引发舆论关注。

李伟同志在2015世界无车日直播特别节目有关情况报告上作出批示

2015年9月28日，市委常委、宣传部部长李伟在《北京电视台关于〈行·动 北京〉2015世界无车日直播特别节目有关情况的报告》上作出批示：电视台此轮引导不仅坚持了导向，而且策划精、接地气、看点亮、有故事、互动性强，新闻报道同地面活动紧密衔接，电视和网络优势汇聚，是一次成功尝试。

市委副秘书长、宣传部副部长严力强批示：报请李伟同志阅示。此次“最堵月”舆论引导主题宣传中，北京电视台的宣传体量最大、持续时间最长、做了很多创新，在全市各新闻单位中起了带头作用。

《行·动　北京》2015 世界无车日直播特别节目于 9 月 22 日在北京电视台北京卫视、新闻频道并机播出，北京网络广播电视台、千龙网联合若干网站同步互动播出。直播呈现以下特点：一是引导市民关注公交线路运力优化、自行车路权、步行道合理规划、公租自行车服务等方面消息，吸引舆论关注；二是将客观报道与记者体验相结合，多角度、多形态进行实时直播，现场采访报道在世界无车日期间北京早高峰的交通变化；三是网络摄像机首次大规模用于电视直播，产生自媒体与新媒体结合的直播新模式；四是观众积极参与直播互动，在“BTV 新闻”微信号设置无车日话题专区；五是邀请市交通委、环保局的相关专家学者科学论证少开车对环保的贡献，堵车对环境、对驾驶员乘客身心的危害，及运动和健康等符合现代人生活观念的科学理念。

严力强同志对“北京电视台成功打造 7·31 申冬奥大型直播《通向 2022》”的批示

2015 年 8 月 3 日，市委副秘书长、宣传部副部长严力强批示：多佳同志，电视台（包括网络台）抓住大活动的机遇自加压力，提高工作标准，体现了进取精神。大家多辛苦一点，整体就能多进步一点，一直做下去，就会立于不败之地。向大家致敬！

严力强同志对 2015 年打击非法集资专项整治行动宣传工作情况的批示

2015 年 8 月 31 日，市委副秘书长、宣传部副部长严力强批示：金融局（打非办）对媒体的配合宣传充分评价。学文同志特意打来电话对北京电视台的有效、积极配合提出表扬并致感谢！

严力强同志对“北京电视台召开《永远的丰碑》大型直播报道动员大会”的批示

2015 年 9 月 1 日，市委副秘书长、宣传部副部长对“北京电视台召开《永远的丰碑》大型直播报道动员大会”作出批示：多佳同志，感谢大家的努力，期待再一次的直播精彩、成功。

中央及市委领导到北京电视台调研

2015年，中央及北京市委领导到北京电视台调研，对工作给予具体指导。

刘奇葆同志到紫禁城影业公司调研

2015年10月21日上午，中共中央政治局委员、中央书记处书记、中央宣传部部长刘奇葆到北京紫禁城影业有限责任公司（以下简称紫禁城公司）调研。中宣部副部长、国家新闻出版广电总局局长蔡赴朝，中宣部副部长景俊海，文化部副部长杨志今，北京市委常委、宣传部部长李伟等陪同。中宣部、中央文明办、北京市委宣传部、市文化局、市新闻出版广电局、首都文明办等单位有关负责同志参加。北京电视台台长、北京紫禁城影业有限责任公司董事长赵多佳陪同领导调研并汇报相关情况。

刘奇葆详细了解了公司业务发展情况，听取了工作汇报，并观看了介绍短片。他对紫禁城公司坚持正确创作方向、积极弘扬主旋律并取得优秀成绩给予充分肯定，并就公司发展和影视剧创作生产提出具体要求。他指出，要牢牢把握“改革创新”的发展思路，在激烈的市场竞争中增添新活力，迈出新步伐。他说，紫禁城公司当年的“精彩亮相”就是改革的产物，要在当前激烈的市场竞争中保持活力，仍需要不断改革创新。他强调，改革要有问题意识，要以改革的方式促进问题的解决；要找准问题，对症下药，加快发展。

关于影视剧创作，刘奇葆进一步强调，文艺的繁荣发展要靠好作品说话，要坚持“弘扬主旋律、提倡多样化”，推出更多题材丰富、体现积极价值观的精品佳作，让主旋律宣传深入百姓心中。

刘奇葆鼓励紫禁城公司进一步发扬优良传统，发挥自身优势，在体制机制和文艺创作上实现新的突破，创造新的辉煌。他还表扬了北京电视台在北京卫视电视剧剧目选择上的高标准、高质量和播出后取得的良好效果，并与紫禁城公司签约演员代表倪大红、连奕名等进行交谈。

赵多佳代表紫禁城公司，向上级领导一直以来对公司发展建设和影视剧创作生产给予的关怀、指导和扶持表示诚挚感谢，表示公司将积极探索体制机制改革，不断提升市场竞争力。公司总经理许建海简要汇报了公司发展面临的挑战及对策，介绍了《帅孟奇》《狱中八条》《终极胜利》等一批主旋律题材电影项目的推进情况。

紫禁城公司成立18年来，始终坚持弘扬主旋律，积极传播社会主义核心价值观，牢牢把握社会效益第一的原则，累计创作生产电影74部、电视剧58部1500余集，收获了良好的口碑和社会反响。公司出品的电影总票房超过40亿元人民币，先后获得中宣部“五个一工程”奖、电影“华表奖”等国家级奖项65次，金鸡百花奖等行业大奖20余次，在东京、北京、开罗、莫斯科等国际电影节上获奖6次。

蔡赴朝同志在听取北京电视台工作汇报时要求北京电视台工作要努力走在全国前列

2015年12月10日上午，北京电视台台长李春良（2015年11月任）到国家新闻出版广电总局汇报工作。中宣部副部长、国家新闻出版广电总局党组书记、局长蔡赴朝听取汇报并对做好北京电视台的工作提出要求。

蔡赴朝指出，北京市新闻出版广电工作始终走在全国前列。这次春良同志职务调整，是市委、市政府对广电工作的高度重视，也是组织上对春良同志的肯定和信任。春良同志在广电系统工作几十年，深刻把握党的宣传工作方针和党的媒体性质，熟悉电视工作和专业规律。相信在市委、市政府和宣传部的坚强领导下，春良同志团结班子成员、带领全台干部职工锐意创新、开拓进取，一定能开创北京电视台各项事业发展的新局面。

蔡赴朝强调，北京电视台作为地方党委主流媒体，首先要在市委市政府和市委宣传部领导下积极开展好工作。总局作为行业主管部门，在加强行业管理的同时，也会积极支持北京电视台的事业发展。

蔡赴朝对做好北京电视台的工作提出三点意见：

第一，认清形势，坚定信心，直面挑战，把握机遇。

当前，电视行业面临的形势是发展机遇与挑战并存。习近平总书记在全国宣传思想工作会议和文艺工作座谈会上的重要讲话，为我们指明了前进方向，使我们的工作有了根本遵循和强大动力。中央的新要求、人民群众的新期待，就是我们加快发展的难得机遇。另外，技术的进步、媒体的融合、传媒格局的变革也为电视的创新发展提供了新的条件。但是也要看到，不论是从全国电视行业来看，还是从北京电视台自身来看，也面临不少挑战和困难，起码有三个方面：一是面临新媒体日益强烈的冲击，传统媒体生存发展的压力不断加大。二是全国电视竞争特别是省级卫视竞争合作加剧，且“竞”大于“合”，在激烈竞争中开创新局面的压力不断加大。三是与人民群众的新需求新期待相比，一些节目形态实现创新创优、从“高原”到“高峰”还需要付出很大努力。当然，只要大家坚定信心，乘势而上，迎难而上，一定会大有作为、实现新的更大发展。

第二，充分认识并利用好北京电视台的五大优势。

北京电视台是有很大发展优势的，无论是内部基础，还是外部条件，都有很多有利于发展创新的因素。利用好这些优势，就能巩固拓展已有成果，不断迈上新台阶。

其一，有作为首善之区媒体的优势。北京是全国文化中心，拥有丰富独特的文化宝藏，对全国文化资源具有强大的吸附能力。背靠大树好乘凉，近水楼台先得月。北京电视台要借力区位优势，充分利用、挖掘、用足这些资源。

其二，有鲜明的办台方向、办台特色。北京电视台始终坚持“首善媒体大美品质”的定位，在弘扬主旋律、传递正能量方面，形成了自己的鲜明特色和价值追求；台风正、台纪稳，在坚持两个效益方面掌得准、把得牢、做得好。希望大家继续发扬传统、勇于担当，坚定不移走好“正道”。

其三，有一批有影响的优秀栏目、节目。一批节目有特色、重内涵、讲格调，在群众中影响广泛。北京电视台通过一系列品牌栏目、精品节目，产生了良好的社会效益。

其四，有一支高素质的干部人才队伍。北京电视台的干部职工经历过重大政治活动和政治任务的历练，作风优良，能打硬仗。

其五，有熟悉广电工作的主管领导。李伟同志多年在宣传系统工作，还在总局长期分管广播电视宣传，准确把握党的宣传工作方针和规律，非常熟悉广电业务，能够给予强有力领导和精准指导。这对于北京电视台加快发展是非常有利的。

蔡赴朝强调，要坚定信心，乘势而上，迎难而上，实现北京电视台良好发展势头大有希望、大有可为。同时，要在巩固已有成果的基础上，坚持“解放思想，开拓创新”的指导思路，努力冲刺，再上新台阶，勇攀新高峰。

第三，要通过改革创新不断提高核心竞争力和行业影响力。

北京电视台作为主流媒体，要切实发挥好党的喉舌和舆论主阵地作用，不断提高公信力、传播力、影响力。

一要始终坚持新闻立台，牢牢把握正确舆论导向，办好新闻类节目。要按照中央宣传工作总要求，紧紧围绕市委、市政府中心工作，发挥好舆论主阵地作用，服务北京市委市政府工作大局和经济社会发展。新闻宣传要围绕主题、主线，决不能出任何导向问题，不能出错，还要努力做得精彩。

二要增强创新创优意识，使各类型节目丰富多彩。要拓宽视野、更新观念，开动头脑风暴，搞好创意创新。既要虚心学习兄弟台的成功经验，也要多向创意产业发达的国家借鉴优秀成果。要在做好原始创新的基础上，同时抓好集成创新和引进消化吸收再创新。扩大节目影响关键在质量，不在“多”，而在“精”。要握紧拳头，可以每年抓一个创新型节目，打造品牌，以一当十，以“少少许胜多多许”，发挥首都媒体的示范引领作用。

三要解放思想、集思广益，研究深化改革、创新发展的好思路、好办法。要充分利用北京人才集聚的优势，善借“外脑”、形成“智库”，从更开阔的视野为北京电视台出谋划策；更要调动全台广大干部职工的积极性能动性，充分发挥好他们的聪明才智，群策群力把北京电视台建设好、发展好。

中宣部领导
到北京电视台新媒体基地调研

2015 年 6 月 1 日上午，中央宣传部副部长孙志军到北京电视台新媒体基地调研，市委宣传部部长李伟陪同调研，市委宣传部副部长张森、北京广播电视台党委书记刘志远、北京电视台台长赵多佳参加。

领导同志观看了新媒体发展中心发展概况宣传片，并听取了新媒体发展中心负责人对北京网络广播电视台网站、IPTV、大媒体 APP、微博微信等平台业务运行情况、案例成绩的介绍。

孙志军充分肯定了北京电视台新媒体业务的发展前景，并对未来建立北京新媒体集团表示认同。他指出，未来的传统媒体与新媒体不应是此消彼长的关系，而应做到相辅相成，互相促进，以新媒体的技术激发传统媒体的活力，以传统媒体的资源推动新媒体的发展。目前，北京电视台新媒体业务板块的转企改制方案已得到中宣部主要领导的批复，未来应进一步解放思想，创新体制机制，在现有资源基础上做大做强，反哺北京电视台等传统媒体，实现融合发展。

李伟同志到新媒体基地调研

2015 年 1 月 9 日下午，市委常委、宣传部部长李伟，宣传部常务副部长王海平，副部长严力强、张淼，巡视员崔耀中，秘书长张劲林及相关单位负责人到北京电视台新媒体基地调研。北京广播电视台党委书记刘志远，北京广播电视台台长、北京电视台党委书记、台长赵多佳陪同。

李伟在新媒体基地主持召开专题会，听取了北京电视台新媒体业务一年来的发展情况汇报，探讨了本市传统媒体与新兴媒体融合发展的战略部署。李伟要求，北京电视台要着力推动传统媒体与新兴媒体在内容、渠道、平台、经营、管理等方面的深度融合，努力打造拥有强大实力和传播力、公信力、影响力的新型媒体集团。

李伟同志听取《档案——解密西藏》（暂定名）专题汇报

2015 年 1 月 12 日下午，市委常委、宣传部部长李伟主持召开专题研讨会，听取北京电视台关于纪录片《档案——解密西藏》（暂定名）的专题汇报，要求充分发挥《档案》栏目特色和优势，通过解密档案的方式解密西藏，从主权、人权、宗教三个方面做好纪录片的内容策划。西藏自治区党委宣传部部长董云虎，常务副部长张晓峰，北京市委宣传部常务副部长王海平，副部长严力强等出席会议，北京电视台台长赵多佳、西藏电视台常务副台长丹增及北京电视台副总编辑徐滔及卫视节目中心负责人和《档案》栏目组主创人员参加。纪录片共 6 集，计划于 2015 年 8 月 31 日起在北京卫视和西藏电视台同步播出。

李伟同志听取北京电视台2015 年春节联欢晚会情况汇报

2015 年 2 月 3 日下午，市委常委、宣传部长李伟主持召开专题会，听取北京电视台 2015 年春节联欢晚会筹备情况汇报，市委宣传部常务副部长王海平、副部长严力强参加，北京电视台台长赵多佳、副总编辑艾冬云及文艺节目中心负责人、春晚导演等汇报情况。

李伟对 2015 年北京电视台春节联欢晚会筹备工作予以肯定，并对晚会整体方案提出要求：一是晚会要紧扣主题明线，传播感恩传承等主流价值观，将晚会情感节目做得生动感人；二是要严格把控底线，拒绝低俗内容，拒绝“问题艺人”。王海平、严力强要求晚会要在良好内容设计的基础上做好做精。

2015年北京电视台春节联欢晚会以“和美北京·中国梦”为主题，以感恩传承为情感线，以感恩家庭、感恩传承、感恩社会、感恩祖国四大重点构筑晚会框架，同时以强大的表演阵容、丰富的展现形式、幽默的语言表达烘托春节联欢的快乐氛围。

李伟同志来台看望慰问干部职工

2015年2月15日下午，市委常委、宣传部部长李伟到北京电视台看望慰问新闻采编播人员和技术部门工作人员。市委宣传部副部长严力强，北京电视台党委书记、台长赵多佳及总工程师田方等陪同。

李伟先后来到播出机房、总控机房、新闻编辑机房和新闻演播室，详细了解了高、标清频道播出情况以及春节期间的新闻报道安排，并现场审看了部分编辑好的节目。李伟还对新闻报道工作做出具体指示，要求强化传统节日等重要节点的新闻策划，立足北京特色，准确把握线索，围绕首都特色做出品牌。

在新闻演播室，李伟与当班的编辑、记者、主播亲切交谈，向大家致以新年的问候。他对年轻而富有朝气的主播形象表示肯定，要求新闻主播坚持大气、正气的格调，做好首都形象、国家形象的名片。

李伟同志来台检查安全播出工作并看望慰问一线员工

2015年9月2日，市委常委、宣传部部长李伟到北京电视台检查安全生产播出工作并看望慰问“9·3”纪念活动期间坚守岗位的一线员工，市委宣传部副部长严力强及北京电视台党委书记、台长赵多佳陪同，总工程师田方、副总编辑艾冬云、副总编辑徐滔及相关部门负责人等参加。

李伟首先来到新闻编辑机房和新闻演播室，看望了正在紧锣密鼓筹备《永远的丰碑》大型直播报道的编辑记者，听取了直播准备工作进展情况的汇报，并检查了演播室布景，部署了直播报道内容，他鼓励大家发扬抗战精神，以饱满的状态全力以赴做好纪念活动直播工作。

在信息网络管理部制播网主干系统机房和播出部播控机房、总控室，李伟详细询问了网络安全保障措施、播出应急处置方案，认真了解了北京电视台12个频道并机转播央视阅兵活动信号的技术准备工作。他强调，一定要高度重视、集中力量、加强监控，全力确保纪念大会直播安全及其他各类节目制播安全。

随后，李伟来到9层制作机房，与《档案》《生命缘》等栏目工作人员亲切交流。他对北京电视台播出的大型纪录片《伟大的贡献》予以高度评价，称赞该作品体现了宏大的历史叙事、严谨的治学态度，并成功运用虚拟再现技术增强了传播效果，节目水准达到了纪录片创作的新高度。他还对《生命缘》《钢铁记忆》《我是演说家》等栏目积极传播社会主义核心价值观提出表扬，对相关节目制作人员表示感谢。在听取纪录片《西藏》情况汇报后，李伟要求北京电视台要继续立足首善标准，坚持内容生产的“高度”，不断创新艺术和技术手段，努力打造更多更优秀的主旋律题材精品力作。最后，李伟对北京电视台的安全播出准备工作和纪念中国人民抗日战争暨世界反法西斯战争胜利70周年宣传报道准备工作给予充分肯定，要求北京电视台要严格按照市委市政府要求，确保内容安全、播出安全、园区安全，完成好纪念活动报道任务。

李伟、姜志刚同志到北京电视台调研

2015年9月28日，市委常委、宣传部部长李伟，市委常委、组织部部长姜志刚等到北京电视台新媒体基地调研，市委宣传部常务副部长王海平、市委组织部副部长张革、市新闻出版广电局局长李春良、北京广播电视台党委书记刘志远、北京电视台台长赵多佳及市委宣传部有关处室负责人陪同。领导同志详细了解了北京电视台党建工作和业务发展情况，听取了北京网络广播电视台网站、IPTV、大媒体APP、微博微信等新媒体情况介绍，并对北京电视台各项工作给予肯定。

纪录片《档案——解密西藏》（暂定名）专题研讨会召开

2015年1月8日上午，市委宣传部副部长严力强在北京电视台主持召开纪录片《档案——解密西藏》（暂定名）专题研讨会，研究该片立项、主题方向、内容呈现方式等问题。严力强要求相关部门全力配合西藏自治区做好各项工作，将该片做成精品。西藏自治区党委宣传部副部长张晓峰、西藏自治区社科院党组书记车明怀、西藏电视台常务副台长丹增，市委宣传部有关领导及北京电视台副总编辑徐滔、卫视节目中心负责人和《档案》栏目组主创人员参加。

为迎接西藏自治区成立50周年，北京电视台与西藏自治区党委宣传部联合制作六集系列讲述类纪录片《档案——解密西藏》（暂定名）。该片通过对西藏的地域沿革、宗教制度、灿烂文化等内容的梳理，并以西藏和平解放、西藏民主改革、西藏自治区成立等重大历史节点为线索，全方位展示在中国共产党的领导下，西藏自治区在西藏和全国各族人民的努力下所取得的辉煌成就。

王宁同志听取北京市新闻出版广播影视工作及北京电视台工作情况汇报

2015年12月17日上午，副市长王宁到北京电视台听取了李春良关于北京市新闻出版广播影视工作及北京电视台工作情况的汇报。北京电视台常务副台长韦小玉、总工程师田方、副总编辑朱江、副总编辑艾冬云等参加。

王宁在北京电视台新闻编辑机房、新闻演播室，高清、标清播出机房和总控机房听取了频道设置、节目编排、新闻直播和安全播出等情况的汇报，详细了解了新闻节目采编流程、直播方式及相关频道播出内容和收视调查等情况，并与新闻主播、编辑记者和技术人员亲切交流。王宁强调，要做好新闻直播，发挥好首都主流媒体舆论宣传阵地作用；要力推精品佳作，多创作《西藏》这类弘扬主旋律又深受观众喜爱的高质量文艺作品。

王宁在听取全市新闻出版广播影视工作汇报后指出，新闻出版广电事业在首都文化建设中占据重要地位，发挥重要作用。新闻出版广播影视工作一要坚持导向，坚守意识形态高地，扎实推进社会主义先进文化建设；二要树立标杆，力推精品佳作，打造代表国家形象、首都形象，弘扬社会主义核心价值观、传递正能量的优秀作品；三要丰富文化产品，以“供给”带动“需求”，为百姓提供优质化、多样化的文化选择；四要做好政策规划，加强资源整合，推动文化惠民工程和首都公共文化服务中心建设；五要加强市场引导，以有效的培育、监管、规范手段激发文化市场活力，实现平稳健康发展。他强调，要认真贯彻落实中央和市委市政府决策部署，把握“十三五”规划开局之年和首都城市功能转型的重要历史时期，以创新的思维、改革的精神，把首都新闻出版广电工作推向新阶段，为做好首都“十三五”发展规划和成果展现，推动全国文化中心和科技创新中心建设做出新的更大贡献。

李春良表示，市新闻出版广电局要认真落实王宁副市长关于做好首都新闻出版广播影视工作的指示要求，紧密结合首都发展重大命题，努力抓好全市新闻宣传、文艺创作、市场监管、文化惠民等工作。北京电视台要认真贯彻落实中央和市委、市政府决策部署和王宁要求，倾全台之力乘势而上，在北京市转型升级新周期谋求北京电视台新发展。

大型系列纪录片《西藏》审片会召开

2015 年 8 月 14 日，大型系列纪录片《西藏》审片会在北京电视台召开。中共中央统战部七局副局长金志国、中央统战部藏研中心宗教研究所所长李德成及藏研中心研究员陈庆英、理论文献影视片创作领导小组副组长金德龙、中央文献研究室副主任杨胜群、中央人民广播电台副总编辑杨文延、北京市委宣传部副部长严力强、西藏自治区社科院党委书记车明怀、西藏自治区文联党组书记沈开运等，以及来自中央统战部、中央党史研究室、军事科学院、中央档案馆、中央电视台、西藏自治区党委宣传部等单位的 18 位领导和专家参加，审看后对《西藏》予以充分肯定。

六集系列纪录片《西藏》由北京市委宣传部和西藏自治区党委宣传部联合策划，北京电视台和西藏电视台共同制作，北京卫视《档案》栏目承制，旨在纪念西藏自治区成立 50 周年。纪录片创作过程历时 10 个月，在专家指导下，创作团队进行了大量的文献调研和实地前采工作，并深入西藏进行了近 50 天的实地拍摄，其间数易其稿，最终按时完成了纪录片拍摄制作任务。

目前，创作团队正抓紧按照领导和专家意见进行最终修订。纪录片拟于 2015 年 9 月初在北京卫视和西藏卫视同步推出，片中将运用多种先进技术和呈现手段，通过大量独家史料展现西藏地区的地域沿革、历史定制、宗教仪轨、辉煌成就等内容，对国内外普遍关注但了解不够，甚至误解、曲解的问题给出正本清源的解答。

电视系列片《为你而歌》第十三部审片会举行

2015 年 6 月 19 日下午，由北京电视台拍摄、制作的电视系列片《为你而歌》第十三部审片会在市委宣传部举行，市委宣传部常务副部长王海平、市委组织部副部长李世新，北京电视台台长赵多佳、副总编辑徐滔及科教节目中心相关负责人参加。

王海平对系列片相关工作给予肯定，要求制作团队在创作过程中提升创作理念，做出精品；赵多佳台长汇报了《为你而歌》的筹备、拍摄制作情况，并提出加强故事主线、丰富人物特点、提升叙事能力三点工作要求。

电视系列片《为你而歌》每年制作一部，已连续制作12部，通过反映我市各行各业优秀共产党员先进事迹，展现了共产党人的先锋模范作用、时代风采和北京市多年来所取得的巨大成就。2015年《为你而歌》所宣传的12个人物，涵盖了文化、教育、宣传、政法以及国资委、城市社区、农村等多个行业领域，通过纪实拍摄，生动感人地反映出这些优秀共产党员在各自工作中所发挥的重要作用，体现出共产党员忠诚、坚守、创新和全心全意为人民服务的精神实质。该片将于“七一”前后在北京卫视、新闻、科教频道播出。

市委宣传部领导听取北京电视台2016年春节联欢晚会筹备情况汇报

2015年12月23日下午，市委宣传部常务副部长王海平、副部长严力强来台听取2016年春节联欢晚会筹备情况汇报。北京电视台党委书记、台长李春良，副总编辑艾冬云及春晚导演组同志汇报相关情况。市委宣传部文化处、精品办及市新闻出版广电局有关领导参加。

王海平、严力强听取了关于2016年春晚主题、架构、节目形态等情况的汇报，对晚会总体构想和节目设计方案予以肯定，并对如何进一步凸现主题、强化晚会格局、准确掌握受众社会心理及对现有节目基础进一步完善、提高等提出指导意见和要求。李春良要求春晚导演组认真研究落实领导要求，继续精心准备，完善节目，呈现一台高质量春晚。

严力强同志主持召开纪念长征胜利80周年纪录片研讨会

2015年3月25日，市委宣传部副部长严力强在北京电视台主持召开纪念长征胜利80周年纪录片专家研讨会。中央党史研究室、中国社会科学院、军事科学院、国防大学等单位专家参会，并对该片提出指导意见。北京电视台副总编辑徐滔及纪录片主创人员参加。

严力强要求纪录片要用讲故事的形式做好长征历史和长征精神的宣传和普及，要认真学习，力争把红军这篇大故事做好，把长征这篇大故事讲好，高质量完成纪录片采访、编辑、制作工作。徐滔副总编辑表示，纪录片团队将继续发扬优良传统，坚持使命感与责任感，将这一厚重的历史题材把握好、讲述好。

严力强同志来台听取有关纪录片工作汇报

2015年5月6日上午，市委宣传部副部长严力强在北京电视台主持召开专题会，研究《档案》栏目组制作的《西藏》《伟大的贡献》两部纪录片进度、脚本大纲等并听取相关工作汇报。严力强对两部纪录片的筹备情况予以肯定，要求栏目组按照既定时间节点高质量、高效率完成好纪录片的制播任务，将纪录片做成精品，彰显大台风范，展现国际视野。《西藏》拟于2015年9月初播出，《伟大的贡献》拟于2015年8月底播出。北京电视台副总编辑徐滔及卫视节目中心负责人和《档案》栏目组主创人员参加专题会。

市委宣传部领导调研北京新媒体集团筹建工作

2015年5月29日上午，市委宣传部副部长严力强、张淼在北京电视台主持召开组建北京新媒体集团及北京新媒体科技股份公司相关工作专题会，市文资办主任周茂非、北京电视台台长赵多佳、奇虎360公司总裁齐向东及相关单位负责人参加。

会议对北京新媒体集团筹建工作表示肯定，原则同意后续工作思路，并就目前需要解决的问题进行了深入研究。会议提出，在当前北京电视台新媒体发展中心转企改制组建北京新媒体集团方案已获中宣部批准的基础上，各单位可以成立联合筹备工作小组，加快集团筹建进度。

严力强、张淼等同志要求，北京新媒体集团筹建工作要坚持党管媒体不动摇，明确未来企业的社会角色定位；同时要解放思想，推动体制机制创新，具体工作方案应及时上报审议。

北京电视台举办大型系列纪录片《伟大的贡献》《西藏》研讨会

2015年9月18日，北京电视台举办大型系列纪录片《伟大的贡献》《西藏》研讨会。《光明日报》原总编辑、原西藏自治区党委常委、宣传部长苟天林，北京市委宣传部副部长严力强，西藏自治区党委宣传部副部长张晓峰，国家新闻出版广电总局重大理论文献影视片创作领导小组副组长金德龙，国家新闻出版广电总局宣传司副司长田玉红及来自中央统战部、中央党史研究室、中国藏学研究中心、北京市委宣传部、北京市新闻出版广电局、北京市互联网信息办公室等单位的领导和专家到会，北京电视台常务副台长韦小玉、总工程师田方、副总编辑徐滔及两部纪录片主创人员参会。

研讨会上，与会领导和专家从主题立意、内容架构、艺术特色等方面，对两部纪录片进行了深度点评和高度赞扬。

苟天林说，《西藏》具有四个特点：一是发现历史深处凝聚起的文明基因，就是各民族共同开辟的广阔疆域、锦绣河山，就是维护祖国统一；二是用世界眼光表达历史发展的客观规律，展现中华民族向往光明、主持正义、追求幸福、热爱和平的品质；三是多元一体的中华大家庭所孕育的深厚感情；四是用忠诚和智慧奉献出电视精品的优秀创作团队。金德龙将《伟大的贡献》和《西藏》的成功经验归纳为六点：一是客观真实；二是把握得当；三是文献价值；四是艺术创造；五是社会影响；六是历史启迪。田玉红说，两部纪录片打通了历史和现实的内在逻辑，实现了技术与艺术的完美对接，有立意的高度、价值的尺度、现实的锐度、情感的热度，确实是精品力作。

《伟大的贡献》和《西藏》一经播出，节目中所蕴含的巨大历史价值、时代意义和全新电视语汇，就得到了社会各界的高度赞誉。同时，在电视新闻、平面媒体、网络媒体、微博、微信和论坛等全方面的宣传配合下，两部纪录片也得到了观众网友广泛热议，更成为广大电视观众喜闻乐见的主旋律电视纪录大片。与会同志从传播的角度评价两部纪录片“推动了北京电视台从高端中老年向高端中青年观众群的过渡”“打通了传统媒体、电视媒体、电视观众、互联网用户的链条”，并建议译成多种语言，在更大范围内推广开来。

作为北京卫视《档案》栏目的特别奉献，两部纪录片也体现了《档案》在空间和内容、技术和艺术等方面的创新突破。《光明日报》驻北京记者站副站长董城对《档案》传递正能量和追求真实、坚守真实的态度给予高度评价。评论员肖彧将《档案》比作挖掘机、榨汁机和净水机，肯定栏目在深入挖掘电视产业富矿、充分提取史料精华、为观众呈现高端作品方面的努力。

《伟大的贡献》和《西藏》所取得的成绩，与创作团队的辛勤付出与精诚团结密不可分。团队平均年龄仅 26 岁，人均阅读相关书籍超过 30 本，梳理珍贵影像近 6000 分钟，文献资料 40 余万字；在平均海拔 4500 米以上的高原连续进行了近 50 天外景拍摄，行程达 38000 公里；在完成两个系列共 14 集纪录片制作任务的同时，还要完成《档案》每周四集常规节目的制作工作。副总编辑徐滔称赞团队为“一支千锤百炼、攻无不克的铁军”，他们以抗战精神和西藏精神为鞭策，用史诗的情怀、生动的细节、充沛的情感、创新的呈现、科研的精神、敬业的姿态、精妙的创意，为两部纪录片的成功奠定了坚实基础。《档案》栏目主持人谭江海，制片人、《伟大的贡献》总导演吕军，总导演吴志勇，栏目副制片人，《西藏》总导演黄炜代表主创团队发言。

严力强同志来台调研纪录片生产情况

2015 年 9 月 23 日，市委宣传部副部长严力强来台调研纪录片生产情况并主持召开专题会，听取《档案》栏目 2016 年重大题材纪录片《长征》《解放》有关情况汇报。

严力强对两部纪录片的整体策划筹备工作给予肯定并提出工作要求：一是要做好《长征》的前期筹备工作，并做好相关电视新闻活动的安排和宣传；二是《解放——人民的选择》要展现出波澜壮阔、军民鱼水情深的解放图景；三是《档案》栏目要有大格局，做好项目规划统筹并积极落实，成为北京电视台文化高度的代表。我台副总编辑徐滔及卫视节目中心负责人和《档案》栏目负责人参加。

严力强同志听取大型系列纪录片《解放》进展情况汇报

2015 年 10 月 26 日，市委宣传部副部长严力强在北京电视台主持召开专题会议，听取大型系列纪录片《解放》进展情况汇报。赵多佳台长、徐滔副总编辑及市委宣传部和本台相关部门负责人参加。会上，栏目组主创人员汇报了《解放》相关情况，提出了对该片结构、内容、呈现等方面的构想和尝试。严力强充分肯定了栏目组的前期工作，并对该片的创作提出了意见和建议。他希望《档案》团队再接再厉、勇于创新，将纪录片《解放》打造成一部精品力作。

严力强同志听取纪录片《解放》工作进展汇报

2015年11月27日，市委宣传部副部长严力强来台主持召开专题会，再一次听取大型系列纪录片《解放》工作进展汇报，北京电视台副总编辑徐滔、卫视节目中心及《档案》栏目组负责人参会。会上，《解放》主创团队汇报了项目启动两个月以来的工作进展，总结了第一次前采的收获、思考和经验，并对即将进行的工作计划进行了阐述。

严力强对《解放》筹备进展情况给予肯定，并对进一步提炼该片主题立意、提升强化主旨、发掘整理故事等细节提出具体指导意见。他强调，创作团队“要充满激情、始终贯穿着对历史的思考”，并鼓励《档案》栏目组再接再厉、勇于创新，继《伟大的贡献》和《西藏》之后，推出更多精品力作。

目前，纪录片《解放》已被批准列入国家新闻出版广电总局2015年国产纪录片重点扶持项目。

中央政法委、北京市委政法委领导到北京电视台调研

2015年3月12日，中央政法委宣教室主任查庆九，北京市委副秘书长、政法委常务副书记邱水平，市委政法委副书记贾沫微等一行到北京电视台调研政法宣传和舆论引导工作，并就政法栏目制作流程、工作机制、合作建设及运用电视平台提升政法宣传能力等问题与台长赵多佳、常务副台长韦小玉、副总编辑徐滔等进行座谈交流。

座谈中，北京电视台领导以“如何运用电视平台做好政法宣传工作”为题，从服务百姓、创新发展、全局意识三个方面作了汇报。中央政法委和市政法委领导对北京电视台多年来在政法宣传工作和舆论引导工作方面所做的努力和取得的成绩给予充分肯定，希望进一步深化合作，努力推动此项工作再上新台阶。邱水平还提出要把双方的深入合作摆在今年政法宣传工作的重要位置，市委政法委将全面支持北京电视台科教频道的发展和提升。市公、检、法、司等单位负责宣传的主要领导和我台科教节目中心负责人参加座谈。

以新的思维 新的办法 新的状态 努力创造北京电视台新的辉煌

——在北京电视台2016年工作会议上的讲话

北京电视台台长 李春良

今天，我们召开北京电视台2016年工作会议，主要任务是传达学习全国、全市宣传部长会议和新闻出版广播影视工作会议精神，总结去年工作，部署今年任务，凝心聚力、全力以赴做好2016年工作。

一、认真总结2015年工作

2015年的工作，在节目呈现上有了新的升华，在发展方式上有了新的探索，在资源利用上有了新的开拓，在管理能力上有了新的提高。具体可以概括为“七个一”：

一是完成一组重点宣传。牢牢把握正确的舆论导向，围绕纪念抗战胜利70周年、申办2022年冬奥会、推动京津冀协同发展等主题，通过大型直播、系列采访报道、专题访谈等方式，为办好大事、办成喜事、办妥难事营造了良好的舆论氛围，多次得到中央和北京市领导的充分肯定。

二是实现一些既定目标。在巨大的市场竞争压力下，北京卫视继续保持全天时段全国主要城市收视排名第四、晚间黄金时段排名第三的成绩，全台北京地区平均市场份额达到39.43%，基本完成了年初确定的收视任务。

三是推出一批品牌节目。《西藏》《中国梦365个故事》《钢铁记忆》等大型纪录片，彰显了精品化的节目创作导向；《戚继光》《传承者》《隐藏的歌手》《拾说什刹海》等一系列新形式、高格调节目的推出，受到广泛关注。

四是推动一轮融合发展。台内各方面的机制融合、工作融合、思想融合取得了新的成效。北京新媒体集团组建工作也已就绪，多个重点节目和活动实现了网上网下、线上线下的联动，传统媒体与新媒体融合发展迈出了新的步伐。

五是推出一些新的举措。继续深化频道独立经营和广告经营机制改革工作，对相应的管理模式、融合方式、产业渠道等进行了新的探索和尝试，为如何破解发展难题提出了新的思路。

六是保障一个安全局面。从制度、流程、设备、人员等多个方面入手，提高管理保障水平，确保安全播出目标顺利实现；完善安全生产和安全管理机制，开展群体性事件的应急处置，保持了园区安全稳定。

七是打造一支坚强团队。全台各个频道、各个部门、各个领域的一线骨干团队依托重点项目快速成长，在思想上、能力上、专业水平上得到各方面的赞誉。“三严三实”专题教育取得明显成效，干部人才队伍建设有了新的进展。

这些成绩的取得，是市委、市政府和市委宣传部、市新闻出版广电局、北京广播电视台坚强领导的结果，是台党委、台领导班子攻坚克难的结果，也是全台干部职工努力拼搏的结果。特别值得一提的是，蔡赴朝同志、李伟部长、王宁副市长等领导同志，多次对北京电视台工作作出重要指示，提出具体要求，寄予殷切希望。在这里，我受市委宣传部领导委托，也代表市新闻出版广电局、北京广播电视台，代表北京电视台党委，对一年来辛勤工作的全台干部职工表示衷心的感谢和崇高的敬意!

二、准确把握当前面临的复杂形势

今天的北京电视台，面临着内部、外部的多重挑战，同时自身也拥有很多优势。面向2016年，我们要深入研判北京电视台的地位、优势、忧患和问题。

从优势来看，我们有七大优势：我们地处首都北京这个中国的政治、文化、国际交往、科技创新中心和社会主义先进文化之都、全国传媒高地，这是区位优势；我们处在党和政府推动文化繁荣发展的大环境中，这是行业优势；我们得到了党中央国务院和市委市政府的高度重视和关心支持，这是政治优势；我们坐享北京政治、经济、科教、社会文化发展的各种有利条件，这是资源优势；我们汇聚了一大批中国电视传媒最有经验、最具能力、最富热情的力量，这是人才优势；我们搭建起了在全国乃至全世界第一流的电视生产制作播出系统，这是技术优势；我们拥有一代代BTV人打造出来的金字招牌，这是品牌优势。正是因为拥有这些优势，无论北京电视台遇到多大困难、面临多少挑战，我们都能有底气、有信心，直面问题、扫清障碍，谱写北京电视台新的美好未来。

当然，实事求是地说，当前的北京电视台，确实正面临着前所未有的困难和挑战，正处于建台30多年来一个史无前例的关口上。与前面所说的优势相比，困难和挑战对我们来说，是更直接、更明显、更让我们有切肤之感的。主要表现为“五个相互交织”：

一是思想文化的多元冲突与北京电视台巩固壮大主流舆论阵地的繁重任务相互交织。经过几十年改革开放，我国进入了社会转型期、矛盾凸显期、利益调整期、改革攻坚期、增长速度换挡期、结构调整阵痛期，这给人们的思想情绪、社会心态带来了巨大影响，社会思想文化的多元冲突日益明显。在这种情况下，过去那种传统的传播格局、引导方式、宣传语态很难适应当下人们的行为习惯和思维方式，传统主流媒体的话语权受到巨大挑战。我们必须下大力气调整自身的舆论宣传方式，调整节目的呈现状态和精神气质，推动舆论的深度创新。否则，适应不了新的受众需求，可能导致主流舆论不主流，主流阵地支流化。这个问题在当下“互联网+”的时代，表现愈发突出。

二是我国经济运行的下行压力与北京电视台经营创收的巨大困境相互交织。近年来，受到全球经济不景气和中国经济结构性减速的双重影响，一些产业部门出现了由于产能过剩导致的增速放缓、利润降低等问题。这对北京电视台造成的最直接冲击，就是部分行业广告持续减少。与此同时，广告市场这块蛋糕的分享者，正在迅速从传统媒体行业向新兴媒体平台转移，在电视行业内部，几家活跃的省级电视台广告经营溢价能力逆市上扬、节节攀升，电视广告的“马太效应”越来越明显。北京电视台广告经营面临的压力，来自于大蛋糕被缩水、小蛋糕被抢走、自己的消化吸收能力提不上去等多个维度的挑战和相互挤压。

三是融媒体时代的新形势与北京电视台实现自身平台转型升级的艰巨任务相互交织。这些年来，以互联网为依托的新媒体持续壮大，在很多方面吞噬了传统媒体的发展空间。BAT 等新媒体商业平台完成了从做渠道到做产品、做项目、做产业、做生态的跨越式升级。走在前列的电视媒体，也纷纷进入转型升级的快车道，湖南的芒果 TV、上海的电视购物等等，都致力于做自己的“电视 +”，加渠道、加内容、加产品、加生活服务。然而，北京电视台的发展版本还比较低，传统的电视广告目前基本上还是我们的唯一生存之道。我们到底应该怎么转型升级，我们的“电视 +”如何推出布局，需要抓紧研究、深入思考。随着新媒体集团的组建，希望尽快实现传统媒体和新媒体的双轮驱动发展。

四是省级电视台持续竞争后的结构性分化与北京电视台重新跻身国内电视媒体第一阵营的重大使命相互交织。这几年我们都看到了省级电视媒体固化定型的趋势，湖南台经过 10 多年的深度发展，领先优势进一步扩大；浙江、江苏台也具备了发展的鲜明特色，节目的创新生产优势得到了业界公认；上海台虽然在收视排名上还没有形成比较优势，但是市场化、资本化、产业化的发展态势令人瞩目。从 2016 年开年的竞争情况来看，今年的省级卫视竞争格局可能还会发生很大的变化。相对来说，北京电视台的自办节目市场价值还比较低，对广告市场的吸附能力还比较弱，受众的认同度、黏着度还不太高。想要重新占据第一阵营的地位，甚至回到过去那种“一台之下、千台之上”的局面，回到作为全国文化中心、首都电视台应有的地位和传播力影响力，我们就必须以壮士断腕的决心，付出成倍的心血，打造超越别人的高质量品牌节目产品。

五是实现北京电视台突出重围与推动自身机制改革创新的复杂工作相互交织。我们面临的问题，既有外部的压力，又有内部的矛盾。应对外部压力的困局，体现了内部管理运行的疲态；内部体制机制改革的滞后，又反过来造成了无法招架住外部的激烈竞争。要破解这样的困境，既要用外部来自于市场的压力，倒逼内部的改革调整，从传统向现代转型，实现发展理念、管理制度、运行方式、工作流程的市场化；又要最大限度地释放机制改革的活力，树立强烈的问题导向，以解放和发展生产力，切实推动改革的各项措施落地。

刚才我所说的这“五个相互交织”，是真真切切摆在我们面前的情况，每一点对北京电视台的未来都非常急迫。如果能够解决好这些问题，北京电视台就有可能迎来一个新的发展起点；如果解决不了，我们将陷入更加艰难的境地，最终不得不影响到新闻宣传工作的大局，影响到北京电视台的前途命运，影响到全台干部职工的切身利益。

三、扎实做好 2016 年重点工作

已经印发的今年全台工作要点，已经

明确了我们工作的指导思想。概括起来，就是“四个全面贯彻、二十字工作基调、四大新要求、七项重点任务、一个发展目标”。

——四个全面贯彻，就是全面贯彻党的十八大和十八届三中、四中、五中全会精神，全面贯彻邓小平理论、“三个代表”重要思想、科学发展观，全面贯彻习近平总书记系列重要讲话精神，全面贯彻全国和全市宣传部长会议精神。这是第一位的政治要求，必须向党中央看齐，必须始终与中央和市委保持高度一致。

——二十字工作基调，就是转变观念、狠抓根本、改革创新、融合驱动、稳中求进。这是做好今年工作的核心思路。转变观念，就是要进一步增强市场意识、成本意识、融合意识、创新意识，更好地适应经济发展新常态、行业发展新规律；狠抓根本，就是要紧紧扭住节目内容生产这个根本，提升品质、彰显底蕴，着眼长远、着眼未来，增强影响力、引领力、竞争力；改革创新，就是要改掉一切束缚我们发展的东西，向创新要收视、要收入、要活力；融合驱动，就是要人心融合、部门融合、节目和经营融合，就是要机制配套、政策配套、措施配套，推动发展上水平、上台阶；稳中求进，就是要确保人心稳定、思想稳定，就是要确保各项工作安全，循序渐进地推进改革，切实维护有序发展的局面。

——四大新要求，就是适应新常态，直面新问题，激发新活力，寻求新突破。这是推动改革发展的基本方向。

——七项重点任务，就是着力加强舆论引导，着力提升节目品质，着力强化技术保障，着力抓好经营创收，着力推动融合发展，着力深化内部管理，着力加强队伍建设。

——一个发展目标。就是进一步夯实北京电视台的发展基础，大力彰显主流媒体的传播力公信力影响力竞争力，为建设国际一流的和谐宜居之都做出新贡献。

围绕2016年全台工作的指导思想，我们要重点“在五个方向上发力”。

第一，在做好新闻宣传和舆论引导工作上率先发力。

抓好新闻宣传和舆论引导工作，特别是抓好党中央、国务院和市委、市政府重大决策部署的宣传引导工作，是北京电视台作为主流舆论阵地的天职。把握正确的舆论导向，全面落实意识形态工作责任制，必须摆在所有工作的第一位。为此，要把握“四个着力点”：

一是抓好重点宣传。2016年是建党95周年、红军长征胜利80周年，也是“十三五”开局之年。北京市的工作也将异常繁重，包括推动京津冀协同发展、疏解非首都功能、治理“大城市病”等。刚刚结束的北京市“两会”和春节后很快就要召开的全国“两会”，也都是常规性的重点宣传。此外，今年还有一系列重点的宣传报道任务。我们要树立看齐意识，深入学习贯彻习近平总书记系列重要讲话精神，认真组织开展党中央治国理政新理念新思想新战略重大主题宣传，抓住大项目、大日子、大节点，提早布局、提前策划，进行浓墨重彩的宣传报道，为这些重点活动、重点工作的推进提供强有力的舆论支撑。

二是加强舆情研判。要坚持新闻立台，下好舆论引导的“先手棋”，主动聚焦那些关系国计民生、关系社会生活、关系善恶美丑的热点话题，说明真相，明辨真伪，回应关切。要加强对社会舆情信息的收集和把握，建立舆情研判机制，提高舆论引导能力和社会把控能力，让我们的新闻宣传和其他各项宣传工作更有效果、更接地气。

三是增强传播效果。我随李伟部长看望卫视《长征》专题片创作团队的时候，听我们那些80后、90后的年轻人谈拍摄过程中对长征精神的理解和认识，非常感慨。身子沉下去，思想境界和作品反映内容相契合，把自己思想情感融入其中，我们作品的质量才能提高。现在，我们很多媒体也包括北京电视台有些节目没有深度、没有温度、没有力度。因此，要鼓励一线采编播岗位的人员践行“走转改”，了解民生、体察民情、探察民心，这样新闻宣传和内容生产才能把社会生活最鲜活、最生动的相关内容表现出来。我觉得，北京电视台现在已经有些有影响力的好节目，但是还是少数，在如何关切习近平总书记在文艺座谈会上的讲话精神，在如何做好节目创新上还有很多的提升空间，值得我们深入研究。

四是做大新闻业态。要适应信息化时代的受众需求，强化新闻产品的加工能力、聚合能力、延伸开发能力和资源捆绑能力，从新闻传输向信息服务转变。要把我们的内容产品与受众的社会需求紧密关联在一起，在“电视+”“新闻+”“节目+”上多做文章。要对北京电视台的新闻节目进行全方位的改造提升，形成早、中、晚、夜时段全覆盖，常规新闻、重点新闻、深度报道全面提升，形成北京、全国、甚至全球视野并存的新闻节目体系。

第二，在打开节目生产与广告经营新局面上重点发力。

节目经营工作遇到的困境，是当前制约北京电视台改革发展的首要问题。近几年来，我们的广告经营工作进入了一个徘徊状态，去年全台出现了比较严重的财务赤字。广告经营上不去，有市场的因素，有节目的因素，理所当然有经营的因素。2016年，必须找出症结、找到解药。否则，我们不得不面对吃光余粮、吃尽老本的局面。前一段时间，我请小玉、司海、王澎、岭涛等几位台领导牵头，带领研发部、广告部、计财部、人事部、总编室几个部门，在经过若干轮征求意见的基础上，形成了今年节目与广告经营的总体方案，确定了45亿元广告指标以及各个频道的收视和经营任务，确定了相应的考核奖惩办法。确立这个目标，是依据我们全台运行的总成本，也是充分进行了纵向和横向的比较，依据我们的市场背景、收视状况、区域资源，特别是与地缘优势相近的上海台进行全面比较得来的。全台上下必须坚定信心、全力以赴、攻坚克难，挖掘一切可以挖掘的资源，调动一切可以调动的力量，完成这个目标。为此，要重点发挥“四个作用”：

一是发挥节目创新的引领作用。去年年底召开的中央经济工作会议提出“供给侧”改革，就是要通过调整产品结构、提升产品质量，促进经济的持续增长。对北京电视台来说，内容生产更偏向于“供给侧”，广告经营更注重于“需求侧”。在市场相对饱和的情况下，要把内容创新摆在更加突出的位置，牢牢把握内容优势这个根本，打造北京电视台能够“刺破青天”的节目，形成具有很高品牌影响力和市场溢价潜力的节目，这样才能提振社会形象和市场价值，刺激和吸引广告市场的关注和投放，节目品牌和广告经营相辅相成。但是，近年来，传统媒体包括北京电视台自身的原创能力、制作能力空心化现象非常明显，节目研发、制作力量弱化，骨干创新人才外流，大型节目对社会制作公司的依附度很高，在谈判过程中话语权不够充分，非常被动。因此，必须想办法加强自己的研发能力，制作能力，调动大家进行原创、开拓内容生产的积极性，变被动为主动，形成我们自己的核心产品、核心生产力、核心竞争力，这对北京电视台的未来发展至关重要。传统媒体不管与新媒体如何相融相生，共同发展，作为传统媒体，核心制作能力如果得不到巩固发展，最后的话语权只会越来越弱。

二是发挥北京卫视的平台作用。北京卫视是全台最能挖掘增值空间、最能形成溢价能力的平台。今年，北京卫视要着力巩固地位、提升品质、优化结构、开拓影响。巩固地位，就是要稳稳占据收视前四名的地位，综合发展实力居于全国卫视前列；提升品质，就是要进一步彰显中国品牌、北京品格、首善品位，疏解“非首都功能”，剔除“非首善节目”；优化结构，就是要适当丰富节目的内容分布，引入更多时段的强势节目，增强对年轻受众和外地主流受众的吸附力；开拓影响，就是要从卖时段、卖节目向卖口碑、卖品牌、卖溢价转变，主动做不同层面、不同地域的市场推广。卫视的内容由卫视、新闻、影视剧三个中心分别承担，今年实行“三位一体”的考核方式。三个中心要加强沟通，相互扶持、相互协作，共同完成好全年的收视和收入任务。

三是发挥专业频道的整体作用。北京电视台的专业频道目前还不够强，北京本土市场的一大块资源没有很好地利用吸附起来。上海的地面频道 2015 年能够做到 30 亿元左右，北京同样有丰富的地面市场机会。我们要对各频道进行一次系统的梳理，包括对定位、理念、品牌、节目、队伍的分析，逐一分析，逐一解剖，对症下药。各个频道要主动出击，不要等、靠、要，自觉进行改革和调整。要把节目做精，杜绝格调低俗、粗制滥造的内容；把专业做强，避免一拥而上、同质化竞争；把市场做大，学会把北京地区各种文化、社会、经济、金融的专业资源更好地利用起来。今年要对栏目实行末位淘汰，决不让那种内容平庸又不生钱、不造势、不给力的节目浪费资源。

四是发挥经营主体的开拓作用。目前，四个经营主体分别承担着全年 45 亿元广告销售的任务，这个任务是刚性的。为此，台党委要采取一系列保障措施，包括组建北京电视台节目经营统筹协调领导小组，主要领导挂帅，推进经营工作；实行统分结合，统一价格体系，统一销售政策，统一管理模式，统一对外形象；坚决杜绝内部的恶性竞争，确保北京电视台广告资源价值最大化。对四个经营主体来说，要转变广告经营的理念，解决好卖什么、卖给谁、怎么卖这三个问题。卖什么，就是要与生产部门充分融合，全面了解和熟悉节目产品的特点、卖点和价值，把产品推介好。卖给谁，就是要遵循广告市场规律，挖掘目标客户，最大限度地把市场资源激发和利用起来。怎么卖，就是要提高广告经营专业化水平，强化经营团队的资源开发能力、市场谈判能力、客户服务能力。要坚决摒弃过去那种老大姿态、官媒心态，放下身段，为客户尽可能提供保姆式的全方位服务，为他们设计广告产品。同时，要优化产业布局，坚持背靠体制、面向市场，调动各种有效资源，推动台属企业创新发展，形成一批品牌的衍生品开发项目。

第三，在推动机制改革创新上主动发力。

对于制度和流程设计层面存在的弊病，对于运行管理机制方面存在的问题，要着手逐一解决，稳扎稳打，循序渐进，今年要抓好“五个突破口”：

一是顶层设计。北京电视台的未来走什么路、迈什么步、奔向什么样的目标，需要进行实事求是、精心细致的顶层设计，需要系统性的整体研究。比如说，北京电视台的品牌形象是什么？核心竞争力是什么？北京电视台的管理结构怎样搭建？是采取频道制还是项目制，或是探索独立制片人和工作室的模式？北京卫视的战略定位是什么？其他各个频道的战略定位又是什么？什么样的节目可以上，什么样的节目需要下？如何通过资本市场，寻找自己新的发展杠杆？等等。这些都要进行深入的调研、思考和探索。今年是“十三五”开局之年，我们要认真研究北京电视台的“十三五”发展规划，明确未来五年的改革发展总体思路和方案。

二是成本核算。这么多年来，我们走的都是传统的、粗放式的预算管理模式，大家投入产出的意识淡薄，成本观念淡薄。这几年，经济形势不好，广告收入和位居前列的电视台差距逐渐加大，收入没有增长，但成本每年却是大幅递增，造成了现在入不敷出的局面。今年要下决心对11个频道进行全口径成本核算，在目标任务中确定了各频道的利润指标。要通过一个时期的运行，对不同类型的节目成本进行全面准确的测算，对人均劳产率进行有效评估，作为我们推进科学管理的重要依据。今年是北京电视台极其困难的一年，全台上下要牢固树立“过紧日子”的思想，切实增强成本意识，把压缩成本当作一项硬任务，逐项梳理不合理的支出，把有限的资金真正用到刀刃上，为一线的节目创新、人才培养、卫视落地等提供保障，坚决杜绝浪费现象。

三是考核机制。今年的目标责任考核，在收视任务之外，首次明确提出了频道的广告经营指标、实现利润指标。同时，把全台主要任务指标与所有干部职工利益挂上钩。对于完成任务与完不成任务的，做到奖罚分明、重奖重罚。今年，我们设立了专门的奖励基金，建立了覆盖全台的风险抵押金制度，每个月节目中心收入的20%、职能技术部门收入的10%作为风险抵押金，按月考核完成情况、按比例返还。在这方面，中央台、湖南、浙江、江苏、上海台都比我们做得彻底、到位，我们必须调整，跟上步伐。

四是精细化管理。管理工作要树立“全台一盘棋”的思想，建立完善与一线的全面联动机制。现在全台确定的广告目标和收视考核目标要完成，需要全台系统改革，涉及财务、人事、经营、技术等等，各方面同时发力，春节后紧跟着就进行全台系统性改革的研究设计。我们的预算管理、行政管理、人事管理、技术设备管理等等方面，还有很多可以提升的空间。要梳理完善全台各项工作制度，看看原来的政策制度、管理措施，是不是与我们现在的改革发展相适应，增强管理的科学性、合理性。节目中心和经营主体冲锋在前，管理技术部门要主动作为，帮他们提供专业化的建议、搭建融合沟通的平台。同时，要充分加强沟通协调，用足用好内部、外部的两种资源。用好内部资源，就是要提高技术设备等资源的使用效率，合理调度和配置资源的使用安排，能在台内解决的就不要到外面去购买和租借，把咱们一流的设备条件充分利用起来；用好外部资源，就是要加强与相关主管部门、上级单位、行业协会的沟通协调，借助外部力量，挖掘更多更好的资源。

五是媒介融合。北京新媒体集团将于近期挂牌。作为集团的大股东，我们要积极协调处理好今后二者之间的相互关系，着眼大局、着眼长远，利用好自身的内容资源和新媒体集团的市场渠道，加强深度融合，把新媒体集团作为北京电视台转型升级的重要平台、嫁接资本市场的重要依托、实现经营创收的新增长点，维护好北京电视台的投资利益和发展权益。

第四，在巩固安全播出和安全生产成效上持续发力。

安全稳定是生命线，一刻也不能放松，对每位同志来说，安全生产责任重于泰山。我们要强化“三个安全稳定”：

一是技术系统的安全稳定。电视台的生产运行对庞大的技术系统有着高度依赖。元旦前，我和田方同志把新台和老台两边的技术区域走了一遍，非常震撼，我也要求相关部门组织中层干部分批去走一遍、看一下，这其实是一次深刻的台情教育。技术系统包括制作、播出、动力、传输等方方面面，非常庞大复杂，上面一块屏，下面连着千根线。任何一个环节出现一点点问题，都可能导致整个安全播出系统陷入瘫痪。技术问题有的时候还可能导致政治问题。所以，必须建立起万无一失的工作流程、制度体系和应急方案，确保各项规定、各项应急预案落实到岗位上、人头上，抓好细节，确保零容忍、零差错。

二是园区秩序的安全稳定。这段时间，新台北门、南门外面的警力部署明显加大，春节、“两会”前后，群体性事件发生的概率比较高。北京电视台是重要的新闻宣传机构，也一直是群聚群访事件的目标，新台和老台以及我们所有的工作区、家属区都要做好安全保卫工作。近期国内安全生产重特大事件频发，我们要加强防范控制，做好检查，强化监管，确保不出问题。现在还存在管理制度不落实的问题，比如我们的主楼严禁饮食，还是有人明目张胆地把饭菜、食物带进来，从这个小节上就反映出管理制度没有落实。

三是员工队伍的安全稳定。北京电视台在职员工有三四千人，再加上有其他形式固定工作关系的，能够凭证自由出入大门的至少就有五六千人。人员的安全稳定是最重要的安全因素。要落实自上而下的人员管理责任制，科室、栏目组要对自己的人负责，部门要对本部门的人负责，哪里请来的人，就由哪里来负责。要了解在这里工作、吃饭所有人的思想情绪和工作状况，及时做好矛盾问题的化解工作。

第五，在培育具有领先优势的高水平干部人才队伍上全面发力。

人才是北京电视台改革发展的第一资源、决定因素。北京电视台一直以来有着中国电视传媒行业第一流的专业人才。但是，这几年来，人才流失的问题日渐突出。我们要把如何培养人、用好人、留住人作为一项重要工作，抓住“四个关键点”：

一是中层干部。中层干部是推动北京电视台改革发展的“关键少数”。要充分发挥中层干部的作用，既要立规矩、加压力、给责任，又要提供机会、创造条件、给予信任。全台中层干部要强化学习意识、担当意识、奉献意识。强化学习意识，就要主动研究生产经营过程中碰到的各种矛盾问题，研究电视传媒和其他传媒形态的发展规律，研究其他媒体的做法和经验，把每一项工作研究深、研究细、研究透，提高对发展方向的理解把握能力；强化担当意识，就要自觉认清肩负的责任和使命，主动为台党委分担压力、为干部职工解决难题，传递正能量、发挥正效应，以好的风气带出好的队伍。对于今年的收视和经营任务，中心主任要敢于担当、敢于担责，发挥统筹协调作用，对下面的同志，既要压任务、又要多指导，切实负起责任；强化奉献意识，就要坚持以大局为重，以北京电视台的事业为重，多付出、少计较、做表率。要完善干部选拔任用工作机制，坚持以发展为本，不搞论资排辈，真正让能者上、庸者下，把选人用人这潭水搞活。

二是高素质专业人才。要用专业的人做专业的事，用专业的态度办专业的媒体。我们要想办法培养、造就、聚集一批具有一流水平的专业创意人才、专业技术人才、专业营销人才、专业管理人才。在引进环节，要面向市场招募选聘一批高端电视人才，可以提供特殊的政策条件、优惠条件；在培养环节，要加强各方面专业能力的教育培训；在使用环节，要树立鲜明的用人导向，一切靠业绩说话；在激励环节，要适当拉开收入差距，坚决避免搞平均主义、吃大锅饭。

三是年轻人。传媒未来的发展在年轻人手上。要不遗余力创造条件让有热情、有能力的年轻人施展才华。不拘一格降人才，鼓励想干事、能干事的年轻人搞节目创新、搞广告经营，为他们提供机会、搭建平台。有的岗位可以拿出来，破格使用优秀的年轻人。同时，要研究为创新创业提供支持性的政策，在不同层次建立一批创新创业成果的孵化平台。

四是精神状态。我认为，北京电视台内部的文化生态环境存在一定的问题。节目品质不高、运行效率不高、管理粗放、创新不足，归根到底，是因为精神状态不足。我多次举例，原浙江卫视总监夏陈安为了打造“中国蓝”，连续两个月，不顾吃、不顾睡，掉了 6 颗牙。我和一些湖南、江浙的同行交流，他们在谈工作、说发展的时候，“两眼放光”、充满激情。我想，正是这样的状态，才换来了他们的创新发展。我们要克服那种人浮于事的毛病，治理慵懒散不良风气，把全台干部职工的精、气、神激发出来，振奋精神，催生出一个全新的发展生态。

四、凝心聚力为改革发展营造良好氛围

做好 2016 年各项工作，推动北京电视台改革发展，要出实招、办实事、求实效，形成全台上下团结一致、共克时艰的强大力量。为此，要注意处理好四种关系：

一是处理好求生存、求发展与求共识、求稳定之间的关系。严峻的形势和任务，要求我们必须瞄准超乎寻常的目标和方向，拿出超乎寻常的办法和举措，也必然会打破一些原来的思维和做法，产生一些不习惯。我们要把这样的氛围和压力层层传导下去，帮助大家适应新形势、新环境、新情况，尽快调节好工作状态和精神状态。要在改革的力度与心理承受度之间找到“最大公约数”，做到宏观政策要稳、微观政策要活，保障措施要稳、激励办法要活，步子要稳、思路要活，队伍要稳、用人要活，保持改革、发展、稳定的大局。

二是处理好大胆探索与小心求证之间的关系。任何一项改革发展重大举措，在没有经过科学严谨的论证和试验之前，都不一定是完全合理、完全正确的。但是时间紧迫，有些工作我们不得不边想边做、边尝试边调整。我们鼓励大胆探索、大胆尝试、大胆突破，只要是有利于改革发展的，有利于解决矛盾问题的，都可以拿出来，合适的就推开去。同时，要广开渠道，广开言路，充分听取和吸收广大干部职工对台内各项改革措施和未来发展的建议，及时总结把握每一项措施的实施效果，动态性地进行调整和改进，在实践中逐步完善。

三是处理好严肃纪律与激发活力之间的关系。要强化管理制度的权威，已经确定的制度和纪律就要严格执行、照章办事，绝不能找借口、绕着走，更不能当面一套、背后一套。同时，要提高运转效率，增强管理活力，减少不必要的繁文缛节。从严管理的关键是抓住核心的风险点，而不是折腾人、麻烦人、拖垮人。

四是处理好抓改革发展与抓党建工作之间的关系。要高度重视抓好党建工作对于推动改革发展各项工作的支撑作用，联系实际、着眼全局抓党建，深化“三严三实”要求，严守政治纪律和政治规矩，增强看齐意识，抓好“两学一做”学习教育，让基层党组织和党员队伍强起来，培育忠诚、干净、担当的从业队伍。要把解决改革发展的重点难点问题作为党建工作的重要抓手，把全台干部职工的智慧和力量凝聚到完成2016年各项目标任务上去。

在这里，我还要重点强调党风廉政建设。十八大以来，中央抓党风廉政建设和反腐败斗争的力度持续加大，坚持苍蝇、老虎一起打，切实解决“四风”问题，推出了一系列重大举措。在广电领域，在我们身边，也都出现了这样那样的问题，有些问题令人痛心，我们要引以为戒。2016年，我们要把党风廉政建设的要求时时刻刻放在心上、时时刻刻抓在手上、时时刻刻落实在行动上。要认清形势，加强党风廉政建设的声势绝不会削弱。在不久前召开的中央纪委六次全会上，习近平总书记强调，党中央坚定不移反对腐败的决心没有变，坚决遏制腐败现象蔓延势头的目标没有变。我们千万不能抱有侥幸；要强化教育，严格执行中央八项规定和市委十五条意见，深入落实“一规一约”以及廉洁自律准则、纪律处分条例，把纪律挺在前面、把规矩立在关口；要加强监督，一级抓一级、层层抓落实，加强对各个层面特别是生产、采购、经营等重点环节的监督，堵住可能存在的跑冒滴漏的口子。要发挥审计监督的作用，特别是要加强对新闻采访、节目制作、广告经营、设备采购、基建工程等重点环节的审计监督，实现审计全覆盖。党员干部要切实增强“一岗双责”意识，确保春节期间风清气正；要堵塞漏洞，全面梳理北京电视台管理运行过程中存在的问题，加强对突出问题的治理整顿和整改落实工作，强化廉政风险防控，把预防工作做得更扎实、更细致；要执纪问责，台党委坚定履行党风廉政建设主体责任，对于任何违纪违规行为，从现在开始，坚决做到发现一起、查处一起，绝不姑息。今年，市纪委提出了巡视工作全覆盖的目标，北京电视台很有可能成为重点巡视对象。希望大家引起高度重视。

同志们：北京电视台正面临着重要的历史关口，历史把我们这届班子和在座的各层干部推到这个关口，我们无法回避，更不能退缩！改革创新、转型升级、突破困境、再创辉煌是我们这一拨人的共同历史使命，我们责无旁贷！我相信，有市委、市政府、市委宣传部的坚强领导，有首都难以撼动的特殊地位和资源优势，有北京电视台30多年积累下来的品牌、经验和资源，更有全台干部职工对北京电视台的深厚感情和对北京电视台未来发展的殷切期望，我想，只要我们上下同心，团结一致，振奋精神，心往一处想，劲往一处使，凝心聚力，发奋图强，众志成城，我们就一定能够完成这个历史使命，共同创造北京电视台新的辉煌，开启北京电视台新的历史篇章！

（2016年2月4日）

落实“三严三实”要求 扎实推进北京电视台改革发展

——“三严三实”专题教育党课报告

北京电视台台长　赵多佳

根据中央和市委的要求，今天，我们在这里举行专题党课报告会，我同大家一起，认真学习领会习近平总书记关于“三严三实”的重要论述，贯彻落实中央、市委关于开展“三严三实”专题教育的决策部署，对全台处级以上干部和台属企业管理人员开展“三严三实”专题教育进行全面动员。

下面，我主要讲三个方面。

一、充分认识“三严三实”论述的重要意义

“三严三实”，具体来说就是“严以修身、严以用权、严以律己，谋事要实、创业要实、做人要实”，落脚点就是要求每一名领导干部对党忠诚、个人干净、敢于担当。习近平总书记提出“三严三实”的重要论述，体现了对党员干部地位作用的新认识，体现了对改进干部作风的新要求，体现了对深化党建工作的新思路，是我们党自我完善、自我净化的又一次突破。

习近平总书记为什么在这个时候提出“三严三实”的要求？经过我自己的初步学习，主要有几个层面的感受和体会。

首先，提出“三严三实”要求，是对中国共产党深化党员干部作风建设这个优良传统的传承和延续。习近平总书记提出的“三严三实”要求，是在对我们党94年作风建设经验进行系统总结的基础上，立足于今天的时代背景和社会环境，立足于实现“四个全面”的战略部署，对于我们的领导干部保持优良作风，下达的新的动员令。

其次，提出“三严三实”要求，是以习近平同志为总书记的党中央从严治党、治国理政思路的具体表现。党的十八大以来，“严”和“实”的要求贯穿在中央一系列重大方针政策和决策部署之中，比如中央提出并落实中央八项规定，下决心整治“舌尖上的浪费”“会所中的歪风”“车轮上的腐败”“节日里的不正之风”；深入开展党的群众路线教育实践活动，把钉钉子精神，把抓铁有痕、踏石留印的状态，传递到、融入到了党员干部的日常工作中；坚持“苍蝇”“老虎”一起打，坚持反腐败“没有盲点”“没有禁区”，严肃查处了周永康、徐才厚、令计划、苏荣等腐败分子。“三严三实”要求的提出，是与中央从严治党、从严管理的各方面举措互为补充、一脉相承、相得益彰的。如果说反腐败、反“四风”是“破”，“三严三实”就是“立”，是给党员干部立规矩、立标杆、立要求。

第三，提出“三严三实”要求，是对复杂社会环境和社会思潮状况下中国共产党如何执政、如何进步的鲜明回应。当前，我国进入了社会矛盾凸显期、社会思潮复杂期。社会上的一些矛盾问题，触点多、燃点低，有的矛盾经过煽风点火、添油加醋，被不断放大。有的人借机提出政治要求，趁机传播政治谣言，甚至对我们党执政的正当性、合法性提出质疑等等。在这种情况下，有的党员干部对驾驭和处理复杂问题的准备不足，工作方法简单、生硬，工作态度蛮横、粗暴；有的个人工作作风、生活作风经不起考验，导致一些社会矛盾没能得到及时有效的处理和控制；有的逃避问题、推卸责任，不懂政治规矩，不守政治纪律，不但对那些政治谣言不加制止、隔岸观火、听之任之，而且还有参与造谣传谣的。习近平总书记提出“三严三实”的要求，就是要对党内的不正之风进行彻底的纠正，对所有党员干部进行提醒和警示，展现了我们党保持先进性和纯洁性的信心和决心。

第四，提出“三严三实”要求，是解决当前党员干部中存在“不严不实”问题的迫切需要。在我们党的历史上，有很多践行“严”和“实”的要求，自觉保持良好作用的先进人物。比如，杨善洲同志担任云南保山地委书记期间，从没吃过一顿免费的饭，从没让子女搭过一次公车，从没用公权为亲属办过一件私事，退休后还主动放弃舒适生活，带领家人植树造林，一干就是 22 年；焦裕禄同志得知儿子看戏没有买票，就严厉训斥并责令他拿钱到剧院补票；江西省吉安市委组织部原副部长曾建，对家人非常严苛，对亲人，他异常严苛。妻子去看他，曾建让妻子自己坐公共汽车再转人力三轮来，不准接送；得知一位亲戚要到老家遂川县当县长，曾建连忙赶回老家召集全家开会，要求不许找亲戚办任何私事。但是，这些年来，“不严不实”的问题在一些方面有所存在，有的还比较突出。比如，在锤炼党性方面，有的干部不主动学习，不重视理论武装，政治理论学习缺课比较多，热衷于讲“灰色段子”、转发不良信息；在守法用权方面，有的干部存在特权思想，滥用权力，不按规矩办事，存在“权力观”的偏差；在谋事创业方面，有的干部不敢改革、不敢担当、不敢创新，感叹工作压力大、为官不易、精神不振，追求自我享受、自我安逸。

目前，北京电视台的干部队伍总的来说是好的，是有向心力、战斗力、执行力的。但是，不严不实的问题还是在一些方面、一些部门、一些人中间有所体现。现在有一种现象在我台也有存在，就是“大领导踩油门、中领导挂空挡、小领导就是不松刹车”，这种现象如何推进改革？又何谈“三严三实”？在我们的干部队伍中，有的人作风散漫，上班时间经常不在岗、不想事，甚至为别的单位谋事当参谋，下属总是找不到人，工作推进不了，有的还在外面找自己的生意、谋自己的私利，产生了很不好的影响；有的人对台里的管理制度不当回事，对规章制度当中明确的管理要求总是抱有忽视、轻视甚至蔑视的态度，在前一段时间总台对我们开展的 2014 年度审计中，不少发现的问题都是台里曾经三令五申提出过、要求过、明确过、纠正过的，比如：有的大型节目现场劳务费发放流程不清晰，对外请演出团队的费用报销不够规范；对于外协制作管理的要求，有的节目用外协合作公司没有按台里要求操作；对于节目账务必须在节目周期内完成结算的要求，有的节目借款半年后还没有完成账务结算工作，确实存在客观原因，但主观原因是导致一拖再拖的根本原因，有的就是因为票还没有找齐；有的项目该招标的没招标，还有假发票的问题屡禁不止，这次竟然还发现了假机票。这说明，我们有的干部在执行财经纪律过程中思想不重视、把关不到位、审核不严格，甚至睁一只眼、闭一只眼，拿来什么票就批什么票，形成了管理漏洞。开展审计监督不是跟大家过不去，是为了爱护干部、保护干部，但是现在有些干部不领这个情，对每年审计发现的问题写个说明、敷衍了事，导致屡禁屡犯，埋怨大过整改，到头来出了问题，伤害的还是我们每一个干部自己；有的人对上级的工作要求、工作纪律推动不力、管理不实，这段时期有些频道出现的违反宣传精神、宣传纪律、被上级部门点名批评的节目，包括安全播出上出现的一些问题和漏洞，都表现出我们的干部在管理上、监督上的责任心不强，管理工作不够扎实、不够深入；还有的干部个人修养锤炼得不够，在上级面前阿谀奉承、溜须拍马，在下属面前摆架子、甩脾气。一个媒体的干部，大道消息不传，专门对小道消息津津乐道。北京电视台80后、90后的年轻人已经成为了主力军，大家想过没有，我们干部的作风会给年轻一代形成什么样的影响？

这些不严不实的问题，根子在大脑里，是思想认识上、组织纪律上、精神境界上出了问题。我们要用“三严三实”要求切实加以纠正。

二、以“三严三实”要求开创全台工作新局面

对于北京电视台党员干部来说，落实“三严三实”要求，从根本上，就是要以“三严三实”的作风，做好推动北京电视台改革发展这篇大文章。当前，传媒领域正在发生深刻变化，北京电视台也正处在一个新的历史起点上。不久前，我们刚刚迎来了北京电视台的36岁生日。回顾过去，我们看到，36年来，北京电视台从来没有遇到过像现在这样的历史发展机遇，也从来没有遇到过像现在这样的严峻生存挑战。作为大潮大浪面前的BTV人，我们为拥有巨大的机遇而感到高兴、感到庆幸，同时，我们也要为面临严峻的挑战而承受压力、担负责任。我们要适应传媒发展趋势，适应新闻传播规律，适应自身发展需求，认真贯彻落实“三严三实”要求，从严从实打基础，从严从实谋发展，从严从实强队伍，推动改革发展过关迈坎、更上层楼。

1. 从严从实做好新闻宣传和舆论引导工作。

作为主流媒体，做好新闻宣传和舆论引导工作是北京电视台的主业。当前的舆论传播环境非常复杂，国际国内、圈里圈外、线上线下，各种不同的传播平台、传播媒介、传播载体交织在一起、碰撞在一起，对我们的宣传工作提出了很多新的要求。为此，要坚持“一个导向、两个方向、三个面向”。

“一个导向”——就是要坚持正确的舆论导向，这是主流媒体义不容辞的生命线。在导向问题上，北京电视台绝不能自作主张，绝不能得过且过，绝不能打“擦边球”。很多的政治要求、宣传纪律，要

植根在每一个干部的脑海，不要时间一久，把它当成旧物搁置一边，久久忘之。全台对重大导向出现的问题要实行“零容忍”，确保所有节目在政治导向上“零差错”。对于因为导向问题被上级部门点名批评的节目，要严肃问责、严肃处理。现在，有的干部对于被上级批评的情况遮遮掩掩，被上级表扬的节目浓墨重彩，这也是不实的作风。

“两个方向”——一是要坚持“新闻立台”的方向，大力宣传党和国家的重大方针政策，大力宣传社会主义核心价值观，在新闻节目的生产传播上拓宽领域、拓宽视角、拓宽渠道，学会把新闻故事讲好、讲实、讲生动，推出更多像《我是演说家》《音乐大师课》《幸福绽放》《中国梦365个故事》以及前不久新闻节目中心推出的京津冀协同发展专题报道这样有立意、有价值、有感情的节目和活动，在传递正能量方面用好资源、用足功夫，努力增强北京电视台传播平台的传播力、公信力、影响力；二是要坚持“文化强台”的方向，北京的地域决定了内容产品的文化价值以及产品谈资中的文化认识，这也是关系北京电视台传播口味的调性和定位，北京电视台做节目的理念远离了这两点，就很难把菜做好。

“三个面向”——一是要坚持面向群众，发扬“走转改”精神，让我们的每一个新闻作品、节目产品从群众中来、到群众中去，把观众喜爱不喜爱、满意不满意、欢迎不欢迎作为评价工作的根本标准；二是要坚持面向市场，传统媒体是在市场中寻找受众，新兴媒体努力在市场中发展用户，无论是受众还是用户，都是我们媒介赖以生存的“上帝”。我们进行的市场化改革，我多年前就开始提出的“经营节目”观点，就是要让大家充分认识到市场的重要性，学会在市场法则中寻找节目生产的出路，在市场竞争中提升北京电视台的传播价值和社会效益；三是要坚持面向新的传播形态，新兴媒体的崛起，大数据和“互联网+”时代的到来，是任何人都无法阻挡的历史潮流，“互联网+”不仅仅是一种模式，更是一种理念，一种思想的方法论。作为传统的传播平台和内容提供商，我们既要把握好自身在内容生产上的传统优势，更要学会积极主动地利用新媒体、参与新媒体、融入新媒体，探索一条符合北京电视台实际的传统媒体与新媒体融合发展之路，在媒介变革的态势面前下先手棋、打主动仗。

2. 从严从实推进深化改革、实现创新发展。

去年下半年，北京电视台拉开了全面深化改革的序幕。一年来，三个频道的独立经营改革以及广告经营机制改革都取得了重要突破，京视卫星、京视体育、京视电广、新纪实四家新的企业走上了正轨，北京电视台节目收视、广告经营状况都比去年同期有了明显提升。从全台来看，改革意识得到增强，改革共识基本形成，改革成效逐步显现。这说明，台党委做出的深化改革决策是及时的、有效的、正确的，全台干部职工推动改革的努力是积极的、扎实的、到位的。下一步，北京电视台将在巩固过去一年改革成果的基础上，重点在四大机制上力求取得新的突破。

一是在节目生产机制上取得新的突破。节目生产机制改革是北京电视台全面深化改革的核心问题。3月下旬，我带队到湖南、上海调研，重点就是学习了解兄弟媒体在节目生产机制方面的做法和经验，大开眼界。这些年来，全国主要电视媒体围绕改革制播关系，采取了一系列大的动作。当我们刚刚在引入市场主体、开展独立经营方面开始尝试探索的时候，包括央视、湖南、上海等电视媒体都已经把改革的重点聚焦到了内部的生产机制改革上，特别是形成了“独立制片人”和“独立工作室”的模式。这项改革的核心，是实现管理重心的下移、管理权限的下放，把栏目制片人层面的积极性、主动性、创造性更加充分地调动起来。在实际做法上，一方面是鼓励有能力的节目制作管理人员接受任务、承担责任，挑起对节目进行全面负责的大梁；另一方面是引入市场机制，把台里与制片人的关系，在一定程度上调整为接近于两个市场主体之间的关系，形成有竞争、有压力、有分工、有合作的内部契约关系。目前，湖南卫视拥有26个相对独立的节目生产团队，《爸爸去哪儿》《快乐大本营》《天天向上》等知名节目都是由这些团队进行创作生产的，人、财、物的配置权基本上在团队负责人手上，台里主要通过节目招标、节目创新预算等方式进行管理和调控。上海东方卫视今年选出了16组独立制片人，并且开创性地设立了陈蓉工作室这个新的试验田，台里和员工本人按照6∶4的比例进行资金投入，市场化关系更加明确。对比这些改革，北京电视台的改革才刚刚起步，内部的节目生产机制延续了很多年的做法，没有取得实质性的突破。我们看到，通过改革，湖南、上海等媒体已经形成了一定的扁平化管理、自我造血机制，台层面的更多精力已经聚焦到了模式创新、资本运作等更高层次的研究上，而我们自己还处在传统的科层管理、逐级审批状态，对市场的敏感性、适应性就非常有限了。因此，今年，我们要结合北京电视台的实际，尽快推进包括“独立制片人”在内的节目生产机制改革举措，加紧形成有自身特色、有市场竞争力的节目生产机制。

二是在创新驱动机制上取得新的突破。电视媒体是创新驱动的产业，离开了创新，我们就失去了活力。近几年来，北京电视台的创新氛围有了一定的提升，爱研究、爱思考、爱创新的年轻人越来越多，创新节目的孵化和培育在各个频道产生了一批创新亮点，台里的节目创新研发平台、青年创新工作站，以及制作部等部门层面的创新小组办得有声有色，大家对创新的理解和认识都在深化的过程中。但是，总体上来说，北京电视台还没有形成一套科学系统的创新驱动机制，创新的点不少，却没有能够形成体系、形成机制、形成文化。有的同志有创新的想法，但是却找不到进行尝试、转化应用的途径；好的点子提了出来，却因为没有人、没有钱、没有权，难以推动下去。昨天我听了生活节目中心的汇报，今年他们内容生产和市场经营上找到很多创新点，在去年自主经营4000万元的基础上，今年又提高了50%以上，现在铁定的项目达到了6000多万元。他们自己很有市场化的想法，下一步还要在产业链上培育更大的积极性。我们要积极学习借鉴百度、苹果、谷歌等互联网企业在创新驱动方面的经验做法，搭建起自己的创新培育孵化平台，在人力、物力、财力、荣誉等方面进行一定的安排设计，让我们的员工、特别是有想法有创意的年轻员工，能够拥有实现自己创新想法的平台和机制。这既是保持北京电视台创新活力的需要，也是保持每一名员工创新活力的需要。

三是在事业与产业融合发展机制上取得新的突破。电视的延伸产业，是一块大有可为、大有可图的蛋糕。在这方面，湖南、上海等兄弟媒体都给我们提供了鲜活的证据，特别是电视购物、演艺经纪等产业。在市场化、产业化趋势日渐浓厚的传媒领域，今天的北京电视台尤其需要推出一批有特色、有亮点、能够承载北京电视台部分发展功能的产业品牌，而这也正是我们产业的弱项所在。北京电视台拥有像紫禁城、卡酷这样产业化发展的老牌子、好牌子，但是，在市场化发展的大环境下，这些牌子反而落后了、掉队了，至少可以说，没有顺势而为地发展壮大起来。究其原因，根本上是事业与产业之间存在“两张皮”、严重脱节的问题。事业部门对产业部门接触不多、沟通不多，有的干部甚至把我台自己的企业当作另类，总怕企业占了事业的便宜，根本没认识到无论事业还是企业，都姓“BTV”。他们在发展过程中遇到一些需要通过产业化途径解决的问题，也因为这样那样的原因，不愿意寻求产业部门的帮助和支持；同样，产业部门对事业部门也敬而远之，没有能够积极主动地寻求资源上的合作、寻求对接、寻求出路。以我们的卡酷公司为例，这个理应与节目生产融为一体的产业平台，北京电视台最早进行制播模式创新探索的载体，过去的几年里面却一度陷入到了很深的发展困境当中，延误了产业化发展的机遇。因此，我们要下大力气推进事业与产业的融合发展，在政策支持上、项目引导上、资金配套上采取一系列措施，把事业与产业拧到一起，让他们之间进行资源重组和政策互补，产生“1+1>2”的效果。

四是在薪酬管理机制上取得新的突破。薪酬改革是北京电视台深化改革必须要走的一步，实现从身份管理向岗位管理转变，实现同工同酬，这是大势所趋，任何人都改变不了。我们要认识到，薪酬改革是基础性改革，虽然难度很大、任务很重，但是却对其他方面的改革产生牵制作用。从北京电视台的全局利益和长远利益来说，薪酬改革越早推进，麻烦就会越少，阵痛就会越小，对北京电视台和每一名员工就会越有利。目前形成的新的薪酬和绩效体系推进方案，总体上是符合北京电视台实际的，是考虑到、照顾到方方面面利益的，当然，也正在根据试运行和各方面反馈的情况进行调整修改。我们不能一等再等、一拖再拖，必须下定决心早日推进实施。我们不会因为个别人的诉求而耽误整个改革的进行。希望在座的党员干部站到大局上看待这个问题，全力以赴支持薪酬改革，全力以赴为薪酬改革的顺利推进排除障碍、做好工作。

3. 从严从实提高管理效率、增强管理效益。

这几年，我经常听到从事一线生产的同志抱怨管理部门和管理工作。我们知道，管理和被管理本来就是一对矛盾，我本人做业务工作出身，对有的管理要求也会有所抵触、有所抱怨。但是，实事求是地说，管理水平不高、管理能力不强，确实是制约北京电视台发展的一个重要问题。该管的问题没有管好，不该管的问题限制太多，这个局面必须改变。从目前来看，重点要在三个方面有所作为。

一是在用足用好各种有效的政策资源

方面有所作为。这次到湖南、上海调研，我最大的一个感受，是这两家兄弟台对上级的各种政策资源利用得炉火纯青。比如在财务政策方面，上海通过“小文广”“大文广”的两次改制，实现了集团化管理，因此他们迅速针对2014年国务院出台的《关于印发文化体制改革中经营性文化事业单位转制为企业和进一步支持文化企业发展两个规定的通知》，提出了税收减免申请，享受了事转企延长5年的免税政策，大大节约了税收支出；在体制机制改革方面，上海台在市委、市政府、市委宣传部的大力支持下，成为广电行业改革的“自贸区”试验田，对于很多我们现实中遇到的政策障碍，他们都能运用这个试验田身份巧妙地予以规避。北京电视台是否能够在人事、财务、体制机制改革等方面得到相应的政策倾斜和支持，这是需要我们的相关职能管理部门积极研究文件、积极努力争取、积极建言献策的。

二是在处理好权力与责任的关系方面有所作为。我们的职能管理部门作为台内的“小政府”，要在转变职能、简政放权上下功夫。要把管理工作中一些形式化、不必要的程序砍掉，把更多的力气用到规范制度、优化流程、做好服务这样的大事、实事上面。该管理的地方要履行好管理责任，用最直接、最简单、最有效的办法行使管理权和监督权，让管理流程更加方便简洁、清晰透明。对于可以交给各个部门自己解决的事情，可以放手的权力，不要抓住不放，给发展设置不必要的障碍。

三是在解决管理与生产脱节的问题方面有所作为。当前，我们的有些管理工作存在用文件办事、用惯例办事的倾向，对一线的生产流程不熟悉、不了解、不关心。对于一线同志遇到的矛盾、提出来的问题，不但提不出有价值的解决建议，而且处理起来手段简单、方法生硬，有些工作就是在生搬硬套政策文件，与一线工作严重脱节。我非常希望从事管理工作的同志发扬“走转改”精神，多到生产部门、生产一线去调查走访、了解情况，对当前媒介生态环境的变化多学习，对媒体发展规律性的问题，不仅生产部门要研究，管理部门更要研究，否则就无法服务好、支持好一线的生产运营。要多对上级的政策文件如何在北京电视台落地实施提出有针对性、建设性的办法，多把工作重心放在帮助一线解决问题、而不是限制一线发展上，把管理与服务更好地结合起来，形成与一线对接的思路、举措、方案，成为一线发展的促进者、支持者、推动者。

4. 从严从实抓好党的建设和队伍建设。

作为党的新闻宣传机构，北京电视台的党建工作必须全面落实中央和市委的要求，必须坚持围绕中心、服务大局，必须立足北京电视台的队伍特点和发展实际，高标准、严要求地做好各项工作，对上级党组织负责，对每一名党员干部负责。为此，要推动落实三个责任制。

一是推动落实基层党建工作责任制。在上周五召开的宣传系统基层党建工作座谈会上，李伟部长强调，宣传思想文化战线肩负着宣传党的科学理论、确保国家意识形态安全、培育和践行社会主义核心价值观等重要职责，党建工作抓不好，承担职责难以完成。北京电视台是宣传系统党组织设置最多、党员数量最多的单位，从台党委、7个党总支、58个党支部到

1492 名党员，都要担负起推动党建工作的责任。基层党建工作战斗力的基础在于党支部，要牢牢把握党支部的地位和功能，加强对党支部的管理、考核、监督，严肃党内政治生活，确保党的思想、组织、作风、制度建设落实到位，防止党支部的角色“掉链子”“出乱子”。要落实发展党员工作细则，把发展党员工作与培养基层优秀人才紧密结合起来，增强党组织的吸引力和战斗力。

二是推动落实干部选任和管理工作责任制。要贯彻党管干部、党管人才的要求，认真落实、严格执行修订后的《党政领导干部选拔任用工作条例》，把好中层干部和台属企业负责人的提名关、选拔关、任命关、考核关。做好处级以上干部和台属企业管理人员个人有关事项报告工作，是中央和市委作出的重要部署，对填报情况真实性的核实抽查比例从去年的 2% 提高到了今年的 10%，对于没有如实填报的情况，上级组织部门还要作出相应的处理。根据要求，今后，凡是拟提拔为副处级以上干部的，都要先进行个人事项填报，经过组织审核通过以后，才能履行提拔程序。据说，在一些单位，已经出现了多名因为没有如实填报个人情况而被取消提拔的干部。同时，按照上级的部署，今年还要开展因私出国（境）证件专项治理和科级以上干部人事档案专项审核工作，加强党员领导干部因公出国（境）管理，对处级以上干部不按规定交存因私护照、私自出国（境）、以因公出国（境）名义游览观光的行为，以及科级以上干部个人档案弄虚作假的问题，都要进行调查处理。希望我们在座的干部高度重视，千万不要犯“低级错误”。

三是推动落实党风廉政建设责任制。要切实履行党委主体责任和纪委监督责任，加强廉洁从政、廉洁从业教育，加强廉政风险防控管理的制度建设，加强案件查办和审计监督，特别是要强化对重点部门和岗位的管理。2014 年，全市查处公款吃喝、公款旅游、滥发钱物和培训中心腐败等问题 468 人，给予党纪政纪处分 323 人；宣传系统受理纪检监察信访举报 235 件次，受到党纪政纪处分 13 人，有 3 人被依法追究刑事责任。李伟部长上周专门强调，今年即将印发《关于严肃纪律加强大型活动和广告经营管理的意见》，宣传系统将以新闻出版和广电单位做试点，规范部门和行业行为，从源头上防治腐败。我们要以铁的纪律、严的要求，把党风廉政建设和反腐败斗争的压力层层传导下去，教育好、提醒好、管理好、监督好、保护好每一名党员干部。

三、党员领导干部要带头践行“三严三实”

“三严三实”要求，是共产党人最基本的政治品格和做人准则，也是党员、干部的修身之本、为政之道、成事之要。一年前，习近平总书记在提出“三严三实”要求伊始，就对党员干部如何践行“三严三实”提出了具体要求。他强调，严以修身，就是要加强党性修养，坚定理想信念，提升道德境界，追求高尚情操，自觉远离低级趣味，自觉抵制歪风邪气；严以用权，就是要坚持用权为民，按规则、按制度行使权力，把权力关进制度的笼子里，任何时候都不搞特权、不以权谋私；严以律己，就是要心存敬畏、手握戒尺，慎独慎微、勤于自省，遵守党纪国法，做到为政清廉；谋事要实，就是要从实际出发谋划事业和工作，使点子、政策、方案符合实际情况、符合客观规律、符合科学精神，不好高骛远，不脱离实际；创业要实，就是要脚踏实地、真抓实干，敢于担当责任，勇于直面矛盾，善于解决问题，努力创造经得起实践、人民、历史检验的实绩；做人要实，就是要对党、对组织、对人民、对同志忠诚老实，做老实人、说老实话、干老实事，襟怀坦白，公道正派。要发扬钉钉子精神，保持力度、保持韧劲，善始善终、善作善成，不断取得作风建设新成效。我们要对照思想认识，对照行为举止，对照工作实际，看一看自己还有多少差距，想一想自己朝什么方向努力。我觉得，北京电视台的党员干部要做到四个带头。

一是在理论武装上带头。要拧紧思想这个“总开关”，认真学习贯彻习近平总书记系列重要讲话精神，把学习理论、理解理论、运用理论当作坚定理想信念、锤炼党性修养的过程。作为新闻媒体领导干部，只有不断加强理论武装，才能把握导向、明确方向、推出精品、引导受众；只有不断加强理论武装，才能了解需求、掌握规律、抓住机遇、实现发展；只有不断加强理论武装，才能坚定立场、担起责任、抓好班子、带好队伍。中央确定在“三严三实”专题教育中用好《习近平谈治国理政》《习近平总书记系列重要讲话读本》等书目，台党委也为党员干部配备了相应的学习辅导书籍，大家要学好、用好，在更高更深层次上提高思想理论水平。

二是在严谨求实上带头。要围绕北京电视台实际，围绕各个部门和每一个岗位的实际，针对实际需要，发现实际矛盾，解决实际问题，把所有的心思和力量用到做实事、谋实效上来。我们的中层干部作为领导和推动工作的枢纽，作为不同领域、不同类型工作的管理者、执行者，要充分认识北京电视台改革发展的复杂性和艰巨性，充分认识实现改革目标的全面性和整体性，从我做起，从自己的管理范畴做起，扎扎实实、认认真真、一步一步地实现目标、推进工作，使难题逐一得到破解，使成效逐一展现出来，由点到面、由小到大完成改革任务。习近平总书记昨天在与浙江省委班子座谈时说，不要说改革没有路，路就在脚下。

三是在敢于担当上带头。对于北京电视台的改革发展，我们每一名干部、每一个 BTV 人，都要摒弃那种“我的地盘”的想法，更要摒弃那种“与我无关”的思想。要积极主动地想问题、出主意、谋思路，只要是对北京电视台有利的，无论你的岗位在哪里，都是应该得到尊重、受到欢迎的。要坚决反对推诿扯皮、能推就推、能拖就拖的工作态度，特别是在中层干部中间，一定要培养起主动为台党委、为北京电视台担责任、担任务的氛围。媒体发展日新月异，改革之风已经在全国各行各业中推开。中央明确了改革的时间表是 2020 年，包括 60 多个大项、330 多个小项的改革举措，我们是没有时间可以等待、可以浪费的。北京电视台内健康的力量是我们改革坚如磐石的动力。我们不会、也不应该被任何困难、流言所吓阻。

四是在作风正派上带头。干部作风决定了干部的职业状态和群众威信。要严格落实中央八项规定，在用人、用权、用钱、用车、用房等问题上常给自己念紧箍咒，不要做“捡了芝麻、丢了西瓜”的蠢事。要以上率下，加强职业精神、职业道德教育，大力倡导艰苦奋斗、服务人民、深入基层、砥砺奉献的 BTV 精神，把良好的作风层层传递到、感染到每一个 BTV 人中间。

同志们，以今天的党课报告会为标志，北京电视台“三严三实”专题教育正式启动。《北京电视台开展“三严三实”专题教育实施方案》已经印发给大家，根据中央和市委的要求，《方案》明确了这次专题教育的指导思想、总体要求、工作原则、工作步骤和工作要求。我们要坚持首善标准、坚持以上率下、坚持从严从实、坚持延展深化，确保专题教育的各项要求落实到位。在这里，我对开展好这次“三严三实”专题教育，再提四点要求：

一是要高度重视。开展“三严三实”专题教育，是中央和市委的一项重大战略部署，是党的群众路线教育实践活动的深化和延续，全台处级以上干部和台属一级企业管理人员都要重视起来，思想上认识到位，行动上自觉参与，认认真真完成专题教育任务。上级部门将对我台工作情况进行检查和抽查，大家一定要认真对待。

二是要搞好规定动作。根据工作安排，这次专题教育共有七项任务，今天的党课是一个开头，6 月底之前，台领导班子其他成员也将在一定范围内讲党课，同时还要对教育实践活动整改落实情况进行自查梳理；从 5 月到 10 月，党委中心组将分成三个专题，对“三严三实”要求进行系统的学习和研讨；12 月底前，全台处级以上干部和台属一级企业管理人员都要认真撰写个人党性分析材料；明年 1 月底前，台领导班子将召开专题民主生活会，各党支部也将要召开专题组织生活会；从明年 2 月开始，对查找出来的问题进行整改。在未来大半年的时间里，希望大家按照要求，保质保量完成好上述规定动作，确保教育见到成效。

三是要结合实际。今天我的党课报告，是围绕“三严三实”要求，结合北京电视台改革发展实际来讲的。希望大家把这次专题教育当作提高思想认识、促进本职工作的机会，紧密结合自己的工作实际，不搞形式主义，不做表面文章，通过专题教育找出问题、研究问题、解决问题，推动专题教育成果落到实处。

四是要精心组织。这次专题教育由台领导班子牵头，韦小玉同志主抓，日常协调联络工作由党办承担。要明确专题教育期间每一项工作的内容、形式、完成时限、工作要求，层层分解落实任务，把“规定动作”做实，把“自选动作”做精，顺利完成专题教育的各项目标要求。

（2015 年 5 月 28 日）

扎实推进基层党建工作
为北京电视台改革发展提供强大动力

北京电视台常务副台长　韦小玉

习近平总书记指出，各级各部门党委（党组）必须树立正确政绩观，坚持从巩固党的执政地位的大局看问题，把抓好党建作为最大的政绩。近年来，北京电视台党委切实履行党建工作主体责任，全面推进党的思想建设、组织建设、作风建设、制度建设和反腐倡廉建设，取得了明显成效。然而，面对中央和市委推进全面从严治党的新部署、新要求，面对新闻媒体担负党的舆论喉舌的形势和任务，面对全台63个党总支、党支部和约1500名共产党员这个庞大的工作队伍，党建工作还存在一些薄弱环节和需要解决的实际问题，党员的先锋性不足，党组织的战斗力不强，党建工作的活力、动力、合力不到位，影响了党建工作的整体效果。

加强和改进基层党建工作，就是要深入学习贯彻习近平总书记系列重要讲话精神，着眼北京电视台改革发展最突出、最集中、最需要解决的矛盾问题，聚焦当前党建工作的弱点和盲点，在凝聚人心、塑造环境、锤炼忠诚上不断发力，把握好党建工作的目标和方向。

一、以凝聚人心为基础，确保党建工作准确扣题

思想建设是党建工作的首要任务。习近平总书记强调：对党员、干部来说，思想上的滑坡是最严重的病变，“总开关”没拧紧，不能正确处理公私关系，缺乏正确的是非观、义利观、权力观、事业观，各种出轨越界、跑冒滴漏就在所难免了。因此，抓好党建工作，只有把全体党员的思想统一到党中央的决策部署上来，形成团结一心、步调一致的思想认识和价值态度，才是题中应有之意，达到希望的效果。

一是要抓住领导干部这个“关键少数”。党员好，首先是干部好；支部强，首先是书记强。领导干部的思想状态决定了一个团队、一个部门、一个单位的人心向背。为此，我们把党委中心组学习摆在突出位置，从台领导班子的理论武装工作抓起，及时传达学习中央、市委重要精神，集中学习研读党内规章制度，深入研究分析党的新闻宣传工作的规律和经验，每年的集中学习不少于24次。同时，关于党的建设、审计监督、新媒体与传统媒体融合发展等主题的学习，也多次扩大到党支部书记、中层干部、科级干部参加，带动提升了全台干部队伍的理论学习热情。下一步，要在保持学习频率的基础上，突出主题教育，强化领导力培育，聚焦节目创新、经营创收、机制改革等亟待解决的问题，在学习与应用中发挥更大的示范、带动和凝聚、引领作用。

二是要抓住马克思主义新闻观这个核心内容。马克思主义新闻观是新闻从业人员开展工作的基本立场，是确保正确的新闻舆论导向和文化产品创作方向的根本标准。凝聚北京电视台的党员队伍，就是要把马克思主义新闻观贯穿教育培养的全过程，在践行新闻宣传工作的党性原则上形成共识。北京电视台自 2013 年以来，连续组织开展针对全台新闻采编人员的马克思主义新闻观专题培训，受训人数超过 5000 人次，并在面向制片人、主编、主持人、新员工等不同类型人员的培训中把马克思主义新闻观作为重点内容，为提升从业人员的政治意识、核心意识提供了思想保证。下一步，要紧紧围绕习近平总书记在党的新闻舆论工作座谈会上的重要讲话精神，加大教育引导力度，把马克思主义新闻观和党性原则不断渗透到所有党员以至于所有从业人员的思想深处。

三是要抓住一系列党内专题教育这个重要载体。党的十八大以来，中央先后组织开展了党的群众路线教育实践活动、“三严三实”专题教育和“两学一做”学习教育，党内教育持续向纵深推进。台党委高度重视、积极用好这一系列专题教育，在纠正“四风”问题、从严从实管好队伍等方面取得了显著成效，在广大党员干部中强化了心中有党、心中有责、心中有戒、心中有民的意识。当前，要把正在开展的“两学一做”学习教育当作党建工作的龙头任务，在思想教育的基础上，发掘、培育、推出一批有品德、有能力、有担当、有情怀的模范人物，以个别带动整体、以先进带动所有、以党员带动群众，使北京电视台党员队伍成为一支具有高度凝聚力和向心力的坚强战斗队伍。

二、以塑造环境为抓手，确保党建工作逐步生根

基层党建工作是春风化雨、成风化人、塑造环境的工作。习近平总书记指出：政治生态好，人心就顺、正气就足；政治生态不好，就会人心涣散、弊病丛生。我们要通过扎实有效的党建工作，不断优化北京电视台的政治生态、文化环境、精神状态、发展氛围，为中央要求准确传递、精品节目推陈出新、管理运行科学高效、干部职工愉快工作，创造良好的条件。

一是要把握组织建设环境的塑造和培育。党建工作是整体性、全局性的工作，党建环境需要自上而下、上下贯通、层层传导。北京电视台的基层党建工作，基础在支部，关键在支部，环境塑造的根基在支部。近年来，我们把明确支部责任、健全支部架构、发挥支部作用作为党建工作的一件大事来抓，持续开展先进党组织和优秀党建工作创新项目的评选工作，完善支部“三会一课”制度，一批基础扎实、工作有力、群众满意的支部脱颖而出。在此基础上，2015 年以来，台党委开展了基层党建工作系列调研，先后深入多个党支部，围绕党建工作开展情况、支部作用发挥情况，摸底数、找问题、解难题、促工作，形成了有价值的调研成果。我们将尽快梳理完善系统性的支部工作体系，激发全台 63 个党总支、党支部进一步成为一个个坚强的战斗堡垒。

二是要把握交流互动环境的塑造和培育。作为新闻宣传单位，实现全台生产、经营、保障等不同类型部门之间的融合发展，是理顺生产关系、提高生产力的重要前提。同样，作为新闻宣传单位的党组织，实现全台党组织和基层党建工作的交流互动，是形成党建工作良性链条、激发党建工作整体活力的重要条件。针对基层党建工作融合度不足的问题，我们以搭建新型党建交流平台为突破口，经过一年多时间的策划、设计、调试，于 2016 年 5 月在“两学一做”学习教育启动之际，推出了具有通知发布、交流学习、经验展示等多重功能的智慧党建 APP（移动客户端），目前首批 200 余名使用对象反响积极，我们将持续优化功能、调整内容、加强管理，适时面向全台党员推广使用。

三是要把握创新文化环境的塑造和培育。媒体发展离不开创新，人才成长离不开创新，基层党建工作也离不开创新。把创新环境培育作为党建工作的重要主题，既是增强党建工作吸引力凝聚力的要求，又是以党建促发展、以党建文化推动完善单位整体文化的要求。我们以青年创新人才培养和青年创新项目培育为抓手，从 2013 年以来创造性推出了青年创新工作站的工作平台及其相应的机制，每年通过申报、初评、中期推进、终评验收等程序，采取调配资源、经费支持、表彰奖励等方式，先后有 43 个项目进入创建阶段，吸引培养相关青年人才约 400 人次。下一步，我们将为一些有条件的创建项目进一步搭建市场孵化平台，鼓励创新成果面向市场、获得收益，推动青年创新人才培养工程向纵深推进。

三、以锤炼忠诚为根本，确保党建工作有序落地

“对党忠诚老实，言行一致”，是党章规定的明确要求。习近平总书记强调：忠诚可靠不能停留在口头上，要有理性的自觉、具体的行动，无论在何时何地何种情况下，都始终把党摆在心头正中，坚定站在党和人民的立场上，始终做到爱党、信党、护党、跟党走。北京电视台担负着为首都改革发展稳定提供舆论保障的重大政治责任，只有忠诚的新闻从业人员队伍，才能催生和巩固忠诚于党的新闻宣传事业。

一是要强化对党、对国家忠诚的教育。理想信念和党性修养息息相关，对党和国家的态度，是每一名党员干部世界观、人生观、价值观的基础。2015 年“七一”前夕，我们以“我是党员我宣誓”为主题，组织全台数百名共产党员和入党积极分子，先后来到天安门国旗护卫队和解放军三军仪仗队，在两个半天的时间里，观看训练表演，参观军容军貌，重温入党誓词，广大党员干部对国旗护卫队和三军仪仗队官兵听党指挥、忠诚爱国的精神状态留下了深刻印象，活动效果出乎意料。下一步，我们将继续组织开展一些这种类型的主题活动，推动对党、对国家的忠诚深入人心。

二是要强化对北京电视台忠诚的教育。北京电视台是广大党员群众共同的精神家园，热爱和维护北京电视台，能够铸就一股巨大的精神力量。2015 年 5 月，在建台 36 周年之际，台党委以曾经或正在参与援疆、援藏和派驻采访的几十名编辑记者为对象，举办了“砥砺·奉献”援疆工作影像展，通过 180 余幅图片和相应的文字、视频等，展现了北京电视台援建工作的历程、援建者的风貌和援建者镜头下的壮美画卷。这种以身边人教育和感染身边人的做法，极大地调动起了广大党员干部职工对北京电视台的自信心和自豪感，产生了很好的效果。我们将继续挖掘身边的感人群体和感人故事，开展形式多样的宣传教育活动，为 BTV 人的精神家园提供源源不断的养分。

三是要强化对职业、对自己忠诚的教育。修身、齐家、治国、平天下，修身是第一步。每一名党员的修身意识、修为能力、道德修养，决定了整个北京电视台党组织的工作能力和发展水平。我们把党员干部的廉政建设、作风建设作为贯穿一切工作的重要内容，强化党风廉政建设责任制，加强对全台不严不实问题的梳理和整治，从制度层面解决管理运行过程中的风险点和矛盾点，构建廉政建设的教育体系、制度体系、监督体系，明确不同层级的管理责任，对于巩固党员的纯洁性和忠诚度，发挥了重要作用。我们将持续深入地抓好廉政建设和作风建设，增强覆盖面，把握时度效，以良好的党风，推动塑造良好的台风，为改革发展提供新的动力。

台党委要进一步履行好基层党建工作的主体责任，在思想上、政治上、组织上和干部队伍上，为全台党组织和广大共产党员开展工作、发挥作用，提供有力的保障，创造良好的条件，持之以恒抓党建，深入细致促发展，推动党建工作久久为功，形成共同推动北京电视台发展进步的强大合力。

关于加强内部审计监督的调查与思考

北京电视台党委副书记　彭司海

近些年来，北京电视台高度重视内部审计工作，推出实施了一系列重要措施，较好地履行了审计监督职责，促进了全台事业产业健康发展。同时，随着广电行业的快速发展，审计监督工作也面临着一些新情况、新问题，需要认真研究解决。

一、加强内部审计工作的主要做法和成效

多种形式加大审计力度。紧紧围绕电视台中心工作，采取多种方式，把审计监督延伸到全台各主要业务。一是开展年度财务审计。自2012年开始，每年对全台业务开展财务审计工作，3年来针对79个审计问题提出了81条整改建议。二是继续开展领导干部任期经济责任审计。2014年修订了《北京电视台领导干部和台属企业负责人经济责任审计实施办法》，2014年—2015年共对6名台内中层领导干部和5名台属企业负责人进行了审计，涉及金额6.15亿元，针对存在的问题提出审计建议20条，并对违规违纪的干部进行了处理。三是大型节目专项审计。对预算在300万元以上的大型晚会、大型活动及预算在150万元以上的专题纪录片实行初步审核和备案登记。几年来，已备案大型节目共计71个，涉及金额3.75亿元，对15个大型节目进行了专项审计，涉及金额1.08亿元。四是台内基建、维修改造工程预、结（决）算审计。近两年来，对4个基建项目进行了审计，节约资金260万元。

审计制度建设不断加强。早在2002年，北京电视台在经济责任审计、内部审计监督等方面初步建立起相应的制度规定。近年来，根据全台事业产业发展陆续对相关制度进行了修改完善，目前形成了《内部审计管理规定》《领导干部和台属企业负责人经济责任审计实施办法》《基本建设、维修工程审计实施办法》及《大型节目资金支出专项审计实施办法（试行）》等四项基本制度。这些制度明确了审计职责、细化了审计内容、理顺了审计流程，将各类审计项目规范化、制度化，使审计工作做到了有章可循、有规可依，保障了审计工作的稳步开展。

狠抓审计问题整改不放松。针对审计中发现的各类问题，我们认真研究整改措施，将每个问题整改落实到相关台领导和责任部门，及时下发整改通知，强化督促检查，问题合计63个，已整改了55个问题，整改完成率达到87.3%。2015年7月，我们为推动审计整改落实，结合本台的实际情况，制定出台了《北京电视台审计处理处罚规定（试行）》，对报销虚假发票、以不合规票据冲账报销、重要事项未履行呈报审批手续、应订未订合同或订

立合同不规范及违规履行合同、设立“小金库”及使用“小金库”款项、公款旅游或变相用公款旅游、重要项目应招标未招标或招投标违规、物资设备服务采购违规和其他违反台内规章制度等九类行为，明确了相应的处理处罚措施，有效强化了制度的刚性约束。

审计质量控制不断强化。我们始终把牢审计质量这条“生命线”，严格依法规范审计行为。一是通过内部招投标的方式，选择一批具备资质的专业机构承担北京电视台部分常态化的审计业务，并在审计过程中进行调整优化，实现审计业务良性循环。二是注重内审部门和外审机构能力和结构的优势互补，加大各专业审计的统筹结合力度，加强各专业、跨部门联合审计和协作，打破分工界限，发挥各自优势，形成了一定的规模效应。三是对社会中介机构实施全过程管理，从审计人员进场、现场审计、撰写审计工作底稿、出具审计报告，每个环节都由专人负责跟进，严格执行法定的审计程序，严格规定审计内容和审计评价，严禁超越职责和权限进行审计和评价，对法定审计事项审深审透、如实报告，严格依照法定标准进行处理处罚，做到审计程序合规、问题定性准确、处理处罚合法。

严肃查处审计中发现的违纪违规问题。对于审计中发现的问题，我们坚持区别对待，根据问题的性质，该整改的加强整改，该批评教育的进行批评教育，该给予经济处罚的给予经济处罚。对于严重违纪违规的，严肃进行查处，绝不姑息迁就。2014 年，我们对某台属企业负责人进行了离任经济责任审计，发现该企业存在私设“小金库”等违纪违规问题。我们将此线索移交台纪检部门，纪检部门经过调查核实，对当事人给予留党察看和撤销职务处分，很好地发挥了警示作用。

二、当前台内审计工作亟须解决的主要问题

随着北京电视台各项事业产业的不断发展，随着电视行业竞争态势日益严峻，目前北京电视台在内部审计方面仍然存在一些问题和不足。

一是审计监督存在空白点。面对互联网等新兴业态的激烈竞争和电视行业环境的巨大变化，电视节目的制作模式和频道资源的运营手段日益更新，新手段、新方式层出不穷，而审计监督对这些新的手段、方式尚未有效跟进，实际工作形成了一些监督空白点，其中尤以大型节目委托制作过程中大额资金支出最为突出。据统计，2014 年—2015 年，北京电视台委托制作了预算金额在 5000 万元以上的大型节目共计 14 个，涉及资金达 8.3 亿元，占电视台 2014 年和 2015 年支出总额的 10.65%，其中多数大型节目都是采取委托制作的模式：台外专业公司负责节目制作，北京电视台向其支付大额节目制作经费。由于大型节目的二元属性（即意识形态属性和产业商品属性）和策划创意、后期制作等模糊性成本决定了市场定价难以明晰和稳定，而且都是由台外公司负责具体支配节目制作经费，作为电视台的内部审计人员很难进行有效监管，也容易导致委托制作过程存在管理风险。

二是目前经济责任审计存在弊端。北京电视台的经济责任审计工作一直是实行事后审计的模式，即先进行职务调动再开展经济责任审计。这种模式在实际工作中存在以下弊端：一是不利于及时发现问题。根据北京电视台的实际情况，中层领导干部职务调动较少、在同一岗位的任职时间较长。面对较长的任期、具体工作人员的频繁变动及规章制度的更新和废止，审计人员很难在较短的时间审查出问题。即使发现了问题，由于时间久远，问题造成的损失早已客观存在，审计“免疫系统”的作用很难得到体现。二是不利于整改落实。由于领导干部职务调动后再对其进行审计，继任的干部则需要负责审计整改工作。作为继任者对审计整改的积极性不高，尤其是面对历史遗留问题，不仅对其中原委无从得知，而且更容易产生抵触情绪，导致推诿搪塞、久拖不结和“选择性整改”。三是不利于事业健康发展。通过事后审计发现的部分问题已既成事实、给北京电视台造成了损失。由于相隔时间较长，相关人员可能已离职、涉及的台外公司可能已变更，导致部分问题很难进行整改，也使追索补偿很难实现，无法切实维护北京电视台经济利益。四是不利于保护干部。事后审计无法对领导干部任期内的各类决策、各项业务进行有效约束，无法及时发现问题、规范管理，会使“小病”积成“大病”，不利于干部的健康成长。

三是审计整改仍需深化。虽然近年来我们加大的审计整改力度，但有些问题仍然久拖不结、整改不到位，其中有两类情况尤为突出：一是“屡审屡犯”，例如虚假发票、合同执行不规范、倒签合同等问题，虽然经过了多次整改，但直到 2015 年度财务审计时发现上述问题仍然存在。二是历史遗留问题，例如以前年度遗留资产处置问题、台属房产的日常管理问题、舞美道具回收流程缺失问题等，虽然已经责成相关部门多次整改，但整体效果不够理想。上述情况的存在主要是由于内控制度不完善、问责力度不够、管理意识淡薄、缺少行之有效的联动机制等多种原因造成的。如果长此以往，不仅会使审计整改流于形式，而且将从根本上降低内部审计的整体工作效果。

四是内部审计外部化存在一些不足。根据北京电视台事业产业的发展情况，北京电视台自 2010 年逐步开始委托社会中介机构负责完成部分审计项目，也逐步形成了内部审计外部化的工作模式。社会中介机构针对北京电视台的实际情况提出了一些具有可操作性的意见和建议，并使社会人力资源得到充分有效的利用、节约了审计成本，但也存在一些不足：一是外部审计人员对台内信息掌握不充分、不熟悉电视台的具体业务，对于电视节目的时效性和艺术效果所导致的隐性成本更是缺乏理解与认知，这都直接影响到审计工作的效果，甚至会导致审计结果出现偏差。二是个别外部审计人员缺乏主动性，无法像内审人员一样积极主动地帮助电视台发现问题、提出着眼于电视台长期发展战略建议。个别社会中介机构过于关注审计成本、追求最大的经营利润，导致审计质量参差不齐。例如某社会中介机构承揽北京电视台 2015 年度财务审计业务，为了降低成本，他们主要让一些缺乏审计经验的应届大学生或实习生参与审计，导致工作过程中出现审计评价有误等问题，使审计质量受到影响。

三、加强内部审计工作的几点建议

第一，继续加大重点抽查审计力度。一是要突出重点，针对重要栏目、重点部门、关键岗位加大抽查审计力度，找出工作中的薄弱环节和风险点，及时加以整改和防范。二是强化时效性。通过财务联网系统对各项支出的审批流程进行即时监控，相关费用一旦结账完毕，即开展专项审计，确保快审快改。三是增强抽查审计的深度，相关抽查审计不局限在财务账面上，而且要关注相关审批程序、手续是否合规，要关注各项支出是否合理，合同执行过程中是否规范等，确保审深、审透、审准。

第二，对于委托制作的大型节目进行动态监管和成本控制。一是通过事前登记备案、相关部门对预算进行初步审核、事后进行专项审计等多种方式对委托制作的大型节目进行动态监管。二是在委托节目制作协议中特别约定有关条款，明确电视台对节目经费使用情况进行审计的权利、双方对于审计发现问题的解决方法，并约定将审计结果作为北京电视台支付节目制作成本的依据等。三是由委托制作节目的台内部门派遣专人进驻制作团队，对大型节目制作过程中的重要洽商、关键环节进行现场监管，并对大额支出予以签字确认。四是由社会中介机构与电视台内审人员组成审计小组，对委托节目的支出情况进行审核，重点关注各项支出是否真实、是否合法合规，由社会中介机构提供具有法律效力的审计报告，作为电视台衡量制作成本的重要依据。

第三，强化审计整改问责。切实加强问题整改和审计建议采纳情况的督促检查力度，坚持把查问题、提建议、抓整改有机结合起来。一是加大对“屡审屡犯”问题的审计整改责任追究力度和处罚力度。对整改不力、屡改屡犯的，要与主要负责人进行约谈，严格追责问责，并对金额较大、性质恶劣的相关部门、相关人员予以一定的行政、经济处罚，确保审计整改落实到位。二是把历史遗留问题列为“一把手工程”，实行统一部署、统一领导、统一督导，从台级层面推动整改落实，将历史遗留问题落实到每个分管台领导、部门领导，责成相关部门制定“路线图”和“时间表”，尽快妥善解决问题。

第四，逐步推行领导干部任中审计。一是按照《党政主要领导干部和国有企业领导人员经济责任审计规定》的有关要求，结合北京电视台的实际情况，对权力集中、资金密集、资产聚集的重点部门、关键岗位及任职时间较长的领导干部实行轮审制度，在干部任期内至少进行一次任中经济责任审计。二是在任中审计过程中重点关注各类决策行为、经济指标完成情况、经济责任履行效果、财务收支是否真实合法、内控制度是否健全、内部管理监控是否到位及领导干部遵守财经纪律和廉洁状况等。三是将任中审计结果及时反馈给党委、纪委等部门，作为相关部门对领导干部业绩考评和职务任免的参考依据，更加客观公正地考察和选拔任用干部。四是向被审计人及时反馈审计结果，明确其应承担的责任和义务，督促其纠正审计查出的问题，提出整改要求，并要求被审计部门将整改情况在规定期限内予以反馈。

第五，对引入社会审计单位加大管理力度。一是通过招投标的形式定期更新“北京电视台审计业务中介机构备选库”，扩大备选中介机构的范围。二是对社会中介机构的执业质量、工作效率等方面进行考核，重点关注审计进度是否延误、审计过程中是否出现重大失误、审计报告是否存在明显错误、审计评价是否存在偏差等。对于严重影响审计质量、导致审计可信度受到质疑的情况，将根据情节严重程度做出降低付费标准、不再进行审计业务委托、从备选库中予以清除等处理，督促其提高审计质量。三是加大协同审计力度。在购买审计服务的过程中，内审人员结合行业特点和北京电视台实际情况对外部审计工作流程中的薄弱环节和外部审计人员的误解及时进行纠正和解释，规避审计风险。

第六，在审计过程中推行延伸审计。逐步将审计重点从关注财务风险向内控制度的健全性和执行有效性方面转变，拓展审计范围，加大非财务信息的审计力度，逐步推行延伸审计，重点关注因公出国审批手续是否齐备、合同执行过程中是否存在不合规和不合理的情况及各项内部管理规定的实际执行情况。

第七，对节目外协制作成本逐步开展效益性审计。选取金额较大、涉及专业较多的外协制作项目进行效益性审计，按照双方确认的设计方案对材料种类、制作方式、工程报价、现场临时变更事项等方面进行审核，适当考虑制作施工过程中的人工、运输、食宿等必要因素，并在一定范围内进行询价。重点关注达到一定金额的制作项目是否履行招投标程序、制作效果与设计方案是否一致及各项制作成本的合理性、效益性，并对各项审批流程的实际执行效果进行审查。

第八，对台属企业逐步开展绩效审计。重点关注台属企业在广告创收、频道资源经营、国有资产保值增值等方面的经济性、效率性、效果性，主要对台属企业的内控制度进行监督，对企业的重大决策行为、资本结构及资产配置的合理性、效益性进行核查，检查是否存在“小金库”和公款旅游及违规发放津贴等违纪违规行为，对不作为、乱作为的行为予以纠正并提出处理意见。

坚持融合创新 拥抱新媒体时代的到来

——“节目制作创新奖”历届获奖作品评析

北京电视台总工程师 田 方

进入21世纪后，随着各种新技术的发展与应用，以互联网、移动互联网为代表的新兴媒体得到了日新月异的发展。新兴媒体正在改变着我们的生活方式、工作方式以及思维方式。作为曾经占据稳固地位的传统媒体，广播电视正面临着前所未有的机遇和挑战，要不断地通过改革和创新寻求出路。广播电视的发展要与各种新兴媒体走向融合，在融合中充分发挥各自优势，形成优势互补，形成一个全新的媒体生态。只有坚持融合创新，才能在发展中把握未来的机会。习近平同志在中央全面深化改革领导小组第四次会议上，就媒体融合发展发表重要讲话，深刻阐述媒体融合的工作理念、实现路径、目标任务和总体要求。这一重要讲话具有战略性、指导性和针对性，是新时期加快媒体发展的行动纲领。面对媒体发展新趋势、新格局、新变化，北京广播电视台要实现转型升级，必须深入学习贯彻习近平同志重要讲话精神，把融合发展作为一项长期战略任务，在融合中焕发生机活力，努力构建现代化广播影视立体传播体系。

“节目制作创新奖”作为北京广播电视台节（栏）目创新奖评选中单项奖，主要用于鼓励及表彰在广播电视节（栏）目制作过程中包括灯光、舞美、摄影、录音、剪辑、三维等技术及其他技术手段的创新，通过技术创新拉动节（栏）目创新，从而为节目创造更好的品质，不断增强北京广播电视台内容生产能力，实现“创新驱动发展”工作目标。通过设立这一奖项，在北京广播电视台所属媒体中形成了一种良好的技术创新风气，涌现了一批制作精良、技术手段创新与艺术创新相结合的优秀作品，体现出一线制作人员的最高业务素质与专业水准。

自2012年活动开展至今，通过公正、公平、公开的评奖方式，由专家和观众共同选出了每届3名，共计9个作品，获得了北京广播电视台节（栏）目创新奖“节目制作创新奖”获奖作品。这些作品不仅代表着北京广播电视台技术水准，也是北京广播电视台深入学习贯彻习近平同志重要讲话精神，把融合发展作为长期战略任务的充分体现。

一、遵循规律，巩固传统媒体内容优势

习近平同志指出，推动传统媒体和新兴媒体融合发展，要遵循新闻传播规律和新兴媒体发展规律。

以北京电视台为例，新闻立台、内容为王是立足发展的根本，遵循新闻传播规律是决定生存发展的关键。在新媒体时代

背景下，信息量的爆发与传播途径的多样化，对传统媒体的传播方式与传播效果都提出了新时代背景下的新手段、新标准与新要求。

推动传统媒体与新兴媒体融合发展，首先要巩固宣传思想文化阵地、壮大主流思想舆论，通过创新表现形式，巩固发展传统业务。以2013年获奖作品《来自太空和深海的声音》为例，这是北京广播电台的一档新闻专题类广播节目，如何通过创新的节目表现形式，将“党的生日主题”与当下热点新闻“神舟九号与空间站首次对接”及“蛟龙号的成功下潜”相结合，让一档主题宣传广播节目变得更加具有生命力与表现力，是摆在主创人员面前的一道难题。该节目以我们国家探索太空和海洋的历史作为主线，巧妙地将太空和深海传来的宝贵声音素材进行展现与比较，运用了大量的音乐素材和历史声音资料，结合背景配乐与主持人的解说，通过文艺演播的方式讲述人类和我们国家探索太空和深海的历史故事，巧妙地运用剪辑手段与艺术加工方式，用声音为听众展现了一幅好似流动的历史画卷，可以说是一次将主题宣传与文艺演播，交响音画相结合的创新之作。

推动传统媒体与新兴媒体融合发展，还要遵循新兴媒体的发展规律。在融合发展的过程中，传统媒体应该善于利用好微博、微信等新兴媒体平台，强化传统媒体对于社会主义核心价值观的传播引领作用。通过不断创新节目内容与节目表现形式，制作出更多更好的电视节（栏）目，满足人民群众多样化、个性化的精神文化需要。以2014年获奖作品《狄仁杰断案新编》为例，该剧是由北京广播电台制作日播广播剧，始终遵循新兴媒体发展规律，坚持“人民至上”的理念，充分运用互联网思维，以服务受众为核心，通过微博、博客、论坛等社交媒体收获了大量的剧本题材、人物性格、情节创作方面的建议；时刻关注受众需求变化，做好受众行为习惯分析，致力于改善受众体验，及时调整创作方向，提升服务用户的质量。节目组还充分调动网络写手的积极性，邀请他们投稿参与故事创作，并且从听众中筛选群众演员走进演播室来参与节目的录制，加强与受众的互动交流，提高受众的关注度和参与度，实现了在互动中参与、在参与中传播。该剧一经推出，就得到了听众的追捧与好评，在广播电台播出同时段始终位居首位。由于其符合新兴媒体随机点播、碎片化收听的特性，在网络媒体点播中同样取得了良好的成绩，实现了传统广播形态和新兴媒体平台相互借力。

二、苦练内功，确保传统媒体技术领先

技术创新是传统媒体发展的创新驱动力。自2011年至2014年，广播电视技术不断创新，以数字化、网络化、信息化、智能化为重点，以提高聚合化制作效率、立体化传播能力和智能化服务水平为主线，推进着科技与视听传媒的融合与不断发展，也为广电行业发展奠定着坚实的技术基础。广播电视技术的不断发展，也推动着节目形态的不断创新。

1. 始终保持技术先进性

北京广播电视台始终紧盯技术前沿，紧随技术发展步伐，紧跟广播电视技术发展的新方向。随着广播电视技术的不断发展与进步，电视台如何应用3D、4K、云制作、云计算等为代表的新一代广电技术

及信息技术，打造媒体融合制播平台，从而生产出更好的节目内容，成为我国广电行业探索与发展的目标。

2012 年 1 月 1 日，我国首个 3D 电视试验频道的开播，标志着我国电视迈入了新的发展阶段。北京电视台自 2010 年就开始对 3D 电视制播技术进行探索工作，在 2011 年成立了 3D 试验小组，通过积极进行调研，不断优化并完善了 3D 电视制作系统的建设与配置。2012 年获奖作品《北京印象（3D）》是北京电视台摄制于 2011 年 10 月的一部 3D 短片。该片不仅从策划到拍摄全部打破传统 2D 节目制作常规，完全采取 3D 规范创作，而且在形式与内容的融合上也力图创新，使节目更贴近北京生活，宣扬北京文化。创作过程全面积累了 3D 拍摄的经验，为今后批量生产外景纪实类 3D 节目积累了实践经验。

自 2013 年开始，超高清电视（4K）技术得到有力推进。超高清电视技术能够更好地还原画面的真实，支持更大色域显示，能够再现更高的对比度（宽容度），展现更多的画面信息量（4K 像素数量为高清的 4 倍，8K 为高清的 16 倍），画面质感更加清晰细腻，细节表现更加充分，并能实现高清的超高速拍摄（升格拍摄），还涉及高动态范围（HDR）和 3D 音频等技术，是视听主观效果的全面提升。国家新闻出版广电总局指导于 2013 年开展并启动了高效视频编码（HEVC）关键技术研究与实验，日本已于 2014 年实现了 4K 播出，北美、欧洲也紧随其后，将在 2016 年实现 4K 播出。2014 年巴西世界杯期间包括决赛在内的部分比赛场次已实现采用 4K 进行直播，除赛制转播外，包括《舌尖上的中国》第二季在内大量的电视纪录片、专题片采用 4K 技术拍摄制作，而 4K 技术应用于演唱会、大型晚会、电影、电视剧的需求也日渐增长。4K 在电视台摄录、制作、传输、存储、播出以及内容保护等方面提出了更高的技术要求。北京电视台率先搭建了超高清（4K）采编制作系统，尝试应用 4K 技术进行超高清电视节目拍摄制作，并将 4K 技术应用于电视宣传片、MV、电视节目后期特效、大型晚会以及普通电视节目等领域的试验与制作中，如天安门大屏、《光城》（获 2013 年首届索尼 4K 杯一等奖）、《指尖上的挑战——世界最大手绘唐卡诞生始末》（获 2014 年第二届索尼 4K 杯一等奖）等。2014 年获奖作品《指尖上的挑战——世界最大手绘唐卡诞生始末》就体现着北京电视台对 4K 技术与内容的不断探索，该片无论是从内容上还是技术上都是一次突破与创新。从内容题材上，该片追踪记录世界第一大型唐卡的绘制过程，通过最先进的影像技术对这一宝贵的制作过程进行了真实的记录与展现。从技术上，该片是用 4K 标准进行拍摄和制作，4K 标准在电视行业内尚未普及，是具有实验性、前瞻性的技术创新。该片使用 SONY F65 及 EPIC 等 4K 设备进行拍摄，4K 标准比目前的高清标准更加接近人眼的还原度，大画幅、高宽容度的画面适合唐卡这类颜色艳丽、层次丰富的艺术品，以高精度的画面质量和丰富的色彩展现唐卡的艺术效果。同时使用逐格拍摄、高速拍摄、斯坦尼康运动拍摄、移动拍摄（摇臂、轨道）等特殊拍摄手法，和三维制作等，在摄影、灯光、录音等环节上极大地发挥了 4K 标准的技术强项，展现了北京电视台的技术实力，充分还原并呈现了唐卡之美。

2. 通过技术支撑创新节目表现形式

在敏锐把握行业发展方向，掌握前沿技术，引领技术发展的同时，北京广播电视台对技术的深入探索，实现技术创新、应用创新、结合性创新也在不断推动着广播电视节（栏）目的创新，并体现在不断涌现的优秀电视节（栏）目作品中。

随着电视技术的发展，国内电视台对电视节目的包装要求不断提高，在不断提升电视画面效果的同时，也对电视图文包装效果提出了更高的要求，通过在线包装系统可以让观众感受到科技进步对电视节目效果带来的飞跃性的变化与视觉效果的提升。在2012年获奖作品《中超足球转播》中，北京电视台体育节目中心在全国足球转播中率先使用了DELTA在线包转系统和超高速摄像机，引起了全国同行的强烈反响，并进一步确立了北京电视台足球转播的全国领先地位。带有立体效果的字幕包装系统、实时比赛在线包装系统大大丰富了比赛内容，增大了比赛的信息量和观赏性。

虚拟植入技术目前越来越广泛的应用于电视节目、大型晚会的录制中。配合录制现场摄录画面进行实时空间同步的三维动画场景渲染，给画面带来丰富奇幻的视觉效果，为导演提供了巨大的创作空间。通过设计师的创作，虚拟植入的物件或场景能够补充或代替传统的舞美、灯光、道具、大屏幕。虚拟所能实现的实时渲染效果，是以往任何传统演播手段都无法做到的，也为前后期节省了大量的时间及物质成本。虚拟植入技术也在北京电视台逐渐得以实践，包括BTV春晚、军事类节目《军情解码》、2014体育世界杯直播节目《最强战队》、2014年国庆新闻直播《家国梦岁月情》、演播室节目《收藏家》、中超赛事直播等越来越多的节目应用了虚拟植入技术。北京电视台的虚拟植入技术也在不断积累、进步与创新。以北京电视台春节联欢晚会为例，2013年获奖作品《2013 BTV春晚》是虚拟植入技术在北京电视台春节联欢晚会中的首次亮相，在相声作品中利用虚拟角色与相声演员同台演出的形式，也开创了全国晚会类节目的先河。北京电视台虚拟团队除需要解决技术难点外，如何保持虚拟角色与相声演员演出的同步性，是该节目内容创作与展现的一大难题。2014年获奖作品《2014 BTV春晚》中，北京电视台再次通过虚拟技术为观众带来了一次视觉盛宴。在歌舞节目《为艺术，为爱情》中，为了实现舞台结冰这一效果，在业内没有任何可供借鉴经验的前提下，虚拟团队通过近一个月的不懈努力与尝试，运用8种软件设计出两套方案，最终实现了首次在节目录制过程中实施的动态展现冰层生长凝结的效果，为烘托节目气氛、表现节目内容起到了很好的辅助效果。

除了为观众提供更加美轮美奂的视觉效果外，北京广播电视台也在通过不断的技术创新，为观众奉献更为真实、清晰、自然的听觉享受。在2013年获奖作品《BTV 2013春晚》中，通过如下几个方面围绕音频技术进行了创新。首先通过在观众席里暗埋了24只观众话筒，其中还包括2对立体声话筒，使得最终播出呈现的时候使观众犹如身临其境。其次通过分轨收录方式，利用光纤接口，将前期64路声音信号直接收录到录音棚进行分轨录制，在后期任何一路都可单独分离编辑，使得在后期环节声音处理空前的流畅。2013年春晚声音最终合成为环绕立体声，这在国内没有过现成的经验，通过音频团队不懈的努力，使得播出最终实现。这种呈现的效果得到了音频技术协会的高度评价。

三、以战养兵，提升传统媒体团队优势

北京广播电视台一方面通过不断的技术创新，始终确保行业内的技术领先优势，另一方面，加大力度进行人才培养与团队建设，通过一系列人才培养计划，在各个业务、专业上培养技术骨干、业务带头人与专业化人才，着力打造专业化、年轻化、高素质、复合型的适应媒体融合发展的团队。通过不断制定新的举措，鼓励发现人才、留住人才、更好地用好人才。除制定、完善、落实各技术岗位、业务岗位人员培训计划外，通过参与大型项目、节（栏）目制作，利用“以战养兵”的形式，迅速提升整体团队水平，始终保持北京广播电台业内领先水平。

2013年获奖作品《2012年环北京职业公路自行车赛》就是“以战养兵”的鲜活事例。在全世界范围内，公路自行车赛都是现场直播难度最大的体育赛事，赛程长、路线复杂以及对无线设备的依赖性等因素为公路自行车赛的电视转播设置很高的制作和技术门槛。为了完成环北京职业公路自行车赛这一世界顶级赛事现场直播，北京电视台体育节目中心转播团队与转播传送部的技术人员提前半年就开始了准备，参考国际惯例制定转播方案。转播团队最终动用了三架直升机和四辆经过大幅改装的宝马摩托车，参与信号传输和移动拍摄工作。其中，两架直升机分别负责在比赛起点和比赛途中进行航拍；四辆摩托车负责搭载摄像师在途中进行跟拍；另一架直升机在海拔3000米高度伴随飞行，接收航拍直升机和摩托车通过微波上传的高清图像信号。多路信号经过中继直升机的中转，下传至沿途设定的多个地面接收点，地面接收点再通过地下光缆，将信号送至位于比赛终点的转播车。通过完成环京赛的电视转播这一“以战养兵”的实践，北京电视台赛事转播团队技术与经验得到大幅提升，北京电视台成为在全国第一个运营顶级公路自行车赛现场直播的转播商，环北京职业公路自行车赛转播信号被50多个境外电视台直播使用，转播制作水平得到了普遍的认可。

四、追求极致，铸就传统媒体视听盛宴

广播电视技术的发展就是为了带给观众更好的视听感受。以北京电视台春节联欢晚会为例，该节目连续获得2012年、2013年、2014年“节目制作创新奖”。春节联欢晚会是北京电视台每年呈献给电视观众的一场声光电的视觉盛宴，春晚不仅是电视艺术的最高体现，更是当代电视技术最极致的创新体现。习近平总书记在文艺工作座谈会上的讲话中指出要“推动文艺创新”，北京电视台春晚正是本着坚持原创的精神，积极展开创新思路，在形式和节目内容上寻求突破，推动文艺创新。

在内容上寻求突破的同时，北京电视台也将最前沿的广电技术运用到春晚舞台中，并通过对技术的不断深入研究与探索，将电视技术发挥到极致，从而通过舞美、灯光艺术、音效、三维技术、虚拟技术、剪辑手法等技术手段烘托主题氛围与情景，实现晚会主题突出、特点鲜明、节奏张弛有度、整场晚会将技术与艺术展现得酣畅淋漓，实现了完美融合。以舞台效果呈现为例，2012 年 BTV 春晚根据节目内容需要，在舞台机械方面进行了大量的创新，加装的四套平稳高速维亚设备，实现了舞蹈演员从天而降的壮丽景观；运用多吊杆编组联动技术，实现了巨型宫灯静音快速升降；包装结合剪辑设计九龙壁开场，配合 35000 流明的双投影叠加结合背景大屏幕的整体设计，实现了舞蹈演员与视频特效中的龙进行互动演绎，达到人屏合一的效果。在此基础上，2013 年 BTV 春晚中，舞台增加了机械舞台与 LED 视频的配合创新，实现人屏互动，增强人的视觉冲击力；通过舞台裸眼 3D 的视觉效果，增强现场光中的视觉冲击力；整场晚会大屏幕由 7 个视频大屏组成，其中有 6 个异型大屏，技术团队攻克技术难关，完成了从未尝试过的技术实现，通过整体制作、分块渲染，最终实现 7 个视频大屏的内容无缝展现。在 2014 BTV 春晚中，北京电视台响应“要求制止豪华铺张、提倡节俭办晚会”的号召，通过对虚拟植入技术的不断研发与创新，利用虚拟技术为观众带来了一次视觉盛宴，起到了很好地烘托节目气氛效果，为表现节目内容起到了很好的辅助效果。

在不断实现着技术创新的同时，北京电视台也在不断优化节目制作流程与管理体系，使创作人员能够在有限的时间内对节目资源进行有机组合，对节目前期策划与后期制作进行高效管理，从而将每一个节目的传播效果最大化。在电视节目创作的过程中，往往面临着效率与品质的两难问题，当对节目较高的艺术质量要求与相对较短的后期制作周期相矛盾时，带给制作人员的精神压力与工作效率呈反比趋势，从而会严重影响节目呈现效果。解决这一问题，就需要在技术不断提升的基础上，合理优化节目制作流程，从而提高效率、提升制作水平、促进技术与艺术相融合。在 2012 BTV 春晚中，第一次采用多通道收录技术，采用创新的剪辑手法，使用多屏幕平行剪辑和碎片化剪辑相结合的全新技术手法，使晚会内容全面不丢失。在 2013 BTV 春晚制作中，春晚团队通过“项目制”管理方式，实现了制作流程的优化。通过采用项目制的方式，有针对性地组建一支涵盖前期策划、现场录制、后期制作三个阶段的专业后期技术团队，有助于从技术上支持节目的前期创作，在艺术上服务于节目后期的二度创作，实现技术与艺术在大型节目制作过程中的完美结合。在 2014 BTV 春晚制作中，春晚团队结合多通道收录技术及项目制作管理经验，提出了创新的“三无”制作理念，不但大幅提高效率，更使得节目效果提升到新的层次。通过多通道收录实现了“无带化流程”。素材上载到机房后，“无缝式制作流程”又最大程度的节省了制作时间，后期机房实行 5 +1 站点分配，5 个站点剪辑，1 个站点调色，这 6 个站点之间全部联网，实行素材统一管理、资源共享。此次春晚后期制作团队直接前移到节目的录制一线，形成了“无距离沟通”模式，通过沟通无距离，确保“无缝式制作流程”顺利实施。通过对制作流程的不断优化，建立了高效的大型晚会、节目的制作流程，确保后期制作绝大部分精力用于艺术加工与再创作上，使得艺术创作得以最大限度地尽情发挥。

以坚定的文化自觉和文化自信
打造“7·31”《通向2022》大直播

北京电视台副总编辑 朱 江

一项重要工作做完了，做得好做得漂亮大家都高兴，这时做一次像样的总结和研讨是非常重要的，总结和研讨之后我们还要结集出书，名字可以叫《通向2022》系列丛书第一集，后面7年可以一集一集出下去。

台主要领导提出把这次总结和研究纳入党委中心组学习和“三严三实”教育活动之中，还决定把今天的总结和研讨延长一些时间，让更多的同志走上讲台，从不同的角度进行总结和研究，这都说明了台主要领导对这次总结和研讨的重视。

总结有两种，一种是讲过程、讲经历、讲辛苦，这是表彰会常见的版本，也需要；还有一种是讲感悟、讲认知、讲规律，这是研讨版，应该是今天的主样态和主基调。我准备在10分钟内讲完，因为我看了大家发言的文字稿，张庆、少波、椰森等同志的思考都很深入，我想把时间多留一些给一线同志。

7月24日，台主要领导带领我和冬云同志向宣传部主要领导汇报我台“7·31”直播方案，当时概括了直播方案的四条思想亮点，结合这四条，今天我集中谈两个方面，先谈一谈首善媒体的“占位”和“标高”，然后结合实际运行谈几个观点和收获。

一、关于首善媒体的“占位”和“标高”

现在我谈第一个方面：关于首善媒体的“占位”和“标高”。

我们的目标是“首善媒体、大美品质”，怎么才能首善，我想有两个基本点要做到，就是“占位”和“标高”。“占位”是“占领”的“占”，“位置”的“位”，就是在重大问题、重大事件面前要不缺位，要占据应该在的位置，要发出强音；“标高”是“标准”的“标”，“高度”的“高”，就是我们这个台，这个大编辑部要把自己放在社会思想、公众态度的制高点上，要做有态度的台，要做有思想水准、文化水准的台，说句不谦虚的话，就是要做行业学习和效仿的模本和范式。主动做到这两条，我们说就是文化自觉的表现，就叫有担当，就达到了“首善媒体”的基本要求。

7月31日，马来西亚吉隆坡，国际奥委会第128次全会，决定2020年冬青奥会和2022年冬奥会承办城市，这当然是一次体育报道，所以很多媒体都派了体育记者去了前方，但是要说这只是一次体育报道恐怕大多数参与报道的媒体和记者也都不会同意，所以参加报道的还有大量的时政记者。此情此景很容易就让我们想到了1993年的申奥失利，想到了2001年“7·13”的喜极而泣，想到了40多项测试赛的日日夜夜，想到了转播奥运会火炬传递的艰难和昂扬，想到了2008年奥运会前后18天我们2000多人分头作战的壮观和辉煌，这些报道和转播都是因体育而起但又不单单是体育。在冷战时代结束，在中国改革开放30年的当口，中国这个东方大国为什么要张开双臂去拥抱这项纯起源于西方文化的体育盛会，而以西方精英为主导的国际奥委会为什么为北京奥运会给出了“无与伦比”的旷世赞誉，我们得到了什么？西方社会得到了什么？这个世界又得到了什么？我一直遗憾最后没有完成一部像样的纪录片来记录和试着回答这些问题，当年我们奥运1.35亿的总预算中做了1000万的纪录片预算，2008年1000万做10集30分钟的纪录片是个很奢侈的数字，当时的纪录片《故宫》也才600万，但后来这1000万被用在了其他方面，很遗憾，同样遗憾的是中央电视台也没做出这样的纪录片。这次冬奥会申办成功，希望7年后能有一部像样的纪录片问世。

并不是体育报道不重要，但体育之外的许多因素往往使我们的报道更重要。试想，2022年是两个100年中建党100年的关键时刻，继2008年奥运会后，2022年冬奥会一定会给伟大民族复兴的中国梦添上浓墨重彩的一笔；再说到“一带一路”的战略部署，无论是申冬奥竞争对手的哈萨克斯坦，还是128次国际奥委会全会的召开地马来西亚，分别是陆路和海上丝绸之路的枢纽之地，他们对“一带一路”的态度又不尽相同，通过外交活动推动“一带一路”战略部署的实现，其意义和价值也是体育所不能涵盖的；而京津冀协同发展的规划之下，京张携手申办冬奥更是天赐良机，是再好不过的抓手和项目。所以，在我台6月10日组织的一次策划会上，新华社体育部主任徐基仁说，“7·31”是体育报道，更是一次政治报道。我同意这样的判断。

在重大问题重大事件面前不缺位、发强音，当然不是一件容易事。就申办本身而言，从最初的志在必得，到申办前期的面对众豪强，一直到6月10日和阿拉木图在洛桑的双双陈述，用冬奥申委宣传部王惠部长的话说，我们的陈述做得很好，但发现人家做得也很好，一直到吉隆坡的难言和沉重，一直到“7·31”前夜才渐次明朗，真的是扑朔迷离，复杂多变。我们的策划整整进行了100天，我们本来有倒计时80天、60天、30天的计划，我们本来有2022亿步助力申冬奥的新媒体项目，我们本来设计了一个大的报道战役，这些后来都没能实现。在我们5月底报给上级部门的方案后，一个月的时间里，我们先后接到了若干份批示，领导要求我们要把握好度，要进退自如，要考虑退路。我们充分理解领导的整体把握和辩证思考，并不断修改方案 在整体方案和报道中给予了坚决贯彻执行。

这些情况我多次向班子的同志报告和通报，我也多有犹豫，我们在3个多月的时间里接到的宣传口径就是低调、低调、低调，我们有太多的时机和理由打退堂鼓，何况我们要额外拿出七八百万的预算，何况我们抗日战争胜利暨世界反法西斯战争胜利70周年的宣传，京津冀协同发展的宣传，世界田径锦标赛的宣传等又是那么紧迫。是党委的坚定不移，结果才可能有了我们“7·31”的不缺位、发强音，才有了宣传部主要领导说的，即使申办不成功，你们的直播也是成功的。我想这得益于我们全台上下对于媒体责任的认识，对于首都电视台功能的理解，是坚定的文化自觉性和坚强的担当精神的突出表现。后来想，如果我们真的打了退堂鼓，最后敷衍了事，应付了事，失去机会大家遗憾是小事，那实在是我们的缺位和失职，是我们没有尽到责任。

坚决做的问题解决了，接下来还有个怎么做的问题，这其实是个“标高”问题，比如像有的媒体以“花落谁家”为报道落点就显得很不大气。我们选择了几个角度：一是大国风范，绝不小国寡民，不以得失论英雄，这是25年后中国再申奥同当年的大不同；二是要用翔实的细节和人物，要用浓烈的情感讲述中国故事，讲述中国人民向往美好的积极愿望；三是要宣传党和政府的宗旨意识也就是为人民服务、为群众服务的意识，不管申奥成功与否，建设项目、空气治理、交通提升等都会按计划有序推进，最终目的还是社会进步，经济发展，人民幸福。我们觉得这样既不抽象晦涩又能起到“标高”效果，体现思考深度和价值取向。这也是一个大题目，这里就不展开了。总之，我们希望把“7·31”直播打造成既“占位”又“标高”的作品，这个目的基本达到了。

二、结合实际运行谈几个观点和收获

在第二个大问题当中我想谈三个方面的观点，先谈一谈直播形态问题。做新闻的同志大都同意这样的说法，叫作新闻的魅力在直播，直播的魅力在于行进性和不可知性。细分起来新闻的直播有三种，一是演播室直播，像我们新闻频道日常的播出大部分都是采用的这种方式，它考验的是播出流程的合理和流畅，也可以使截稿时间尽量向播出时间靠近。第二种方式就是对已经安排好的新闻场景进行直播，像一般性的仪式或活动，像我们做的草莓节、桃花节、海沙节，这类直播没有更多的悬念，不够吸引人，收视也不会高。第三种方式是最典型的新闻直播，像2012年的“7·21”大雨，像我们这次的“7·31”大直播，它随着时间在不断地演进和变化，它的过程和结果都不可知而又是人们十分希望知道和看到的，这类直播期待高、收视好、影响大。

在2011年设立新闻频道之前很长一段时间，我们基本上只有第一种演播室直播。2011年设立新闻频道后我们开始组织和演练第二种直播，以草莓节、桃花节为代表，我们新闻频道每年这类直播有几十场，每场少则两三个小时，多则七八个小时，按当时宣传部主要领导的评价，是开创了为一线经济发展直接服务的先河，在我们内部其实也起到了锻炼队伍的作用。前面两种直播方式，直接催生了“7·21”和“7·31”两个大直播，“7·21”直播获得了中国新闻奖，是直播工作锲而不舍实践演练的结晶，“7·31”直播也再一次获得好评和好收视，仔细分析，后者比前者在规制、布局、章法、调度、思想价值等方面又有进步。我建议要加大第三种类型的直播，这对于我们首善媒体的“站位”和“标高”，对于我们新闻立台和建设新闻大台都至关重要，对于我们区别于新媒体自媒体，也是独特优势。

接下来谈谈中心厨房式的编播方式以及传统媒体和新兴媒体间互相借力的问题。台主要领导提出这次直播要争取获得节目大奖，我就多次和大家讨论，我们获奖能有什么利器呢？这时领导又反复强调新媒体的应用，这和我们大家讨论的结果就高度一致了。直播过后，在编前会上我试着用了“里程碑”的评价，BRTN在他们的总结中用了“前所未有”的评价，大家很兴奋，但我们的实际收获是什么呢？我觉得最大的收获就是努力实现了中心厨房式的编播方式。那么什么是中心厨房式编播方式呢？就是面对电视、广播及各类新兴媒体的不同终端，采取六统一的原则，即：统一策划、统一调度、统一活动、统一采制、统一推送、统一互动。或者换句话说，叫“记者一次采集，编辑多次生成，渠道多元传播”。前面的说法较为宏观，后面的说法趋向微观，我们这次都初步实现了，包括我们还特意邀请了唐山、承德、张家口的广播电台传送我们的音频信号，就是想把中心厨房式的编播形态做得更典型一些。

我认为我们未来的发展方向无论是在理念上还是在机制上，都应该是建立这样一个以中央厨房式的编播推送为基本方式的新型传媒机构。这个过程中我个人认为有三个问题还要理清楚：一是传统媒体办新媒体不是要再办一个百度、阿里或腾讯，而是新媒体要充分开发利用传统媒体公信力和权威性强的特点，而传统媒体要通过办新媒体摆脱受挤压的境地，要再次“焕发青春”，这就是要互相借力，甚至是变二为一，也就是要一体化；再就是新媒体要努力做实，这也是这次直播在策划时我反复要求的，新媒体要有自己的设置和产品，后来启用新媒体演播室，启用360小摄像头，启用摇一摇，包括在主演播室开设虚拟体育场，这都是把新媒体做实的结果；第三条想说新媒体的作用今天还需要在电视端较多的表现出来，将来新媒体的考核应是PC端、IP端 、App端的推送成果。我相信中心厨房式编播方式，传统媒体和新兴媒体一体化方向，从而打造新型媒体机构等，一定是今后一个时期的主要话题之一 。

最后想再简单谈一个认识，即：只有大整合才有大发展。这次我们拿出了卫视、新闻、体育和新媒四个播出主体，我们有将近20个部门的近千人参加工作，我们在创意、团队、渠道、设备、传统媒体和新兴媒体等多个层面进行了最大限度的整合，这是我们这次成功的一个经验。

同处于一个台，我们有时会铁路警察各管一段，有时会有“土围子”的现象，同处广电领域，人家讲究产业链，我们往往会被“产业段”所束缚。我一直十分关注上海广电的改革，最近一轮改革的关键就是资本整合、业务模块整合、机构整合、团队整合等等，我相信上海广电的发展是有潜力的，是有后劲的，是代表未来方向的。我认为就媒体行业而言，只有大整合才有大发展。

（2015年8月21日）

电视媒体公益广告的思考

——以北京电视台公益广告创意及经营为例

北京电视台副台长　王　澎

随着社会的发展，时代的进步，公益广告对于电视媒体而言，地位越来越重要，作用也越来越凸显，毫不夸张地说，公益广告已经可以逐步成为电视媒体发展的一个重要方向，在弘扬社会主义核心价值观，提升社会的文明程度，引导舆论、改善风气、增强民众思想道德水准等方面，起到至关重要的作用。

一、法律法规对公益广告提出越来越高的播出要求

《广播电视广告播出管理办法》是2009年国家广电总局出台的61号令，是近年来第一次以文件形式对电视媒体提出公益广告的播出要求。文件中规定“播出机构每套节目每日公益广告播出时长不得少于商业广告时长的3%。其中，广播电台在11：00至13：00之间、电视台在19：00至21：00之间，公益广告播出数量不得少于4条（次）”。

最新修订的新版《广告法》于2015年9月1日开始执行，第一次以法律形式提倡公益广告的制作播出，明确规定：“国家鼓励、支持开展公益广告宣传活动，传播社会主义核心价值观，倡导文明风尚。大众传播媒介有义务发布公益广告。广播电台、电视台、报刊出版单位应当按照规定的版面、时段、时长发布公益广告。公益广告的管理办法，由国务院工商行政管理部门会同有关部门制定”。

《公益广告促进和管理暂行办法》根据《广告法》要求，国家工商行政管理总局会同国家互联网信息办公室、工业和信息化部、住房城乡建设部、交通运输部、国家新闻出版广电总局，共同颁布了《公益广告促进和管理暂行办法》。该《办法》共16条，自2016年3月1日起施行，成为我国公益广告发展的指导性文件。

二、北京电视台近年公益广告创意及经营概况

北京电视台在公益广告的创意制作和经营上起步较早，但一直未能形成规模效益。随着近年来上级主管部门对公益广告的要求不断提高，自2012年3月份，广告部成立公益广告策划制作团队，开启了公益广告的创意制作和经营工作，2012年年底，广告部正式成立公益广告科，在省级电视媒体中首开先河。

在起步阶段，广告部首先充分利用台内的各部门资源，开展充分合作，设计出带有鲜明标识的“中国人 公益心”的公益广告专用LOGO，通过与各频道、制作部的充分融合，当年自制公益广告27版，播出公益广告5万余次，在最短的时间内扩大了北京电视台公益广告的宣传影响力。

在客户开发方面，广告部首先规范公益广告收费标准，做到明码标价，有据可依。其次与台内相关部门合作，梳理北京市各委办局、郊区县的总体概况，寻求合作契机，例如2012年与北京市商务委员会开展合作，2013年与丰台区委合作园博会项目，2014年与新闻中心全面打造“直播+节目+公益广告”的常态化合作模式。再次，利用部分商业客户开展公益项目合作的契机，寻求广告增量，例如2013年与华夏银行合作北京电视台优秀主持人评选的公益项目。

在规范管理方面，2013年广告部与总编室共同出台了《北京电视台公益广告制作播出管理规定》和《北京电视台公益广告宣传工作方案》。2015年根据北京电视台广告经营改革的实际情况，广告部与总编室再次提出了公益广告的“三统一原则”，即统一对接出口、统一收费标准、统一播出方式，同时结合多家经营主体的经营现实情况，制定了《公益广告播出及执行流程》，确保北京电视台各频道公益广告的播出频次符合上级单位的相关要求。

在对外宣传方面，北京电视台积极向央视学习制作公益广告、台内合作方面的先进经验，了解央视对客户公益合作政策，研究“百部公益广告片”的制播情况和操作模式。此外，北京电视台广告部积极参加广告节黄河奖、星光奖、央视公益广告大赛等社会活动，逐渐扩大了北京电视台的公益广告传播力和影响力。

在广告效果方面，以无偿献血的公益广告为例，作为电视媒体担负着为全市无偿献血工作做宣传的责任，片子效果如何直接反映到当年全市无偿献血量的多少，因此从片子最初创意到后来的播出，广告部都做了大量细致跟踪工作，从分析各频道不同受众的特点，到协调黄金时间段，再到最后的实时监测调整播出段位，最后评估显示，截至2015年5月，北京市有累计1.9亿人次看过该公益广告，其中单次最高收视8.7%，有效实现北京市民对无偿献血宣传的高度知晓。从献血办得到的反馈，北京市参加无偿献血的人数和献血量实现双增长，扭转了近两年来采血下滑的趋势。

	公益广告创收	自行创意制作版本	当年总计播出版本
2012年	1245万元	27	62
2013年	2200万元	8	100
2014年	2500万元	32	50
2015年	1000万元	40	81

三、对于电视媒体公益广告的思考

加强公益广告创意，彰显电视媒体制作实力。在传统媒体日益受到新媒体冲击的大环境下，“内容为王”是硬道理。电视媒体处于宣传阵地的一线，能够把握住时代的脉搏，掌握社会的变化节奏，加上多年积累的人才优势、设备优势，拥有强大的创意制作能力，完全可以通过公益广告的制作来展示实力，扩大媒体的影响力。无论是央视，还是省级电视媒体，近年来均加大了在公益广告的投入力度，充分说明电视媒体已经越来越重视公益广告的作用，甚至将其作为长远发展的一步战略布局来看待。

开发政府客户，扩大收入来源。电视媒体是党管的媒体，有一个显著的特征就是“背靠体制，面向市场”。北京作为首都，无论是中央单位还是地方单位，无论是委办局还是郊区县，都拥有充裕的宣传经费和强烈的宣传需求，而北京电视台是首都的唯一电视媒体，是政府单位所认可的重要宣传出口，因此完全可以通过公益广告来增强北京电视台与各政府单位的合作力度，媒体增加广告收入，政府部门达到宣传目的，首都市民看到丰富的宣传内容，实现多方共赢。

慎重对待商业客户的介入。随着公益广告的逐渐普及，很多商业客户也把目光聚焦到了公益广告上，希望能够与电视媒体在公益广告上开展合作，最典型的例子就是央视在近年的春节联欢晚会上，不能插播商业广告，但都会插播两三个含有客户元素的公益广告，成为春晚插播的唯一广告资源。

北京电视台在商业客户介入公益广告上，一直保持谨慎的态度。一方面是由于公益广告整体价格低于商业广告价格，一旦将客户的商业广告界定为公益广告，就会使客户花少量的钱达到同样的宣传效果，造成媒体的收入损失。另一方面，一旦商业客户介入公益广告的创意，很多宣传内容就不好把控，容易出现导向问题。但在实际经营过程中，北京电视台曾多次尝试商业客户与公益活动相结合的经营方式，以公益活动宣传片取代公益广告进行播出，在满足商业客户广告暴露频次需求的同时，也增加了公益活动的宣传力度。

随着《公益广告促进和管理暂行办法》的出台，对于商业广告和公益广告进行了明确区分，预计今后商业客户与公益广告的合作会越来越正规。

四、附件《北京电视台近年公益广告获奖概况》

所获奖项：

2012 年获第十九届中国国际广告节中国公益广告黄河奖优秀奖。

2013 年获首都无偿献血工作先进集体和先进个人。

2014 年获北京电视台上半年优秀节目二等奖；首届星光公益广告大奖一等奖。

2015 年获 2012—2013 年度全国无偿献血促进奖特别奖；北京电视台上半年优秀节目三等奖。

北京市 2014—2015 年度公益广告专项扶持项目评审中，北京电视台广告部送评的“见义勇为——司马光篇”获得电视类一类优秀作品，“善待老人数字篇”获得电视类三类优秀作品。北京广告电视台获得一类优秀传播机构。

中关村杯“2015 北京国际创意奖”公益广告视频类金奖/银奖/铜奖/纪念奖（金一、银一、铜十、纪念三）。

第十九届中国国际广告节中国公益广告黄河奖优秀奖（《爱等我回家》《绿色出行》《见义勇为》）。

融合背景下电视媒体营销的新常态

北京电视台副台长　李岭涛

当前，电视媒体与新媒体的融合已经成为规律性趋势。在这一大势下，电视行业的发展开始进入行业结构重新平衡、发展动力发生转变的新常态，这也导致电视媒体的营销由传统的营销进入符合新规律、新环境、新需求、新技术等要求的全新营销阶段，即正在形成电视媒体营销的新常态。能够适应和利用好这一新常态，对于电视媒体的发展至关重要。

一、电视媒体营销进入新常态的必然性

电视媒体营销的发展是不以人的意志为转移的，必然要随着形势的发展而主动或被动地做出调整，这种调整使电视媒体的营销因更加符合规律的要求而具有更好的效果。

1. 受众主体性的基础作用要求进入新常态

受众是电视传播活动的核心和主体，是电视媒体经营活动的基础，因此也是电视媒体营销的出发点和归宿。主体性是指受众作为主体在电视传播活动中与电视媒体相关联所表现出来的特性，它表现为受众的潜在需求变为现实需求，现实需求得到从形式上、内容上到心理上的全方位满足。受众是电视传播活动的核心资源，他们主体性的发挥程度是由社会经济发展水平所决定的，影响着和体现了电视媒体对这一核心资源开发利用的效果。第一，受众的主体性影响着电视传播活动的方向，影响着电视媒体对各种机会的选择和决策。第二，受众主体意识的强弱影响着自身需求被满足的程度，影响着电视媒体与受众之间互动关系的深度和广度。第三，受众主体性具有很强的现实性，它能否得到发挥影响着电视传播活动的成败。随着民主进程的加快和社会文明程度的提高，受众的主体意识逐步觉醒，受众发挥自身主体性的要求正逐步由潜在转为现实，由模糊转为强烈。受众主体意识的渐进式觉醒为电视传播活动理念的不断演变既带来了动力，更带来了压力。

媒体竞争实质上是对受众的竞争，没有对受众主体性的尊重和挖掘不可能在竞争中取胜。但是，电视媒体对受众主体性的尊重和挖掘程度却远远落后于受众主体意识觉醒的速度。受众主体性的基础性作用要求电视媒体在多个方面作出改进。一是挖掘受众对电视内容生产的作用。以受众满意为目标，树立经营受众理念，建立专业的受众维护机构进行受众关系管理，把受众粉丝团化，通过各种渠道尽可能详细地掌握受众的信息，建立自己独有的受众关系链。针对所有的受众进行分层化和差异化服务，并且建立有效的管理信息系统。通过这些措施掌握受众心理特征和行为取向，从而为内容生产提供依据。二是调动受众参与电视传播的热情。使从电视

节目的单向传播转变为激励受众参与互动并自发传播节目的双向和延伸传播，一方面带动各种媒体上有关电视内容话题的热议，另一方面把互动的过程节目化，丰富内容的内涵、形式和风格。三是重视受众作为市场评价主体的地位。面对海量的电视内容资源，受众用收视时间长短、搜索量、点击量、下载、分享、评论、转发、赞等行为表达对电视媒体的看法，这些信息汇集成更加客观真实的大数据。电视媒体通过掌握、梳理和分析这些数据，能够发现和把握受众行为变动的规律性，从而根据这些变化及时调整内容和传播方式、传播途径，以便更加有效地实现与受众的互动。四是与受众发生经济联系，让受众参与到内容生产的收益分配中来。经济关系是市场经济条件下各种关系中最可靠、最符合市场规律要求的关系，用市场化的现实利益关系可以大大增强受众的忠诚度。

显然，受众主体性的基础作用使电视媒体与受众的关系更加复杂，点更多样，线被拉长，面覆盖更广。要应对这种崭新的局面，仅靠原有的做法是不行的，电视媒体的营销必须进入新常态。

2. 市场力量的决定作用要求进入新常态

电视媒体面对的市场正发生着翻天覆地的变化。一是受众面对的信息由少量到海量，获取信息的渠道由单一到多样，受众能够占有足够的信息，受众与电视媒体之间的信息对称性正由向电视媒体倾斜变为向受众倾斜。二是由于新媒体的冲击，电视受众有一定量的流失，受众结构越来越呈两头大（老年受众和儿童受众多）、中间小（主流受众少）的哑铃型。三是受众收视行为由传统的单一收看电视向边收看电视边使用移动媒体转变，受众对电视的专注度明显降低。四是原有用“我喜欢什么”代替“受众希望得到什么”的做法被受众所逆反，以参与、互动、体验和分享为代表的主体意识成为受众的主流价值观和媒体观。五是主流受众群的结构发生变化，90 后逐步走上舞台，而且对内容生产有着越来越重要的影响。这部分受众的心理特征与传统受众有质的不同，他们的收视行为多变，喜新厌旧倾向明显，追求娱乐至上，而且敢于表达自己的观点。六是电视媒体与新媒体的比较优势逐渐消失，而新媒体市场化程度高和技术属性强的优势开始显现，他们对市场变化的反应比电视媒体更加迅速、准确。七是媒体市场中的各种资源、要素、产品，特别是新出现的资源、要素、产品，更多地体现新媒体的特征，而且越来越呈现出向新媒体流动的趋势。

随着市场在资源配置中的决定作用得到有效发挥，优胜劣汰规律的作用也会更大程度上得到体现，电视媒体将不得不按照市场规律办事，低水平、低质量的电视媒体的生存空间将被大大压缩，各种要素资源将在市场作用下向更有利于发挥效益的方向流动，从而优化资源配置，减少资源浪费。在竞争有序的市场环境下，高质量、高素质的电视媒体获得的市场支撑将更大，更有利于电视媒体提高综合素质和能力，更有利于做大做强。

显然，市场力量的决定作用使电视媒体的生存环境更加艰难，发展压力更加明显，需要进行的改革更加迫切。要应对这种崭新的局面，仅靠原有的做法是不行的，电视媒体的营销必须进入新常态。

3. 技术力量的激发催化作用要求进入新常态

从发展的历史看，传播活动大体经历了三个阶段，一是主要依靠智力力量的阶段，二是智力力量为主、技术力量为辅的阶段，三是智力力量和技术力量并驾齐驱、通过互相作用而对传播活动的创新共同起着决定作用的阶段。从受众需求产生的根源来看，受众需求有自发产生和被动产生两种，而大部分需求是受众被动产生的，是被技术进步催化和激发出来的，从报纸到广播是这样，从广播到电视也是这样，从电视到新媒体更是这样。技术的快速进步和变革使其对受众需求的作用力越来越强，受众的新需求在技术力量的催化下呈井喷出现，这些需求数量多、种类杂，而且有多角度、多层次、多方面的特点。

相对于电视媒体，互联网等新媒体更多呈现出技术决定性和驱动型媒体的特征，这决定了新媒体在受众需求的催化过程中越来越占主导地位，而电视媒体处于相对弱势。对此电视媒体必须用心应对，要积极培育自己的技术基因，不但对与电视媒体发展直接相关的技术保持高度敏感，而且对各种看似与电视媒体风马牛不相及的技术也时刻保持随时引进消化的态势。一是利用好已有的为受众所广泛欢迎和接受的技术。二是通过分析技术发展趋势研发新的能够催化受众新的需求的技术。三是对其他行业公共服务性技术给予关注，研究能否把这种技术与电视媒体结合，使电视媒体能够切入这个行业的产业链。四是对能够带来产业集聚和消费者规模急剧膨胀的关键共性技术或关联技术给予关注，研究能否利用这种技术使电视媒体在产业集聚中占据一席之地或者取得受众规模的快速增长。五是对能够带来管理水平迅速提升的技术给予关注，研究如何利用这种技术使电视媒体的管理方式、运行模式更加适应市场的需求。

显然，技术力量的激发催化作用使电视媒体的发展更加具有跳跃性，更加具有不可预测性。要应对这种崭新的局面，仅靠原有的做法是不行的，电视媒体的营销必须进入新常态。

二、电视媒体营销新常态的主要内涵

电视媒体的营销是其研究发现市场机会、创造适合细分市场的内容产品并把这些产品让受众接受以满足他们的需求的过程。在融合的背景下，电视媒体与经济社会各个方面、各个层次的联系无论从深度上还是广度上都处于空前的水平，这必然大大丰富电视媒体营销新常态的内涵和外延。

1. 资源的协同化营销

当前及今后很长一段时间，电视媒体需要适应的规律越来越多，应该做出选择的发展路径越来越多，不得不面临的不确定性也越来越多。面对空前复杂的新局面和空前严峻的新形势，电视媒体必须适应市场在资源配置中起决定作用规律和经济发展开放、合作、共享趋势的要求，通过突破与电视发展相关的各个创新主体间的障碍和壁垒，推进资源的协同化营销，促进各种资源和要素向有利于电视媒体发展的方向流动，从而增强电视媒体自有资源和要素的扩张力、控制力和影响力。通过定位于大背景定位、大市场运作、大范围整合的资源协同化营销，电视媒体能够以更加开阔的视野、在更加宽阔的空间里经营要素资源，确保质量最高和价格最低的资源供应给自己，从而降低资源配置成本，提高资源配置效率。

资源的协同化营销可以分为多个层次。一是与新媒体的协同。新媒体越来越代表先进传播生产力的发展方向，与新媒体的协同能够帮助电视媒体在营销中适应全媒体环境下受众需求越来越频繁变动的要求，及时捕捉对受众已经发生的或潜在的行为及其心理依据；帮助电视媒体适应大众传播、人际传播等方面规律的要求，及时捕捉规律发生作用的方式、方法和途径的变化。二是与经济实体的协同。经济实体经历的市场风雨要远远超过电视媒体，与经济实体的协同能够帮助电视媒体适应国家宏观经济政策和行业产业政策的要求，及时抓住政策变化所创造的新的市场机会；能够帮助电视媒体适应竞争者市场运行规律的要求，快速掌握竞争者的风吹草动并做出准确反应。三是与技术实体的协同。技术基因的先天性缺失导致电视媒体在很多方面存在劣势，与技术实体的协同能够帮助电视媒体适应技术研发和新技术应用的变动趋势，及时把新的技术成果引入进来，充分利用和放大其可能产生的影响。四是与资本的协同。资本运作是市场经济条件下电视媒体改变积累方式的主要途径。与资本的协同能够帮助电视媒体建立与资本互动的机制，快速壮大电视媒体的经济基础；引入自身所没有的先进的经营理念、传播模式、市场基因和消费者导向意识等；利用资本的扩张力和渗透力减少电视媒体经营的盲点；利用资本的逐利特性提高电视媒体的客观中立特征，减少宣传味道，让受众特别是外国受众更加易于接受。

2. 要素的产业化营销

电视媒体的收入长期以来严重依靠广告，它技术含量高、无形资产丰富、智力要素集中、对相关产业的聚集和拉动作用明显的优势远远没有发挥，这导致电视媒体的经营自主性差，受外部经济环境的影响大。因此，发挥市场在资源配置中的决定作用，对各种要素进行产业化营销，对电视媒体改变被动局面意义重大。

电视要素的产业化营销可以打造产业链的方式进行，藉此带来商业模型的变革，带来较大的产业链效应和产业集聚效应，为电视媒体创造更多的价值和更多的应用空间。一类是以受众参与内容生产为核心的产业链。把演播室和受众生活场景融为一体，节目内容与受众生活状态融为一体，生活就是节目内容，节目内容就是生活。受众一方面利用手机等终端接受电视媒体的服务，另一方面向电视媒体提供自己的内容，这必将带来大量的互动过程，导致电视活动与受众的接触面大大扩大，接触层次大大深化，为电视媒体创造具有很强产业厚实度的新的经济增长点，使电视媒体真正进入电信的增值服务领域。在受众变为消费者的过程中，广告不再是电视的主要创收渠道，电视活动的产业链不断拉长，电视媒体通过满足受众的正当需求来获得利润。另一类是以电视媒体与实体经济的结合为核心的产业链。电视媒体既可以单独与实体经济进行结合，也可以以电商等新媒体为中介与实体经济进行结合。无论哪种结合，都会发挥电视媒体对各种要素资源的汇聚作用、对相关产业的聚集和拉动作用，创新产业形态。尤其是第二种结合，可以集中电视媒体的内容优势、电商等新媒体的互动和即时服务优势、线下的实体服务优势，打通三者之间的通道。一方面，使电视媒体的内容以及其所承载的各种价值通过新媒体传达到受众，再通过线下服务得到体验。另一方面使线下服务的各种价值通过新媒体传达到电视媒体，再通过新媒体展示给受众。各种价值在两个方向上的传播必然会把产业链拉长，创造出更多市场机会。

3. 渠道的全接触营销

在媒体市场的新阶段，受众需求越来越立体化，娱乐方式越来越多样化，传播渠道越来越多元化，导致受众分流严重，受众的时间碎片化严重。在这种情况下，电视媒体仅靠传统的一种方式或一种手段，将不可能在媒体的营销大战中取胜，必须进行多渠道、多途径、多方式的立体化全接触营销。

按照传播新规律、受众行为心理新特点，着力打造基于电视传播的一条场内传播线、分别基于新渠道新技术新方式和一般性活动的两条场外传播线三线互补互促、立体互动的传播格局，是电视媒体吸引和稳固受众的有效手段，是电视媒体与受众发生深层次关系的有效渠道。基于电视传播的场内传播线不是简单地对传统电视传播的复制，而是在录播基础上逐步实现直播常态化。这种直播是真正意义上的、以为受众实时参与电视传播为目的的直播，而不是很长一段时间以来流行的为直播而直播、把直播当作目的的直播。基于新渠道新技术新方式的场外传播线以直播为主，着眼于利用这条传播线突破现行的电视媒体单方向向受众推送和灌输内容的做法，引导受众深度参与到电视传播的决策、传播过程和评价中来，弥补电视传播参与不足的问题。基于一般性活动的另一条场外传播线是通过在电视媒体与受众之间搭建桥梁，把受众从事的各种活动过程化和节目化，成为电视内容。或者把电视节目一般性活动化，使电视内容成为受众从事的活动。通过三条传播线的打造，可以很大程度上加速电视媒体对新的技术手段、新的传播渠道和新的娱乐方式的整合，为受众提供立体的多层次的服务，使受众在每个时间点、每个需求方向、每个可利用机会都能方便地与电视媒体互动，都能获得或使用电视媒体传播的内容。

同时，搭建跨媒体、跨行业标准、传统方式和新型方式互为补充、专业技术与民用技术无缝对接的全媒体平台，为电视媒体营销实现与受众的全接触提供技术基础。一是基于移动通讯网、宽带互联网和广播电视网，一方面由受众利用能够音视频采集的各种终端通过多种信道进行视频实时拍摄、实时传输、实时审核发布、实时播放浏览，另一方面将图像、声音、文字等形式的内容通过多种信道传送至受众。在整个过程中，媒体内部之间、媒体内部与外部之间可以实现实时互动。

电视新闻栏目的杂志化编排与系统化宣传

北京电视台副总编辑　艾冬云

新闻立台是北京电视台的根基，也是当下各主要省级电视台的主流发展趋势。面对“娱乐横行”、新媒体强势崛起的今天，传递主流价值观、让观众能够更主动、积极的接受电视传递的新闻观点和信息显得尤为重要。于是，各种题材、类型、形式的新闻节目在电视屏幕上纷纷出现，深圳卫视的《关键洞察力》《直播港澳台》；上海卫视的《直播上海》《东方新闻》《东方大头条》；浙江卫视的《今日评说》；山东卫视的《调查》等一批优秀的新闻栏目活跃在荧屏之上，类型多样，题材不一，但这些新闻节目都具备一个共性，就是在新闻编排上都采用综合性的杂志化编排，在宣传方面都有自己完善、系统的宣传套路，这也是未来电视新闻节目的发展趋势之一。

新闻栏目的杂志化编排对于中国大陆电视业来说已经不再是一个新名词，而是经过了中国电视人对于电视栏目的反复探索和实践之后，逐渐形成的电视编排模式。“杂志化编排”业已在电视节目中占有一席之地，这种编排充分展现了电视人对于观众审美取向的探索，是目前为止最人性化的电视编排模式，正是由于这种编排模式的合理性，使它在电视业迅速成长并日趋完善，并且还在迅速向深度与广度方向推进的电视板块式节目——电视杂志。

当今提及电视栏目的宣传已经不再是什么新鲜论题了，随着电视业的高度发达，诞生于90年代初的大陆宣传业也在经历了20年的发展之后由单一化走向了多元化之后又迈向了系统化，虽然大陆电视宣传业已经走向了发展中的最后一个阶段，但是“系统化”宣传的理念在中国大陆并没有臻于完善，大多还只是停留于多元化的宣传阶段，并不了解“系统化”宣传到底应该如何操作。而像《艺术人生》（中央电视台）、《电视先锋榜》（北京卫视）、《探索·发现》（外购节目）这样已经具备成熟的“系统化”宣传水平的电视节目却是少之又少，所以大陆电视人应该首先将系统化宣传弄明白之后，再有计划、有步骤地进行宣传，这样才可以做到事半功倍。

下面首先来说明分析一下杂志化编排模式：

当今的电视栏目已经不再像10年前《沙与海》《丝绸之路》等纪录片那样单一地出现在电视屏幕上了，因为电视媒体存在线性传播、稍纵即逝的特点，这种单一的线性模式很难保证观众在打开电视的时候就能够看到开头部分；同时，长时间的电视节目很容易在低潮区失去大量的观众，所以，杂志化编排逐渐取代了专题化编排，非线性编排逐渐取代了线性编排模式。目前中国内地电视业更多的是在保持频道定位统一的基础上，将节目分成若干板块，像拼盘式地拼出一档栏目。如：北京电视台的《北京您早》在120分钟的节目中包罗万象，不仅在内容上涵盖了深度报道、调查新闻、服务资讯、读报、新闻快报等，在形式上也囊括了SNG直播、电话连线、路况直播、读报等，从形式到内容一应俱全，既保证了信息的丰富性也确保了形式的多样性。再比如：中央电视台的《东方时空》，既有新闻播报，又有讲述“老百姓自己的故事”《生活空间》；既有表现人物的《东方之子》，又有纵览世界风云的《世界》，一个多小时下来如吃一顿新闻大餐。

电视杂志概念及定性分析

“杂志化”是一个借用语，电视节目的杂志化有其深层的含义。在《电视辞典》中，杂志式专栏节目，被解释为将不同的内容和形式的节目编排在一起的专栏节目，类似定期出版的文章刊物——杂志而得名，集新闻性、知识性、文艺性等各种节目之锦，内容丰富多彩，结构灵活自由，形式多样活泼。而壮春雨在其所著的《中国电视概述》中，对“杂志化”专栏节目是这样界定的：“所谓杂志式，是借用文学刊物的名称。‘杂’是不纯、混合的意思。电视杂志就是指该片里有叙述、有议论、有抒情、有哲理、有人称变化、有场景变换、有知识的介绍、有背景的变化，报道、讲话、访问等各种形式交错使用，内容丰富多彩，结构灵活自由。”黄匡宇先生在《电视新闻学》中也提到杂志，“新闻杂志”是指以消息、专题、言论有机综合的板块报道形式，是电视新闻传播最完美的样式。综合以上观点，可以得出“杂志化”是一种混合产物，具有一种“集百家之长为我所用”的味道，本着“去其糟粕，取其精华”的原则在内容的选择与结构的选用上都具有开创性的节目编排方式。

杂志型栏目在结构上以精心编排的栏目为特征；在选题上，集中公众关注的重大事件和社会问题；在手法上，采用夹叙夹议、深度报道的方式。由于这些特征与人们阅读的杂志的特性十分相似，因此，人们就把这种报道形式称为杂志型电视节目。现在，杂志型电视节目已成为世界各国电视业广泛采用，并成为能在黄金时段与娱乐节目一争高低的“王牌”节目。因此杂志型栏目被说成是电视节目传播最完美的样式。

信息社会，现代传播的必然要求

中国实施的市场经济改革，不仅为国民经济注入了新鲜血液，同时也为中国的电视业发展注入了生机。“市场”概念的提出，“优胜劣汰”原则的应用，不得不使中国的电视业发生相应的积极变革。“观众就是上帝”“市场经济效益就是生命线”，深层的观念的裂变，成为电视节目制作的巨大的驱动力。使节目制作上唯有“放下说教式的呆板面孔，换上杂志化的多彩容颜”。

现代文明的冲击波无所不在而且震撼人心，其突出特色就是“制造流行”与“引导时尚”，在严格的文化社会分析中“流行（时尚）”定位在一个时期内在社会上现象和社会行为，而在目前的社会中，人们普遍的有意无意之间被流行影响和诱导着。纵观这些文化气息浓郁的辐射波，无不对杂志化的确认提供依据。

众多文化因素的催化，使杂志化无形中担当起适应——引导——塑造的责任，不仅仅是雅俗共赏的需要，而是文化自律、文化道德、文化品格与浓郁文化气息与人类情感关怀的共同关照。

人们生活节奏，受众收视心理的必然体现

杂志型节目在每天的节目中都占据了大块版面，是由它内容的丰富性和题材的多样性决定的，因而对观众有了更大的吸引作用。也就是说，现在人们的生活节奏加快，存在着节目内容的相对确定性与受众的差异性之间的矛盾。受众是主观、复杂的，是一种客观存在。如果一样的节目摆在那而要更多的观众去欣赏乃至认可是一个相当严峻的问题，“杂志化”的结构形式无疑发挥了最有效的平衡作用。给受众自由选择的空间，稳定固定的观众层，使广播变成了窄播，“收视率”得到保障，从而有了自己的受众群。同时，给了观众更多的随意选择性，并且能及时有效地反馈信息，形成一种良性循环，成为节目进步的动力。

在信息高度发达的今天，可以说传媒间很少有独家新闻了，那么面对众多传媒的竞争，各台陆续增加投入，力争吸引观众，这就使电视台之间的时事杂志节目进入了“战国时代”。谁经营好，谁就能取得较佳的收视率，因此，往往是每一突发事件或每宗社会新闻，各家新闻单位蜂拥而至，“大枪小枪”一齐出动。就看谁的角度好，谁的后期制作快，谁就能握得先机，赢得观众。

电视节目的编排和宣传相辅相成，互相呼应，既有各自的作用，也需要在现实的工作中相互协调以更好地完成栏目的推广、达到栏目制作的预期目的。电视节目的编排是一门艺术性很强的再创造工作，随着广播电视技术的发展、人民生活水平的提高、电视频道的增多以及媒体间激烈的竞争等因素的影响，将节目合理地、科学地、艺术地去设计、整合和编排显得日益重要。而电视节目的宣传，不仅仅是为了推广节目知名度，更是美化频道，创建名牌的特殊手段。

近年来，随着电视事业的迅猛发展和电视节目制作技术日臻完善，电视节目的编排和宣传越来越引起各级电视台的重视。各电视台为适应广大电视观众的喜爱和认可，无不以精美别致的总体设计、独特新颖的宣传、优质的编排去争取广大电视观众的喜爱和认可。因此，以现代化技术与艺术创意高度完美结合为手段的对电视节目进行编排、宣传已经成为各级电视台争夺观众的重要手段。

电视节目的编排和宣传技术层面的操作各不相同，但其指导思想的精髓部分却应该是相通的，即注重整体目标和整体设计。

节目编排和宣传要考虑频道定位、地域特色、节目系统的整体目标、整体设计，要有利于在总体宣传上体现鲜明的时代特征和引领时代进步的功效，让电视更好地为政治和经济服务。这就要求电视经营者和节目编播者具有前瞻意识、大局意识、创新意识，在决策和运作中准确把握电视消费市场的新变化和新挑战，使频道及早谋划、准确定位、精彩宣传，办出针对性和服务性强、为地域受众所喜闻乐见的、特色鲜明的电视节目。

1. 要了解受众层面、锁定目标群体。由于人们的社会分工、经济利益、生活方式在不断进行调整，随时面临着种种机遇和挑战，出于生存发展和提高生活质量的需要，势必对包括电视在内的各种媒体不断产生各种新的、多样化的期待和要求。因此，电视节目的编排和宣传要考虑受众的外延和内涵的变化，来决定节目编排的内容并随时做出相应的调整，把握好节目质量的高低程度和分寸，调整好节目宣传尺度和宣传方向，使节目的质量和播出时间与对应的宣传对象联系起来，与节目的实际宣传效果联系起来。节目编排的实质是寻找频道及节目和目标受众群的结合点。在编排节目时，应结合实际情况，做出科学的分析，充分考虑到新闻类节目与娱乐性节目、黄金时段与非黄金时段、对象性节目与大众性节目的有序安排，做到有的放矢，有张有弛。

2. 要了解竞争对手，合理编制节目播出方案。“知己知彼，方能百战百胜”，要使本台在竞争中取胜，首先要对自己与竞争对手有充分熟悉和了解。在此基础上，科学、合理地制定节目编排和宣传方案，从而达到扬长避短的目的。因此，对从事节目编播的人员来说，一项重要的要求就是，对其他台的节目播出情况心中有数，对自己的节目质量先期把握，对各自的宣传方式和宣传技术情况了然于心，善于事先识别和判断每个电视节目的内在价值，并把它们编排在适当的时段播出。

此外，还要做到“海纳百川，有容乃大”的博大胸怀，对于竞争对手在节目编排、宣传上的独到之处和其他有利于提升本台竞争力的手段和方法，可以适时适度地进行借鉴并发扬。

就电视节目的编排而言，还需要注意以下问题：

首先，发挥板块效应是节目编排的特色之一。板块式编排节目是指把具有关联性信息或内容的节目编排到一起，集新闻、教育、知识、娱乐、服务于一体，具有多功能优势，它编排灵活，过渡自然，整体感强，增强了视听效果，使节目的深度广度增强，其强大的信息量是吸引受众的特点之一。

其次，播出时间的固定化、准时化是节目编排的特色之二。节目编排中要有固定性和规律性，因为固定栏目的播出时间是有着一定的科学道理的，符合栏目传播的科学属性。一个具有较好声誉和较大影响力的频道，不应该任意的更改栏目的播出时间。电视栏目最忌播出非准时化，喜爱这个栏目的观众每周这个时候都会锁定这个频道等待这个节目，如果不准时，观众就会失望。长此以往，就会丧失该栏目的观众群。播出时间的固定化、准点化是节目编排中不可忽略的手法。

避强就弱、逆向思维也是一种编排艺术。所有的电视台都非常重视黄金时段的开发和利用。然而黄金时段只有有限的4个小时，那么开发非黄金时段的收视率就是节目编排中尤为重要的手法了。因此，有经验的电视人不仅要能善于利用“黄金时段”，还要变非黄金时段为黄金时段，使“冷时段”发挥“热效应”，如进行同类项合并、板块式安排、开辟双休版、周末版等。在一周紧张繁忙的工作之后，娱乐和休闲成为假日人们的期望，而双休日里，在家中收看精彩的电视节目就是一种休闲的好方式，这就形成了一个收视的新黄金时段。双休日白天电视节目编排，对于活跃群众文化生活、挖掘频道潜力、树立频道良好形象有着十分重要的意义。

一旦确定了节目编排的整体安排和思想，接下来的节目宣传就显得尤为重要。

宣传是电视节目、栏目、频道成熟稳定的一个标志，好的节目宣传能赏心悦目，本身就是精美的艺术品。因此，在既定安排下，如何吸引更多电视观众收看节目，宣传起着举足轻重的作用。而如果想将“系统化”宣传彻底搞清楚，就首先要清晰的认识电视包装到底有哪些具体作用。

电视包装的作用：电视包装制作在中国大陆能够在短短的20多年时间，有如此迅猛的发展，跟其功能的不断拓展以及电视频道、栏目等的需求量扩大是有直接关系的，具体来说电视栏目的包装作用有以下几点：

提示预告作用：预告类宣传片是最早出现的宣传片类型，它的主要作用是预告下个季度、月份、星期或者下期节目所要播出的节目内容，目前很多成熟的电视栏目、电视连续剧也会在下个时段播出之前、或者广告时段播出之前插入下个时段的栏目预告宣传片。预告类宣传片的主要目的是让观众持续关注栏目的播出，从而达到观众群的相对固定和不断拓展，保证收视率的稳步提高，其主要制作手法是设置悬念，增强节目兴趣点的渲染以达到引起观众的好奇从而持续关注栏目的效果。央视的电视栏目《走进科学》《百家讲坛》《探索·发现》在预告类宣传片的制作上非常系统化，比如：《走进科学》在每个段落结束之前都会设计一个15秒的悬念预告宣传片，将下个时段中最精彩的内容设计成悬念或者反问的样式吊起观众的胃口。

扩大认知作用：形象类、概念类宣传片是从节目的整体出发，根据栏目的风格、特点、基调，用概括性、风格化的宣传语，以及各种电视包装手法来突出栏目的标志性元素，比如：主持人、LOGO、宣传语等等，以扩大栏目的影响力、提高节目的认知度，这是电视宣传片最重要的作用，同时在栏目改版的时候也是通过电视宣传片进行改版宣传在观众中扩大信息传播渠道、增强栏目认知力度的。凤凰卫视在推出栏目整体宣传片的过程中做得是比较到位的，比如：《凤凰早班车》《有报天天读》《凤凰大讲堂》《军情观察室》等都是根据栏目的特点制作出特点鲜明、标新立异的栏目宣传片的，尤其是《凤凰早班车》在凤凰卫视刚刚开播的前半年同时推出了形象宣传片、概念宣传片、主持人宣传片，在不同时段滚动播出，在最大程度扩大了栏目的认知度。

美化栏目作用：宣传片的制作不同于常规节目，它的特点是构思新颖、设计巧妙、制作精良、画面和音乐都配合完美，在视觉和听觉上都要优于常规节目，所以宣传片还有着美化、装饰电视栏目从而提高栏目质量和品质的作用。宣传片花的出现就是很好的例证，目前中国大陆出现最多的片花主要是对栏目LOGO的演艺和主持人的展现，一方面达到了美化栏目的作用，另一方面起到了加强栏目品牌（LOGO、主持人等）认知度的作用。CCTV－3的《艺术人生》、CCTV－2的《第一时间》在片花的运用上都相对较好。《艺术人生》在节目中穿插的片花是不一样的，其中包括：“银话筒”的演艺（LOGO）、明星的人生描绘、下期预告片花等等，这些5—15秒的片花在节目播放过程中不断穿插其中，既起到了实际作用同时也美化了栏目、提高了品质。

公益美誉作用：电视栏目公益宣传片的制作有利于提升电视栏目的整体形象，

所谓公益宣传片就是在一些指定的公益日，比如：国际禁毒日、防控艾滋病日等推出公益宣传片，起到教育观众、提升栏目美誉度、扩大栏目知名度、增加栏目自身价值的目的。此外，一些电视栏目还会在适当的时期制作环保类、反战类宣传片并在一段时间内播出，以扩大节目的影响，比如：凤凰卫视的《鲁豫有约》就在伊拉克战争时期，制作了主持人宣传片，以表述本栏目反战的立场和观点，宣传片的播出效果非常好，既提高本栏目在观众心中的美誉度，又增强了观众对于主持人陈鲁豫的认知度。湖南卫视《快乐大本营》以主持人为形象代言人制作的环保宣传片“地球色彩篇”“环保电池篇”在本栏目播出之后，更是引起了强烈反响，不仅在观众中起到积极作用，也将主持人知性、亲和的形象塑造得淋漓尽致，让人印象深刻，这对梳理栏目品牌有着非常积极的作用。

以上就是电视宣传片的几种作用，可以说宣传片承担了栏目内容之外的所有宣传和推广职能，是打造节目品牌、梳理栏目形象等最为有力的手段，同时宣传的手段和宣传的类型也是多种多样的，“系统化”的宣传模式就是要有计划、有步骤地将这些宣传手段结合起来发挥其最大作用，利用现有的平台对电视栏目进行充分的宣传。

总之，电视节目编排和宣传是一门综合艺术，又是一门时间空间分割艺术，电视编辑人员要明确，电视节目编排所要达到的最佳效果是把节目放在最合适的时段播出，让尽可能多的观众收看或者分别满足不同观众的特殊需要；而宣传的最终目的则是在既定的节目编排基础上对节目进行宣传和推销，让更多的电视观众了解、产生兴趣并最终收看。新时代的电视人要不断地开创新的节目以满足电视观众的需求，更要在既有的电视节目基础上，对节目进行理性的编排和精致的宣传，只有这两者真正抓出成效，电视台才能始终沿着良性循环的轨道稳定发展。

中国在说话，中国在聆听

——《我是演说家》节目创作感言

北京电视台副总编辑　徐　滔

2015年1月24日，《我是演说家》节目迎来总冠军之夜，清华学子梁植用一篇题为《语言的力量》的演讲赢得第一季总冠军。

从2014年的10月4日起，《我是演说家》节目经过3个多月的录制，总共播出19期，全国34城市平均收视率1.18%，排名全国同时段第三位。节目播出期间，《我是演说家》位居新浪微博排行榜第一名，热门话题榜单前三甲，网民自发浏览话题量达到6.9亿次，发表评论89万条。《我是演说家》在多媒体融合的时代里，成功掀起了一股语言的旋风。

2013年，《我是演说家》节目的前身《超级演说家》曾经在安徽卫视成功播出过两季，这样一个为普通人打造的演讲舞台，为电视演讲类节目开辟了全新的模式。2014年，北京卫视联合能量传媒公司，将这档节目搬上北京卫视的荧屏，名字从《超级演说家》改为《我是演说家》。因为在这个舞台上没有“超级”的人，他们不是明星，他们没有特异功能，他们只是平凡如你我一样的人，《我是演说家》的“我”就是每一个普普通通的中国人，他们在说话，就是中国在说话，我们在聆听，就是中国在聆听。这档节目凭借语言的力量，在努力向这个时代和这个世界传递出三个信号：

一、在这里看到自信中国人的面孔

中华民族曾经拥有举世瞩目的荣耀，也经历过深重的苦难；我们曾经自尊自信，也曾戴着积贫积弱的帽子失掉自信。今天，中国处于历史上最好的发展时期，阳光、进取、乐观、拼搏的精气神，渗透在每个人的身上，只要给人们一个舞台，他们就会把这种自信淋漓尽致地挥洒出来。《我是演说家》展示的是我们这个民族在复兴道路上崭新的群体人格。

比如直面苦难的自信。患有“脆骨症”的演说家李帅，在轮椅上度过了22年的春秋。为了活下来，他用并不强壮的手臂练习俯卧撑上千个，练出了自己的铠甲。

比如把握幸福的自信。单亲妈妈章早儿，32岁的年纪与肿瘤做了5年的斗争。早儿告诉所有像她一样的人，不要去抱怨命运的不公，你或许拥有不完整的家庭，但你一样可以拥有完整的爱。

比如追逐梦想的自信。农村走出来的窦立国，从月薪600块钱的餐馆服务员，到5年攒下200万元的快递哥，再到代表阿里巴巴集团敲响纽交所钟声的中国代表。窦立国每一次的跨越都来自他不服输不放弃的坚持，来自他用毛遂自荐的方式打动别人的自信。

二、在这里看到当代中国人的情怀

习近平总书记在文艺座谈会上说过："艺术的最高境界就是让人动心，让人们的灵魂经受洗礼，让人们发现自然的美、生活的美、心灵的美。"

《我是演说家》不是在刻意挖掘或者描画人们的美丽心灵，因为那些美丽心灵原本就植根在中国人的心里。节目编导不需要刻意策划和编排，只要带着足够的诚意和敬意，把合适的人海选到这个舞台上。什么是合适的人？当然口才是基本的门槛，但更有价值的，是他们是好人和强者。无论能力的卓越还是意志的超群，只要把正能量发挥到极致，人生总是美的。热烈地追求这样的美，本身就是当代中国人活力四射、光芒闪耀的情怀。对我们这些电视从业者而言，懂得敬重这种情怀，有能力发现这种情怀，有办法呈现这种情怀，就永远不必担心作品的冲击力。

这里有放不下的亲情。演讲者孙思奇，几年前因为在国外考学，错过了见外公外婆的最后一面。她发现自己因为飞得太快，把亲人都丢了。于是，她在收到哈佛大学的录取通知书后，却选择拒绝，坚持回到父母的身边。

这里有剪不断的爱情。台湾音乐人黄国伦和妻子寇乃馨是《我是演说家》舞台上的竞争对手。寇乃馨在演讲中穿上了婚纱，她说自己与丈夫的婚姻当年并没有得到家人的支持，结婚那天没有婚礼进行曲，黄国伦唱着一首自己写的歌在教堂迎接妻子。

这里有离不开的祖国情。探险家张昕宇、梁红夫妇，他们无数次向生命禁区发起挑战，只因为有无数外国人告诉他们"中国人不行""中国人到不了那里"。于是，他们攀援下熔浆活跃的火山口，他们宿营在零下 70 多度的世界寒极，他们深入炮火纷飞的中东战场，两个人的背包里永远都装着一面五星红旗。张昕宇说，当他们从马鲁母火山探险归来时，当地的部落酋长告诉他，"世界上说中文的人是最棒的"。

三、在这里看到朴素而绚丽的中国梦

古往今来，无数演说都在说明天，说梦想，最极致的也许就是马丁·路德·金的《我有一个梦想》。《我是演说家》，这个节目名称本身就闪耀着梦想的光芒。

你会听到关于两岸统一的梦想。总冠军梁植在演讲中说，在那段特殊的岁月里，很多中国家庭被迫分开，虽然只隔着一湾浅浅的海峡，却成为很多人跨不过的乡愁。两岸统一，在他们的心中，就是回家。

你会听到关于大国风范的誓言。就像《我是演说家》亚军陈秋实说的，中国再大也是由亿万个你我组成的，你我什么样，中国就什么样，中国人走到哪里，中国就在哪里。只要你我有风骨，有风度，中国必然有风范。

中国人、中国情、中国梦，这组三原色，编织出《我是演说家》五彩缤纷的生命本色和生活本色。这是这档节目所呈现的最美丽的风景，也是北京卫视选择这档节目的初衷。

我们希望开辟一档节目，它超越年龄、性别、地域的限制，只要是讲中国话的人，都有可能站上这个舞台。

我们希望开辟一档节目，它是老百姓的主场，讲述老百姓的悲欢沉浮。

我们希望开辟一档节目，它不说教、

不训诫、不喊口号，而是用身边人身边事，塑造真实的、活力充盈的中国。

我们希望开辟一档节目，能在语言之美、人格之美、德行之美的厚重地基上，矗立起中国文化的亭台楼阁。

我们希望开辟一档节目，它能有力地展现每天都在变迁的火热生活，有力地展现人性对自由、尊严、富足、幸福的本能追求，有力地擦亮时代精神的窗口。

这样的诉求让我们焦虑，也让我们上下求索。2014年，北京卫视推出了《档案》特别系列《伟大的抗美援朝》，在严肃的史料线条里，填充进普通军人的热血故事。我们推出《身边》特别系列《生命缘》，向人们展现生命最顽强的姿态和人与人之间最伟大的情感；我们的卡酷动画频道推出动画长篇《戚继光》，告诉青少年中华民族曾经经历过怎样的考验，又是如何众志成城走到今天。

北京卫视将永远怀抱这样的初心，不是用一个省级卫视竞争排位者的姿态来要求自己，而是用一个中国首都媒体的身份来要求自己，我们希望通过每一档节目的呈现，为这个民族和国家的未来，做出自己的贡献。因为我们在说话，就是中国在说话，因为我们在聆听，就是中国在聆听。

概　况

北京电视台概况

2015年，北京电视台把握正确导向与首善定位，全力抓好精品生产与平台建设，较好地完成了全年工作任务，进一步增强了传播力公信力影响力。

一、主流媒体舆论引导力和社会责任得到彰显

重大主题宣传。依托《北京新闻》《北京您早》等重点栏目，推出“新常态新亮点”“行进京华大地讲述北京故事”等新闻专栏，展现了首都经济社会的新变化新发展。以“拍客”形式创新品牌新闻专栏“幸福绽放”，得到中宣部和市委宣传部表扬。联手津冀两地电视台推出大型采访报道《京津冀协同发展正当时》，联合西藏电视台推出大型系列纪录片《西藏》，在央视综合频道黄金时段播出。为文化部摄制专题纪录片《窗口·海外中国文化中心》，获得海内外人士好评。继续推进《中国梦365个故事》微纪录片，共播出287集。精心做好专题片《中国故事——中华文明5000年》《大西山》，弘扬传统文化和中国精神。

纪念抗战报道。围绕“铭记历史、缅怀先烈、珍爱和平、开创未来”主题，持续开展“纪念世界反法西斯战争暨中国人民抗日战争胜利70周年”宣传报道。9月3日纪念大会当天，全台12个频道并机推出“永远的丰碑”大型直播，全面报道了阅兵盛况。精心策划推出大型纪录片《伟大的贡献》，解读中国共产党带领中国人民取得抗战全面胜利的伟大历史和功勋，获得中宣部、市委宣传部领导的肯定和权威媒体、专家学者的赞扬。联合全国四地电视台推出系列纪录片《钢铁记忆》，以微观“兵器”视角展现抗日战争作为世界反法西斯战争东方主战场的历史地位及贡献。摄制系列专题片《见证》，讲述民间抗战文物收藏者故事，以抗战实物勾连细节化历史记忆。各档新闻栏目策划近10个系列报道，20余档品牌栏目推出特别节目，展播抗战题材影视剧近40部，弘扬抗战精神，营造浓厚氛围。

焦点热点引导。打造申冬奥大型全媒体直播《通向2022》，展示举办冬奥会的重要意义。启动为期三年的大型跨国电视探访活动《非常丝路·千年穿越》，探访“一带一路”沿线国家和地区，为实现增进协同发展、文明对话和文化交融的目标任务提供新平台。围绕南水北调工程、田径世锦赛及京交会、农业嘉年华、三元桥大修工程等全国、全市重点工作和重要活动，完成38场大型直播。办好“听民意解民忧”“一辨真伪”“微言大义”等新闻、评论专栏，搭建沟通桥梁。

社会公益新闻行动。在各频道策划开展“牵手蓝天”“美丽乡村 筑梦有我”“带本书给家乡的孩子们”等10余项大型公益活动，总参与人数逾千万。策划推出《行·动 北京——2015世界无车日直播特别节目》，全媒体同步直播。携手8家地面频道举办大型环保公益行动"文明旅游袋动中国"，引发广泛参与和热烈讨论。联合国家癌症中心等单位发起大型公益活动"为爱益剪"，得到社会各界关注与支持。建立微信账号"一起公益吧"，提升了公益宣传效果和公众参与度。围绕"中国梦"、社会主义核心价值观、传统节日节气等主题推出原创公益广告 70 余部，播出 14 万余次。

二、媒体核心竞争力与品牌影响力提升

2015 年，北京电视台 15 个频道共编播 12.4 万小时节目、近 5000 场直播，播发气象预警、节目变动等各类字幕信息 20000 余条次。

北京卫视在全国 34 城市收视份额为 2.14%，继续保持省级卫视第四。坚守品质价值追求，成功打造《我是演说家》《音乐大师课》《歌手是谁》等大型周末季播项目，引发观众网友好评热议，国内首档传统文化真人秀《传承者》反响良好。原创《暖暖的新家》《人生相对论》《卫健的音乐时光》《幸福的味道》等栏目实现季播化。北京卫视荣获"年度最具品牌价值省级卫视""2015 年度两岸四地创新频道四小龙""2015 传媒中国年度十大影响力卫视""金长城中国十大影响力卫视频道奖""中国电视欣赏指数省级卫视第一名"等荣誉。文艺频道联手多家地面频道众筹打造《隐藏的歌手》，策划制作"京张心连心""中秋晚会"等 20 余档大型晚会及活动。科教频道栏目《法治进行时》实现全媒体直播，《法治中国 60 分》《现场说法》品牌价值、服务能力实现新跃升，《健康北京》《您吃对了吗》形成规模化运营编播，《记忆 2015》《最北京》鲜明呈现特色文化。影视频道播出《铁核桃》等多部高收视好口碑剧目。财经频道打造"双创"节目带，推出了真人秀《众筹梦想 2015》，举办了首设京津冀协同发展大奖的"北京影响力"评选活动，参展并报道了北京金博会。体育频道较好地完成亚洲杯足球赛、田径世锦赛报道，首次承担田径世锦赛体育展示工作，完成世界杯预选赛、中超、CBA 等公共信号制作，举办了全国扑克大赛、北京广场舞大赛、五棵松冰雪节、海沙节等活动，开拓了线上线下融合发展模式。生活频道精心打造《美食地图 · 一探到底》，陆续推出《上菜 2》《幸福有鱼》等优质季播项目，推出人文纪录片《拾说什刹海》，获中宣部《新闻阅评》表扬。青年频道推出《环球春晚》《第五届北京国际电影节闭幕式暨颁奖典礼》，制作了纪录片《钢铁记忆》。新闻频道深入做好"十二五"成就报道，策划推出年终专稿《跨越》，圆满完成各项重要报道任务；开展多项大型公益新闻行动，打造《这里是北京》专题，展示首善媒体形象。卡酷少儿频道改版升级《闪天下》《卡酷异想世界》《童心不停机》《冲吧！汪汪汪》等栏目，打造了"童声飞扬""暴走拍档"特别节目和"与星星同行"大型公益活动。纪实频道推出《航行，我们的故事》《雅获跑世界》等原创作品，广泛开展国际合拍，《GPS 星际大战》获得首笔外汇版权收入，与欧洲相关机构建立了长期电视商务合作关系。

三、技术保障能力与服务水平提升

增强播出应急保障能力。顺利完成重点保障期重要直播活动的安全播出，成功实现文艺频道、纪实频道 24 小时播出。

年停播率 0.23 秒/百小时，同比下降 66%，创近年来最好水平。建成“播出通道技术监控系统”“标清传送系统 8+2 编码复用系统”，完善了“卫视不停播系统”，营造了良好的生产播出环境。

提升技术支撑服务能力。全年生产网节目日均首播数量约 800 条、时长约 140 小时。媒资系统播出版节目和资料版节目素材存储总量达 105.5 万小时，库存增长 16 万小时。推广实施了资源管理系统和配套的资产管理制度，设备资产实现全流程网络化、信息化管理。

开展新技术研发应用。积极推进“智慧媒体”项目，以云计算、云存储、大数据为核心，以云桥为纽带，建设了适配多样化媒体形态的技术支撑体系。积极开展新技术研究实践，在直播报道中广泛使用 4G 直播、手机直播、Flyaway 卫星回传、360（小水滴）摄像头、ASPERA 高速节目交换平台等新技术手段，探索应用多点位、多级别权限的通话平台，提高了直播内容时效性和可视性。成功播出全国首部杜比 5.1 环绕声技术电视剧《异镇》。全年完成 3D 节目的摄制制作 100 小时，送播 167 小时，3D 版《2015 北京电视台春节联欢晚会》和《2015 北京电视台环球春晚》在第四届“中国立体（3D）影视作品奖”评选中荣获“最佳奖”。

四、台网融合发展

组建新媒体集团。推进北京新媒体集团建设，成立专门工作小组，统筹各相关部门，明确可剥离资产情况，制定详细工作方案，有序推进转企改制相关工作，如期完成工商注册。建立台内“大编辑部”工作模式，研发完成了“BTV 大编辑部”工具和平台，探索传统媒体与新媒体内容生产网技术打通，实现了全网资源的高效聚合和大数据的可视化呈现。

发展四大新媒体平台。BRTN 网站圆满完成了全台日常节目宣传、大型活动推广、重点新闻报道等工作，制作推出了大量原创网络图文、视频节目，用户数量增长迅速，ALEXA 全球排名稳定在 2500 名，单日最高达 1400 名。北京 IPTV 用户突破 80 万并保持迅速增长态势，轮播频道、点播、专题、看吧等产品内容日趋丰富，点播内容存量 47160 小时，同比增长 143%。BTV 大媒体 APP 不断创新电视与用户互动形式，共发起互动活动 632 个，下载量超过 150 万次。BTV 微信电视矩阵建设完成，聚合各频道、栏目账号 122 个，BTV 官方微博粉丝数达 500 万，官方微信粉丝数达 60 万。

创新全媒体运营模式。组建“羊年春晚”全媒体运营大编辑部，精心设计全程运营方案，构建多屏联动互动发布体系，晚会收视率和网络点击量创下新高。在第三届 BTV“观众喜爱的主持人”评选中，首次建立了全媒体投票系统，活动启动当日主持人频道浏览量近百万。在申冬奥大型直播《通向 2022》中设立新媒体直播板块，实现了传统电视与新媒体演播室之间的实时切换，无缝结合网络摄像头与传统电视摄像机，彻底改变了传统电视采编和发布方式，被业界誉为真正实现台网融合的典范。在生活频道积极探索双屏互动和微商营销，于全国地面频道中率先开启全天候微信摇一摇活动，日均互动达 104 万人次。

五、产业经营取得新进展

广告经营。全年完成广告经营等事业收入 28.85 亿元。京视卫星公司有效稳固老客户和知名品牌，主动开发新直客，吸引溢价投放；充分挖掘北京卫视季播节目、品牌节目和剧场资源，开发特色经营，吸引冠名、软植、硬广等投放增量。京视电广公司积极盘整地面广告资源，探索销售分成、代理集群、客户期权等全新营销模式；打造“北上广深四地联盟”强势媒体平台，寻求地面频道共同突破。京视体育公司制定了“4A分众总点数”销售方式，实现了70个广告品牌投放，涵盖60个分众；发挥与体育频道紧密融合优势，开拓了赛事公共信号制作和体育文化项目等创收渠道。新纪实公司完成纪实频道广告资源梳理和广告系统搭建，开展了植入和定制类微纪录片的经营开发，实现客户签约。

产业经营。紫禁城影业公司参与出品的电影《狼图腾》《百团大战》等获得良好口碑和票房收入，多部电视剧被央视电视剧频道及他省级卫视购买播出。京视传媒公司启动建设“京视文化产业双创基地”和“京视文化产业人才培训基地”，拓展了职业教育和专业培训。卡酷传媒公司开拓市场合作模式，版权销售、票房分成、衍生周边开发、现场活动宣传等取得了良好成效。北视英特维公司拓展电视节目制作业务，圆满完成了“中国发展高层论坛2015”经济峰会、丹东国际马拉松赛等国际高规格会议和大型赛事主视频信号制作任务。黄金海岸培训中心着力加强企业文化建设，有效吸引了更多会议团体和散客。北京电视产业发展集团成立了物业管理公司，稳步推进了下属企业改制、融资工作。据初步统计，截至2015年底，台属一级企业总资产7.91亿元，其中货币资金3.85亿元，净资产4.73亿元，归属于电视台的净资产4.06亿元；全年营业总收入33.60亿元，扣除非经常性损益的利润总额1044万元。

卫视节目中心工作概况

卫视节目中心

2015年，北京电视台卫视节目中心周末大型季播节目、周间季播栏目、重大题材报道等取得较大进展，频道管理机制不断完善，在全国省级卫视排名中，北京卫视稳居第四的位置。

一、2015年收视及覆盖情况

截至2015年11月6日，北京卫视在全国34个省会城市、50个地级城市的收视测量中，始终稳定在省级卫视的第四名。在收视竞争力上，北京卫视有以下方面的提升尤为明显：

一是频道晚间时段的收视提升明显。晚间18点到24点是广告客户公认的“价值时段”。北京卫视在这一时段的全国收视率位列省级卫视第五名，收视份额比2014年同期的增长幅度仅次于湖南卫视和浙江卫视，位列省级卫视第三位。

二是北京卫视外地观众贡献率持续

增加。根据央视索福瑞的数据显示，北京卫视全天收视外地贡献率已经达到了51%，其中晚间自制栏目时段（21:00－23:00），北京卫视的外地观众贡献率达到67%，外地观众比例超过三分之二。

三是周末大型季播栏目成为拉动北京卫视收视和经营格局的“重要引擎”。北京卫视在周五、周六、周日晚间21点到23点的季播栏目时段，收视率比2014年同期增长了26%，在排名前十的省级卫视中增长幅度仅次于浙江卫视，位列省级卫视第二名。

四是全国35个中心城市覆盖率位列省级卫视第一。根据美兰德和CTR提供的全国卫星频道入户率调查数据，北京卫视全国覆盖人口接近11亿，全国省级和地市级城市覆盖率100%，全国71城市覆盖率位列省级卫视第二名，全国35中心城市覆盖率位列所有省级卫视第一名。

二、重大题材推出精品，品牌栏目价值提升

《档案》推出大型系列纪录片《伟大的贡献》和《西藏》。2015年，在市委宣传部的领导下，北京卫视《档案》栏目制作推出了两部大型系列纪录片《西藏》和《伟大的贡献》，获得了各级领导部门的肯定，引发社会各界的好评和热议。

为纪念中国人民抗日战争暨世界反法西斯战争胜利70周年，北京市委宣传部策划、北京卫视《档案》承制的大型系列纪录片《伟大的贡献》于8月24日至9月1日播出，共8集，通过独家的历史档案文献、珍贵的历史影像、电影化的高品质呈现，展现和解读在14年艰苦卓绝的抗战历程中，中国共产党发挥砥柱中流作用，带领中国人民取得抗日战争全面胜利以及世界反法西斯战争的最终胜利。

为庆祝西藏自治区成立50周年华诞，北京市委宣传部与西藏自治区党委宣传部联合策划，北京卫视《档案》栏目组承制的大型系列纪录片《西藏》于9月5日至10日播出，共6集。纪录片分为“神圣疆土”“盛世新生”“活佛转世”三大主题，系统、清晰而又深入浅出地阐明了“为什么说西藏自古以来就是中国不可分割的一部分”“西藏地区民主改革的历史意义”以及“藏传佛教活佛转世究竟是怎么回事”这三个广受关注、但同时又普遍了解不深、甚至遭到误解和歪曲的主题。

《档案》启动《长征》和《解放》纪录片拍摄。2015年，《档案》承制的另外两部大型系列纪录片《长征》和《解放》项目也同步启动。《档案》10月17日在江西于都举行了大型纪录片《长征》的启动仪式，该纪录片计划于2016年10月播出。大型纪录片《解放》计划在明年七一之前播出。

《养生堂》推出老区行特别活动。为纪念中国人民抗日战争胜利70周年，感恩革命老区人民对战争胜利和民族解放做出的巨大贡献，《养生堂》特别策划了“革命老区行”全国巡讲活动。栏目组邀请了5位国家级老中医和5位中青年骨干专家，分成5个支队前往沈阳、延安、琼海、菏泽、红安五处革命老区及战争遗址所在地，组织义诊，录制特别节目，并对当地中医院的医生进行义务培训，让权威专业的养生知识能够在老区落地生根。

三、周末季播栏目实现创新创优，拉动频道收视提升

北京卫视始终坚持符合首都定位的季

播发展战略，以弘扬核心价值观、传播正能量为主旨，不断推出创新创优的周末大型季播项目。

《我是演说家》传递中国声音，见证语言力量。2014 年 10 月 4 日至 2015 年 1 月 24 日，北京卫视播出了励志演讲类栏目《我是演说家》共 19 期节目，全国 34 个城市平均收视率 1.18%，平均排名全国同时段第三位。节目播出期间，《我是演说家》位居新浪微博排行榜第一名，热门话题榜单前三甲，网民自发浏览话题量达到 6.9 亿次，发表评论 89 万条。《我是演说家》在多媒体融合的时代里，成功掀起了一股语言的风暴，被广电总局评为 2014—2015 年度“广播电视创新创优栏目”。

《造梦者》诠释梦想力量，绽放艺术魅力。2015 年 1 月 9 日至 4 月 17 日，北京卫视播出大型表演真人秀《造梦者》，邀请姜文、姚晨、刘嘉玲、洪晃 4 位重量级嘉宾担任导师，帮助热爱艺术的普通人实现舞台梦想。《造梦者》播出 13 期，全国 34 个城市平均收视率 1.22%，最高单期 1.69%，创下北京卫视的收视新高。

《音乐大师课》音乐启蒙童心，歌声承载未来。2015 年 3 月 21 日至 6 月 5 日，北京卫视在每周五晚播出大型音乐教育类栏目《音乐大师课》。这档栏目开创了全新的季播新模式，由 4 位歌手化身“音乐老师”，辅导 16 位热爱音乐的少年传唱经典歌曲。《音乐大师课》的话题浏览量超过 10 亿人次，评论互动 57 万条，视频点击量总计超过 4.8 亿次。其中，8 岁小男孩周安信献给妈妈的《天之大》一首歌曲，其视频网络点击量超过 8000 万，微信阅读量超过 2000 万。6 岁小女孩唐子宜的《世上只有妈妈好》网络视频点击量则高达 1.7 亿。

《最美和声》第三季，弘扬音乐竞技正能量。2015 年 5 月 9 日至 8 月 1 日，北京卫视播出了大型音乐季播节目《最美和声》第三季，全国平均收视率 1.09%，位列同时段前四。《最美和声》作为北京卫视第一档大型季播节目，始终以和谐、温暖、干净的节目风格，弘扬音乐竞技类节目的正能量。

《歌手是谁》掀起跨屏传播新潮流。《歌手是谁》是北京卫视首次启用台网互动 2.0 模式的大型音乐推理节目，以新锐、大胆的方式实现北京卫视和优酷、土豆双平台的同秒播出。《歌手是谁》也在网络影响力上取得优异表现。一是网络综艺正片播放量最高。《歌手是谁》首期节目 24 小时内在优酷、土豆双平台总播放量就已破亿。节目开播 6 期，在优酷、土豆双平台的总播放量已超 5 亿。全季全网总播放量突破 10 亿，主话题“歌手是谁”阅读量 2.8 亿次，讨论量 39.3 万次。二是暑期档社交话题最热。2015 年暑假，“歌手是谁”话题阅读量突破 1.4 亿。三是互动参与人数最多。《歌手是谁》创新网台互动模式，在网络方面，优酷土豆平台打通包括小咖秀、秒拍、美拍等多个短视频平台的合作，更在优酷土豆旗下的来疯直播平台，衍生的《假唱大战》直播节目中，打造人气选手直通北京卫视，实现了网台之间更紧密的互动。从节目开播以来，通过《假唱大战》、直播互动摇一摇、游戏等环节参与互动人数突破千万。

四、周间栏目带全面季播化，台内自制搭建生产链条

2015 年，随着卫视中心节目团队的

日臻成熟，随着京视卫星公司运营能力的增强，在台制作部的大力合作下，北京卫视周间节目已全部实现台内自制和季播化。

《身边》团队打造五档季播节目，形成“缘”系列品牌影响力。2014年，北京卫视《身边》栏目组与台制作部后期团队合作，推出了原创自制医疗纪实栏目《生命缘》，荣获第二十五届中国新闻奖一等奖，并被广电总局评为2014－2015年度“广播电视创新创优栏目”。《生命缘》的“妈妈记者团”经《光明日报》等主流媒体报道，成为“好记者讲好故事”的典型。沿袭《生命缘》的季播化自制模式，《身边》团队在今年以项目制运作模式先后推出5档周间季播节目——医疗纪实节目《生命缘》、警界纪实节目《平安缘》、亲子纪实节目《幼儿缘》、家居改造生活服务节目《暖暖的新家》，以及将在明年一季度播出的国内首档体验观察类生育真人秀《生命缘——怀孕的爸爸》。“缘”系列品牌已逐渐成为北京卫视最为全国观众熟知的新闻纪实品牌。

北京卫视周间季播自制，具有重要战略价值。从2015年春节之后，北京卫视开始大面积推进周间季播节目的自制化和“回家”之路。《生命缘》《平安缘》《幼儿缘》《卫健音乐时光》《杨澜访谈录——人生相对论》《暖暖的新家》《幸福的味道》《西藏》《伟大的贡献》《档案》等10多档周间季播栏目，或通过卫视中心出资，或通过京视卫星运营的广告订制，由卫视中心编导团队和制作部后期团队合作完成，由此形成北京电视台内部投资、制作和经营“三位一体”的生产模式。季播自制对于北京卫视的发展具有重要价值。

北京卫视周间栏目带全面实现季播化。2015年，北京卫视推出多档全新周间季播节目：《卫健音乐时光》由卫视中心《大戏看北京》栏目组策划制作，是一档原创的音乐访谈类节目，由张卫健担任主持人，邀请音乐和演艺界的朋友坐进他的“音乐客厅”，用歌声抒发情感，用畅谈诉说往事。《杨澜访谈录——人生相对论》用演讲启迪人生。《我是演说家》成功播出之后，北京卫视乘势推出原创自制演讲栏目《杨澜访谈录——人生相对论》，与《我是演说家》邀请普通人走上舞台不同，《人生相对论》上的演讲者是观众耳熟能详的公众人物，但这档栏目就是要借助演讲的魅力，让观众熟悉的嘉宾展现出不为人知的真实自我。《暖暖的新家》小家大梦，为爱新生。北京卫视2015年第三季度推出家居改造生活服务节目《暖暖的新家》，邀请享誉国际的中国设计师为12户生活困难的普通人家进行房屋改造，免费为每户家庭提供最多30万元的装修费用，用家居的改造迎接家庭的新生。《幸福的味道》“健康天团”迎来新成员。北京卫视第三季度推出全国首档健康美食服务栏目《幸福的味道》，用美食的外壳包裹住健康的核心，传递正确健康的饮食方式，纠正生活中的饮食误区。栏目从医学、营养和烹饪三个维度对饮食展开探究，填补了北京卫视健康美食栏目的空缺，在《养生堂》和《我是大医生》之外，为北京卫视的“健康天团”增加了一名新成员。

五、加强频道管理和团队建设

建立全员绩效考核体系。结合台里对中心的考核指标及省级卫视竞争的激烈状况，经过反复研讨和修改，推出以提升收视排名为中心的全员绩效考核制度，将栏目部门和职能部门一同纳入考核体系，以加强频道凝聚力和向心力，增强节目竞争力。完善节目宣传推广保障机制。为加强对频道节目资源的宣传推广，梳理、整合、优化了频道宣传推广流程，明确宣传推广作为节目生产流程中的重要组成部门，加强各栏目和科室的统筹协作，并通过奖惩制度提升宣传推广效率和质量。推进卫视中心人才发展战略。不断推进项目制团队建设，培养内部优秀制作团队，加强人才战略储备。目前，北京卫视已经形成人文纪录片、新闻纪实和生活服务三大主力“军团”，具备创作攻坚、收视冲高、梯队完备的特点。其中，“人文纪录片军团”以《档案》栏目为基础，分为三支队伍同时进行《长征》《解放》和日常节目的创作；“新闻纪实军团”以《身边》栏目为基础，可以同时保证两个项目的播出和一个项目的筹备；“生活服务军团”以《养生堂》和《我是大医生》栏目为基础，同时进行《养生堂》《我是大医生》和《家的味道》三个项目的制播。

新闻节目中心工作概况

新闻节目中心

2015 年，北京电视台新闻节目中心锐意创新，圆满完成了多项重大新闻报道工作，成功推出多项特别策划和大型新闻行动，频道美誉度和社会影响力不断提升，大型直播和重点报道得到中宣部专题阅评表扬和市领导多次肯定。各项工作扎实有序，有创新，有亮点，《北京新闻》荣获中国新闻奖编排类二等奖，《锐观察》“京津冀协同发展”报道获得中国新闻奖三等奖，其他栏目、节目也多次获得业内奖项。

一、完成北京市“两会”、全国“两会”重大报道任务，与新媒体合作开拓时政报道新渠道

新闻频道创新报道方式，进行时政新闻改革，在新媒体上开拓了时政报道新渠道，圆满完成北京市“两会”、全国“两会”等重大报道任务。在提高《蓝图》《小聂探两会》《小曹跑两会》等传统专栏的影响力和收视率的基础上，首次引入“互联网大数据 + 虚拟演播室”的报道形式，推出新媒体栏目《代表委员朋友圈》，收到良好效果。在 3 月 9 日和 3 月 10 日召开的全国政协和全国人大记者会上，北京电视台的记者两次提问，尽显首都电视台的大台风范。

二、精心抓好重点报道，完成“京津冀协同发展正当时”“新常态　新亮点”“出重拳打硬仗”“幸福绽放”、建党 94 周年报道等多个有影响力的大型走转改系列报道

4 月中旬，联手天津电视台、河北电

视台，启动大型系列报道“京津冀协同发展正当时”，三台联动、同步开播，唱响三地协同发展的宏大主题。节目播出后，受到中宣部新闻阅评专题表扬以及北京市委书记郭金龙、市委宣传部部长李伟等领导的高度赞扬。

“新常态　新亮点”“出重拳打硬仗　全面提升首都环境”“行进京华大地、讲述北京故事”“春节的菜篮子”……新闻节日中心精心策划，亮点频现，推出了多个有影响、有收视的大型走转改系列报道。“五一”期间，再次推出的“幸福绽放”大型主题报道活动，在以往基础上突破创新，报道方式有创意，第三视角拍摄劳模，真实有感染力；推广手段有新意，社会征集，百姓拍客亲切贴近；宣传形式新颖，微电影为劳动者点赞，应用软件为劳动者送祝福。

积极做好建党94周年报道、“七一”系列纪念活动报道，抗战报道持续增温，“京华英雄”“伟大胜利　历史贡献”“抗战故事会”等系列报道多方发力，营造良好舆论氛围。

三、创新直播报道，完成《通向2022》大型申冬奥直播、《永远的丰碑》《农业嘉年华》《京交会》《9·22无车日》《庭审时刻》等多次大型直播

圆满完成《通向2022》大型申冬奥直播，为北京冬奥申办助力加油。直播点覆盖国内外，技术创新力度空前，加强与新媒体合作实现台网融合，内容创新追求节目品质，直播视野宏大，贯穿12个半小时，完美体现了大台风范、大美品质。

圆满完成《永远的丰碑》中国人民抗日战争暨世界反法西斯战争胜利70周年阅兵直播报道，直播节目定位准确、立意深刻、节奏紧凑、形式新颖、呈现精彩。整个直播做到了历史与现实的结合，人物与装备的结合，外场与演播室的结合，并开创了北京电视台历史上多个第一，即第一次全台12个频道同步直播，第一次在天安门广场和阅兵训练基地设立十几个直播点，第一次全媒体互动使全台微博矩阵覆盖1.5亿人次，阅读量接近3000万次。

四、树立媒体公益形象，“牵手蓝天”“带本书给家乡的孩子们”“陪伴是最好的礼物”等大型新闻公益活动持续展开，新闻节目中心获得“年度公益推动力”大奖

“牵手蓝天”大型公益活动成为新闻频道品牌。2015年持续推进，“环保摄影比赛”等各类环保活动，结合新闻频道和新媒体传播平台，吸引广大市民特别是青少年参与到首都生态文明建设中来，提升了活动的社会影响力。主持人团队在“牵手蓝天”活动中获得团市委颁发的“特别贡献奖”。

“带本书给家乡的孩子”大型公益活动，全年两季圆满收官，先后招募100多位捎书信使，募集3万多册爱心图书送往全国边远地区学校，在新疆、西藏、贵州、河北建立四所爱心图书室，产生很大社会影响。“陪伴是最好的礼物”关爱老年人，传播正能量，舆论引导润物无声、真情动人，收获了良好口碑。

2015年，新闻节目中心被授予中国慈善榜公益推动力大奖。

五、精品战略彰显主流媒体品质，推进《中国梦——365个故事》等大型纪录片和专题片制作，《这里是北京》系列专题赢取“绿色收视率”

2015年，《中国梦365个故事》硕果

累累，获得2014年度国产纪录片优秀人才扶持计划之优秀微片奖、第21届中国电视纪录片十佳十优作品“最佳微纪录作品”奖。

《这里是北京》栏目积极打造专题精品，精心策划抗战胜利70周年、“京津冀一体化”等重点主题，组合出击。“9·3”胜利日三期节目，每天20分钟扩版到40分钟，收视率比全年平均收视高出48%，占有率比全年平均值高出19%。栏目显示出对重大选题的策划能力和驾驭能力，探索出“主流价值观传播”的有效方法，赢取“绿色收视率”。

六、积极推动节目创新，继续打造“一辨真伪”“微言大义”“12345需求与反馈”等创新类节目

多个创新类节目打出品牌，“一辨真伪”专栏得到中宣部领导高度评价，“12345需求与反馈”多次得到北京市领导表扬，“微言大义”更是深受青年观众喜爱。

七、新媒体战略进入实质性阶段，统筹全中心新媒体资源，开创新媒体运用与融合的新局面

大力加强与新媒体的合作，北京“两会”、幸福绽放、“带本书给家乡的孩子”“寻找老同学”系列等重要报道，都成功引入新媒体形式，台网联合扩大影响。《锐观察》《晚间新闻报道》《都市晚高峰》《北京新发现》等栏目都通过微博、微信平台，不断提升品牌影响力。《北京新发现》栏目凝聚近13万粉丝，微信公众号已成为初具影响力的新媒体传播平台，为将来开发“粉丝经济”打下基础。

统筹全中心的新媒体资源，推出新闻节目中心统一微信公众号。除与台新媒体中心对接外，与新浪微博、腾讯摇一摇、凤凰新闻客户端、搜狐新闻客户端、央视新闻新媒体新闻部、人民网微信运营组建立联系或达成合作关系，在“反法西斯战争胜利70周年”等大型新闻行动中积极合作，深度参与报道。

八、大力加强通联工作，每月召开收视分析会议，实施栏目收视率指标和奖惩制度，更好地促进一线业务

新闻节目中心依托87家记者站、央视和CPTN三驾马车，2015年全年，记者站发稿1500余条，进一步丰富了频道的新闻资源；向央视送稿3700余条，其中《新闻联播》发稿超过百条，有力地宣传了北京市取得的成就；从央视回录中央领导到北京的新闻100余条，完成CPTN上传3000余条。

加强收视分析和节目评奖工作。新闻节目中心建立了周收视统计报表、月度、季度、半年、全年收视分析和重大事项、特殊时期收视分析体系，同时与研发部合作，定期召开收视分析研讨会，为栏目和频道的科学运行提供指导。制定了各栏目2015年收视率指标和奖惩标准，对优秀栏目进行表彰和奖励，未达标栏目予以处罚。中心新闻评奖规范化、制度化，完成四个季度的优秀作品评选工作。

文艺节目中心工作概况

文艺节目中心

2015年，北京电视台文艺节目中心全年工作可以概括为几个层面：努力打造更有影响力的地面频道；提升频道整体平台价值；完善管理与机制，锻造更有战斗力的团队。

一、打造更有影响力的地面频道

为了把北京电视台文艺频道打造成更有影响力的地面频道，主要从两个方面着手：一是重要时段的收视率与频道整体份额，二是重要节目所承载的文化内涵和美誉度。在收视率和收视份额方面，2015年，文艺频道实现双达标。其中，收视份额达到3.21%，超出考核指标2.90%的10%，连续两年实现较大增长。

这一年，文艺频道实现收视率和收视份额双达标的主要原因是文艺节目中心坚持以创作为中心任务，以节目为立身之本，静下心来、精益求精抓节目搞创作，把有营养有价值的精神食粮奉献给观众。同时，通过强化特色节目带的编播策略，进一步优化4+3的编排方式，通过新增节目样态和扩容优质节目力拼周末档，大体量、高品质的优质节目形成优势叠加，在全天五大收视区域的基础上拓展深夜时段，实现频道24小时播出。

体现在编播上可以归纳为双线作战，一是首播节目进一步找准定位提升质量赢得收视；二是重播节目通过合理编排形成再次传播的有效作用。2015年，文艺节目中心14个自制节目，其中3个日播节目、10个周播节目、1个季播节目，播出体量大的日播节目《每日文娱播报》《文娱午报》《笑动2015》收视率均在去年提升的基础上再度增长，周播节目实现增长的占到80%以上；与北上广深四家地面频道联合制作同步播出的季播节目《隐藏的歌手》获得突破性提升，平均收视率突破2%，为地面频道季播节目的生产经营提供了范本。编辑类节目和重播节目通过提高节目使用率不仅提升了份额而且降低了成本。周播节目实施日播联播，打破首播节目自然重播的原有模式，将各档周播节目进行重新梳理，以周为单位使同一节目每日连续播出。以“周播节目日播联播”“综艺麻辣烫”为核心的精编节目在非黄金时段培养了观众对文艺频道的收看习惯，进而增加了黄金时段对观众的导入，共同作用提升频道整体收视份额。

打造重要节目和活动，形成专业领域较强影响力，提高社会层面的广泛认知度和美誉度。在这方面，主要采取了以下措施：一是常规节目做到不常规。如《笑动2015》以小成本做出好内容博得好收视。每天一小时的播出体量汇聚众多优秀相声作品，兼顾评书、小品等曲艺和戏剧形式，通过《年轻无极限》《相声里的市民文化》《经久不衰的传统》等系列主题节目推广优秀戏曲文化，吸引了少与老两代观众。《春妮的周末时光》《星夜故事》等周播节目依据各自定位分别推出“家风”主题和“京味”主题，以娱乐手段和小切口反映社会大主题，弘扬核心价值观，也得到观众的赞扬和阅评员的肯定。

《每日文娱播报》第一时间报道文娱大事件和文娱热点话题，对文娱现象进行深度调查与访谈，开启趣味民调板块“原来是播报”与观众互动，同时坚守传播主流价值观的核心理念，在导向上不跑偏，在形式上新颖多样，在与新媒体的竞争上占据主导地位，不仅观众忠诚度高而且在文娱影视圈形成较强影响力和美誉度。

二是用日常节目孵化大型活动，形成日常节目与大型活动相得益彰。2015 年，以日常节目为基础，孵化了多个大型活动，包括依托《我家有明星》生成《天才宝贝追梦春晚》、依托《欢天戏地》生成“国粹生香选拔活动”、依托《笑动2015》生成《北京喜剧幽默大赛》等。《我家有明星之天才宝贝追梦春晚》不仅制作了 13 期季播节目，而且通过选拔具有超高才艺的 00 后为第二年的春晚预热，使获胜选手可以直通春晚舞台。同样，在《北京喜剧幽默大赛》6 场决赛和 1 场颁奖典礼中，获奖的选手和作品也有机会登上北京电视台春晚的舞台。

三是重大文艺晚会做到以情动人，形成广泛心灵共鸣。《2015 北京电视台春节联欢晚会》《2015 中秋晚会》《书香中国》《2015 我们的中国梦》《京张心连心》等晚会及大型活动，以文艺精品体现社会主义核心价值观，引领社会风尚。尤其是以“和美北京中国梦”为主题的《2015 北京电视台春节联欢晚会》，稳居多屏传播三项核心数据头把交椅。一是收视率第一。据央视索福瑞调查数据显示，该晚会收视率 1.91%，市场份额 5.83%，收视率和收视份额在全国 34 个城市同时段排名均位居第一位。二是微信互动第一。晚会播出同时通过微信摇一摇参与互动的观众人数达 700 万，页面访问 1.1 亿次，在当天各卫视春晚中排名第一。三是微博互动第一，微博话题“北京电视台春晚”在播出时段稳居热门话题榜第一名。新华社、《人民日报》《光明日报》等中央媒体赞誉 BTV 春晚实现了思想性、艺术性、观赏性的有机统一。以“明月照人还——心升明月，情暖中秋”为主题的《2015 中秋晚会》蕴含亲情友情家国情，发起“中秋免费咖啡温暖创业梦想”等多项公益活动，通过互联网实现多屏互动，播出时三屏同步为承德山区的孩子众筹“月亮图书馆”，受到感动的网友直呼“想要为我大北京点赞，100 个”！

美誉度与影响力不仅从高收视节目中获得，也会从立意高远、打动人心的精品节目中获得。2015 年 11 月 9 日至 16 日，文艺频道连续 8 天在 20：50 黄金时间播出 8 集纪录片《窗口——海外中国文化中心》，首次全景式展现了作为中国文化走出去的国家战略即通过建设海外文化中心推动国家间交流的情况与成就。纪录片从拍摄到制作历时一年，足迹遍及亚、欧、非三大洲 11 个国家，采访拍摄各国文化中心学员、专家、政要及驻外国大使等数百人，拍摄素材 1700 分钟。该片以纪实手法表现宏大主题，以文艺手段形成感染力，以真实故事打动人心，《人民日报》海外版用半版篇幅给予高度评价。中央电视台四套在晚间黄金时间进行重播，影响力超越了国界。

二、提升文艺频道整体平台价值

通过节目的精准定位，提高对目标观众的吸引能力，提升频道的整体价值。青年观众是各媒体争夺的主要对象，电视频道的价值也体现在能否赢得更多的青年观众。北京电视台文艺频道的日播节目《每日文娱播报》，紧紧抓住14岁至35岁青年观众的喜好与需求，从选题、配音、包装等各个方面贴近年轻人的收视习惯与需求，从而吸引愈来愈多的青年观众，也吸引来不断增多的广告客户。据统计，文艺频道全年硬广告收入超过1亿元，居地面频道栏目广告创收之首。

依托节目开展多项活动，依靠活动提升频道价值，依靠频道价值增加经营收入。2015年收官的“最美女生评选”活动获得好时巧克力冠名。下半年与热门APP小咖秀合作举行“文艺青年e起来之笑咖来了”选拔活动，并与小咖秀母公司一下科技开展直播频道合作，以及与《剧院魅影》《百团大战》等项目合作，获得近200万元经营收入。此外，《北京喜剧幽默大赛》《天才宝贝追梦春晚》也获得了妮维雅200万元冠名和光明乳业150万元的特约播映，周播节目《春妮的周末时光》《我爱收藏》分别以300万元和490万元由中国人寿、祥和珠宝古玩城冠名。

开创4家电视台地面频道联合制作、联合经营、联合播出季播节目的新模式。2015年10月18日，北京电视台文艺频道联合外地3家电视台地面频道，开播了季播节目《隐藏的歌手》，这是一档全新音乐模唱综艺节目，它所带来的不仅是收视上的突破，更是节目经营上的创新。该节目以北京电视台文艺频道、上海电视台娱乐频道、深圳电视台都市频道、广州电视台综合频道为核心，联合了视频网站爱奇艺及杭州、苏州、武汉、济南、重庆等9家地面频道进行联播。首期节目文艺频道收视率除电视剧外居北京地区同时段第一，其他三个频道收视也是位列第一，目前已播出9期，四城全人群平均同比上升22%，冠名商目标消费人群25岁至54岁收视突出，四城同比上升27%，涨幅最大的是文艺频道，其中20至40岁的年轻女性收视表现最为抢眼。

在此项目运营中，文艺节目中心与电广公司深度合作，从节目类型到模式的确定、嘉宾与主持人的选择、宣传推广平台的确认、与新媒体的合作互动、播出时间与方式等，共同与其他3台内容生产与广告经营人员反复磋商，形成了有效的合作与沟通机制。按照投入比例，北京电视台广告经营收入达到1800万元。

探索市场经营机制，以频道资源为依托开拓创收营销渠道。2015年继续充分利用市场资源，延伸产业链，推动内容生产与经营深度融合，并拓创收营销新渠道。

以商演延伸产业链。《脱口而出》栏目继去年保利剧院试水商演之后继续拓展商演市场，以全新分账模式实现商业演出的首次盈利。通过前期多媒体平台宣传，首场演出上座率百分之百。频道品牌项目《北京喜剧幽默大赛》去年在收官之后进行了公益演出，由于品牌影响力日益加强，2015年大赛刚刚开始就签订了两场商演协议。《天才宝贝追梦春晚》联手大型合家欢音乐舞台剧《甲虫山谷》，在为期一年的合作期内，《甲虫山谷》在北京地区演出总票房的5%作为北京电视台的合作收益。

依托频道资源广开经营渠道。文艺频

道与京视传媒联合运营“BTV 少年传媒学院综艺主持表演班”，秉承“体验式教学”的办学宗旨，在基础教学的基础上增加综艺节目录制、演出体验等教学内容，使学员在实践与体验中得到学习与提高。由于招生严格培训到位，开班以来受到学员和家长的高度评价，按照台里批准的意见，所有收入扣除教学成本后，与京视传媒按照比例进行利润分配，以 50% 的比例划归文艺节目中心用于频道和节目的后续发展。

三、完善管理制度与机制，锻造有战斗力的团队

结合频道工作实际不断优化管理工作，通过制度建设形成制度管人、制度管节目的模式，减少人为因素在管理中造成的随意性。

为鼓励创新创优，建立了以节目为核心的创新创优机制。以月度评奖鼓励栏目组自我突破，同时注重节目的文化质量、艺术品位。鼓励栏目组建立内部考评机制，如《每日文娱播报》开展编辑记者剪辑考试，奖励优秀互助进步；《春妮的周末时光》实行审片打分制，并制定“导演工作手册”，实现“节目内容恒定标准化”的生产目标。

科教节目中心工作概况

科教节目中心

2015 年，北京电视台科教节目中心的工作可以概括为“创新节目内容、丰富节目形态、探索特色编排、拓展经营渠道”。这一年，科教频道的平均收视率为 1.67%，平均收视份额为 4.65%，收视份额突破 5% 的达 98 天，突破 6% 的有 5 天，8 月 2 日的收视份额更是达到了全年的最高值 6.36%。在北京地区的收视排行榜中，科教中心的收视份额有 39 天位列第二，181 天位列第三。

一、创新节目内容

2015 年科教频道在节目内容创新方面做了以下工作：

创建《记忆 2015》栏目。2015 年元月 1 日开播的《记忆 2015》是一档以“口述历史故事”为特征的访谈节目，每周一至周五 20：00 在 BTV 科教播出，时长 50 分钟。作为《北京记忆》的升级版，《记忆 2015》有两大特点。首先，在选题方面，不再局限于北京地区，呈现的事件和人物不仅有国内的，也有国外的，甚至还有一些是跨国的。如《记忆 2015——法西斯三魔头的末日》《记忆 2015——光落狮城　李光耀》《记忆 2015——排球结姻缘　成就跨国恋》等。其次，在表达方式方面，手段更为丰富。栏目的升级换代为节目注入了新的活力，在北京电视台 2015 年的节目评奖中，《记忆 2015——忠诚 8431 部队往事》获上半年栏目创新一等奖，《记忆 2015——我的爱人毛岸英》获下半年优秀栏目奖。该栏目 2015 年的平均收视率为 0.93%。

创建《最北京》栏目。2015年元月4日开播的《最北京》是一档以“寻访北京之最”为话题的访谈节目，每周日20：00在BTV科教播出，时长50分钟。该栏目以北京的老字号、老街区、老物件等为道具和场景，以现场隐蔽拍摄采访为手段，以演播室“三人行”为主要谈话方式，用京味语言特有的韵味展现北京这座古老而又现代的都市之精神风貌以及在风土人情、地域文化、城市生活等方面发生的种种变迁。在北京电视台2015年的节目评奖中，《最北京》上半年获栏目创新一等奖，下半年获优秀栏目奖。该栏目2015年平均收视率为1.04%。

创建《留学生》栏目。2015年10月10日开播的《留学生》是一档“教育情感励志真人秀”节目，每周六20：00在BTV科教播出，时长50分钟。该栏目用镜头记录了当下留学生的生存状态，展示了留学生在陌生环境里不畏艰难、积极进取的生活态度，凸显了新一代少年的正能量。同时，紧紧把握情感脉络，传递爱情、亲情的温暖信息，力求在情感层面与观众产生共鸣，在操作层面上对有留学需求人群提供恰当的指导。该栏目2015年平均收视率为0.41%。

《法治中国60分》栏目增设《小关说法》板块。为了进一步增强普法的效果，从3月起《法治中国60分》增设了《小关说法》板块，用漫画的形式通俗易懂地解读法律知识，受到广电总局阅评员的表扬。在北京电视台2015年的节目评奖中，《法治中国60分》的新闻报道“公安部：广西捣毁特大制毒窝点”获下半年电视新闻类三等奖。该栏目2015年的平均收视率为0.82%。

《您吃对了吗》栏目增设“名菜新做”环节。为了更好地为观众服务，《您吃对了吗》在经过一段时间的摸索之后，从2015年2月20日开始正式增设“名菜新做”环节。该栏目针对一些传统名菜存在的原料昂贵、工艺复杂、营养失衡等情况，特意请来国家级营养师和大师级厨师，在确保口味的前提下，从健康、省时、省力、省钱的角度对它们进行改良。此举不仅使那些昔日难以制作的名菜可以时常出现在百姓家的餐桌上，还强化了栏目推崇的健康饮食理念。2015年该栏目平均收视率为0.68%。

《警法目录》栏目增设《走进警营》和《平安京津冀》板块。自2015年5月8日起，《警法目录》栏目增设了《走进警营》板块。该板块通过记者在警营的采访和见闻，展示一线民警的辛劳与坚守、执着与付出，以期使百姓理解和支持警察的工作。从2015年10月23日起，《警法目录》栏目又增设了《平安京津冀》板块。随着京津冀协同发展战略的全面贯彻落实，三地人员的流动性逐渐加大。《平安京津冀》的开设为三地警方搭建了一个信息发布的平台，在强化京津冀一体化概念的同时，通过交通、警情、旅游等信息的发布，更好地服务观众。此外，在2015年5月1日《警法目录》还开通了《平安微博》，并通过微博的电视版对一周点击量最高的两三条微博进行分析和点评，解读群众最为关注的热点问题。《警法目录》在2014—2015年度全国电视法制节目创优评析中，获“创新节目一等奖”。

二、丰富节目形态

2015年，科教频道在应用新技术、

新设备、新理念丰富节目形态方面做了如下尝试：

《法治进行时》实现直播。2015 年 4 月 6 日，《法治进行时》在经过了将近 3 年的准备和演练之后，正式跨入电视直播栏目的行列。在直播过程中，栏目尝试着运用全媒体直播的方式进行报道。4G 背包、4G 手机回传或连线，网络视频连线，电话连线，微信文字、声音、图片和视频的互动，底拉字幕实时滚动新闻等手段的应用，极大地增强了报道的时效性。此举不仅是《法治进行时》这个有着 16 年历史的中国法治品牌栏目的又一个新的开始，也是科教频道向全媒体互动模式迈出的具有历史意义的一步。随后，栏目的时长由 50 分钟增至 55 分钟。在北京电视台 2015 年上半年的节目评奖中，该栏目制作的新闻报道《百荣世贸商城大火》获得了电视新闻类三等奖。2015 年该栏目的平均收视率为 4.30%。

《健康北京》启用可移动开合的三层 LED 大屏幕。2015 年，《健康北京》由于成功地将可移动开合的三层 LED 大屏有机地植入于演播室之中，因而可以很方便地根据节目的内容，通过模拟、再现等手段，营造不同的视听觉环境，极大地改变了以往单一的讲课模式，实现了健康教育节目电视表现手段的重大突破。《健康北京》2015 年的平均收视率为 1.11%。

《记忆 2015》打造多区域访谈演播室。为了使节目更为生动，《记忆 2015》打破以往演播室一对一的访谈模式，在全新的 600 平方米演播室设立了访谈、播放和讲述三个区域，利用高科技的视频呈现手段，在播放区为主持人打造一个可“穿梭”的“时光通道”，使主持人可以“入画”到不同主题下的视频情境，然后再从视频大屏幕中“出画”，来到讲述区或访谈区。此举将“当事人口述”“主持人情景讲述”“访谈”等环节有机地融为一体，让观众跟随着主持人一同体验历史的穿越感，增强了节目时尚感和亲和力。

《最北京》栏目探索“真人秀 + 脱口秀”的叙事模式。为了更好地展现栏目的“北京味儿”，《最北京》采用了“真人秀”与“脱口秀”相结合的叙事方式。所谓“真人秀”是指充分利用栏目的嘉宾李然相声演员的角色特点，选取极具老北京特色的商场、胡同等作为拍摄地点，采取隐蔽拍摄的方式，以最自然的方式记录下颇具“相声风格”的聊天和采访的全过程，并撷取对话中最具北京特色的内容和表现剪辑成篇用以展现话题；而“真人秀”则是指在演播室内的“京味儿”访谈。同为“北京爷们儿”的三位嘉宾，40 后的演播艺术家艾宝良、60 后的京城名嘴高潮东和 80 后的相声演员李然，坐在一起侃大山，用别具特色的京味儿语言和幽默，聊往昔岁月，叹今朝变迁，抒北京情怀。“真人秀 + 脱口秀”的叙事方式造就了《最北京》独特的节目风格——“行走中的相声　北京人的乡愁”。

三、探索特色编排

2015 年，科教频道实施了一系列的特色编排，以求最大限度地满足广大观众的需求。

《您吃对了吗》与《健康北京》形成规模化的联播运营模式。此前一直作为《健康北京》一个组成部分的《您吃对了吗》，自 2015 年 1 月 1 日起，从《健康北京》中剥离，成为一个独立的栏目。由于这两个栏目是从不同的角度诠释共同的健康理念，因此科教中心对它们实行了联播编排。此举既有利于它们彰显各自的特性和品牌建设，又扩大了规模化播出的优势（有数据显示：两档节目观众重叠度高达64.76%），取得了1+1>2的效果。

加大《法治中国60分》的播出密度。2014年11月16日开播的《法治中国60分》由于其快速、碎片化、跨地域的特质，迅速得到了观众的认可，收视率节节攀升。为了使优质的节目资源得到充分的利用，科教中心在该栏目19：00首播的基础上，尝试着在21：47增加了一次重播，收到了良好的效果。2015年《法治中国60分》的播出台由初创时期的10家增至18家，北京地区首播年平均收视率为0.82%，最高达1.77%，重播年平均收视率为0.76%。

打造夜间自制节目重播带。2015年，为了提升夜间时段的节目竞争力，科教中心用王牌法治栏目《现场说法》《法治进行时》以及8点档的《记忆》《最北京》等栏目的重播在22：00—01：00时段开设了一个自制节目重播带。此前在该时段播出的《星月剧场》则延后播出。此举改变了该时段原来收视“靠剧吃饭”的被动局面，使起伏不定的收视率趋于稳定。

实现品牌栏目的无缝链接。为减少因播放节目与节目之间的时段广告而导致的观众流失，经过反复协商，科教节目中心与台广告部达成共识，自2015年6月份起，将时段广告平移至节目之中，从而实现了品牌栏目之间的无缝链接。此举，确保了前后节目之间观众流的顺畅衔接，提升了观众忠实度，取得了良好的收视效果。

实行周末特殊编排。2015年，科教频道与北京卫视合作，在周六、周日上午10：05设立了《优秀节目展播》时段，播出了《音乐大师课》《我是演说家》等一批北京卫视倾力打造的优秀作品。此举不仅丰富该时段的荧屏，也提升了其后播出的《现场说法》的开机率；同时，还为北京卫视做了宣传，实现了双赢。此外，还将《庭审纪实》调整为周六、周日一周双播，《警法目录》移至周五播出，形成了一个从周五至周日的周末下午法治大时段。此举使下午乃至晚间收视同比增加了25%。

实行节假日特殊编排。在节假日期间，科教频道根据假日主题不同，进行了大时段编排，取得了良好的效果。例如，在元旦假期，《记忆》栏目组推出了《记忆元旦特别节目》，通过回顾新中国成立以来那些带有浓郁时代气息的艺术作品，讲述与之相关的台前幕后故事；在春节前后，从腊月二十几起至大年初七，科教频道整合频道资源推出了由《法治进行时》《第三调解室》《法治中国60分》《您吃对了吗》《健康北京》和《记忆2015》围绕“法治中国和谐社会”“喜庆洋洋送健康”和“笑声中的记忆”这三大主题合力打造春节特别节目；在清明假期，《法治进行时》《您吃对了吗》《健康北京》和《最北京》分别以“清明期间的安保情况”“春季防病保健康”“春季养生”“新绿润清明　怀旧最北京”为主题推出了特别节目。科教频道本着“假日异，编排异，主题新，亮点多”的理念，探索节假日的节目编排模式，力求使其逐渐成为科教频道的一大特色。

四、拓展经营渠道

面对资金和广告资源愈来愈向各大卫视集中、地面频道的生存空间不断受到挤压的不利局面，科教频道采取了一系列措施积极应对。第一是转变观念，明确节目中心不仅要做节目，还要做市场、做用户；做市场不能只盯着挣钱，还要重视品牌建设，影响力增大了才能将资源聚拢在一起成为平台；只有形成了平台才能更好地聚拢资金和资源，从而创作出更好的节目。第二是了解用户需求，给受众提供实实在在的信息和帮助，让服务贯穿始终。第三是主动适应市场，鼓励各栏目努力探索与自身定位相契合的经营模式。2015年科教频道已开启了从品牌冠名、硬板广告、企业赞助到软性植入、单个项目合作、联合制作栏目等多种形式的经营和创收模式，年广告播出总量同比增长60%，年总收入约为1.1亿元。

影视剧中心工作概况

影视剧中心

2015年，北京电视台影视剧中心在购剧模式、差异编排、决策机制、中心管理等方面不断改革创新，圆满完成了各项工作任务。

一、坚守打造精品剧场，红星剧场创历史新高

北京卫视《红星剧场》继续以“坚守定位，坚守品质”为选剧核心，播出了《老农民》《嘿，老头!》等表现家国情怀、体现时代变迁、贴近百姓生活的现实题材大剧，获得了收视与口碑的双赢。

2015年《红星剧场》北京地区收视6.65%，全国34城收视1.1%，在卫视排名历史性地到了第二位。这一年，《红星剧场》收视的两个高点分别出现在年初和年尾。开年大戏《老农民》全国收视1.5%，而年底播出的《芈月传》收视高达3.09%，这是首部全国收视破3%的电视剧，在北京地区也是首部收视超15%的电视剧。

2015年《红星剧场》观众结构有所优化，呈现年轻化、高学历的趋势。25—34岁和34—44岁的观众比例较2014年增加了2个百分点，相反45—54岁和55岁以上观众比例在降低。在教育程度方面，大学以上学历的观众比例升至36.2%，成为《红星剧场》第一主力观众。

二、弘扬正能量，做好抗战胜利70周年的宣传

为做好抗战胜利70周年的宣传工作，紧紧围绕“铭记历史、缅怀先烈、珍爱和平、开创未来”的主题，影视剧中心精心准备了一批优秀抗战题材的电视剧。

北京卫视《红星剧场》2015年累计播出6部优秀抗战题材电视剧，并于6月27日—9月18日期间，连续播出4部抗战题材电视剧，分别是《罗龙镇的女人》《异镇》《秀才遇到兵》《左手劈刀》，覆盖所有宣传节点，取得了良好的社会反响。

影视频道主剧场《首都剧场》在纪念抗战胜利70周年期间，连续播出7部抗战剧，将宣传主题逐步升温。同时，影视剧中心为配合宣传，从7月起向全台各频道增加重播抗战题材电视剧24部，特排抗战题材电影14部，营造出浓烈的舆论氛围。

三、实现全频道动态编排，合理布局全台剧场

2015年，影视频道实现了全频道的动态编排，从编排上要效益。由影视剧节目中心牵头，与总编室、京视电广传媒三个部门共同建立了影视频道动态编排会商机制。影视频道根据广告销售情况、宣传需要、电视剧时长制定动态编排模板。从2015年3月16日起，影视频道依据动态编排，最大程度上减少频道的冗余时段，每日较原来增加了2集剧的播出，并实现了剧场间的无缝衔接，从而增强了频道的连贯性与可视性。

2015年，影视剧中心继续坚持以卫视剧为龙头，地面剧场差异化编排的工作方针，坚持剧场的特色定位，做好个性化编播。这一年，影视剧中心完成了全台6个首播剧场（含电影）、12个重播剧场，跨越6个频道的剧场布局。全年审看成片264部，播出85部。

2015年，地面频道仍然面临电视剧资源不足的问题。为此，影视剧中心继续贯彻以强情节剧为核心的地面剧场定位，在《首都剧场》持续播出强情节的战争、谍战剧，以清晰的定位吸引观众。全年《首都剧场》的平均收视率为3.34%，略高于2014年。影视频道全频道的市场份额也由2014年的5.78%升至5.84%。

四、创新电视剧宣传手段

2015年，影视剧中心大力推广自有品牌“欢聚一堂”，举办了电视剧推广活动60场，其中新闻发布会21场、“欢聚一堂”进社区活动25场、进商场活动9场、进校园活动5场，全面展开推广攻势。值得一提的是，2015年影视剧中心在电视剧的宣传上有多项创新，包括开展外省巡回式地面推广、制作网络化风格衍生节目、单独召开广告招商会、制作电视剧周边产品等。以大IP剧《琅琊榜》为例，影视剧中心官方微博@北京卫视剧集地共计发布微博600余条，粉丝数增长1万，“北京卫视琅琊榜”话题阅读量超过1.3亿，一度达到电视剧榜第一名。独家制作的《琅琊榜》专集视频点击量过千万，在观众互动的热门弹幕视频网站b站上排名第一。此外，外省地面推广、周边产品的制作等等，都将《琅琊榜》的热度推向高潮，助力电视剧收视率一路走高，并收获了大量青年主力消费观众。

2015年，在电视剧宣传上广泛开展了与微信“摇一摇”、小咖秀、微拍、秒拍等众多新兴媒体的合作，全方面推广北京电视台内容与品牌。通过微信端、小咖秀等多屏联动宣传，实现了电视荧屏与观众高热度、高黏性、深层次的互动对话。同时也将《红星剧场》的品牌形象植入于年轻观众，扩充了固定观众群，也为今后电视剧的互动宣传提供了切实可行的新途径。

财经节目中心工作概况

财经节目中心

2015 年，北京电视台财经节目中心完成了以下重点工作。

一、调整频道定位，明晰五维架构

为全面落实市委宣传部对财经频道提出的高站位、大视野、有格局、有品位、自觉成为宣传首都经济的主战场和生力军的指示精神，以及台领导提出的财经频道节目架构及专业属性亟待进一步明晰和提升的要求，财经频道在 2015 年开始从大众财经向专业财经的转型，初步形成了以新闻资讯、金融证券、文玩收藏、创业创新、经营定制节目带为主要内容的五维架构、多点支撑的频道格局。

二、紧贴经济热点，动态调整编排

增加证券节目时长，晚黄金时间实现带状播出。针对 2015 年证券市场及收视热点的变化，财经频道年初即开启牛市动态编排模式，截至目前已进行三次大幅调整：《天下财经》及《投资者说》播出时长由每天 60 分钟增加至 90 分钟，播出时间由次黄金时段调入晚黄金时段，调整前后同时段平均收视率上升 10% 左右。

缩减财富类节目播出体量，提升专业财经节目品质。财经频道在拓宽证券节目带的同时，消减了财富类节目播出时长，只保留 50 分钟文玩节目的日播出体量，其他两档文玩节目实行定位转型或移出晚间时段播出。

着力打造双创节目带，聚焦创新创业热点。2015 年全国“两会”期间，李克强总理提出大众创业、万众创新。《财富故事》以此为契机，加大双创典型人物及事件的报道量，6 月栏目已实现定位、选题由文玩收藏向创新创业的整体转型。

2015 年 10 月，节目带又推出 8 集创投类演播室真人秀节目《众筹梦想 2015》，播出后在业界引起积极反响。

制作特别节目和大型活动，彰显频道社会责任和社会影响力。2015 年，财经频道共制作播出 10 余档特别节目、系列节目及季播节目。其中“让创新插上梦想的翅膀”展示了本市在科技金融改革方面的卓著成果；大型访谈节目“亮剑非法集资”有力配合了金融打击非法集资专项活动；贯穿全年的第七届《北京影响力》评选活动，全景展现京津冀协同发展的盛况；为纪念抗战胜利 70 周年特别策划制作的 5 集系列片《见证》，以其独特视角及第一手珍贵藏品，展现了中国为战争胜利做出的伟大贡献；7 集《中国奇石大赛》实现了地面频道向全国方向突围。

开展地面活动，提升频道形象。在 10 月底开幕的北京金博会上，BTV 财经作为参展单位在黄金展位搭建了 120 平方米的展台，展示频道形象，推介节目亮点。期间，各栏目主持人、编辑记者以及业内知名专家学者现场解读金融难点热点问题，实现了频道与观众的零距离互动沟通。组委会评价："BTV 财经展台最火爆，报道团队最给力。"

定期举办股民见面会，开展第三届《请你操盘》股票大赛。截至 2015 年年底，频道已举办 20 场股民见面会，有近万名投资者积极参与。这一年，还举办了第三届《请你操盘》股票大赛，关注人数较往年增加近 10%。在为投资者搭建切磋炒股技巧平台的同时，也树立了频道良好的专业形象和口碑。

探索平台资源与市场资源融合，提升频道经营创收水平。2015 年以来，财经频道植入广告收入比 2014 年出现较大幅度提升，总金额达到 2377 万元，在地面频道组排名第二。在收视与收入并举的新格局下，植入广告收入的大幅提高体现了财经频道平台价值的大大提升。

完善评奖机制，夯实职业素质，提高精品意识。2015 年，财经节目中心高度重视作品评奖工作，并形成了季度评奖制度。在已举办的三次优秀节目评审会中，从 80 件参评作品中评选出 34 件优秀作品，营造了精益求精、创优争先的良好业务氛围，使节目整体质量有明显提升。四个栏目还在全国评选中获奖：《财富故事》荣获"2015 年度两岸四地最具创新力栏目"称号；《天下财经》荣获 2015 年度中国电视欣赏指数本地财经类节目排名第一；《法眼看剧》法制节目工作委员会创优评析十佳栏目，《我们的呆老爸》同时获得好作品三等奖；《首都经济报道》两个作品在"聚焦承德滦平行"好作品评奖活动中分别获得一等奖和二等奖。

规范频道管理，严控经营风险。2015 年，财经频道全方位进入节目与经营并举的新格局。为有效规避在经营创收过程中可能出现的违法违纪行为，频道对潜在的四大风险点进行梳理，制定了 27 条防控措施，出台了《财经节目中心防控经营风险管理规定》，装订成册下发到栏目组，确保在节目生产的每个环节都做到有据可依、有章可循。

建立创新工作站。建立创新工作站是财经节目中心的一项重点工作，于年初确定了两个创新工作站项目。"王铮工作室"从管理入手，以项目带队伍，培养年轻记者们的"狼性"，提高出片效率。"首经帮帮团"的理念是让大家帮助大家。一年来，志愿者成员已经发展到 300 人。目前已经有 70 多个企事业团体及个人对《首经》的帮助对象进行帮助。

体育节目中心工作概况

体育节目中心

一、收视率、收视份额继续保持增长

2015 年，北京电视台体育频道前 10 个月平均收视率 0.52%，占有率 3.06%，分别超过考核值 44% 和 56%，比去年同期分别提升了 24% 和 31%。

体育频道收视份额历史上第一次超

3%，特别是2月25日和3月22日，体育频道名列全台各频道收视份额第一，还有22天名列全台第二，其中2月25日的《天天体育》，创造了单期5.16%的历史最高收视纪录。

二、新增两档日播节目

每天傍晚17：55播出的《欢乐二打一》栏目，经一年努力，已经成为频道平均收视最高栏目。到2015年10月，开播刚满一年的《欢乐二打一》节目，平均收视率已从第一个月的0.49%增长到1.94%。全年平均收视已达1.38%，名列全中心各栏目第一。在18点档这一非黄金档时段，创造了一个不俗的收视纪录。

另一档新开播的《声声体育》节目，前10个月平均收视率0.44%，比开播前同时段节目的收视率高出了159%，在激烈的午间市场占有一席之地。

三、完成一批重大节目报道

2015年1月9日至31日，亚洲杯足球赛在澳大利亚举行。针对这项北京电视台拥有全版权的赛事，体育节目中心使用了几乎所有的配置和报道形式，对本次比赛进行了全面报道，直播、录播全部比赛，并在三档新闻节目和《足球100分》等专栏中进行重点报道。前方派出15人的报道团队，租用了评论席、卫星车，并购买了赛后的FLASH单边采访权，有多名中国队队员接受本台专访。再加上北京电视台独有的4G直播包的使用，前方报道的内容之丰富、手段之多样，是近年来北京电视台在境外体育赛事报道的最高峰。通过前后方的共同努力，亚洲杯报道取得了很好的效果，收视率从以往和央视相差数倍，到本届已经达到央视的80%（和央视同播的26场比赛，本台收视率1%，央视1.24%），还有7场比赛收视已经超过央视，这在近年来的重大足球赛事中的是第一次。

“7·31”申冬奥大直播获得成功。2015年7月31日，北京申办2022年冬奥会获得成功。北京电视台体育节目中心充分发挥自己的专业优势和人脉优势，圆满完成了直播任务。该节目初始创意是体育节目中心提出的，并一直负责跟国际奥委会方面保持密切联系，明确了大会流程，完成了公共信号预定和采访团的报名，并派专人亲赴吉隆坡实地考察，确定了演播室、注入点、信号源等各项技术环节，为直播打下了良好基础。直播时，派出10名同志参加前方报道组，后方负责张家口、延庆和朝阳公园海沙节的对播连线以及信号制作事宜。经前后方的共同努力，顺利完成了直播任务。

2015年8月22日，作为世界三大赛事之一的第15届世界田径锦标赛在北京国家体育场开幕。为了报道好此次赛事，体育节目中心赛前专门制作了6版宣传片，不仅推介赛事，还突出了北京文化、体育精神。《天天体育》栏目在距离开幕还有10天的时候开设《我的田径故事》专栏，用不同的人物和事例诠释了田径带给大家深刻的人生感悟。赛事期间总计安排17个时间段的田径世锦赛直播，赛事总播出时间近50小时。这次赛事报道，充分展现了田径盛宴的热烈和精彩，展现了世锦赛健康向上、阳光大气、分享运动的内在气质，有效推动了全民健身、田径运动在中国的普及与发展。

对北京职业体育的报道达到高峰。2015年，对北京国安、北京首钢、北京汽车男女排、北京北控足球、北京北控篮球队的全部职业联赛赛事，以及北京女篮、北京女足个别场次的比赛进行了直播，总场次近200场，满足了北京观众的需求。

四、深化内容生产机制改革

2015年，体育频道进行了独立经营改革试点。经过一年的努力，理顺了机制，释放了动力，初步打开了局面。京视体育公司全面加大对广告资源开发力度，放大公司化运营主体市场反应灵敏、运行机制灵活等优势，不断创新销售手段和营销模式。此外，通过举办全国扑克大赛、北京广场舞大赛、五棵松冰雪节等活动，加上已经成功举行了7届的海沙节，体育频道线上线下的融合初见成效。

五、为频道发展寻找新的经济增长点

承担中国之队公共信号制作，“制播分离”走出新探索。2015年承担中国之队公共信号9场，包括引人瞩目的国家队世界杯预选赛，不仅为中心创收，也锻炼了队伍，为今后承担更大的任务打下良好基础。

承担田径世锦赛体育展示工作。田径世锦赛期间，体育节目中心除了积极联系版权，安排全程直播之外，充分发挥自身优势，首次承接了体育展示工作。在国家体育场内负责现场六块大屏的视、音频信号播出，并利用视屏、音乐和新媒体技术烘托赛场气氛，制造热烈、欢快的比赛和观赛氛围，在第一时间对夺冠选手进行即时采访。

认真演练，为承担奥运会乒乓球公共信号制作做准备。目前，体育节目中心已完成了建组工作，为43名成员办理了注册、报名、外事手续，并进行了系统演练。特别是制作了首届青运会乒乓球赛的所有公共信号，按照奥运标准进行了全要素演练，得到组委会和业内人士的充分肯定。

六、为其他频道播出体育节目服务

面对快速发展的体育产业，体育节目中心不光关心体育频道，还为其他频道引进体育节目。2015年，西班牙足球甲级联赛在北京卫视开播，每周2场比赛的全部制作任务，都由体育节目中心完成。北控男篮的CBA联赛，也分别在新闻频道、青年频道进行了部分直播，所有公共信号都由体育频道负责提供。

生活节目中心工作概况

生活节目中心

2015年，北京电视台生活节目中心坚持不懈地抓节目优化和经营拓展，在激烈的市场竞争中保持优势。

节目：“旗舰”节目迎难而上，黄金档打造支撑带，老牌节目及时迭代调整，季播节目常态化、精品化

“旗舰”节目《生活2015》以直播为目标，推进内容、流程、技术的全面创新。以常规准直播生产锻炼队伍，以大选题策划稳定节目品质，坚持民生新闻取向，进一步提升节目质量。

黄金档时段，以打造主流观众群爱看的节目为宗旨，进行优势题材拓展。《美食地图一探到底》以稳定的收视局面在

21：00 点时段形成支撑。

针对部分老品牌栏目呈现出形态刻板化、观众老龄化、品牌边缘化的状态，进行调整转型。《快乐生活一点通》因老龄化和主流观众流失，撤出黄金档；原午间档节目《健康生活》因小格局化操作，健康权威性不断下降，实施更名及内容形态替换。《大城小事》由传统的情景剧向法制故事全景解析栏目转型，由产品线复制的日播生产模式向精品化制作的周播栏目升级；《生活广角》持续改版，调整节目视角，再造节目个性。

以经营为先导，推进季播节目轮播常态化，打造高品质和高收益的季播节目生产模式。2015 年上半年，以“以销定产”的方式播出了《上菜》第二季，《幸福厨房》栏目衍生出“幸福有鱼”“健康餐大赛”“麻辣大战”三档季播节目。在坚持资源延伸策略的推动下，《上菜》栏目衍生品牌“味道学院”，《生活 +》衍生季播节目“我是设计师”，《四海漫游》衍生文化精品节目“拾说什刹海”，都在下半年陆续推出。

经营：资源深度化、规模化开发，开拓更广的市场空间

基于频道节目内容和资源的市场效益扩大化要求，深度开发节目内容营销空间，从线上广告到线下营销以及节目上下游产业链开发，努力开拓地面频道经营突围之路。

在整个地面频道的经营中，生活节目中心与广告部、京视电广通力合作，开拓新局面。

在自主经营项目中，以《生活 +》的品牌拓展为突破口，制定了《生活 +》从家装资源向房产、家装设计、家装建材等全产业链周边辐射的发展策略，形成了《生活 +》主栏目、《家装攻略》《第一房产》辐射栏目、家装大讲堂、设计师大赛等线上线下节目和活动构成的品牌矩阵，全年创收超过 2000 万元。

美食资源是频道自主经营项目中的主要支撑，多年来形成了品牌栏目、季播节目、市场活动，以及线上模式等多渠道多形态一体化的内容生产和经营探索的发展路径，2015 年美食板块总营收近 3000 万元。

以美食和家装为试点，频道对其他各类资源，以节目背后资源产业链为核心进行衍生节目、市场活动、线上商业等经营模式探索也在不断推进之中。

媒体融合：从内容互动走向平台延伸和商业探索

微信矩阵聚合海量观众，打造潜在商业开发平台。2015 年，在新媒体中心的统筹和协助下，频道官方微信和栏目微信形成矩阵，粉丝用户超过 100 万人，其中《美食地图一探到底》用户超过 60 万人，为未来观众变用户的商业开发打下坚实基础。

2015 年 7 月 18 日，生活频道成为全国首个开启全频道全天候电视微信摇一摇的电视平台，通过架设双屏互动通道，将实时观众变为终端用户，截止到 10 月 31 日，每天平均互动人次达到 104 万（PV），互动人数 24 万（UV）。

各栏目也通过自身资源挖掘和平台建设，利用双屏链接，让观众变为直接用户，内容产生直接收益。《上菜》第二季播出时，节目官方账号推出“上菜商城”平台，关注的用户看节目同时可以购买菜品、优惠券；春节前夕，《美食地图》利用微信账号与“美团网”合作“年货来了”项目；4月，《生活+第一房产》账号进驻北京春季房展会现场，聚合房产信息，链接商家与购房者。这类探索和尝试为营收增量提供市场路径。

公益品牌活动创新，打造全国影响力

“生活微行动”大型新闻公益行动，为生活频道打造一个联动全国、影响全国的公益互动平台。2015年，“生活微行动——文明旅游 袋动中国”大型环保公益行动在2014年活动的基础上，由首都精神文明建设委员会办公室、北京电视台共同发起，以北京电视台生活频道为主平台，联合天津新闻频道、河北都市频道、山东齐鲁频道、湖北经视频道、江苏城市频道、陕西都市青春频道、青海经济生活频道八大地面频道及人民网、北京北广传媒等媒体在8省市共同掀起公益旋风，全国联动，千万人参与，汇聚城市微力量，产生社会大影响，最终形成改变社会的巨大能量。中央电视台《新闻联播》栏目对本次活动进行跟进报道，微博等新媒体话题浏览量近5000万。

2015年10月18日，由中国癌症基金会、国家癌症中心、中国医学科学院肿瘤医院、BTV生活频道联合发起的“为爱益剪”关爱癌症患者的大型公益活动举行，本次活动由频道《生活面对面》栏目承办，吸引了马布里、张靓颖、羽泉等40余位体育演艺界名人明星鼎力号召，全球网友参与传播，公益话题“为爱益剪”创造1.9亿次阅读量。

2015年4月，在陕西西安举行的第十届中国传媒大会上，北京电视台生活频道被授予“金长城传媒奖中国十大影响力省级地面电视频道”奖，并在10名获奖频道中名列第一位。

重点宣传加强策划，重大事件不失语

2015年9月，值纪念中国人民抗日战争暨世界反法西斯战争胜利70周年之际，《生活2015》联合江苏城市、天津都市、湖北经视、辽宁都市等多家省级电视台，以及世界反法西斯战争纪念地合作联盟等海外爱国华人华侨团体，共同策划和推出大型系列报道《我们的纪念日——纪念抗战胜利70周年》。《美食地图·一探到底》《生活面对面》等栏目走进宛平城、抗日纪念馆，结合历史遗迹、遗物和老照片，讲述历史，引导观众勿忘历史、珍惜和平，向抗战英雄致敬。

青少·海外节目中心工作概况

青少·海外节目中心

2015年，北京电视台青少·海外节目中心打开视野，创新思维，圆满完成多项大型活动，频道及栏目品牌价值不断提升。

一、青年频道完成年度收视考核指标

2015年上半年，由于收视竞争日趋

白热化，青年频道收视出现一定下行波动，频道累计完成市场份额1.77%，比2014年同期有所下降。经过二季度的针对性调整，特别是不断强化内容品质，多重手段拓展传播途径，积极鼓励栏目创新，频道总体收视实现稳健回升，到10月底，频道累计市场份额达到1.93%，超过考核指标2%。进入第四季度以后，频道份额超过2%，顺利完成全年收视考核指标。

二、变单一“收视”考核为“收视+收入”综合考核

青年频道于2015年1月开始实行“双收考核”管理机制，收视与收入各占考核指标的50%，完成收视指标仅仅是完成考核指标的50%，只有完成收入指标，才算完成100%的考核指标。全中心所有人员效益工资与栏目和频道的收视、收入数据挂钩浮动。这项改革的实施，强化了频道全体人员的成本意识、危机意识、市场意识和经营意识，推动了思维转型和经营突破。

三、圆满完成多项大型活动

《2015环球春晚》作为北京电视台春晚系列第一台亮相的晚会，以其端庄的定位、清新的风格，和“用春节晚会讲述中国故事、传播中国声音”的国际风范，不仅为观众津津乐道，还得到了电视节目专家和外交、外宣部门人士的高度评价，晚会承载的时代属性、外宣功能和国际化的艺术呈现得到了各方一致认可。晚会的北京地区收视4.64%、收视份额11.94%和全国34城市收视0.78%、份额2.11%的收视成绩，在全国省级卫视同时段播出的节目中排名第五，综合收视较去年提升了20%。

2015年4月16日晚，由青少·海外节目中心承办的《第五届北京国际电影节开幕式晚会》在北京雁栖湖国际会展中心成功举行。在全台各部门通力合作下，中心克服了要求高、时间紧、路程远和场地设施首次使用等困难，以高昂的斗志和过硬的业务能力，演绎了一场具备电影气质、展现北京国际视野的盛大典礼演出，王安顺市长在现场给予了“无可挑剔、精彩绝伦”的评价。

为了纪念中国人民抗日战争胜利暨世界人民反法西斯战争胜利70周年，中心联合杭州、武汉等台，联合策划推出了12集纪录片《钢铁记忆》。纪录片以武器为主线和承载主体，通过具体的战例和人物，以小见大，折射出中国军民在艰苦卓绝的抗日战争中的英勇和智慧、中国共产党在抗日战争中发挥的中流砥柱作用、中国抗战胜利对于世界人民反法西斯战争胜利的重大意义。

为了深度探访“一带一路”沿线国家和地区的历史风韵、时代风采与文化魅力，青年频道于2015年6月3日正式启动大型电视探访活动——《非常丝路·千年穿越》，活动将选取“丝绸之路经济带”和“21世纪海上丝绸之路”规划中与古代“丝绸之路”相重合的重要城市，以记者探访的形式实地寻找丝绸之路遗迹，聚焦于沿线国家的历史、文化、民俗、经贸等诸多领域，聚焦于名人、政要、商人和诸多活跃在古今丝路上的普通人，利用北京的资源优势，搭建起新闻信息平台、深度解读平台、对话交流平台和资源开发平台，逐步推出新闻专栏、纪录片、真人秀、综艺晚会、音乐节、电影节和出版物、会展等全媒体产品，让中国与“一带一路”沿线各国在政治、经济、文化等领域全方位互访，实现增进协同发展、文明对话和文化交融的良好初衷。

动画节目中心工作概况

动画节目中心

2015年，北京电视台动画节目中心在探索卡酷平台战略性整合的大环境下，立足频道品牌价值，创新节目生产思路，推进平台运营融合，打造了卡酷少儿品牌内容资源，服务少年儿童成长。

一、重点项目成绩斐然　彰显频道影响力

2015年动画节目中心多个重点项目得到业内及社会认可，斩获多项荣誉。

中国梦主题动画片《戚继光》，作为爱国主义原创动画创作专题事例得到习近平总书记等中央领导批示，在全国50余家省级卫视和动画少儿频道进行展播，荣获我国动漫最高奖项“金猴奖”。

品牌节目《2015年卡酷少儿动画春晚》以“吉羊送吉祥”为主题，实景马戏、歌舞剧、综艺、动画新编4场晚会形态各异，单场创下了动画春晚开播8年以来的最高收视。荣获了第五届全国春节电视文艺节目“春晚奖”。

“六一”儿童节特别节目《与梦同飞》，以几代人的梦想为主线，并完成帮助西藏先天疾病的孩子到北京免费治疗的公益行动。

举办“与星星同行”大型公益活动，聚焦自闭症患儿，帮助弱势儿童享受到属于他们的节日快乐。

二、斩获多项荣誉　卫视价值凸显

2015年，动画节目中心获得多种奖项。原创动画《戚继光》《我的朋友猪迪克》，品牌栏目《卡酷动物园》《剧星派》《七色光》等荣获国家广电总局少儿精品发展专项资金奖项；《梦的家园》《我的朋友猪迪克》《剧星派》《闪天下》等荣获北京影视春燕奖的“最佳短片电视纪录片奖”“最佳电视美术片奖”“最佳电视文艺节目主持奖”“最佳电视艺术栏目奖”四项大奖；动画节目中心获得2013—2014年度“北京市未成年人保护工作先进集体”光荣称号。

三、创新栏目形态　打造品牌特色

卡酷少儿多档品牌栏目改版创新。主题综艺秀《闪天下》，汇集各界达人展现奇观绝技，呈现世界的神奇；动画主题节目《动画联盟》，将热门动画片进行主题式呈现，带领观众在动画经典中畅游；科学异想体验节目《卡酷异想世界》以科学的力量鼓励孩子大胆想象，亲身体验科学试验，追逐梦想；儿童脱口秀季播节目《童心不停机》给孩子一个自由表达的空间，测试孩子们面对实验时的真实反映，荣获北京广播电视台节目形态创新奖。动物成长真人秀《冲吧！汪汪汪》，展现孩子与宠物狗在挑战中彼此信任、共同努力的成长历程。

多档节目关键时点推出大型活动节目，在打造热点话题的同时彰显频道在全国范围的影响力。《卡酷幼儿园》暑期特别节目“童声飞扬”，帮助全国爱唱歌、敢唱歌的孩子登上梦想舞台，倾听孩子们自己的故事。《卡酷动物园》暑期特别节目“暴走拍档”，展现孩子们与狗狗之间的真挚友谊，用镜头记录孩子们的梦想和成长。

四、开拓经营思路　培养优质资源

动画节目中心发掘符合频道特性的运营模式，将社会需求与频道内容资源紧密贴合，创新多种合作模式，实现优质内容与经济效益共同发展。品牌栏目《卡酷动物园》以内容合作的形式与动物主题电影结合，推出系列主题节目策划，为节目经营开拓新思路。

纪实频道节目中心工作概况

纪实频道节目中心

2015年，北京电视台纪实频道全面改版，收视率比2014年增加35.4%，份额增长83%，并在国家新闻出版广电总局主办的第三届年度优秀国产纪录片及创作人才扶持项目评选中，蝉联“优秀制作机构”及“优秀播出机构”双项大奖。

频道全面改版，收视大幅拉升

2015年，频道将原有形态各异的自制节目升级改版。改版后彻底摆脱演播室“说”节目的样态，形成定位各异的纪录短片通档，从各自不同角度解读时代与人物故事。该通档改版后，迅速提升收视率，已成为在内容生产上具有核心竞争力的拳头产品，并在国内外斩获多个奖项。

2015年，频道引进一档50分钟的大日播节目《寰宇客》和一档50分钟的小日播节目《奇纪实》，内容涵盖旅游、美食、生活、文化、探险、科技、军事、揭秘等内容，吸引中青年男性受众群体。此外，将原有时段播出的历史人文类日播栏目《人文地图》改为动物自然类的《奇趣自然》。

自创结合外购，加大纪念抗战胜利70周年宣传

在8月5日至9月5日期间，采取合作引进、自主引进和自主制作等多种方式，加大对纪念中国抗日战争胜利70周年和世界反法西斯战争胜利的宣传。以三部经典纪录片《1914青岛永不忘》《大后方》和《大抗战》为引领，在屏幕上形成了多点覆盖播出格局。

实现全天24小时播出和节目整时段播出

2015年4月份频道实现24小时播出。同时将节目统一调整为整点播出。

引入广告时段，尝试开展广告经营

2015年，频道开始尝试安排固定广告时段，并通过优质节目的引入和扩展，进一步提升频道内容品质，促进BTV纪实频道品牌价值的增值。

探索多种合作方式，获得纪录片精品资源

2015年，与英国克利伯环球帆船赛共同策划制作关于青岛号帆船上16名中国参赛船员航行故事的独家系列纪录片《航行，我们的故事》项目正式启动。这是英国克利伯环球帆船赛创立20年来，第一次与中国媒体在纪录片创作方面进行深度合作。

自制纪录片《雅获跑世界》。本片讲述一个热爱到世界各地跑超级越野马拉松的电影制片人关雅获，体验4场世界顶级超长越野马拉松赛事的真实历程，真正专注用“视听的方式”呈现跑步所看到和感受到的故事。2015年，本片第一季已制作完成并在纪实频道播出。

举办第三届《青春的纪录》环太平洋微纪录大赛。第三届《青春的纪录》环太平洋微纪录大赛成功延续此前做法，取得更高影响力，同时也开启了第三届《青春的纪录》环太平洋微纪录片征集工作的序幕。

中法合拍纪录片《GPS－星际大战》。《GPS－星际大战》是北京纪实频道以国际融资方式进行市场化运营的第一部纪录片作品。该片讲述全球卫星导航系统从美国GPS一家独大到四足鼎立的竞争发展，以及卫星导航系统对人类生产和生活的影响。

2015年，该片制作完成并在法国电视五台晚间黄金时段首播，并已出品发行到包括丹麦、奥地利、葡萄牙、德国、新加坡、俄罗斯等30余个国家和地区。该项目还获得纪实频道首笔外汇版权收入，并在未来随着销售量的增长，收入将持续增长。

中澳合拍纪录片《北京—堪培拉》。2015年，《北京—堪培拉》完成制作，在北京纪实频道播出，同时澳方在Foxtel电视台播出，实现了把中国故事讲给世界听。

中美合拍纪录片《声音传奇》。《声音传奇》是一部以声音科学和人类生活为创作背景，通过若干与声音有关的故事，来表现当今中国社会主流人群（即在城市中生活的中青年人）的生活、情感，并通过独特的视角让观众理解声音对于人类生活的意义。2015年，该片制作完成并在纪实频道播出。

配合外交工作，摄制完成纪录片《美丽的格林纳达》。2015年是中国与格林纳达恢复外交关系10周年，应中国驻格林纳达大使馆的邀请，受外交部和广电总局委托，纪实频道与新闻频道组成联合摄制组赴格林纳达拍摄和访问，对该国重要的历史遗迹、自然地理、风土人情、传统工艺和舞蹈等进行了细致拍摄，并制作完成2集（共计60分钟）纪录片在纪实频道《奇妙之旅》栏目中播出。

首创“拼星”模式，低成本获得精品纪录片播映权。2015年10月，中国第一部大型4K高清人文历史纪录片《长城：中国的故事》在纪实频道首播。这是在国内纪录片播出平台上首次采用电视剧的“拼星”模式，由北京纪实频道、央视纪录片频道、上海纪实频道、中国教育台四家上星频道及爱奇艺视频“四台一网”联合播出。这种播出模式既摊薄了成本，也增强了市场互动，并在传播效果上产生共聚效应，是纪录片销售模式的一次有意义的尝试。

成功举办第五届北京国际电影节纪录单元

2015年，纪实频道继续承办北京国际电影节纪录单元及“中国纪录产业年度论坛2015”。这是纪录单元首次作为独立单元亮相电影节，主体活动包括优秀作品评审、佳作展映、论坛、沙龙等丰富内容，无论参选作品数量、质量还是参加活动人数、机构，都突破了2014年的峰值，并首次设立纪录片市场交易环节。

“纪录片走出去”，与欧洲相关机构建立长期电视商务合作关系

应德国AUTENTIC等机构的邀请，北京电视台台长赵多佳以北京国际电影节纪录单元工作委员会主席及北京电视台台长双重身份，于2015年7月6日至7月15日率团前往德国、西班牙、葡萄牙等国家，就北京电视台、北京电视台纪实频道与欧洲相关机构长期的电视商务合作项目、第六届北京国际电影节纪录单元联合举办节展等国际合作进行交流。

作为此次出访的重头项目，2015年7月7日，由北京电视台主办的北京国际电影节纪录单元与北京电视台纪实频道联合推介邀约会在德国慕尼黑成功举办。

2015年，频道在台有关部门的支持与协助下，完成了河北、山西、海南等珠三角、长三角、京广沿线省会城市落地的任务。

北京网络广播电视台概况

新媒体发展中心

北京网络广播电视台成立以来，以“大媒体”的工作理念践行媒体融合，顺应互联网传播移动化、社交化、视频化的趋势，以新技术引领媒体融合发展，实现了新的突破。

一、北京网络广播电视台业务介绍

北京网络广播电视台是“以宽带互联网、移动通信网等新兴信息网络为节目传播载体的新兴形态广播电视播出机构”，旗下共有四大新媒体业务平台：北京网络广播电视台网站（BRTN）、北京IPTV、BTV大媒体移动客户端、BTV官方微平台。

1. 四大业务平台

北京网络广播电视台网站（www. brtn. cn）是以视频为主的综合门户网站，于2014年1月8日上线，拥有“时政类视听新闻节目首发服务、主持、访谈、评论及重大政治、军事、经济、社会、文化、体育活动、事件的实况视音频直播服务”等一切互联网视听服务类别权利。

北京IPTV由中国网络电视台（CNTV）、北京电视台和联通北京分公司联手打造。2013年2月试商用以来，通过数次大规模平台扩容，频道总量扩充到100多路。自主研发的高清悬浮式EPG领跑全行业。北京IPTV包括直播、轮播频道、点播、专题、看吧等产品，内容丰富、编排合理，用户量迅速扩大，市场影响力快速攀升。

BTV 大媒体是北京电视台官方出品的视频互动 APP，为用户提供北京电视台精彩节目点播、直播内容，同时聚合各种生活服务类应用，提供答题投票等活动。作为 BTV 节目收看及互动平台，不仅以视频内容服务用户，更能够将北京电视台的优质电视节目及其相关互动活动提供给用户，满足互联网环境下用户的订制化需求。BTV 大媒体自推出以来，版本不断升级，用户体验持续优化。

BTV 官方微平台包括微博、微信业务平台。微博、微信矩阵化管理和发布是北京电视台新媒体探索的重要举措之一。2013 年 BTV 微博矩阵建成；2015 年 BTV 微信电视矩阵上线，全台共计 122 个微信服务号接入了微信电视矩阵。微信电视具有互动、推送、抽奖等功能，目前拥有粉丝数达 350 余万人。

2. 生产机制

北京网络广播电视台建立了整体联动、交互开放的网状业务生产机制——以 12 个产品项目组为经，以 4 个平台（北京网络广播电视台网站 BRTN、北京 IPTV、BTV 大媒体移动客户端、BTV 官方微平台）为纬，构成一个能够迅速联动的实践网络和管理网络，共同打造 1 个品牌——BRTN。

12 个产品项目组：垂直深耕、全面对接各平台。目前，北京网络广播电视台根据业务内容成立了新闻、体育、财经、生活、娱乐、科教等 12 个产品项目组，设立项目负责人并实行项目经理负责制。每个产品项目组在项目的责任范围内给予项目自主权，负责向 4 个平台提供策划创意与内容产品。

4 大平台：坚守阵地、快速灵活联动。PC 端、电视、微博微信、移动客户端等四大平台阵地各有其坚守者。4 大平台根据各自的媒介渠道特征和重点发展方向，与 12 个项目工作组一起创造内容产品。同时，4 大平台建立了快速灵活联动机制，产生跨平台的巨大合力。

二、2015 年北京网络广播电视台发展成果

截至 2015 年 12 月底，北京网络广播电视台四大新媒体平台发展迅猛、成果显著：BRTN 网站 ALEXA 全球排名稳定在 3000 名左右，单日最高 1400 名；北京 IPTV 用户数量增长迅速；“BTV 大媒体客户端”（APP）下载量超 150 万次；北京电视台法人微博粉丝数达 500 万；微博矩阵蓝 V 账号 103 个，粉丝总量达到 5000 万；微博全年共发稿件 32604 篇；北京电视台官方微信订阅号、服务号拥有粉丝数 60 万人，共发 1668 篇图文稿件。

1. 北京网络广播电视台网站

2015 年，北京网络广播电视台网站（www. brtn. cn）在完成日常宣传报道的基础上，积极配合全台各频道的大型活动和重点新闻的宣传报道，在北京市两会报道、春晚、申冬奥、“纪念中国人民抗日战争胜利 70 周年”等活动中表现突出，流量增长迅速。

2. 北京 IPTV

2015 年北京 IPTV 点播内容保有总量 47160 小时，同比增长 143%。轮播频道淘电影收视已在北京地区所有专业电影频道中跃居前三。北京 IPTV 积极拓展市场，探索产品“付费化”模式，付费产品体系更加完善，“教育看吧”实现付费。技术上，通过多次 EPG 功能升级及界面改版，改善用户体验。

3. BTV 大媒体

BTV 大媒体移动客户端 APP 自上线

以来共完成10次版本升级，2015年共发起网台栏目、节目各类互动活动总计632个，平均每月50多项。2015年BTV大媒体的一个重要成果是建设“大编辑部”1.0版。大编辑部由四个模块组成：全网资讯、电视节目、大数据和BTV大编辑部，可以快速、高效地聚合全网相关图文、视频以及数据，有效地实现资源聚合、生产流程再造、提高工作效率，在申冬奥、大阅兵直播报道中，发挥了重大作用。

4. 北京电视台微平台

2015年BTV微信电视矩阵建设完成，共接入账号122个。2015年微信电视“摇一摇”工作全面开启，继羊年春晚启用微信“摇一摇”以来，重点栏目、大型活动、各电视频道纷纷试水，全年参与人数累计8000多万人次。“摇一摇”一方面有助于提高电视频道收视份额，同时能将观众转化为用户，为进一步的商业开发奠定基础。BTV微平台在2015年全台重大活动及宣传报道中不断创新，是网台融合的重要平台。

总编室工作概况

总编室

2015年，北京电视台总编室切实发挥统筹服务引领职能，夯实基础工作，服务生产一线，寻求突破创新，圆满完成全年任务。

一、圆满完成各项基础性工作

（1）统筹完成15个频道（12套节目）10万多小时节目编播工作，保证了近5000场（次）直播节目（活动）安全有序；及时准确播发气象预警、节目变动、剧名角标等各类字幕信息20000多条（次）。

（2）媒资系统实现播出版节目和资料版节目素材存储总计达105.5万小时，库存增长16万小时，回收节目素材带6000余盘。

（3）完成《专题评议》《播音主持纠错专刊》《广电舆情动态摘编》等各类监评报告209期，督促相关节目部门对上级阅评部门的200余条批评建议进行及时反馈。

（4）梳理完善现有制播流程中涉及总编室的相关制度，对需要增补的内容提出修改完善方案。修订完成《北京电视台节目评奖办法》《北京电视台传达宣传精神的管理规定》等规章制度，为统领内容生产提供制度保障。配合计财部完成内部系统控制制度建设，提高管理水平和风险防范能力。

（5）完成三档情感类栏目400余期节目的播前审查并提出调整建议，完成境外、港澳台人员参与节目制作报审788人次，及时传达宣传精神600余条，刊发《宣传管理工作月报》12期。

（6）完成对外支付策划费、演出费

审核工作共计 200 项，费用总额近 2000 万元。完成全台资料费审核并已完成签约 15 项，签约节目时长 69272 分钟，合同总金额为 181.74 万元。

（7）参与广电行业体制机制改革调研，形成《从顶层设计和基础创新推进电视媒体转型升级——湘沪两地广电体制机制改革调研报告》，联合兄弟部门研究完成《北京电视台关于突发公共事件报道的思考》等 8 个报告、论文，为台领导和节目生产一线提供有针对性和操作性的决策参考。

（8）组织开展台内外节目评奖推荐报送工作，先后向北京新闻奖、中国新闻奖等市级和国家级奖项及时推荐报送作品百余件，获奖数量名列前茅。

（9）组织全台性联动式宣传，制作“系列春晚”宣传片 21 个，专题节目 65 分钟。上播“北京国际电影节”“申冬奥”“2015 年北京榜样”“抗战胜利 70 周年”等各类主题宣传片 300 多个。

（10）完成外购节目签约 11 个，全台节目版权登记备案 190 余份，审核节目版权合同 30 余份，主动指导各节目中心规范版权条款，最大限度保障北京电视台权益。

（11）参与中国 3D 频道建设，推动以 3D 技术为代表的高端影像节目制作，尝试 4K 电视制作技术在生产中的应用以及 8K 技术的应用研究和拍摄试验。

二、积极开展主题宣传和专项工作的创新探索和实践

履行媒体责任，加强舆论引领，统筹做好主题宣传。精心组织统筹协调 2022 年冬奥会主办城市遴选日、“抗战胜利 70 周年”、京津冀协同发展、“聚焦承德——滦平行”、全国和北京市“两会”、十二五发展成就等重点报道 10 余项。根据全台统一部署，充分发挥“中央厨房”枢纽作用，承担 2022 年冬奥会主办城市遴选日大型直播和系列报道宣传统筹任务，制订冬奥会申办宣传报道工作运行机制及培训、评奖方案等。坚持“一盘棋”战略，抓住 9 月 3 日阅兵的历史机遇，组织全台 15 个频道和各大新媒体平台同步播出大型直播《永远的丰碑》，创造了北京电视台集团化大规模报道的历史记录。

树立以人民为中心的工作导向，讲好中国故事，传播好中国声音。加强对先进典型、身边好人、善行义举的挖掘传播，大力弘扬中华优秀传统文化，围绕“中国梦”“社会主义核心价值观”、传统节日节气等主题创意制作公益宣传片，积极传播向上向善的正能量。首次举办“弘扬中华传统文化宣传创新研讨会”，邀请有关专家就“如何做好当下中华优秀传统文化主题宣传策划及节目制作”等问题与北京电视台文化节目主创一线人员进行座谈交流，提升文化类节目的内涵和制作水平。

推进节目编播机制创新。联合研发部、广告部深入节目部门了解编播重点、热点、难点，主动靠前服务，以内容生产与广告经营的融合、创新与发展为目标，为全台节目资源优化和编播统筹提供支持。截至 12 月 31 日已完成春节节目制播优化策略、新闻频道整体节目编排（定制）及 2016 年全台频道规划等三项研究。会商平台试运行一年以来，其工作机制在减少沟通成本、促进开放融合、提高工作效率等方面显示出了积极作用，获得节目部门的重视与广泛好评。

推进生产经营创新。加强大型活动内

容策划和整合运营，继续牵手华夏银行推出第三届“观众喜爱的主持人”大型评选暨公益新闻行动，逐步形成品牌营销和项目推广的长效机制，并实现社会效益和经济效益的双丰收；与京视传媒公司商讨素材资料对外销售价格，初步制定北京电视台资料销售价格框架，首次实现了对外资料销售“零”的突破。

推动评奖和宣传工作创新升级。2015年上半年节目评奖首次使用网上评审系统，该系统由总编室和技术设备管理部共同搭建，优化了节目评奖流程，提高了评奖工作效率，获得了专家评委、台领导以及节目部门的一致好评。建立微信推广公共账号“一起公益吧”，运用全新宣传平台，对所开展的公益宣传工作进行深度推广和全面互动，以提高公益宣传的效能和公众的参与度。

推进教育培训模式创新。为提升节目一线人才队伍素质，多次联合人事部组织台内栏目（节目）主编、责编、播音员、主持人以现场观摩和集中授课相结合的方式参与培训，实现了培训工作“走出去”和“请进来”的有机结合。

研究发展部工作概况

研究发展部

2015年是“十二五”规划收官之年，也是北京电视台全面深化改革、加快融合创新、实现转型突破的重要一年。面对激烈的传媒竞争环境，北京电视台研究发展部在台党委领导下，紧扣全年工作主线，积极应对传媒转型和融合发展对研发工作的新要求，重点完成了以下几个方面的工作：

一、深化数据分析，支撑内容生产

深挖数据价值，支持内容生产。在做好日常收视数据发布的基础上，建立了多层次数据分析机制和系列化研究报告体系，推出了多个专项化、主题化、形态简单、结论明确、应用性强的深度数据分析报告：其中，有为卫视、新闻、文艺、财经、动画、影视剧等中心以月、季度为周期提供的收视分析；有为《北京电视台2015年春节联欢晚会》《通向2022——申冬奥直播》《永远的丰碑——纪念中国人民抗日战争暨世界反法西斯战争胜利70周年》、生活频道百日摇一摇活动等重大活动报道提供的全媒体传播效果和影响力分析；有为《午茶剧场》《红星剧场》的排名异动提供的伴随式精确分析；有为京视体育公司按日提供的详细分众报告，有为青少·海外节目中心《军情解码》招商活动提供的重点数据分析支持。

深化数据研究，提升常态工作。全面调整了《北京电视台每周节目综合分析报告》等日常报告内容结构，系统呈现本台的市场竞争状况，有针对性地反映外部竞争格局特征，及时预警频道、节目存在问题，提升服务决策的功能作用。

提升数据时效，研发节目收视分析可

视化系统。在与各节目中心数据专员广泛沟通、听取实际需求的基础上，对内网收视数据发布页面进行了升级，一方面提前数据发布时间，一方面增加了前一工作日市场份额完成情况和今年以来市场份额实际完成情况，便于各节目中心实时掌握内容生产的工作动态。

为提升数据发布分析的呈现效果和技术水平，与技术部门共同研究开发节目收视分析可视化系统，尝试为台领导、各节目中心负责人和栏目制片人提供实时了解收视数据的可视化平台，加强对节目进行精细化分析和与竞争栏目的对比分析功能，提升了收视分析的现代化水平。该系统已经过了初试，将根据实际需要推出上线。

应对融合发展，探索多维评估。研发部积极开展节目网络影响力的评估探索，探索重大报道多维评估研究。首先，深入开展调研，分别对歌华有线、酷云、秒针、美兰德、尼尔森、国双、环球舆情、央视市场研究等第三方数据机构以及中国传媒大学等高校进行走访调研，为搭建全媒体收视效果评估系统进行前期准备和论证。其次，针对“7·31”《通向2022》申冬奥直播、纪念抗日战争暨世界反法西斯胜利70周年直播《永远的丰碑》等重大报道，充分利用各类资源，做好多层次、多角度的分析研究，约请本台专家顾问对直播进行全程观看和分析点评，并在做好传统收视数据分析的基础上，通过多渠道的数据，进行多屏传播影响力分析。

二、完善考评体系，推动内容生产与经营融合

在广泛征求各节目中心意见的基础上，根据电视行业发展的新形势新变化，对收视考评体系进行了调整。按照“坚守收视底线”的原则，强化对自制栏目、首播栏目的收视考核，使考核指标更加面向市场，引导节目中心更多地把内容生产的着力点放到以晚间黄金时间段为主的具有重要经营价值的时间段，确保北京电视台市场份额完成39.5%的任务。

按照台领导的要求对2015年上半年全台各栏目投入产出进行了评估，摸清了内容生产实际效果的家底。在此基础上，探索利用收视基础数据开发收视效果分析软件，用以对全年各栏目收视状况做出科学评估。

三、聚焦竞争环境，开拓业务平台

推出《BTV观察》。2015年春节过后，面向全台推出研发内刊《BTV观察》，对春晚、申冬奥直播、抗战胜利日阅兵大直播等重大活动以及季度、半年等重要节点收视市场竞争格局做出了快速跟进评估和系统分析。

编辑出版《北京电视台创新发展报告》《“7·31”〈通向2022〉大型直播报道工作纪实》。2015年，研发部推出了本台第一部创新发展报告——《北京电视台创新发展报告（2014年卷）》，反映了全台适应新形势、实现新发展的成绩、亮点以及经验得失。为深入总结《通向2022》直播报道的亮点和创新经验，研发部负责编辑冬奥报道系列丛书，完成了《“7·31”〈通向2022〉大型直播报道工作纪实》组稿、编辑、出版等各项工作。

加强外部合作，拓展影响空间。进一步加强了与数据公司的合作，促进服务质量提升、服务手段丰富、服务内容贴近，获取多维度的数据支持。充分借助外部资源，参与主办首届世界电视日中国电视大会活动，利用活动平台，策划推出“北京卫视影响力论坛”。2015 年 12 月 19 日，与中广联合会共同主办“深化融合、探路发展”论坛，邀请广电传媒领域专家学者共论融合议题，探路媒体发展。

立足全台发展，推进专题研究。相继推出了《假期节目供应与编排》《北京电视台春节节目制播优化策略》《晚间常态节目 2015 年半年报》《主要竞争省级卫视频道暑期目标市场受众市场竞争环境分析报告》以及《各大卫视迎新晚会综述》《省级卫视 2014 年电视剧市场综述》《省级 2014 年综艺节目综述》《关于我台春节期间节目收视与编排的分析思考》《2014—2015 年省级卫视跨年晚会竞争手段分析》等深度研究报告。

四、推动节目创新，开展模式研究

面向生产一线，开展节目模式讲座与交流。以“讲座沙龙”形式，面向全台一线编辑、记者，举办了多次针对性的主题讲座交流活动。如全面解析“韩国真人秀节目流程”、举办“新闻类节目模式解析”、解析“上海电视节目模式”等。

改进模式节目发布，丰富服务手段。2015 年新增了 50 余部最新节目模式样片，并根据本年度电视节目模式推广热点，相继推出了“戛纳国际电视节推荐节目模式”和“上海电视节优秀节目模式”专辑。同时，在台内网按一定周期实时更新节目模式视频资料，向全台推介。针对台内各频道的节目创新和改版需求，利用模式资料库，进行了大量有针对性的节目模式研究，为卫视、文艺、科教、生活、青年等频道，整理、翻译节目模式，累计达 50 部以上。提升台内刊物《锐》的编辑水平，逐月向全台发布国内外电视动态信息，特别是国际节目模式趋势报告，增强定向推送。同时，通过《锐》杂志，与国内电视研究团队定期推出专项研究报告，上述文字研究报告全年累计达十余万字。

五、服务生产决策，加强常态工作

加强图书信息资料工作。全年到馆阅览人次约 6000 余人次；借阅图书为 10000 余册、期刊 12000 余册；完成了 2015 年《电视文摘》12 期的出版、发行及内网平台的电子推介宣传；完成了近 3 万种电子图书的采购、入库、验收，并利用方正 Apabi 和“中国知网”资源系统为相关栏目提供大量的背景资料及参考；完成了全台各大型活动的图片拍摄及相关档案资料的整理；结合读者需求，完成了 1000 册图书的采购、编目任务。10 月底共入库新购图书约 1000 余册。

服务生产决策，筹组重要会议。研发部承办组织了《节目中心部分制片人调研座谈会》《“7·31”总结大会》《电视变局与“互联网＋”》《上半年电视市场竞争分析》等多个全台性的会议筹备、会务组织工作，完成了会议快报、简报等大量文稿撰写工作以及专家联络、沟通等工作。在常态数据工作方面，坚持做好每日收视数据发布、《北京电视台每周节目综合分析报告》及《传媒动态》撰写发布，以及向上级报送收视数据及台情通报会收视数据整理报送等日常工作。在常态文字工作方面，完成了向总局、市委宣传部等部门报送的材料，包括《中国电视艺术发展报告资料》《媒体发展和管理面临问题及建议的调研材料》《北京市委宣传部深化新闻媒体改革专项调研材料》《关于大媒体建设情况和推进思路相关材料》《制播分离座谈会材料》《“十三五”规划建议》等一系列内容。面向全台，编辑、印发了《2014 年索福瑞入户分析报告》《2014 年广电及新媒体发展综要》等报告。

思想政治工作概况

党委办公室

2015 年，北京电视台在思想建设、组织建设、作风建设、制度建设和干部队伍建设等方面，主要开展了八个方面工作。

一、以“三严三实”专题教育为重点，增强思想理论武装的力度

根据中央和市委关于开展“三严三实”专题教育的统一部署，先后开展了六项工作：一是认真学习贯彻上级有关精神，研究制定了《北京电视台开展“三严三实”专题教育实施方案》，明确了指导思想、总体要求、工作原则、工作步骤和工作要求；二是组织全台中层以上干部和台属企业管理人员，认真学习观看郭金龙同志专题党课报告；三是党委书记、台长赵多佳以《落实“三严三实”要求，扎实推进北京电视台改革发展》为题，带头讲党课，台领导班子其他成员也在一定范围内讲了党课；四是党委中心组先后开展三个专题学习研讨，完成集中学习 17 次，包括集中交流研讨 3 次；五是认真总结党的群众路线教育实践活动整改方案落实情况，加大重点难点问题推进力度，推动专题教育成果及时转化落地；六是台领导班子和班子成员广泛征求群众意见，分别对自身存在的“不严不实”问题进行了查摆和梳理，形成问题清单，为开展个人党性分析做了充分准备。

同时，认真做好党委中心组理论学习的组织协调工作，2015 年党委中心组集中学习 27 次，为中心组成员和广大党员干部配发各种学习材料 10 余种。

二、以提高管理能力和决策水平为中心，加强和改进台党委、台领导班子建设

台党委认真学习贯彻党的十八大、十八届三中、四中、五中全会和习近平总书记系列重要讲话精神，全面研究、制定、推进北京电视台改革发展重点工作，巩固频道独立经营、广告经营改革等成果，积极破解难点问题，确保改革发展的正确方向。全年召开党委扩大会 32 次，研究形成了改革发展、党建工作重大决策 216 项。

在市委第 26 指导组的指导下，召开了以“严格党内生活，严守党的纪律，深化作风建设”为主题的台领导班子 2014 年度民主生活会。班子成员在抓好学习教育、征求群众意见的基础上，落实“三必谈”要求，认真撰写对照检查材料，沟通交流相互批评意见，开成了一个实事求是、严肃健康的专题民主生活会，得到了指导组的肯定。民主生活会召开后，制订形成了切实可行的台领导班子整改方案，及时抓好整改措施的落实督办工作。

三、以从严加强干部人才管理为抓手，稳步提升干部人才队伍建设水平

一是认真研究修订《北京电视台中层干部选拔任用工作规定（试行）》，为健全干部选任制度打下基础；二是采取民主推荐、竞争上岗、组织推荐相结合的方式，分别完成了17个部门共20名正、副职岗位中层干部选任工作，调整交流中层干部8人次，完成15名中层副职干部试用期考核工作，并配合上级部门完成11名中层正职干部试用期考核；三是先后选派7名干部担任台属企业班子成员，提任1名企业班子成员，进一步调整优化了台属企业干部选派、选任程序；四是完成科级干部、制片人选拔任用30人次，调整交流24人次，首次实行科级干部、制片人任前谈话制度；五是开展中层以上干部和台属企业班子成员个人有关事项报告工作，严格按照填报要求，组织154人次进行填报，做好漏报情况的核实处理；六是开展因私出国（境）证件专项治理工作，结合领导干部个人有关事项情况，对中层干部持有因私出国（境）证件情况进行全面梳理；七是开展干部信息数据梳理及档案专项审核工作，认真落实全市干部人事档案专项审核工作有关要求，利用半年多时间，完成86名副处级干部档案复审及档案中缺少的任免材料补件工作，补充入档干部档案资料逾200份，并配合上级部门完成有关台领导班子成员、39名正处级中层干部的档案补件工作。

不断优化人力资源管理体系，优化人才成长路径。一是继续推进薪酬及绩效管理体系，在完成三个部门试点工作的基础上，针对试点工作中暴露出来的突出矛盾，抓紧研究解决问题，为下一步完善和实施打下了坚实基础；二是推进编制内员工工资保险改革，按要求完成事业单位工资调整、建立养老保险账户的工作，重新核算、补发补缴有关工资及养老保险金额，召开多次政策说明会，得到了广大干部职工的理解和认可；三是引进应届毕业生和急需紧缺人才149名，定向引进实习生109名，做好人才储备工作，解决重点岗位人才需求；四是开展“十佳员工”和“优秀员工”评选表彰活动，举办BTV大讲堂以及制片人研发能力培训、广告法规与审查、摄像机高新技术实操培训、电视节目建构与创意境外培训等，共完成培训26项、34期次，2048人次先后参加。

四、以推动党建创新为核心，增强党组织和党员队伍的凝聚力和战斗力

一是创新教育形式，举行纪念建党94周年“我是党员我宣誓”主题活动，组织党员干部前往国旗护卫队、三军仪仗队参观学习，感受国威军威，锤炼忠诚品格，激发了广大党员干部的国家荣誉感和职业使命感；二是创新运行模式，编制北京电视台发展党员工作流程图，细化形成了对五大程序、39个环节的具体要求，完善“两备案一预审”工作程序，严把发展党员质量关；三是创新工作方法，开展基层党建工作专题调研，了解把握党建工作、干部管理、人才培养等工作开展情况，召开部分节目中心与区县委办局工作交流会，形成了优化完善基层党建工作体系的初步思路。

2015年以来，先后完成对全台404名申请入党人员、116名入党积极分子、32名发展对象的备案工作，组织30名入党积极分子进行集中培训，完成了对今年拟发展的28名新党员的预审工作；通过层层推荐评审，对19个先进党组织、146名优秀共产党员、36名优秀党务工作者和12个优秀党建工作创新项目进行表彰；新设党支部2个，完成了24个支部、41名支委的调整增补工作；优化困难党员帮扶机制，“共产党员献爱心”捐献活动筹集捐款13万余元，走访慰问患有重大疾病和生活困难党员10人。

五、以控制和防范廉政风险为落脚点，推进党风廉政建设和反腐败工作

一是确定2015年全台党风廉政建设和反腐败工作主要任务分工，组织层层签订责任书，强化责任制建设；二是在全台开展遵守十八大以来廉政新规情况的专项检查，对开展台属企业守纪遵规专项检查进行安排部署，实行落实中央八项规定情况月报制度；三是强化廉政教育，印发《2015年党风廉政建设手册》，通过组织审计专题讲座、更新廉政教育信息、发放学习辅导读物等方式，发挥提醒警示作用；四是认真学习贯彻《关于严肃纪律加强大型活动和广告经营管理的意见》，对北京电视台相关部门做好整改落实工作提出具体要求；五是加强对职工住房补贴发放资格、外协节目制作、智慧媒体项目等台内重大事项的监督审核，受理查办相关信访举报；六是开展2014年度全台及台属企业审计和3名中层干部、台属企业负责人任期经济责任审计，做好审计发现问题的整改监督工作；七是开展台属企业落实廉政新规、加强问题整改专项工作，提高台属企业规范化、制度化管理水平；八是加强廉政制度建设，制定实施《北京电视台党风廉政建设谈话制度》《北京电视台审计处理处罚规定（试行）》《北京电视台关于台属企业落实廉政新规、加强问题整改的意见》等。

六、以凝聚人心、务求实效为目标，创新宣传教育和精神文明建设

成功举办“砥砺·奉献”BTV援建工作影像展，从“大美·大爱”“责任·担当”“情怀·温暖”三个主题板块和摄影作品板块，展现北京电视台援建工作的历程、援建者的风貌。影像展揭幕仪式作为36周年台庆活动的重要内容，在加强社会主义核心价值观教育和“三严三实”专题教育，进一步培育从业人员职业素养、职业道德、职业精神方面起到了积极作用。

积极开发“智慧党建”手机客户端平台，开展面向部分党组织、党员干部的试运行工作。加强志愿服务工作制度化建设，搭建全台党支部和相关志愿服务团队共同组成的北京电视台志愿服务网络，明确40余名联络员并组织参与相应的“志愿北京”系统应用培训，初步形成了全台志愿服务工作体系。

七、以青年创新工作站为载体，健全全台青年人才融合创新的培养机制

一是完成2014年青年创新工作站验收终评，通过对14个创新团队一年来在人才培养、项目实施、应用推广等方面情况的综合评价，对获得首批青年创新工作站称号的10个集体进行了命名表彰；二是开展对首批青年创新工作站重点创建成果的宣传推广，举办青年创新沙龙，为创新成果的转化应用搭建平台、创造条件；三是开展2015年青年创新工作站申报、初评、创建工作，新申报创新集体55个，同比增长近50%，在初评过程中，首次打通部门类别进行评审，优化评审团队结构，体现了融合创新的工作思路。加强对创建项目的跟踪服务，目前，通过初评的28个项目（含8个2014年延续项目）正在有序推进项目创建和人才培养工作。

八、以完善机制、拓宽渠道为着力点，加强和改进工会、共青团、老干部工作

工会组织着力丰富完善职工文化生活，加快构建职工关怀机制。一是充分行使民主管理权、民主监督权，参与干部选拔任用、职工食堂采购招标、食堂服务质量满意度调查等工作，强化互助保障职能，完善职工医疗保障制度，做好相关理赔工作；二是着力建设“五星级”职工之家，对部分困难职工以及北京市“两会”报道、春晚剧组等一线人员进行走访慰问，在苏州街工作区设立“妈咪屋”，开展“扶贫济困春风行动”，关心重点群体的工作、生活；三是举办“三八”妇女节主题活动，通过“职场之美”BTV风采服装秀，吸引了来自全台15个部门的14支队伍参加，传递了媒体职场文化的正能量；四是分别举办第七届职工乒乓球团体赛和羽毛球团体赛，全台800余人次先后参加角逐，展现了强大的团队凝聚力；五是积极配合上级组织，做好北京市先进工作者等荣誉推荐工作。

完善共青团组织建设，拓展团员青年文化活动渠道。一是建立健全团委工作机制，确立团委委员会议、书记碰头会等决策和工作程序，开展全台团组织和团干部队伍调整优化工作，对全台团员资料进行梳理完善；二是纪念“五四”运动96周年，举办“一起青春一起拼”主题活动，通过四个项目的青春赛事，激扬青春、凝聚力量，200余人热情参与；三是强化主持人爱心团的志愿服务品牌，积极传播推介工作经验，开展与相关志愿服务组织的工作交流。

不断优化完善老干部管理服务办法。一是通过老干部党总支和4个党支部，分别围绕党风廉政建设、“四个全面”重要论述等开展学习教育活动，健全了离退休职工思想政治工作机制；二是巩固拓展老干部志愿服务团品牌化建设成果，形成113个退休职工互助小组，开展“邻里守望”活动和学雷锋志愿服务活动，落实特殊困难退休职工帮扶安排；三是丰富退休职工晚年生活，办好《金色岁月》专刊，举办多种形式的文化活动以及合唱团、摄影班、垂钓俱乐部等社团活动，分别开展“展示阳光心态、体验美好生活、畅谈发展变化”退休女职工踏青活动、“赏春抒怀 爱国寻梦”主题活动、“铭记抗战历史 传承爱国情怀”党日活动等。

办公室工作概况

办公室

2015年，北京电视台办公室完善规章制度，激发队伍活力，积极助力全台深化改革、创新发展，从以下三个方面圆满完成了全年工作任务。

一、常态工作稳中求进，精细管理创新增效

办文办会稳妥有序，上传下达及时到位。累计办理外来收文、部门呈文、法人授权及OA系统各类申请近万件；起草、审核、印发京视发、京视字、京视函文件约500份；会同其他部门完成人大代表建议和政协委员提案办理报告20余份。扎实推进电子政务信息化建设，会同信息网络管理部顺利完成北京电视台接入北京市电子政务内网工程工作，设专人负责政务内网密码管理与操作等事务，保障系统安全、平稳运行。积极参与支持台内重要会议和活动，组织台长办公会17次，整理印发会议纪要；认真做好领导参会提醒、新闻值班等服务；探索推进总值班排班精细化、智能化；为全台各部门提供热情周到的印鉴使用、文件印制、光盘扫描刻录等服务，全年各部门文件复印总量约49万张，打印总量约46万字。

信息报送提质增效，培训实战相得益彰。组织召开全台保密、档案工作培训暨2015年信息工作会议，统筹推进全台信息工作提升水平、增强实效。着力培养信息工作前瞻性、实效性、能动性，围绕重大活动上报深度信息，受到中央、北京市领导同志多次批示肯定。信息内容和语言力争上接“天线”、下接地气，追求“短、实、新”，报送信息尤其是长篇信息的数量、质量显著提升。共编印《北京电视》42期，报送《信息快报》173期264条（《宣传系统快报》采用87条，其中“特色工作”板块采用10条）、《信息专报》32期。

外事工作遵章守纪，规范制度服务一线。全年共办理自组团组48批次213人次（含港澳），随团团组24批次56人次（含港澳台），赴台自组团组1批次3人次。

来访接待专业敬业，立足首善彰显风范。接待国家部委、地厅级领导及其他来宾参观来访109批次、1375人次；参与大型活动接待工作25次，调配安排台内会议室427次。精心组织安排“十佳”“优秀”员工，援藏、援疆干部，驻站记者及其家属来台参观等活动。

栏目热线运营探新，管理技术优化升级。96168栏目热线全年受理系统来话211万件，人工接话19.9万件，为各栏目提供线索、建议4.6万件，解答咨询服务2.2万次。

法律事务履职尽责，合同管理水平提升。为全台各部门审核合同1100余份，提供重点项目法律咨询服务200余项。完成全台2014年度2800余份备案合同及报审材料的整理、校对、封存和归档。

通讯业务服务全台，日常运维保障有力。总机坐席总接话量超过15万次；协助相关部门办理通讯业务5万余件。通讯技术团队为各部门提供电话开通、维修服务603次，为各节目组提供对讲机1800余台次，安装电话耦合设备70次；配合联通、移动公司完成无线信号巡检修理134次，200余个工作小时。

医疗保健惠及职工，监管防控再获殊荣。圆满完成全台医疗保健、计划生育、医药费用报销、多发疾病预防等各项工作。日常接诊无漏诊、误诊，为上万人次提供医疗咨询解答服务；采购药品种类百余种，充分满足职工门诊诊疗需求；院感管理工作严格管控、规范操作，为职工创建洁净安全的医疗环境；扎实推进计划生育工作，积极开展计生干部培训，累计参训140余人次。荣获2014年度建外地区先进集体称号。

二、重点工作展现亮点，持续发力创先争优

专项文集成功出版。策划并编辑出版北京电视台首部专题论文集《大媒体之路——电视媒体融合实战与思考》。梳理台内网“记者手记”板块，汇编形成《记者手记》，该书作为台庆36周年献礼之作，从不同角度展现了北京电视台一线记者的职业风采和BTV情怀。扎实、迅速推进《北京电视台发展研究文集》（2014年卷）编辑出版工作，积极做好约稿和编辑工作统筹。

青年创新成效显著。办公室青年管理创新小组围绕“媒体内部文化与执行力”研究课题，积极开展调研交流、实地观摩、专题讲座和小组讨论等活动，撰写工作简报近10篇、拍摄素材上百分钟，采访人员14人，完成精彩的小组工作纪实小片和3万余字的调研报告。研究项目在2014年度全台青年创新工作站终评中获得第一名，被授予首批“青年创新工作站”称号。

外邀工作服务面广。为全台大型活动及重大事件办理外籍人员邀请服务相关手续。应《2015环球春晚》需求，为来自全球10余个国家的200余名外籍演员办理来华申请；为紫禁城影业公司投拍电影《天国与地狱》的7名外籍演员办理来华申请；配合纪实频道赴新疆和田拍摄纪录片的任务，为来自日本的记者办理记者类签证申请。

内网建设与时俱进。在内网增设“图片资源”板块，汇集全台重大活动图片资料，服务全台中心工作。在内网制作“部门重点亮点工作”和“砥砺·奉献 BTV援建工作影像展”角标2个；统筹“近期通知”版面，协助各部门置顶通知70余次；对全台重要会议、大型活动进行内网直播6次。按月度统计内网发稿情况，全台累计发稿量12970篇，依据发稿量发放相应稿酬。

档案工作求善立新。成功组织近年来规模最大的全台性档案业务培训，实现信息工作与保密、档案工作同步联动。实现档案工作独立建制，完成2014年度档案整理、登记、建档、编目、存档工作。

图片资源强化统筹。完成62项全台性大型活动的图片收集整理工作，筛选留存有价值图片资料441件。接收、梳理了2000年至2009年近10年的图片资料，并完成苏州街工作区图片资料室装修工作，使全台图片管理工作逐步走向正规化、专业化。

法律支持助力发展。参与重大专项工作13项。为重点项目“智慧媒体”提供全程法律服务，介入项目统筹执行、合同审核等环节，确保项目所涉30余件合同全部按规定时限签署完成。为新媒体集团成立、北京国际电影节开闭幕式承办、制作部外协管理、国债资金处置、苏台物业管理社会化改革等专项工作提供完备有力的法律支持。

保障技术实现突破。在第五届北京国际电影节开幕式直播中，首次应用多点位、多级别权限、多级联方式的通话平台，确保直播团队全程通讯畅通。在申冬奥大型直播报道《通向2022》和纪念中国人民抗日战争暨世界反法西斯战争胜利70周年大型直播报道《永远的丰碑》中，升级改进直播电话会议技术模式，实现多组别、多指令间的迅速、灵活切换，有力改善了电话会议环境。

通讯服务拓展升级。加快适应4G技术发展需求，会同北京移动、北京联通公司对本台苏州街工作区进行室内4G信号覆盖施工，实现移动、联通4G信号楼宇内全面覆盖。项目争取到北京移动和北京联通的全额投资，为本台节省大量费用支出。完成对苏州街工作区原红绿蓝宾馆整体配线改造工作，协助架设、迁移电话座机700余部。

党风廉政建设工作概况

监察审计办公室

2015年，北京电视台监察审计办公室认真执行中央八项规定，切实履行纪检监察职责，积极开展党风廉政建设和反腐败斗争，扎实做好内部审计工作。

一、认真落实党风廉政建设责任制

根据2015年党风廉政建设和反腐败工作的要求，制定了《2015年北京电视台党风廉政建设和反腐败工作任务分工》，提出了15个方面39项工作任务，明确了台领导班子成员的责任分工。协调台党委主要领导与台领导班子其他成员及各部门主要负责人分别签订了党风廉政建设责任书，进一步强化了班子成员和部门主要负责人的“一岗双责”意识，形成较为健全的党风廉政建设工作体系。制定了《北京电视台党风廉政建设谈话制度》，主管干部和纪检工作的台领导分别与新任职、轮岗处级干部共26人次进行廉政谈话，监审办分三批与制度出台后新任职的科级干部及制片人11人进行廉政谈话，参与全台13个部门的43名科级干部、制片人进行集体谈话。

二、做好自查自纠工作

监察审计办公室在全台开展遵守十八大以来廉政新规情况的专项检查，进一步提高了全台干部职工的法纪意识、廉洁意识。

一是重要时间节点及时提醒督促检查。在重要时间节点及年、节、假日，台纪委按要求及时转发中央纪委、市纪委有关文件，并给全台各部门发通知、给每位中层干部发短信重点提醒。同时对违规吃喝、公车私用、送卡送礼等，有针对性地做好重点抽查和督促落实工作。

二是为了规范台属企业执行财经纪律，监察审计办公室分三个阶段对全台21家企业进行了重点检查，针对发现的各类问题加强督促整改，与经营管理部组成检查小组，对7家台属企业进行抽查，重点检查台属企业是否存在“小金库”、公款旅游、违规发放福利、违规购买并发放券（卡）等问题，同时对其自查自纠结果及整改落实情况也进行了检查，并就严格执行财经纪律提出了10个方面的落实要求。

三、建立健全各项制度

一是为加强干部监督管理，制定了《北京电视台党风廉政建设谈话制度》，规范了中层干部、台属企业班子成员、科级干部和制片人的廉政谈话内容、谈话程序和谈话方式。

二是为了严肃纪律，增强对审计问题整改的主动性和时效性，杜绝整改不力、问题反弹的现象，针对报销虚假发票、应招标未招标、订立合同不规范、违规履行合同等 9 类问题制定了《北京电视台审计处理处罚规定（试行）》，解决了审计结果没有处罚依据的窘境。

四、积极开展内部审计宣传教育培训工作

2015 年，监察审计办公室为全台各部门购买《中国共产党廉洁自律准则》和《中国共产党纪律处分条例》等书籍共计 2600 余本及反腐倡廉教育光盘 500 余张；为 9 名班子成员及全台 34 个部门组织订阅下发中纪委、监察部反腐倡廉刊物《中国纪检监察》19 期、《党风廉政建设》10 期；编辑下发《纪检监察审计简报》4 期；继续举办了全台党风廉政建设知识答卷活动，参加人员达 3000 余人。监察审计办公室在台内网刊发廉政文章近 600 篇；编发了 4 期《廉政教育园地》；通过新建纪检宣传栏，采取板报、专题解读等多种形式加大《中国共产党廉洁自律准则》《中国共产党纪律处分条例》以及“一规一约”的宣传力度，起到提醒和警示的作用。同时针对当前台属企业管理中存在的一些问题和不足，编写了《企业违规违纪典型案例及相关问题解答》宣传册，精选了 12 个国有企业领导人员违法违纪典型案例和 32 个问答，对国有企业经营管理中涉及的问题进行了阐释。

2015 年，监察审计办公室组织全台 300 余名科长（制片人）以上干部进行廉政风险教育培训两次。一是邀请中国内部审计协会副会长兼秘书长鲍国明来台，结合审计情况进行《领导干部经济责任审计》专题讲座；二是邀请北京市门头沟区人民检察院党组书记、检察长杨淑雅作关于《如何预防职务犯罪》的专题报告。

五、认真开展各项监督工作

为强化干部选任和评奖评优监督，全年共对 27 名处级干部、65 名科级干部以及 558 名评奖推优的同志出具了廉洁自律情况说明。

2015 年，监察审计办公室配合北京广播电视台完成了 2014 年度北京电视台及台属企业的财务审计工作，把发现的 97 个问题落实到相关领导和部门，推动 57 个问题有效解决，其他问题正在研究解决中。并根据党委办公室委托，对 4 位中层干部进行了离任经济责任审计工作。为了确保大型节目制作播出规范、有序，重点抽查两个大型节目、涉及资金 700 万元，及时发现了节目制作过程中存在的不严格不规范问题，责令相关部门严堵工作漏洞。此外，对预算在 300 万元以上的大型晚会、大型活动及预算在 150 万元以上的大型系列专题纪录片进行登记备案，现已登记备案了 8 项大型节目，涉及资金约 5330. 68 万元。

工会工作概况

工会办公室

2015年，北京电视台工会把维护职工劳动权益、民主政治权利、精神文化权益同深化改革协调统一起来，圆满完成了各项任务，被北京市政法卫生文化工会授予“五星级职工之家”称号。

一、维护广大职工民主权益

工会在行使民主管理权、民主监督权方面，积极参与中层干部考核测评、干部选拔任用和竞争上岗、职工食堂采购招标、食堂服务质量满意度调查等工作，强化工会的互助保障职能。完善职工医疗保障制度。

按照北京市总工会的要求，调整、变更、完善工会会员和京卡会员信息近千条，为45名身患疾病的在职职工办理了重大疾病、女工特殊疾病、住院医疗和住院津贴理赔108人次，同时为参与温暖互助保障活动的11名职工进行了理赔。6月底为562名女职工续办了《特殊疾病互助保险》。年底前将为1333名职工续办包括《重大疾病》《住院医疗》《住院津贴》《非工伤意外》4个互助保险。

二、完成“五星级”职工之家认证，推进BTV民心工程

为建设合格的“五星级”职工之家，一年来，工会继续以关爱职工、温暖职工、服务职工为己任，切实解决职工工作、生活中的实际问题，做广大职工的贴心人。主要工作有：坚持对一线职工进行慰问，特别对那些重要会议、重大活动中的一线记者，如春晚剧组，心连心剧组等，工会及时将姜糖水、酸梅汤、防晒霜、水果等送到现场。“五一”劳动节前夕慰问市级劳模10人，发放慰问金10000元。5月下旬组织14人次到电台无锡基地休疗。继续开展以帮扶救助困难职工为目标的“扶贫济困春风行动”，通过部门上报、工会调查研究、报台福利小组审批、内网公示的程序，对52名病困职工进行一次性补助，发放补助款15.6万元；多种形式慰问患病职工及老党员、老干部；“三八”节前夕，组织职工开展了巾帼文明岗和优秀女职工表彰大会暨BTV“职场之美”服装表演赛，展现女职工的绰约风姿；组织700余名女职工观看了3D IMAX电影《狼图腾》；继续做好女职工安康险理赔工作；对濒临困境的职工施以援手，2015年1月，为肾功能衰竭的信息网络管理部职工王翔募捐逾40万元；继续为职工会员办理公园年票，为职工购买“海洋沙滩节”门票，做好全台职工南戴河休疗工作。

一分耕耘，一分收获。2015年10月，北京电视台工会被北京市总工会认证为职工之家最高级别——“五星级职工之家”。

三、继续开展寓教于乐的文体活动

工会继续做好一年一度的职工乒乓

球、羽毛球团体赛两大赛事，组织部分职工参加了北京广播电视台举办的“第三届职工乒乓球比赛”并夺得团体冠军；与北京广播电视台共同组队参加了北京市2015年“和谐杯”职工乒乓球比赛，获得分赛区第一名；建立了职工兴趣活动小组，定期组织开展小型多样活动；培训职工参加数独比赛，还利用职工运动场组织开展了篮球、足球对抗赛、拔河比赛；恢复了一周两次的瑜伽健身班活动；按照北京市总工会和北京广播电视台工会的要求，配合组织做好“2015年北京广播电视台职工艺术节”系列活动，共有13件作品获奖。

四、建设北京电视台“网上职工之家”

工会把建设北京电视台“网上职工之家”作为2015年创新性工作的一个重点，现在“网上职工之家”主页上已有近期通知、组织制度、电子荣誉室、党建工作、学习园地、女工之友、互助保障、职工来访、表格下载、上级精神、台内文件、职工风采、视频等14个固定栏目，为文明创建工作提供了互动工作平台。

五、加强工会干部业务培训

4月15日，工会办公室党支部与总工办等技术部门党支部联合在平谷结合新农村建设进行重温入党誓言的党日活动，收到良好效果。

6月至7月，在北戴河市总培训中心参加市总“1+15”文件精神培训和职工互助医疗合作计划理赔员培训，进一步夯实为职工服务的业务基础。

六、继续做好推优评优工作

2015年3月，开展了“三八”节评选优秀女职工活动，经过全台各部室自下而上的推荐、公示，最终评选出2014年度10个“巾帼文明岗”优秀集体和88名优秀女职工，并通过物质奖励、内网通报表扬、板报栏宣传等形式，进行大力表彰。

人事部工作概况

人事部

2015年，北京电视台人事部积极推进人力资源管理体系和人才队伍建设，顺利完成了各项工作任务。

一、建立完善人力资源管理体系

以建立机制、强化激励为重点，加强对从业人员的科学管理，建立完善符合北京电视台人才队伍特点的科学人力资源管理体系。

继续推进薪酬及绩效管理体系。在完成总编室、信息网络管理部、青少海外节目中心三个部门试点工作的基础上，针对试点工作中暴露出来的突出矛盾，一方面，对于职工不理解的问题，有针对性地做好思想工作和解释工作；另一方面，对方案中的不足之处，重新梳理工作流程，调整方案内容，修订了《北京电视台薪酬绩效管理体系优化百问百答》，将调整后的方案及相关材料向试点部门进行了反馈。多次与研发部、广告部、计财部等绩效考核委员会成员部门进行沟通，研讨绩效考核指标设定、考核权重设定、目标值设计和定期数据提供等绩效考核操作、管理等相关事宜，并针对薪酬及绩效考核体系项目推进过程中出现的一系列问题，会同知本公司重新梳理了《北京电视台人力资源优化项目工作进展和下一阶段落地计划》，为下一步完善和实施打下了坚实的基础。

完善人才选拔体系。组织科级干部任职、调整工作。2015 年，组织科级干部民主推荐 3 批次，涉及 10 个部门 27 人。组织科级干部竞争上岗 1 批次，涉及 2 个部门 3 人。科级干部职务调整、交流涉及 15 个部门 24 人次。

施行科级干部任前谈话制度。8 月 27 日下午，北京电视台召开 2015 年度新任职科级干部及制片人任前集体谈话会，党委副书记、常务副台长韦小玉代表台党委，同全台 2015 年 1 月以来新任职和轮岗交流的科级干部、制片人进行了集体谈话。全台 13 个部门的 43 名科级干部、制片人参加了此次座谈。

推进编制内员工工资保险改革。本次工资及保险改革是继 2006 年事业单位工资改革之后力度最大的一次工资保险改革，为了确保按时、准确、有序地完成本次工作，人事部制订了“按项调整，逐段核算，分步实施”的工作方案，并在不同范围内组织召开了多次政策说明会，且专门安排工资及保险岗位工作人员随时解释具体政策，让全体事业编制在职职工和退休职工了解政策内容。根据工作进程，人事部组织部门人员加班加点，相互配合，分工协作，全力投入，在上级部门规定的时间内完成了全台 1387 名事业编制职工及 338 名退休职工的工资及保险的核算工作，没有出现任何差错。

二、加强人才队伍建设

为更好地研究落实人才引进工作，分别组织召开了职能、技术部门与节目中心参加的人才队伍建设工作调研会，围绕人力资源个性与共性的需求、存量不活与增量不强的问题以及动态思维与创新管理等方面进行了深入研讨，形成调研报告，制定了具体措施及方案。

2015 年，人事部以重点岗位，急需人才引进为导向，为生活节目中心、新媒体发展中心、党委办公室等 21 个部门引进人才 149 人，并根据北京市 2015 年接收非北京生源毕业生进京（落户）工作要求，为符合条件的 10 名应届毕业生办理相关手续。

根据相关部门实际需要，为计划财务部、经营管理部、新闻节目中心等 7 个部门定向定点引进实习生 109 人，为明年人才引进做好储备，解决重要岗位人才需求问题。

按照年度培训计划，采取抓大放小、精细管理、内外结合、加强实战交流的培训原则开展工作，截至 10 月底，共完成培训 26 项、34 期次、2048 人次参加。

开展多项台外特色培训，加强与业界交流学习。为更好的创新专业人才培训方式，使本台技术业务骨干能够全面掌握行业前沿动态，促进业务精细化生产，2015 年上半年，教育培训工作侧重加强与业界的交流与互动，共组织制片人节目研发能力培训班、综艺类节目主编、责编业务培训班两项与台外交流互动式培训，开创了北京电视台培训模式的先河，取得了良好的实际效果。

举办高新技术实操培训，侧重实操应用与理论结合。为提高摄像人员使用高新技术设备的操作能力，培养高层次的摄像技术人才队伍，5 月 25 日至 29 日，举办了两期摄像机高新技术实操培训班，全台 60 名摄像技术业务骨干参加了为期两天半的培训。此次培训整合台内、外多种前沿设备资源，邀请优秀讲师及台内资深导演、摄像为学员进行理论教学和实践互动。培训的课程设置贴近大家的实际需求，在夯实理论的同时，更加侧重设备的实际操作应用。

注重素养与能力提升并重，大力开展播音员主持人培训。针对往年全员培训模式中沟通交流、实战性不强、专项岗位培训不解渴等问题，在 2015 年的播音主持培训工作中增强了“会诊式小规模培训”的力度，邀请业内专家来台内授课，面对面地解决播音主持节目中存在的实际问题。

强化境外培训，拓展国际化视野，提升创新原动力。10 月 9 日至 29 日，北京电视台选派 20 名来自节目、技术、职能的业务骨干，围绕“电视节目的构建与创意”这一主题，赴加拿大进行为期 21 天的培训交流，就电视节目的发展战略、电视台交互式服务及数字电视互动节目的发展战略、独立制片人的定位与发展、真人秀创意等方面进行学习与研讨。

三、做实基础工作

2015 年 5 月，人事部会同行政部、保卫部、办公室法务科、电视产业发展集团等部门及单位，完成了行政部物业人员以及保卫部苏州街办公区楼内值班人员的整体转制工作。

组织开展 2014 年度北京电视台“十佳员工”评选工作，共选出十佳员工 10 人，优秀员工 10 人，并将其事迹编纂成册，在全台范围内发放并号召广大员工学习。

按照中组部及市委组织部要求，对全台科级以上人员进行“三龄两历一身份”的档案核查工作。

计财部工作概况

计财部

2015 年，北京电视台计财部积极为全台各部门提供服务，圆满完成了各项工作任务。

一、稳步推进内部控制规范建设

根据北京市财政局关于《行政事业单位内部控制规范（试行）》的实施意见，在 2014 年已完成内控方案制订、流程梳理、风险查找的基础上，2015 年通过与各部门反复沟通协调，已完成策略应对、制度的修改完善、内部监督等内容的工作，基本完成北京电视台内部控制手册的出台准备。

二、做好北京新媒体集团有限责任公司组建的基础工作

与新媒体发展中心紧密合作，配合资产评估机构完成北京电视台拟作为投资的固定资产和无形资产的评估工作。与总工办合作，稳步推进智慧媒体项目的发展进程。

三、会同行政部做好职工住房补贴发放具体实施工作

对本台职工住房补贴经费来源和金额进行了核准，并明确了支取方案。与市财政局及时进行沟通、了解上报程序、文件上报要求，在一周内拿到市财政局批复，积极办理海淀、东城住房基金管理中心资金划拨、开户手续等基础工作，完成了职工个人住房补贴支取的所有工作。

四、利用技术手段提升财务管理效力

及时调整财务软件的报表格式和内容，增添报表功能，最大限度发挥财务数据的分析价值。围绕办公自动化的需求，在新闻、文艺、纪实三个节目中心使用OA系统进行节目预算上报的基础上，与网管部密切配合，在2015年5月实现青少·海外、体育、财经、生活四个中心的节目预算OA系统上报工作。完善和改进资产管理信息系统的相关功能，进一步规范财务软件与资产管理软件的信息接口，保证数据的传输安全和稳定。

五、做好财务管理和会计核算工作

严格执行2015年各项预算，控制支出，审核各种票据并对经济业务进行账务处理，保证会计报表与相关分析的及时、准确、完整。及时统计、分析各月财务工作情况，做好财务收支和预算执行情况分析报告。完成年度决算和年终统计报表工作。积极、主动申请文创资金、专项资金。

六、进一步完善财务信息公开制度

按照财政部和市财政局的有关文件精神，拟定了北京电视台内部财务信息公开工作的实施意见，这是加强内部监督，促进部门间沟通协调以及督促相关部门自觉提升工作质量与效率的有效方法。

七、完成各项审计、评审、项目绩效考评、审计整改工作

配合市委宣传部对北京市文化创新发展专项资金的使用进行绩效评价。配合会计师事务所和监审办完成年度审计和中层干部的离任审计工作，针对年度审计意见，迅速落实整改。完成事业单位产权登记，指导台属公司做好报表的填报工作。协调技术部门办理151试验项目的入库、竣工决算工作。

八、加强广告收入管理，完成北京电视中心工程竣工决算和28亩地职工宿舍工程竣工决算工作

配合台属新纪实公司完成2015年北京市文化创新发展专项（产业类）资金支持项目的申报工作。完成事业单位人员增资额的测算、上报工作。

行政部工作概况

行政部

2015 年，北京电视台行政部重点完成了以下工作任务。

一、交通安全及车辆管理工作

积极开展道路交通安全法律法规宣传，对违规违法行为及时曝光，坚决杜绝闯红灯现象，倡议创建“交通安全零违法部室”和“保安全控费用”活动，调动了部室参与交通管理的积极性。与车辆维修合作企业不断洽商，要求对方延长车辆维保期 6 万公里，节约费用 7 万元左右。根据车辆投保险种的数量，争取最优惠政策，节约保费 34 万元。做好车辆出险救援理赔、修理工作，本年度保险理赔 355 车次，涉及费用 38.4 万元，占投保费用 10.96%。维修车辆 1175 车次，支出费用 288.7 万元，占全年预算比例 72.58%。2015 年度预算节约 120 万元。

二、新台址物业监管工作

配合《北京市禁烟条例》的实施，撤除禁烟区内原设立的吸烟室，并在楼外建立临时吸烟点。经与台各物业主管部门沟通，对新台址 2016 年的物业服务岗位、内容和费用进行调整，下调费用 170 多万元。严格物业人员考勤，制定了一系列物业管理制度。

三、西区物业划转及全台修缮工作

苏州街办公区及职工宿舍区物业管理的划转工作，经与有关方面协商，已顺利完成。工程维修方面，本年度共完成计划内和临时性工程 39 项，支出费用 193 万元。在完成 13 号楼二次供水改造、28 亩地空调移机等工程上，能做到按时按质完成。

四、办公用品发放工作

严格按规章制度发放办公用品，对有特殊要求和急需的办公用品，积极组织货源满足使用部门的需求。加强环境卫生管理，提升清扫保洁质量。及时调整、更新植物摆放品种 466 盆，完成伐树、补栽树苗及恢复绿地施工改造工作。在劳保用品的采购方面，组织召开了由招标管理办公室、工会、台办、计财部、人事部参加的招标会，积极组织货源，零差错的将 3000 多份物品发放到职工手中。

五、职工住房补贴发放工作

完善了《北京电视台职工住房补贴实施方案》，审核及计算职工住房补贴费用，按抽调比例完成组织外调工作，经三级审核后按计划公示一、二、三榜名单。完成好待分配住房支付物业、供暖费的工作。

六、膳食保障工作

强化食堂的规范管理，确保服务到位。配合各部室大型活动就餐服务 2.1 万人次。加大对库房采购源头的管理，确保原始食材质量。严格食品制作、生产、销售环节，根据不同季节调整应季菜单。完成了对员工服务技能、食品安全和消防安全共 95 个课时的培训，定期对厨房的水电气、职工宿舍及其他设备进行检查，全年共维修各种设备设施 960 余套件。每天对职工餐所加工的食品60多个品种进行留样待验，对员工服务技能、食品安全和消防安全进行200个课时的培训。

七、财务管理工作

科学编制财务预算，完善财务管理制度，坚持费用预算管理“算、控、降”三字诀。规范成本费用，充分发挥预算的指导和控制作用。共审核各类单据800余份，申请支票600余张，逐笔登记明细账，做到会计凭证月月扎、会计报表月月编，保证了会计账、证、表真实、准确、相符。

保卫部工作概况

保卫部

2015年，北京电视台保卫部以保障电视台园区安全稳定为中心，认真抓好园区日常秩序管理和做好园区反恐防爆等的各项应急准备工作，圆满完成安全保卫任务。

一、治安管理工作

保卫部在电视台园区内的治安管理工作中，以提高反恐防爆、防冲闯、防冲击的能力为主，维护良好的工作生活秩序。一是抓好“两节”“两会”“清明”“五一”“国庆”等节日期间的安全保卫工作，确保重大节日和重要活动期间的安全稳定。二是强化日常安全管理工作，对会客、接待、治安、警卫、安检、停车场等安全工作进行认真部署，杜绝事故。全年会客109716人次，物品出入登记、检查10557件次，安检中发现违禁品537件。接待来台访客、调研、开会、参观93批次、1174人次。协助公安机关来台调查相关案件11起，审核、制作、更换、开通各类工作证件2423张。三是进一步完善新台址园区内车辆管理，对南、北大门车辆管理系统进行升级改造，实行车辆车牌号码自动识别进出，通过升级和科学规划，提高了通行效率，杜绝了个别车辆长期占用园区内停车位的现象。四是进一步完善安防设施和设备维保工作。在建国路工作区南、北门人行道出口完善了单向旋转门，检测维修了电动伸缩门、拒马阻车器、武警哨位四防一体系统等设施，在会客室、安检室安装了门帘，保证设备的正常使用。五是提高服务意识，解决部分临时进台车辆的停放问题。六是完成“9·3”阅兵期间受阅部队在北京电视台主楼平台设立指挥引导点的沟通协调和保障任务，加强阅兵期间电视台园区内部安全管控工作。七是指导建国路和苏州街工作区的两支驻台武警中队及物业公司护卫部勤务管理工作，协助驻台武警部队做好内部建设工作。八是做好突发事件和上访事件的处置工作。共处理来台上访事件330起，588人次，处置翻墙进入（混入）等突发事件8起，保障了园区的安全稳定。九是做好安保业务培训工作。对新入台的职工、入伍新战士、护卫部保安员及部门安全员有针对性地进行业务培训，提升安保人员的业务水平。

二、消防安全工作

保卫部在消防工作中重点抓好了8个方面：一是进一步明确安全工作责任制，在台、部门（中心）、科组（栏目）三级签订了安全责任书。二是严格落实检查制度。全年共组织全台性联合大检查5次，部门组织检查30次，下发隐患整改通知单11份。迎接市消防局、朝阳消防支队以及北京广播电视台安全检查7次，未发现隐患问题。三是抓好控制吸烟工作。5月份，保卫部牵头拟制并在全台下发了《北京电视台控制吸烟管理规定（暂行）》，并通过内网转载、短信提示、张贴宣传等方式，对全台职工进行宣传教育。四是做好火灾防控暨夏季消防安全工作，重新修订了《北京电视台消防应急预案》和《消防灭火应急疏散预案》。对全体员工进行了消防安全教育培训，相关人员进行灭火和应急演练。五是认真做好消防设备的维护保养工作。截至12月底，完成消防应急维修257次，消防报警点检测7135点，消防日常维护保养1177次，拆、装、清洗火灾探测器2895只，应急跑点1134个。六是抓好施工管理，杜绝违章作业和野蛮施工。全年新台施工改造共16场次，施工前保卫部与施工方签订《施工现场安全责任书》，同时每天保卫部都派出专人到施工现场进行消防安全巡查，发现问题现场整改。全年共审核办理施工证、动火证236张。七是抓好大型活动的安全管理工作，全年共举办大型活动1298场，观众及演员嘉宾99948人次，未发生任何问题。八是围绕“11·9”消防宣传主题，做好优秀安全员评选、消防知识答题竞赛活动和安全员培训活动。

三、技术防范工作

保卫部在2015年的技术防范工作中主要抓了三点：一是技术防范系统发挥作用。监控系统完成现场实时监控值守约8700小时，通过实时监控发现、上报并配合处置突发事件、特殊情况80次，其中上访60余次，涉及人数累计超过600人，其中50人以上集体上访1次，完成数字监控录像近500万小时；配合台内调看录像260小时，解决问题6起。门禁系统正常运行8700小时，验卡放行约40万人次。报警系统共处置各种警情400余起，其中协同处置一般警情20余起，协同安保人员处置非法闯入10余次，控制人员10人。车辆进出口管理系统完成车辆检验放行约180万次。安检系统完成人员安检约80万人次，物品安检约50万件次，车辆安检约60万辆次，查获刀具、发胶、酒类或其他违禁品近500件。二是认真做好设备维护保养工作。组织维保单位完成24小时应急维修工作，排除各类故障678起，维修更换设备30余件，组织应急维修2次，更换了老化故障的主要设备。督导维保单位完成各季度保养工作，共保养各类设备25000余件次，确保各安防系统运行正常。三是积极完成安防设施的改造工作。组织维保单位完成新台址南、北门车辆进出管理系统改造工程，实现车牌比对通行。组织完成新台址安检室及邮局加装监控设备的改造工程，正式投入使用。组织新、老台址武警哨位门禁建设工程的招投标工作，并督促施工单位完善方案。

四、苏州街工作区安全保卫工作

苏州街工作区的安保工作主要抓好了5项：一是组织苏州街工作区安全检查5次，对一些查出的隐患问题及时进行整改并消除。二是办理会客手续41361人次，为演播厅节目录制提供安全保障。三是圆满完成57名岗位安保人员的转制工作及物业公司接管岗位的各项准备协调工作。四是认真完成红绿蓝装修改造期间的消防、安防监管工作。五是积极配合基建办公室做好红绿兰、主楼大厅、西门等处施工、改造工作。

基建办公室工作概况

基建办公室

2015年，北京电视台基建办公室以加强精细化管理为主线，较好地完成了各项工作任务。

一、圆满完成几项重要工程项目

继续做好北京网络广播电视台办公区改建工程。该工程于2014年9月20日正式开工，2015年2月12日提前31天完成工程四方验收，4月完成电梯及消防的政府验收，8月完成向台主管部门移交，9月完成了工程结算审核（工程预算3260万元，经审核最终结算为2581.13万元），实现了质量合格、安全无事故及工期目标，并为台里节省了大量资金。

新媒体中心大楼改造顺利完工。新媒体中心大楼改造工程是为满足即将成立的新媒体集团办公需要而进行的工程改造，在前期功能设置、招标方案确定阶段，基建办公室与新媒体中心、监审办、招标办及招标代理公司就改造实施方案反复沟通、协调、论证，于5月8日通过了台党委会批准后加以实施；在施工阶段，基建办公室克服工程总价限制及施工部位点多面广的不利因素，采取分部分段实施，按期顺利地完成了全部施工工作，工程投资严格控制在预算范围内。

总投资855万元的苏州街工作区园区改造项目作为北京电视台2015年全年的基建改造重点工作，在认真完成改造方案的论证、投资估算及设计后，8月分别完成了装修及钢结构标段施工招标工作，9月工程全部按期开工，钢结构标段于11月完工，装修标段12月底完工。

生活服务楼加层工程的前期准备工作有序进行。完成了设计单位委托和可行性研究报告编制工作，已将项目备案请示送达市发改委，正在按市发改委要求开始办理普通测量、土地预审及环保审查。

2015年，基建办全年共组织工程招标活动3次，共签订工程及服务类合同9份，完成各项合同结算5份，送审金额2882.5万元，结算金额2675.9万元，审减金额206.6万元，支付工程款65笔，共计4786万元。在工程建设过程中，基建办公室一是加强方案论证，及时请示汇报；二是严格执行国家的相关政策，在招投标、合同签订等环节努力做到公开、透明、不违规，并自觉置于台监审办、招标办等的监督之下；三是精打细算，严格控制投资，努力节省资金；四是加强协调，主动征询，力争满足使用部门的需求；五是精心组织，文明施工，切实把各项安全措施落实到实处。

2015 年，基建办公室还完成了 28 亩地职工宿舍楼供电工程收尾及结算、配合计财部进行 2011 年至 2014 年度已完工程的决算等项工作。

二、部门内部建设得到加强

对部门科室工作进行细化，进一步规范和完善了部门考勤制度，加强了内部综合管理。

规范例会制度，坚持每周召开主任办公会（部门全体人员会），各种问题的决策更加民主、科学、人性化。规范了部门文件格式及行文程序，精细化管理有了新的内涵；结合招投标、造价审核、工程管理进一步加强了科室对业务知识的学习。

积极组队参加台工会组织的乒乓球、羽毛球比赛和各类竞赛活动，增进了部门职工的相互了解和集体荣誉感。

广告部工作概况

广告部

2015 年，北京电视台广告部不断完善适应新形势、新变化的广告管理规定，做好公益广告的制作管理和播出协调，开拓渠道，整合资源，配合经营主体做好经营工作，实现广告创收。

一、强化统筹管理，完善制度建设

2015 年，广告部根据新的广告经营模式，先后出台了《北京电视台广告文件协议备案管理规定及执行办法》《北京电视台植入式广告执行流程》《关于规范北京电视台广告审查的建议》等文件，并印发了《2015 广告管理文件汇编手册》，进一步促进规范管理。

为加强广告管理，下半年广告部又制定了《北京电视台广告管理规定》，内容涉及广告经营、广告审查、广告播出、广告监播、植入式广告、公益广告、广告从业人员管理等 7 个方面。

二、强化协调服务职能，开展广告业务培训

随着新《广告法》的实施，各级管理机构对广告的监管不断加强。2015 年 1 月至 10 月，广告部共处理投诉事件 36 起，工商局行政告诫 2 次，涉及广告 50 余条。针对这些问题，广告部多次会同相关经营公司与工商部门沟通协调，并组织各经营公司召开了北京电视台广告审查专题会，就新《广告法》的执行，广告审查的重点提出了明确的要求，要求各经营公司就医药、保健品、理财、专题类的广告进行复审，杜绝违规情况再次发生。

积极开展广告业务培训。2015 年围绕新《广告法》的实施，广告部积极组织协调各类培训。其中，与市广协合作举办了广告审查员培训班；与市工商局合作举办了新《广告法》培训班；与特雷森合作举办了广告业务系统培训班。

三、加强公益广告的制作与播出

2015年，通过举办公益广告创意季征集、规范工作流程、积极开拓客户渠道、参与评选等方式，完成了公益广告播出任务，实现1000万元的广告创收。具体举措：一是加强台公益广告的统一经营与管理，扩大台公益广告宣传影响力，增加公益广告收入。广告部与总编室协商，推出联合工作创新机制，实现“三个统一”，即统一对接出口、统一收费标准、统一播出方式。二是制定《关于2015年公益广告播出及执行流程》，确保各频道黄金时段公益广告的播出频次。仅2015年1月至10月，北京电视台就安排播出公益广告122289条（次）。三是积极对外开展合作，参与各类公益交流活动和评选活动，进一步提升公益广告品牌影响力。如参与《北京市2014—2015年度公益广告专项扶持项目》评审，北京电视台广告部送评的《见义勇为——司马光篇》获得电视类一类优秀作品，《善待老人数字篇》获得电视类三类优秀作品。参与《2015北京国际创意奖》公益广告评选，北京电视台广告部送评的《爱等你回家》获得视频类金奖，《节约用水地球篇》获得视频类银奖。参加《北京电视台上半年节目评奖》，《文明出行急救车篇》获得电视文艺类三等奖。四是围绕新《广告法》的出台，举全部门之力做公益广告。在广告部内部先后开展了两季公益广告创意季活动，通过征集创意主题调动全员积极性，共征集46条创意，拍摄制作并播出近20条公益广告，既丰富了公益广告的内容，又锻炼了队伍。五是积极寻求各委办局、相关客户的合作，吸引他们积极报效公益广告。

四、整合多方资源，创新经营思路，实现搭台唱戏

在2014年联合深圳广电、上海文广、广州电视台策划“北上广深地面媒体创新联盟”的基础上，经过多次磨合沟通，由京视电广公司全程负责，经过近半年的努力，四地同播节目《隐形的歌手》亮相，实现了广告部搭台，公司唱戏。2015年，四地又联合创新“一亩茶园”项目，为新型广告营销模式进行了探索。

经营管理部工作概况

经营管理部

截至2015年12月31日，北京电视台所属全资和控股企业资产总额11.42亿元，其中货币资金4.06亿元，总负债5.51亿元，净资产5.91亿元，归属于电视台的净资产5.24亿元。全年累计创收32.86亿元，营业总成本33.04亿元，利润总额下降852万元，净利润下降1278万元，净资产收益率下降2.16%。

一、创新工作机制

首次建立北京电视台企业经营工作联席会制度，产业发展沟通服务平台初步显现。根据企业实际情况，建立了北京电视台企业经营工作联席会制度，并召开了首次会议。通过联席会搭建起企业与事业、企业与企业间沟通和了解的平台，为企业兄弟间发挥各自主业，优势互补，实现创新、融合发展提供了先决条件。

尝试建立台属企业使用北京电视台资源登记制度。为进一步做好可经营性资源的配置与管理，实现资源配置效益最大化，经营管理部与台属企业一起，首次就使用北京电视台资源的总体情况进行了集中登记，建立起可经营性资源动态性台账，促进优质资源与市场充分结合，促进北京电视台产业健康快速发展。

优化管理，探索企业绩效考核新模式，充分激发企业活力。在连续3年对台属企业进行年终绩效考核的基础上，首次将台属企业经营班子的年终奖励与经营业绩直接挂钩，明确了薪酬发放方式，制定出台了6家台属一级企业的年终考核奖励办法，对于长期以来困扰企业绩效考核与奖励的难点问题明确了现阶段过渡性解决方式，为实现企业独立法人治理，提升董事会、股东会决策的权威性创造了条件。

二、加强监管力度

强化预算管理，进一步提升预算编制的科学性、严肃性。通过逐一同企业沟通，严格执行了非不可抗力不得调整预算的原则，进一步强调了预算编制的严肃性，为2016年预算编制工作奠定了坚实基础。

进一步加强企业法人治理结构建设。按照北京电视台频道独立经营改革的统一部署，为企业配齐、配强董监高人员，调整任命企业董监事15人，高级管理人员7人。

提升审计水平，为企业健康运营保驾护航。协助台属22家企业开展2014年度内部审计相关工作；完成卡酷传媒公司相关人员的任期内经济责任审计工作。制定完成《北京电视台台属企业内部审计管理办法》（初稿），提高了台属企业风险管理水平，增强了企业控制及治理程序的有效性，消除了企业经营管理隐患。

积极推动企业清理工作。针对企业清理周期长、难点多的特点，经营管理部充分发挥督促、协调和政策支持作用，围绕北京电视台企业清理工作目标和总体原则积极推进北京京视勤加缘文化传播有限公司和索福视国际传媒投资公司的清理工作。

三、发挥参谋助手作用

主动登门走访有关政府、行业主管部门，咨询政策，吃透文件精神，围绕紫禁城影业和卡酷全卡通改制，邀请行业专家学者，咨询会商拟定可行性方案，形成工作建议，最大程度挖掘北京电视台优质资源的市场价值，推进台属企业步入市场、探寻资本市场发展规律，实现北京电视台利益最大化。

建立台属企业财务、人力成本月报制度，及时汇总产业运营的最新数据，方便台领导及时掌握北京电视台产业的最新状况。

不断完善企业基础信息数据库，及时更新备案台属企业一级及下属二、三级公司的营业执照、公司章程、股权结构、董监高任职情况，全面、客观地反映北京电视台产业的总体情况。

按照北京市财政局、北京广播电视台关于产权登记工作的总体部署，经营管理部积极做好台属企业的产权登记工作，依法明确了台属企业的产权归属关系，为企业获得可经营资本的授权打下了坚实基础。

积极与工商、法律、金融等领域的专业人士沟通交流，采取走出去与请进来相结合的方式，建立咨询、考察机制，组织台属一级企业负责人，赴产业发展处于领先地位的传媒业以及优秀互联网企业学习先进经验、经营理念，探索适合北京电视台产业发展的“互联网+”模式，助力北京电视台整体实力持续提升。

总工程师办公室工作概况

总工程师办公室

2015年，北京电视台总工程师办公室重点抓了安全播出管理、技术项目招标采购、技术规划管理及技术研发等工作，完成了各项工作任务。

一、加强安全播出管理

继续推进安全播出管理工作体系化、制度化、常态化。总工办组织各技术部门负责安全播出管理的人员申报安全播出管理创新工作站和创新项目，继续完善安全播出管理体系建设，与各相关部门通力合作，在安全播出“管理”中体现“服务”，不断提高全台安全播出水平。

抓好安全播出日常工作。总工办制定每月技术部门安全播出值班表，贯彻执行安全播出联络员月例会制度，并在内网开辟专栏刊登《安全播出月报》，每月向北京广播电视台报送安全播出月报表；协调完成台内每季度的停机检修工作。

完成安全播出重点保障工作。完成“7·31”申奥投票日进行的12.5小时《通向2022》大型直播活动和“9·3”抗战胜利70周年胜利日大阅兵直播活动组织中的安全播出管理保障工作；组织开展市“两会”、春节、全国“两会”“9·3”阅兵、国庆、十八届五中全会等重要安全播出保障期的联络协调工作，展开对事故或异态的调查等工作。

梳理安播制度流程规范，集结成册。进行技术部门安全播出风险点排查和应急预案制定工作，收集整理形成风险库。在对各部门逐一完成调研工作的基础上，将各部门应急操作手册和管理规定收集、整理，并集结形成《2015北京电视台技术系统应急操作手册》。

做好上下游传输保障工作。开展本年度北京电视台与中国直播卫星公司、中央发射台、无线局广视卫星公司、中国有线电视网络公司和北京鼎视公司的电视安全播出合作合同新订和续签工作，督促原合同的履行，并在重要安全播出时期和重大节日前到中塔、地球站等相关单位检查执行情况，保障北京电视台上星频道和地面无线电视频道的安全播出。

组织开展安播专题学习调研。与上海、浙江、江苏、安徽等兄弟电视台合作开展安全播出工作专题调研，学习交流业内安全播出管理经验，为进一步提高本台安全播出管理水平提供参考。

二、技术项目管理及招标采购工作

进一步规范全台专业技术设备采购管理和流程优化。与招投标管理工作办公室共同制定《北京电视台专业技术设备和服务采购管理规定（试行）》并正式下发执行。对全台专业技术设备采购管理流程、合同签订管理流程、付款流程进行梳理、优化，已完成OA中呈文与设备购置审批两个流程合并，纳入北京电视台技术采购申请流程并正式实施。继续分类制定标准合同模板，为进一步规范全台专业技术设备采购合同打好基础。

继续推进高清项目实施。完成北京电视台高清晰度电视技术系统工程（一期）项目决算审核，并开始尾款支付工作。继续北京电视台高清晰度电视技术系统工程（二期）项目决算和实施工作。2015年累计完成高清一期项目款项支付约2400万元，高清二期项目款项支付约5700万元。

顺利完成年度日常技术项目购置。负责日常专业技术工程项目的技术方案审查、财政立项、进口审批、组织招标、监督项目实施等工作。2015年度累计完成技术系统项目论证约100项，共组织完成各类技术工程采购项目约120项，签订合同约120份。持续跟进重点技改项目的实施，如全面参与协调北京电视台400平方米演播室直播改造、苏州街台址播出机房改造等专项技术改造工作。

圆满完成智慧媒体服务项目的紧急招采任务。智慧媒体服务项目是北京电视台技术部门上半年工作的重点，总工办在时间紧、任务急的情况下，积极组织协调各相关技术部门，全面参与了智慧媒体服务项目统筹组和技术组的相关工作，在4月30日前圆满完成了所有项目的招标、合同签订与付款工作，同时对项目的后续实施进行了全程项目管理。

三、技术规划管理及研发工作

积极推进新媒体技术尝试和应用。参与本台技术系统中有关新媒体系统建设及规划的相关工作，继续开展新媒体技术推进工作组的工作，研究探讨下一步工作思路。新媒体技术推进工作组在2015年度继续开展了各项研究和实践性工作，共发布稿件数十篇，为本台的新媒体技术发展做了良好的宣传和有益的尝试。

开展“十三五”期间技术发展规划基础调研，形成技术基本情况概述。

继续组织开展3D、4K节目摄制。开展国家科技部《立体影视内容生产关键系统研发集成与服务示范》项目第三阶段结项工作，包括4个课题的结项准备、剩余资金安排、结项培训等；完成本台3D节目的摄制制作100小时，送播167小时。开展4K专题片拍摄工作，完成大部实地拍摄工作。

积极申请市财政技术资金支持。与计财部合作向市财政申请技术支持资金，申请数字地面覆盖项目和卫星传输服务项目的资金支持。开展北京电视台数字地面覆盖项目的实施，包括技术总体设计、项目申报等。

四、其他相关工作

积极参与北京电视台2015年青年创新工作站申报工作，充分调动年轻同志参与创新工作的积极性，切实发挥年轻同志的主观能动性。

组织各种培训和交流。包括傲威软件设计与创意高阶培训班、中国电影电视技术学会电视节目技术质量控制培训班、中国电影电视技术学会网络电视台暨IPTV

平台运维规范与实践研讨会、中国国际广播电视信息网络展览会（CCBN）、上海电视节、2015 年北京国际电视技术研讨会、四川电视节、新技联理事会等专业技术培训及会议。

制作部工作概况

制作部

2015 年，北京电视台制作部做了以下工作。

一、努力完成重点工作任务

2015 年，制作部按时完成了 6 项重点工作任务：一是完成重要晚会和重大直播报道的技术保障任务。2015 年，制作部完成“2015 年春晚”、《环球春晚》、中秋晚会等重点晚会录制技术保障工作；完成北京市“两会”、全国“两会”报道技术保障工作；完成北京市农业嘉年华、平谷桃花节系列直播、龙庆峡冰灯节、第七届北京端午文化节直播报道以及 2015 世界马铃薯大会、昌平魔术大赛直播报道、延庆葡萄文化节直播报道、房山兰花节等直播报道技术保障；完成第五届北京国际电影节开幕式红毯制作等技术保障任务。

二是全力保障卫视季播栏目回台制作。从 4 月份开始，卫视各季播栏目回台制作，制作部以项目制的方式，从多个科室抽调百余人次组成 10 余个专业团队，从项目启动到播出，秉承“融合、协作、创新”理念，统一协调多线作战，全程提供技术保障，圆满完成保障任务，受到台领导和卫视中心以及业界的好评。

三是全力完成《通向 2022》申冬奥大型直播保障任务。制作部成立包括服务于新台直播的演播一科、新闻制作科、特技制作、虚拟制作团队、灯光一科、整备科、形象设计科，服务于苏台新媒体演播室播控技术的演播二科、灯光一科，以及前往吉隆坡的不同岗位技术人员近 200 人共同组成的技术保障与内容制作团队，团结协作，圆满完成任务，受到奥申委、台领导、节目中心等各方好评。

四是完成世界田径锦标赛直播体育展示工作。8 月 22 日至 30 日，制作部与体育节目中心合作承担赛事的体育展示工作。制作部由演播一科、整备科、综合制作科、技术科组成前方技术团队，每天早上 7 点到达现场，直到晚上 11 点观众全部退场，每天工作 14 个小时，参与人员尽心工作，保证了工作顺利进行，受到了国际田联和赛事组委会的赞扬。

五是 9 月 3 日，在世界反法西斯战争胜利 70 周年之际，北京电视台承担《永远的丰碑》大型直播报道任务。为完成这项重大任务，制作部组织了前期演播室、后期制作、虚拟植入、灯光、录音、化妆等多个团队提供技术保障，所有参与的团队和人员心往一处想，劲往一处使，全力配合新闻节目中心，圆满完成了这项重大直播的技术保障任务。

六是对拉萨广播电视台进行技术援助。2015 年西藏自治区成立 50 周年，北京电视台应西藏拉萨广播电视台邀请，委派制作部刘通等 4 人从 8 月初开始，先后前往西藏拉萨市广播电视台进行技术支持及培训工作。经过他们的共同努力，圆满完成了援助任务。

二、积极探索市场化运作

2015 年 5 月 13 日，制作部在 38 楼会议室召开了 2015 年度技术工作会议，围绕“转型创新、重塑价值”的革新理念，以营造未来的技术创新模式为目的，以全媒体演播室、云制作、4K 技术、新闻演播“三定”工作细节、大型季播节目运行为主要议题，从广电新技术到制作管理新理念，分别由 5 个演讲团队组织现场展示及发言，收到很好的效果。

7 月，制作部将 3D 项目组从新台整体搬迁至老台，目的是响应台里关于探索技术资源市场化运营，挖掘和培育优势技术资源进行市场化经营做准备。

加强对外协作全流程管理。一年来，本着为节目服务的理念，牢固树立风险意识，以“抓审批、重过程、明审核”为方法，推动外协制作的全流程管理。经过近一年的努力，制度约束和流程管理的意识深入到外协管理流程的各个环节。

三、技术培训有序开展

走出去，请进来，全年共组织内部人员技术培训 180 项共 3000 多人次参与培训。

1 月 15 日，在制作部演播一科、演播二科、新闻演播科、综合制作科、新闻制作科、制作二科、灯光一科、灯光二科等 8 个与直播相关的科室之间组织了安全播出知识竞赛。

6 月 1 日至 7 日重要安全保障期内，制作部在与节目直播相关的科室间开展了节目直播安全评比活动，提高了人员的安全意识。

面对媒介融合浪潮，制作部组织了系列新技术讲座，学习广电前沿技术发展趋势并探讨节目创新方案。为激励制作部技术人员开拓视野、扩展思路、深入了解行业前沿新技术发展，制作部创新小组在 BIRTV2015 展会期间组织了参展有奖征文活动。

组织制作部应知应会岗位技能考试，共有 17 个科室 420 人左右参加了演播室技术、后期制作技术、设备管理、剧场设施及应用技术、摄像技术、节目包装技术、录音技术、灯光技术、形象设计、外协等共 10 个类型的专业考试。

四、探索技术创新

2015 年 3 月建成的多通道前场收录与后场制作系统为完成季播制作任务提供了强有力的支撑。

在《通向 2022》申冬奥和国庆阅兵大直播中，制作部虚拟植入承载了大量的节目内容，为直播演播室的景区营造出节目需要的各种气氛，让人耳目一新。

新闻临时节目多，不确定因素多，节目需求、计划需要不断更新。制作部新闻制作科开发了手机 APP 服务，编导可以通过手机服务随时更新节目需求，监控工作流程。

播出部工作概况

播出部

2015年，北京电视台播出部按照深化播出技术系统改造，增强预警能力和应急处置实效，推动安全播出管理工作体系化、制度化、常态化的要求，重点完成了以下工作。

一、确保安全播出

建设播出通道的技术监控系统，使播出部的安全播出工作从单纯人防提高到人防加技防的水平。建设标清传送系统8+2编码复用系统，改变了编码复用通道一旦出现故障需要手工切换的弊端，基本能够达到备份通道可以无缝接替故障通道的水平，实现了标清系统送歌华信号的故障处理从人工判断处理到自动检测处理的能力。打通卫视不停播系统与总编室系统的联系，使卫视不停播系统达到了所有常规播出通道的技术水平。开创大型直播活动的新局面，完成“7·31”申冬奥直播和“9·3”抗战胜利70周年直播任务，与新闻节目中心等部门合作尝试在播出部通过二级切换的方式实现了大量外来信号参与节目直播。文艺频道和纪实频道实现全天24小时播出。全台24小时播出频道达到10个。截至12月底，播出部共完成12.41万小时的播出任务，比去年同期增加0.36万小时。现有播出系统尤其是标清频道的播出系统使用年限较长，播出部自己动手进行了部分修补、加固、改造工作，如标清服务器拆分、监视屏重新划分、画面分割器国产化尝试等等。

二、加强制度建设

建立播出部交接班管理、日常巡检管理等规范化制度，使安全播出实现了条目化、表格化管理。梳理了直播流程，推出重点时间任务检查单，在卫视频道试行的基础上，推广到所有频道。在中心一科尝试机房领班制度，将播出安全管理推进到第一线，并实现24小时不间断的管理。建立季度评优制度，每个季度评选18位优秀员工，并给予物质和精神奖励。建立月度奖励机制，每个月对好人好事给予张榜公布，并给予适当物质奖励。

三、抓好人员培训

尝试多种培训方式。传统技术系统采用专项设备自主学习，以点带面的方式。网络系统邀请运维公司驻台工程师对播出部技术人员进行多对一的培训方式进行培训，同时重点建立网络培训的等级考核制度。尝试建设培训体系和人才管理办法，不仅要培养人才，还要使用人才，奖励人才，留住人才。

转播传送部工作概况

转播传送部

2015年，北京电视台转播传送部圆满完成了各项任务。

一、发挥技术优势，确保安全播出

精心准备、认真工作，圆满完成多项体育赛事和重要活动的直播任务。2015年，转传部完成直播265场，包括完成北京市人大、政协“两会”直播任务；完成北京农业嘉年华、平谷桃花节、延庆端午节、房山兰花节、法院庭审、“7·31”申冬奥、“9·3”阅兵等重要新闻节目直播任务。

完成足球亚冠、中国足球甲级联赛、中国足球超级联赛、篮球联赛、排球联赛、乒乓球联赛、世界田径锦标赛、全国青年运动会等多项体育赛事直播工作。

完成包括北京电影节开幕式在内的多场各类文艺节目直播任务。同时，还完成了477场各类节目录制任务。

二、加强新技术学习与应用

为了更好地为编播部门提供技术支持与保障工作，转传部成立了多媒体应用创新技术小组，进行了多声道伴音制作、多机位颜色统一调整、超高速摄像机应用、EVS应用等方面的探索与创新。新技术的研发与应用，大大提高了部门技术人员专业技术水平，为全台技术改革创新打下坚实基础。2015年，部门还邀请视、音频设备制造商、系统集成商的技术人员，多次到本部传授最新的高清转播设备的原理及操作规程，如4K技术及系统应用、EVS的实际应用等。大大提高了技术人员对新设备、新系统的掌握和使用能力。

三、打造一支能打硬仗的技术团队

通过不断的技术学习与应用，使转播部团队成为一支一流的技术团队。2015年，这支技术团队打了以下几个硬仗。

一是出色完成2022年申冬奥大型直播活动。在申冬奥大型直播活动中，转传部使用了4辆转播车和一套高清EFP箱载，其中，4讯道高清卫星车在八达岭长城，一部8讯转播车在首都体育馆，12+6高清转播车在奥林匹克庆典广场，10讯道高清转播车在水立方；一套高清EFP箱载转播系统，在朝阳公园海洋沙滩节现场。为了保证安全直播，转传部派出了部门所有工作人员，做好各项安全保障措施，保证直播顺利完成。

二是圆满完成北京田径世锦赛转播任务。8月22日，万众瞩目的2015北京田径世锦赛在国家体育场鸟巢隆重举行。北京电视台受中央电视台邀请，与其一道完成世锦赛公共信号的制作任务。公共信号的制作要求比奥运会还高，转播系统的复杂程度和技术要求也高于以往任何赛事。这对转传部人员的技术水平来说，是一次不小的挑战和历练。为了让广大电视观众能欣赏到高水平的顶级赛事，转传部世锦赛技术团队的15名工作人员付出了辛勤的汗水和不懈的努力，圆满完成了电视转播技术保障和技术制作的相关工作，得到友台制作团队和赛事组委会的肯定。

三是顺利完成抗战胜利70周年大阅兵的直播任务。在直播纪念抗日战争暨世界反法西斯战争胜利70周年的大阅兵活动中，转传部负责广场大屏幕的信号内容输入和技术保障，而现场大屏幕又是所有现场领导、嘉宾和观众关注阅兵的眼睛，是“9·3”阅兵的重要一部分，其重要性非常高，绝对不能出现任何闪失。为了完成此次任务，转传部派出一辆高清卫星车，根据技术需要，在卫星车内补充更新了一些设备。为了确保阅兵当天万无一失，转传部与相关方面密切配合，在阅兵村配合部队进行了6次演练，并于8月23日在天安门进行了白天全要素阅兵彩排。最终，在9月3日的阅兵活动直播中，顺利完成了任务。

四是承担了第一届全国青运会乒乓球赛信号制作任务。转传部与体育节目中心联合组建的奥运会乒乓球转播团队为了能够进一步的提高制作能力，满足奥运会转播的要求，承接了第一届全国青年运动会乒乓球比赛的全部比赛信号制作任务。在大家的共同努力下，此次赛事的信号制作圆满完成，得到福建广电集团、中央电视台的肯定。

技术设备管理部工作概况

技术设备管理部

2015年，技术设备管理部深化改革，多项工作实现突破。

一、加强资产管理

2015年年初，由技术设备管理部牵头，协调台内台外技术力量，充分讨论可实施方案，实现了全台条码和ID管理体系迅速上线，设备资产的到货、集成、使用、退库的全过程由过去的纸质单据管理变为全面的网络化、信息化管理。截至12月底全台专业设备分配ID达到90%以上，条码粘贴率达到75%以上。

作为专业设备固定资产的管理部门，技术设备管理部从专业设备的入账、盘点、调转、退库、报废几个环节入手，严格规范相应的流程和制度，同时对于基础数据进行有针对性的处理和核对，将台内各部门现有需要退库的固定资产设备集中办理退库。2015年共完成全台30余个部门近1亿元的老旧设备的收集，第一批老旧设备的报废已获得上级的批复。

根据耗材需求，及时购买。截至12月底，出库各类耗材388笔，总金额223万元。

制定入库确认单的相关规范制度，严格审查专业设备入账的相关资料，做到资料不全不予入库，全年审查入账合同100余份。

结合资源管理系统二期工程，对全台资产管理员进行集中培训，使资产管理员的管理水平明显提高。

二、完成技术质量管理任务

完成全台系统验收工作。系统验收包括：验收文档审核、制定验收方案、现场验收、做验收报告、验收文件归档。截至12月底，共验收北京电视台纪实高清频道上星播出系统等各个项目23个。

展开系列技术培训工作。2015年，举办了网络平台测试讲座，开展了云桥项目与厂家技术交流、云计算项目与厂家技术交流、云存储项目与厂家技术交流、大数据项目与厂家技术交流、智慧媒体总体方案技术交流等5项交流活动。

开展技术评奖工作。作为全台技术奖参评工作的组织部门，积极协调，做好参评节目的筛选工作，不缺项，不漏项，把全台技术实力充分展示出来。2015年，组织申报了金帆奖、白玉兰奖、市局“华彩杯”、全国影视青年科技奖、北京市优秀广播电视节目评选电视节目技术质量奖、新技联2015年度新闻科技论文评选等9项评选工作，连续7年获得广播电视行业技术最高奖“金帆综合大奖”。

三、做好播出质量监播、监录和监控工作

2015年，通过监录系统和人为监看相结合完成主备共42路播出信号的安全播出监播工作，截至12月31日，监测到播出异常76次，累计时长4小时5分21秒。

对全台播出的16个标清和5个高清频道主备进行7×24小时实时录制。截至12月31日，高标清共录制节目总时长367920小时，收录节目总量为182TB。

对播出关键岗位49个监控点进行全程专人实时监控和录像，保存录像素材41160小时，存储录像文件35T，提供录像查询输出15次，为播出故障原因分析、责任认定提供数据支持，提高了安全播出实时防范能力和管理能力。

通过监录系统，为全台业务部门提供了大量播后节目在线点播服务。截至12月31日，累计提供在线点播1000多人次；利用播后节目素材，协助总编室完成了2014年度台主持人评奖工作；协助总编室完成2015年上半年节目评奖工作。为广告部、节目部门提供播后节目内容按需输出，满足广告投放举证、播后节目分析应用。截至12月31日，累计提供播后节目27次，累计节目时长约137小时。

四、完成全台设备的维护工作

2015年，技术设备管理部完成了对全台技术设备的日常维修和定期保养等工作，确保北京市“两会”“9·3”阅兵等重大活动和节假日期间的报道和安全播出。完成75个维修项目的结算工作（其中2014年27项、2015年48项）。参加并完成66个维修项目的价格谈判并完成《谈判纪要》等手续。完成2015年的75个维修项目的OA审批流程，完成全台2620台（件）技术设备的维修（其中索尼设备607台件、松下设备492台件、计算机桌面设备372台件、其他设备1149台件）。

信息网络管理部工作概况

信息网络管理

2015年，北京电视台信息网络管理部将系统运维、项目建设、日常管理和人才培养作为工作重点，较好地完成了各项任务。

一、抓好系统运行维护工作

夯实业务基础，保障制播安全，做好生产网、办公网、新媒体系统的运行维护工作。2015年，生产网节目日均首播数量约800条、时长约140小时；储存高标清节目约94万条、时长约22.8万小时；储存高标清资料约75万条，时长约81.3万小时。这一年，信息网络管理部完成全国“两会”、庆祝抗战胜利70周年、“9·3”阅兵、十八届五中全会等多个重点安保期的新闻直播网络的技术保障任务。

办公网重点解决了办公电脑各种软、硬件的故障。全年维护量约5003个，部署终端293台次。引入ADSL互联网带宽绑定技术，解决了新老台出口带宽不足问题，并对台内用户带宽进行了优化，方便了用户日常办公。

截至10月，新媒体系统完成总台节目创新奖颁奖、密云美丽新农村、中超等160余场网络直播活动保障任务；新媒体大厅完成《通向2022》《“9·3”阅兵》2次节目直播任务。

二、加强项目建设

在整合生产网、办公网和新媒体系统技术资源的前提下勇于创新，在北京电视台智慧媒体服务项目中以云计算、云存储、大数据为核心，以云桥为纽带，建设适配未来大众化、个性化媒体、社交媒体自媒体等多样化媒体形态的技术支撑体系。2015年，信息网络管理部承担了智慧媒体项目建设34个项目中28个项目的执行工作。截至10月底，项目需求细化调研和方案深化设计阶段已经结束，多数项目进入迭代开发阶段。其中机房、新闻蓝光盘塔等项目进入试运行阶段；轮播转码、IP流矩阵、内容生产、云计算、云存储、生产基础云平台等基础资源类项目已通过项目深化设计审核，进入部署施工阶段；大数据、应用等项目已通过深化设计方案原型初审，进入终审阶段。

三、做好日常管理工作

信息网络管理部推行精细化管理，建立周例会制度，群策群力讨论部门管理和项目建设。实现办公行政电子化，完成部门人员职称、学历、获奖等相关信息的采集工作；规范人员请销假、值班记录、故障申报等部门管理流程。

完成工作库、技能库等文档的撰写工作，以提高部门整体服务质量。制定和编写KPI考核指标，明确科室人员工作职责及工作内容，为推行和落实绩效考评体系做好相应准备。

部门通过引入IT业先进的ITIL和

ITSS 管理理念，重点实现事件处理流程、故障处理流程、配置管理、变更管理、知识库管理、值班管理的规范化，提高网络运行维护质量和工作效率。

四、注重人才培养

重视人才培养，拓展培训方法，尝试通过网络视频直播方式，进行场外学习，留存培训资料，扩大学习范围。本年度开展了高级软件架构师培训、Hadoop 认证培训、项目管理培训、微软企业安全基础培训等 15 次。其中台内培训 12 次（含 2 次直播）、外出培训 3 次，参加人员约 360 人次。取得大数据 HADOOP 资格证书人员 4 人、取得软件架构师证书人员 10 人。

除持续进行核心技术的培训、认证工作外，还举办了部门技术系统应急流程考试和计算机网络应知应会考试，以提高技术人员整体维护水平。与此同时，要求技术人员认真总结日常维护中的经验教训，研究每一次事故的发生机制和解决原理。加强解决故障的主导和参与意识，不断提升人员的动手操作能力。

动力部工作概况

动力部

2015 年，北京电视台动力部完成了设备运行管理及对物业公司的监管工作，确保了供电安全。

一、动力设备的运行及维护

做好动力系统设备的日常维护是确保安全播出的基础。一年来动力部严格落实、认真执行各项规章制度、操作规程和应急处置程序，加强巡视检查和运行维护工作，对隐患做到早发现早处置，较好地完成了动力系统设备日常运行维护及重要保障期内的安全保障工作。

2015 年，动力部对新办公区、苏州街办公区的风道进行了清洗，清洗风道面积 52000 平方米，清洗集中空调机组 235 台，为全台职工提供较好的空气质量。

定期做好应急保障供电系统的维护保养及检修工作。建国路北京电视中心更换 G1、M1 变配电室 4 台 200KVA UPS 电源直流电容 36 只。苏州街台址 160KVA、200KVA UPS 更换电池 124 块，变压器风扇 3 个，网台 UPS 电源更换 3 块电源板。确保了台内应急保障供电系统处于良好的运行状态。

二、动力系统的更新改造

苏州街办公区 4 层、负 2 层及皂君庙办公区恒温恒湿机组进行了更换。广告楼顶空调机组进行了更新。建国路新办公区综合楼 6 层、20 层的中央空调机组设备出现了损坏并滋生大量霉菌，为满足空气湿度需求，提升空气质量，动力部对这两层中央空调机组的湿膜全部进行了更换。应制作部要求，动力部对新中心综合楼 1507 机房、苏州街办公区 3D 机房、400 平方米演播室灯光进行供配电增容改造，将工艺电源改为真正的双路工艺电源，满足制作部对机房的使用需求。

新办公区综合楼B3层灾备演播室的空调管路，因管路内压力较大，管径细管壁薄，且锈蚀严重，出现漏水情况，动力部对其部分管路进行了更换以确保空调器的安全运行。

新办公区、苏州街办公区部分机房及电梯机房，共52台分体空调由于常年不间断运行，机器磨损严重，故障多发，维修效果不好，为了不影响机房设备的安全运行，动力部对上述52台分体空调进行了更换。

新办公区播出网络机房大金空调机组不间断运行已有7年，压缩机等主要部件劳损情况严重，动力部对空调机组进行大修共更换了29台压缩机，以保障机房设备的安全运行。

苏州街办公区演播楼K1、K2集中空调机组已使用近20年，其中8个表冷器老化严重，影响空调机组的正常使用，动力部对8台表冷器进行了更换，目前设备运行状态良好。

配合基建办完成苏州街办公区网络电视台办公楼3部电梯更新改造工程。提出新电梯采购技术建议，保障施工期间施工用梯，做好安装施工期间的协调工作，以及完成技术监督局有关电梯注销、停用、启用、年检报审工作。

对新办公区综合楼13层、14层、15层电梯及低区电梯机房电源柜互为主备控制线路进行了调整。并对新办公区综合楼电梯反绳轮轴承更换及轿顶绞盘进行了更换。

新办公区更换锅炉房软化水系统。原有系统经过7年的使用故障频发，造成锅炉软化用水水质不合格，影响锅炉的安全运转，我部对锅炉房软化水系统进行了更换。

三、加强人员技术培训

5月，动力部电梯运行维护人员（含物业人员）分两批参加了三菱电梯北京有限公司举办的安全、技能培训班，深入了解了电梯设备的结构、原理、维护及安全运行注意事项，提升了专业技能水平。第三季度电气、空调专业对运行维护人员进行了以应急预案为主的业务技能考核，职工专业知识得到巩固，实际操作技能得到加强，安全操作意识得到强化。

四、重要节日及保障期内动力系统安全运行保障

为做好重要节日及保障期内的安全运行工作，动力部定期对一线值班人员进行应知应会内容及应急处置预案考核。对所辖设备进行全面细致的检查和隐患排查，对所有变配电室和工艺设备机房的配电柜带电部分进行测温，对自备柴油发电机组进行空载运行试验，对播出、制作、网络机房加装的分体空调进行检查维护，确保了节假日及“9・3”大阅兵期间动力设备的安全运行。

老干部工作概况

老干部工作办公室

2015年，北京电视台老干部工作以“展示阳光心态、体验美好生活、畅谈发展变化”为主要内容，重点抓了以下工作。

一、巩固老干部志愿服务团工作成果，为老同志搭建老有所为、老有所乐的价值平台

截至2015年10月底，老干部志愿服务团成员已达180人，建立起“一帮一”“多帮一”志愿互助联络网，有113个互助小组可及时为有困难的老同志送温暖。仅在老干办组织的集体活动中，就有志愿者78人次共提供了1522小时志愿服务。目前，“一帮一”“多帮一”和“邻里守望”活动正逐步向社区、社会拓展，让更多需要帮助的人受益成为志愿团工作的常态。

志愿服务团还以开展学雷锋系列活动为契机，组织丰富多彩的互帮互助和社会公益活动，推动老干部志愿服务团品牌化建设。老同志在为他人服务中享受快乐，践行社会主义核心价值观。今年3月5日学雷锋纪念日活动周期间，志愿服务团组织开展了形式多样的学雷锋志愿服务活动。老干办工作人员来到“北京市学雷锋志愿活动推动日”现场，与参会的市各志愿团体进行交流，向“身边的雷锋”取经；“多帮一”服务小组与22名帮扶对象取得联系，上门看望慰问8名老同志，落实帮扶安排；志愿者代表还与所在社区的政协离退休老领导学习座谈，探讨社区送温暖志愿服务发展方向。老干办坚持把“岗位学雷锋”作为学雷锋活动的基本形式，将送温暖活动与日常工作相结合，设立每月新退休同志集体接待日，为老同志答疑解惑，提供更加周到细致的服务。

为边远贫困山区捐赠衣物、文化用品等，已成为台老干部志愿服务团的传统项目。在第二个全国扶贫日和重阳节来临之际，10月20日，组织退休老同志举行“庆重阳献爱心”活动。近百名老同志踊跃捐赠衣物、棉被、玩具等890件。老干部金秋摄影书画社专门为国家贫困县河北兴隆县克梨木联合小学书写了“勤”“学”书法作品。得知该小学是乒乓球特色学校，志愿者郭晓方还用自己优秀党员的奖金为学校购买了乒乓球等体育用品；王福海把自家崭新的乒乓球桌也捐献出来。老干部们的热情还带动了部分在职职工参与捐赠。当志愿团代表将捐赠物品送到兴隆县白毛甸子村民邓久新家里时，老邓的妻子忍不住热泪盈眶，她说：“太感谢北京的好心人了，我家老邓因工伤高位截瘫15年，现在年年得到你们的关爱，不知怎么感谢才好。”

二、加强老干部合唱团、书法班、摄影班、垂钓俱乐部的培育和管理，丰富老干部社团工作内涵

在为老同志的日常服务工作中，老干

部合唱团、书法班坚持每周外请老师为老同志授课，摄影班、垂钓俱乐部定期开展活动，丰富了老同志的文化生活。2015年，围绕纪念抗日战争和世界反法西斯战争胜利70周年中心工作，老干办在《金色岁月》开辟“纪念抗战胜利70周年”专栏，刊发相关稿件10篇。各社团还组织开展了丰富多彩的系列活动：书法班学员观看了中国国际商会举办的“气壮山河”纪念中国抗日战争暨世界反法西斯战争胜利70周年书画展，选送9幅书画作品参加了由丰台区太平桥街道办事处主办，蓝调社区、全国政协机关老干部活动中心和北京电视台承办的“悦动莲花 畅想和平”书法绘画展。摄影班来到昌平长峪城、镇边城、横岭村开展“铭记历史 珍爱和平”主题采风活动，寻访当年南口战役军民抗日的遗迹，参观当地第一个农村党支部遗址。合唱团参加了6月中旬北京广播电视台和市老干部局联合举办的“讲述抗战故事 传承革命精神”活动。另外，老同志陈虎还参加了宣传部主办的“不能忘却的歌声”主题活动，他撰写的《父亲陈大凡抗战二三事》已在《晚晴》第四期刊登。

三、继续做好老干部日常管理工作，落实各项待遇，关心老同志切身利益

2月11日，举办2015年离退休职工“迎新春　乐相聚”集体慰问活动，台领导及相关部室主任与240多位离退休职工欢聚一堂，喜迎羊年新春。这一年，台领导和老干办共看望慰问了生活困难和身患重病及正在住院的退休老同志100人次。继续为全体老同志订阅《北京广播电视报》《健康时报》《晚晴》等报刊，全年赠送报纸1400余份，还为党员订阅了《北京老干部》。这一年，老干办为老同志编辑出版《金色岁月》4期，刊发老同志来稿50篇，摄影作品200余幅。并向《晚晴》等上级刊物推荐稿件和照片。还配合台里完成128位老同志的住房补贴相关工作。

四、开展春游踏青、庆重阳、集体学习参观等大型活动，丰富老同志的退休生活，提升老同志的幸福指数

2015年，以“展示阳光心态、体验美好生活、畅谈发展变化”为主要内容，组织老同志开展了一系列丰富多彩的活动；前往昌平区全国巾帼科技示范基地开展庆“三八”迎春踏青参观活动；组织近190名离退休职工参加“赏春抒怀　爱国寻梦”主题活动；先后到空军某部英雄营和2014年APEC会议召开地怀柔国际会议中心参观学习；开展“铭记抗战历史　珍惜美好生活”主题活动，组织老同志参观了中国人民抗日战争纪念馆和第四届中国兰花大会。还邀请北京盈科律师事务所的律师为老同志们做《老年人权益保障法》辅导讲座等。

北京电视产业发展集团工作概况

北京电视产业发展集团

2015年，北京电视产业发展集团重点业务稳步开展，管理水平不断提高，实现营业总收入6802万元。

积极探索物业管理公司化经营新模式

北京京视物业管理有限公司于2月12日正式成立，9月底完成了台西区物业人员划转工作，10月1日正式接手台西区物业项目。京视物业公司树立成本意识，采取为职工宿舍装配节能声控灯、电梯错峰运行、争取国家能源补贴等多种措施节能降耗；建立客服中心，安装监控装置，撤销合并岗位，降低人力成本；设置宿舍区广告，引入纯净水售卖机，丰富经营项目，增加经营收入。

努力拓展新业务，鼓励特雷森信息中心进行技术创新

积极开发“e视通”微信公众号，利用网络新媒体手段，宣传推广集团各项业务，目前已完成集团内部员工劳保用品采购配送演练。特雷森信息中心紧随台内改革形势，与广告管理部深度合作，研发广告经营管理系统；为推动餐饮生产、服务、营销自动化动态管理，与京视诚餐饮公司联合组建青年创新工作站，已通过台内初评，按计划逐步推进；对现有广告监测系统进行数字化改造，积极探索智能监播技术，目前第一阶段数字化改造已经进行过半。

加强职业技能培训，为苏州街办公区职工提供高质量餐饮服务

京视诚公司为职工搭建考取职业资格证书的平台，每月开展专业技能培训课程两次，组织职工到餐饮企业观摩交流。围绕餐饮服务，举办立春、健康知识、微信周年回馈等主题活动，增强职工归属感和凝聚力。圆满完成春晚、中国梦、冬令营、电影节等活动2万余份盒饭的配送，在申冬奥及阅兵转播当天，提前开设早点、茶歇，做好后勤保障。完善微信公众号推送内容，微信粉丝人数已突破1100。

扩大车辆定向租赁业务，积极推动嘉利华汽修公司实现业务转型

嘉利华公司积极拓展汽车定向租赁业务，在资金极为紧张的情况下更新车辆9台，提高服务质量，租赁客户逐月增加，租赁经营收入已完成全年预算。与西城人保公司签订业务及直赔协议，实现保险业务一条龙服务。在新台建立汽车快修服务站运营1年多以来，得到了车管部门和车辆使用人的好评。

确保商品销售业务，减少电视购物公司资源变化带来的损失

面对播出时长减少和频道调整等问题，电视购物公司积极拓展经营思路，确保经营工作稳定。加强商品开发，在传统业务中增加中高端商品比重，定向培养有销售潜质的单品，丰富长线商品的品种。

策划现场销售活动，增加了近500万元的销售额。寻求合作伙伴，拓展经营方式，与美世贸易有限公司签订战略合作伙伴协议，与金诗曼供货商达成了合作意向。探索电子商务，与多家企业洽谈合作，力争实现突破性进展。

北京卡酷传媒有限公司工作概况

北京卡酷传媒有限公司

一、加强融合沟通，服务中心工作

2015年，北京卡酷传媒有限公司加强与动画中心的融合沟通，为中心做好服务工作。一年来，制定了公司与动画中心联席制度，规范并加强对重大经营事务的报备、立项、审批、监管流程，建立日常沟通渠道，确保各项目高效、有序、安全的推进。配合动画节目中心完成80余名员工签约代管，工资、劳务、社保代扣代缴及发放工作。按时完成北京电视台动画节目中心《戚继光》《最可爱的人》等原创项目的立项及制作经费支付工作，确保了重点项目如期完成。

二、挖掘平台资源，拓展市场运营

在卡酷频道广告全面包盘的前提下，卡酷传媒有限公司拥有玩具类节目以及自制或联合出品的电影电视作品宣传推广等经营权，2015年，公司尝试了多种市场合作模式：玩具产品推广、电影出品分成、现场活动宣传等等。公司自制节目《卡酷全卡通》实现了收视与经营双赢，与灵动、壹佰分等9家玩具企业合作，实现签约金额317万元。大力开拓电影宣传业务，联合出品《帕丁顿熊》等5部动画电影宣传及票房分成，实现签约金额120万元。以自有动画版权为主体，开发《飞越五千年》3D版权销售及《星游记》版权转让，实现签约金额310万元。下属苏州卡酷公司与上海炫动签订《东北一家人》等动画剧集版权售卖，共计1510分钟。卡酷频道连播7年的品牌栏目《十分开心》2015年继续由苏州卡酷公司完成制作，基于此栏目衍生开发的动漫图书《二秃子！不许笑！》已制作发行第8部，累计销售29.8万多册，收益112.3万元。

三、评估遗留项目，严控投资风险

对公司前期自主投资的多个内部项目进行梳理调研，包括《开开赛车》网页版、《开开赛车》手机版、《疯狂赛车》手机游戏、《卡酷儿童APP》手机应用、《港湾战争》手机游戏等。根据全景界公司实际状况，对各项目的开发、运营、收入等情况评估后，为避免损失进一步扩大，已于2015年6月终止全部游戏项目的研制和运营。

对公司前期多个对外投资项目进行梳理，包括《魔晶猎人》《“年兮兮”大电影》等，严格把控项目进度并评估项目未来发展潜力和方向，为最大可能地避免投资风险，决定与合作方协商终止上述两个项目的后续合作。

四、梳理衍生业务，谨慎拓展产业

下属卡酷七色光公司在巩固儿童培训

的基础上，积极开展地面活动，增加创收能力，扩大“卡酷七色光”品牌影响力。2015 年七色光艺术团荣获匈牙利“国际合唱节”金奖，并受邀参加中山公园音乐堂系列音乐会等主题活动。苏州卡酷公司强化动画制作主业，完成市文创动画电影项目《雪域奇缘》的全部制作，并积极开拓国际合作项目，推进与法国达高动漫集团联合制作的动画项目《隐匿城》的制作运营。遵照《北京电视台投资企业清理工作方案》的有关精神，推进下属子公司清理工作，完成下属卡酷七色光公司的股权转让工作。以 84.98 万元的价格收购惠州润德对七色光公司 22.5% 的股权。截至目前，卡酷传媒公司对七色光公司持股比例由 40% 增至 62.5%。

五、加强制度建设，夯实内部管理

进一步梳理了《公司管理制度汇编》，对人力资源管理、财务管理、投资审批权限等制度进行了重新修订，以科学完善相关程序，降低经营及管理风险，提高制度管理水平。为规避法律风险，提升法制观念，公司对现行法务工作进行了梳理，加强了公司法务参与公司各项管理、经营决策的力度，进一步提高风险防控能力。2015 年卡酷公司及下属子公司完成了多次审计，并按照上级要求进行廉洁自律、自查自纠的专项检查，并根据审计建议书及相关指导，制定或修订相关补充规定，及时整改，强化监管。

北京京视传媒有限公司工作概况

北京京视传媒有限公司

2015 年，北京京视传媒有限公司一方面对公司传统业务进行改革，另一方面大力发展迎合市场的创新项目。截至 2015 年 12 月 31 日，公司完成经营收入 9826.38 万元，实现利润 402 万元。

传统业务改革

版权发行一直是京视传媒的传统盈利业务，但在 2015 年，由于全国电视台广告收入的下滑，导致各地版权购买能力减弱，对京视传媒的版权发行业务产生直接影响。为了应对这一局面，京视传媒对版权发行业务进行改革，基于多年积累的版权运营经验及全国发行渠道资源，开拓了版权众筹、直投杂志及图书音像业务。与本台青年频道合作，以众筹模式联合湖北电视台、辽宁电视台、杭州电视台，成功策划制作了 12 集抗战题材纪录片《钢铁记忆》，创收 110 余万元，并受到出品方一致好评。与卫视节目中心、京视卫星公司合作，通过对《我是大医生》栏目的精心策划和包装，与贝奥兰公司签署实施《我是大医生》直投 DM 杂志业务，创收近百万元。在卫视节目中心、京视卫星公司、计财部等相关部门支持下，出版图书 10 部，音像光盘 4 部共 8 个系列，包括：为卫视节目中心抗战胜利 70 周年和西藏自治区成立 50 周年制作的大型纪录片《砥柱中流——伟大的敌后抗战》《伟大的贡献》《西藏》音像制品，以及《养生堂》（三高、养生、肿瘤系列）音像制品。其中《养生堂》音像制品创收900万元。

创新项目发展

在2014年下半年，公司已经判断出国内传统媒体将面临营收困难的危机，并开始着力孵化面向全新市场环境，既依托但又不过分依赖电视台资源的原创经营项目。2015年，“BTV优选”“养生堂健康手机”“BTV少年传媒学院”及“地面活动”等项目的开发，给公司主营业务带来巨大潜力。

“BTV优选”项目。京视传媒在2015年上半年成功开展产品合作营销业务，积累了丰富经验。2015年8月正式创立“BTV优选”项目，申请并注册完成“www. btvbuy. cn”的网站域名和相应商标，与新疆生产建设兵团、西藏七芝堂等公司签署了23个合作产品。

“养生堂健康手机”项目。借助《养生堂》栏目的品牌优势和本台的宣传力量，将智能手机与健康检测硬件进行结合，打造“电视+健康”的大数据商业理念，与联想、天语等公司，于2015年年末推出1000部手机试用，在未进行任何品牌推广的情况下，很快销售一空，得多客户一致好评，同时获得大量宝贵的用户反馈数据。

“BTV少年传媒学院”项目。通过不断的探索和经营，“BTV少年传媒学院”已经成为公司主要收入和盈利项目之一，2015年的收入规模较2014年提高3倍以上，学院数量提升2倍，学期学费也上涨约10%。此外，京视传媒和坤鼎集团在通州区台湖镇联合打造“京视文化产业双创基地”及“京视文化产业人才培训基地”，为未来向职业教育和专业培训的方向发展打下了坚实基础。

地面活动项目

随着越来越多的广告投放聚焦在互联网以及线下活动之中，京视传媒通过成立“BTV观众俱乐部”等形式，布局整个北京地区，从高校、社区、医院等渠道举办了多次大中型地面活动，聚拢观众，积累经验，锤炼团队，地面活动的组织和策划实力有了大幅提升。2015年，通过公开竞标的方式获得兴业银行“安愉人生”品牌活动项目，历时6个月，出色完成了38场全市各大社区广场舞大赛，并在本台大剧院成功举办了活动总决赛暨颁奖晚会，通过活动不仅引入了市场投资，同时与全市近千家社区建立了紧密联系。

北京紫禁城影业有限责任公司工作概况

北京紫禁城影业有限责任公司

北京紫禁城影业有限责任公司成立于1997年，注册资本3200万元，是一家集影视策划、制作、营销为一体的专业影视制作公司。成立18年来，北京紫禁城影业公司的经营业绩一直稳居中国电影生产企业的前列，多部影片票房居当年年度票房冠亚军的地位，总票房超过 30 亿元，影片还行销到美国、法国、日本、韩国、香港、台湾等多个国家和地区。

北京紫禁城影业有限责任公司共摄制完成影片 70 余部，电视剧千余集。其中既有《狼图腾》《甲方乙方》《不见不散》《没完没了》《刮痧》《红色恋人》《赤壁》《倩女幽魂》《大海啸之鲨口逃生》《小时代》等商业大片，也有《离开雷锋的日子》《张思德》《生死牛玉儒》《背起爸爸上学》《法官妈妈》《紫日》《嘎达梅林》《香巴拉信使》《山乡书记》《一个人的奥林匹克》《铁人》《第一书记》《杨善洲》《天河》《百团大战》等主旋律影片，均取得社会效益和经济效益的双丰收。紫禁城影业公司摄制出品的《重案六组》《玉观音》《少年天子》《天下第一楼》《牟氏庄园》《人是铁饭是钢》《李春天的春天》《双城生活》《怪医文三块》《传奇大掌柜》等电视连续剧在中央电视台和各地电视台播出后，均创造了极高的收视率。公司成立 18 年来，连续获得过“华表奖”“五个一工程奖”“金鸡奖”“百花奖”“金鹰奖”“百合奖”等多个国家级大奖以及开罗、莫斯科、东京、北京等国际电影节的大奖。

北京紫禁城影业有限责任公司具备一支由一流专业人士组成的影视制作及发行队伍，并融入国际化的制片营销理念，建立了庞大的明星网络，让·雅克·阿诺、吴宇森、黄建新、冯小刚、叶伟信、叶大鹰、冯小宁、陈国星、胡玫、吕乐、尹力、夏刚、姚晓峰、陈道明、葛优、陈宝国、王志文、张国荣、倪大红、冯远征、张涵予、冯巩、陆毅、吕丽萍、斯琴高娃、徐帆、刘蓓、梅婷、徐静蕾、瞿颖、范冰冰、陈好、古天乐、吴镇宇、刘亦菲、冯绍峰、杨幂、郭采洁等一大批国内外知名导演、演员都与紫禁城影业公司有过良好的合作。

2015 年 2 月，北京紫禁城影业有限责任公司经过 10 年筹备制作的电影《狼图腾》于全国上映，取得近 7 亿元的票房成绩，获得第 5 届北京国际电影节最佳导演和最佳视觉效果两项大奖，以及第 30 届电影金鸡奖最佳故事片奖。公司参与出品的故事影片《百团大战》于 2015 年 8 月底上映，作为纪念抗日战争胜利 70 周年的重点影片，与八一电影制片厂、中影股份有限公司密切合作，取得了超过 4 亿元的票房成绩。电影《对风说爱你》（原名《风中家族》）由北京紫禁城影业有限责任公司与台湾兴扬电影公司联合出品，被广电总局列为“东南工程”项目，并入围上海国际电影节主竞赛单元。影片于 6 月底上映，获得第二届巫山“神女杯”艺术电影周优秀故事片奖。与领创意动有限公司（中国香港）、Goodland partners LLC（美国）联合拍摄的电影《终极胜利》（原名《天国与地狱》）已经完成拍摄，正在进行后期制作。与北京添意时代影视文化有限公司合作的电影《追爱大冒险》已经完成拍摄，开始进入后期制作阶段。

电视剧方面：由北京紫禁城影业有限责任公司、北京影武者文化传播公司等联合出品的电视连续剧《神机妙算刘伯温》在北京卫视、广西卫视和浙江卫视播出。44 集年代戏《传奇大掌柜》（原名《乞丐大掌柜》），已确定由央视电视剧频道购买播出。

演艺经纪方面：2015 年，北京紫禁城影业有限责任公司新签约演员吴军忱、萨日娜、李檀，进一步提升了紫禁城的品牌价值。

专项纪事

北京电视台抗战宣传报道浓墨重彩

总编室

为纪念抗战胜利70周年，北京电视台把抗战胜利70周年宣传报道列入全台2015年重点工作。赵多佳台长确定了“国家题材、北京概念”的宣传报道基调，各频道围绕重要纪念日、重要活动积极策划，特别是抓住9月3日大阅兵的历史机遇进行战役性宣传报道，推出了《永远的丰碑》大型直播以及《伟大的贡献》《钢铁记忆》等大型纪录片，各频道还配合播出抗战主题的专题节目、系列报道、影视剧、宣传片等，在全国省级电视媒体中把“北京概念”做足，体现了首善媒体致敬历史的责任担当。

一、推出大型直播报道，彰显首善媒体大美品质

早在4月5日清明节期间，由北京电视台发起并联合上海电视台等多家电视媒体推出的“永远的丰碑——纪念抗战胜利70周年”大型直播报道在新闻频道播出，报道全国范围内举行的缅怀抗战先烈的公祭仪式，体现了首都电视台的作用。

9月3日阅兵日的直播报道将抗战胜利70周年宣传报道活动推向了高潮。9月3日7：00—18：00，北京电视台作为在天安门阅兵活动核心区设置直播点的唯一一家地方电视媒体，以《永远的丰碑》为主旋律，充分调动各种资源，科学策划，精细实施，搭建起一张涵盖阅兵探秘、装备解读、抗战故事、气象交通等诸多信息的全方位直播网络，全方位、多角度地展现了纪念活动的全貌，实现了历史与现实的结合，人物与装备的结合，外场与演播室的结合，彰显了北京电视台的传播声势和报道实力。全台15个频道首次全部并机直播。

北京电视台阅兵直播报道充分发挥了地缘优势，突出了“北京视角”，形成了与中央媒体“同质异构”“联动互补”的报道格局，得到社会各界的好评。

二、播出大型系列纪录片专题片，追忆往昔峥嵘岁月

北京电视台通过播出大型系列纪录片、专题片，发挥“影像”的力量，弘扬抗战精神。

8月24日至9月1日，北京卫视播出大型系列纪录片《伟大的贡献》。该片展现和解读了在14年艰苦卓绝的抗战历程中，中国共产党发挥的砥柱中流作用。总局的阅评员认为，《伟大的贡献》呈现出尊重历史真实、虚实巧妙结合、立足宏观视野、注重历史细节等几大亮点，“大大提高了历史题材纪录片的艺术性和可看性”“不失为奉献给抗战胜利70周年的一部精品力作”。

北京卫视、新闻频道从2015年1月1日起并机播出历史文献纪录片《抗战史上的今天》，介绍发生在当天的抗战重大事件和抗战故事；青年频道推出12集大型纪录片《钢铁记忆》，视角独特，紧扣中国共产党在全民族抗战中的中流砥柱作用，突出中国抗日战场的世界反法西斯战争东方主战场作用；财经频道推出5集电视专题片《财富故事抗战特别节目——见证》，紧密结合频道特点，以民间集藏的抗战文物为触点，展现中国人民为战争胜利付出的巨大代价和作出的伟大贡献。

三、各栏目推出系列报道，淋漓尽致讲述抗战

北京电视台全频道共同出击，推出系列报道，展现中国人民波澜壮阔的抗战历程。

北京卫视和新闻频道以《北京新闻》为主阵地，联合《北京您早》《特别关注》《直播北京》《晚间新闻报道》等各档新闻栏目，推出了"京华英雄""伟大胜利历史贡献"主题展览、"永远的丰碑·铭记""永远的丰碑·解读胜利密码""旧京密档"等系列报道，多角度展现抗战历史。在大阅兵来临之际，各档新闻栏目又推出"探访阅兵训练基地""北京市保障阅兵"等系列报道，发掘了大量独家新闻，体现了首都媒体的大局意识。

其他各频道以多个栏目为平台，结合自身定位，推出丰富多彩的纪念抗战胜利70周年专题报道。财经频道推出《理财》系列节目《穿越战火的纪念》；生活频道推出《我们的纪念日——纪念抗战胜利70周年》《单骑送铁证》系列报道，有力烘托了纪念抗战胜利的舆论氛围。

四、各频道启动特别编排，浓墨重彩话"胜利"

此次抗战宣传报道可谓一场持久战，为打好这场"战役"，各频道积极策划抗战题材特别节目。

北京卫视《养生堂》栏目组历时67天，走过全国五大革命老区，推出了连续10天的《养生堂——革命老区巡讲》特别节目；文艺频道从4月开始，统筹安排10个栏目，分阶段策划播出了200余期特别节目，累计时长达到2300分钟以上；自4月以来，科教频道《法治进行时》等法治节目围绕纪念活动报道了近百条新闻，内容涉及抗战老兵的故事等；财经频道《首都经济报道》自8月17日开始，逐渐预热播出关于"纪念抗战胜利70周年"新闻报道，直至9月5日共播出新闻类25条，人物专访类10条；青年频道以《书香北京》《谁在说》《北京客》等多个栏目为平台，推出丰富多彩的人物访谈特别节目；新闻频道《锐观察》栏目从8月15日开始到9月2日，开辟"还原历史真实"专题访谈节目，还原当年抗战真相；纪实频道整合频道及行业资源，精心策划，首播播出了38小时、近60集纪实作品。

此外，各频道在9月3日前后还启动特别编排。

9月1日—5日期间，北京卫视大体量播出了抗日战争及反法西斯战争题材精品纪录片，其中包括《砥柱中流——伟大的敌后抗战》《伟大的贡献》《从空前觉醒到伟大复兴》等特别节目，纪念抗战胜利70周年。

9月3日，青年频道《军情解码》栏目突破常规播出时间，将当晚50分钟节目延展为时长2小时的特别节目，推出题为"铭记这一刻——聚焦胜利日大阅兵"的特别节目，围绕当天上午举行的盛大阅兵式展开报道。

在9月3日前后，文艺频道安排多档

栏目进行了集中主题宣传。如《每日文娱播报》播出的三期"光荣岁月——纪念抗战胜利70周年特别节目",带领观众重温那段风云激荡的抗战岁月。

9月2日至4日,全台所有频道进行了特别安排。9月3日当天,全台15个频道并机直播《永远的丰碑》大型直播特别报道(含并机直播央视《纪念中国人民抗日战争暨世界反法西斯战争胜利70周年大会》),10个频道并机直播《纪念中国人民抗日战争暨世界反法西斯战争胜利70周年文艺晚会》。

五、展播抗战影视剧及动画片,激发群众爱国热情

北京电视台安排播出了大量经典的抗战题材影视剧,以群众喜闻乐见的方式传播红色文化,弘扬爱国主义精神。

7月份以来,影视频道等7个频道安排播出大量抗战题材电视剧。截至9月5日,共安排首播剧11部452集,重播剧18部728集,其中包括《罗龙镇女人》《异镇》《秀才遇到兵》等爱国主义电视剧和电影。卡酷少儿频道从8月份开始,推出主题板块"热血英雄篇"。

7月20日至10月11日期间,各频道每天循环播出抗战歌曲30首,回顾抗战的历史,显示了共产党领导下的文艺战线对抗战的贡献。

六、推出抗战题材宣传片,传承民族精神根脉

北京电视台积极策划制作相关系列公益广告和宣传口号,制作播出抗战题材的公益广告和宣传片共23部,制作播出抗战胜利纪念活动口号10条,在全频道高频次播出。其中8月20日起至9月5日共播出公益宣传片和口号共5600余条/次,黄金时段播出约980余条/次,实现了传播效果最大化。

七、构建台网联动互动空间,推动网民关注抗战纪念

北京电视台创新性地融入新媒体元素,在丰富报道内容的同时,构建起台网联动的互动空间,赋予观众亲切的仪式参与感。

BRTN北京网络广播电视台推出大型专题报道和网络直播报道活动,在网络平台同步直播《永远的丰碑》,采用边直播边碎片的方式,对直播中所有关键节点和重点内容进行实时的碎片化拆条,共计拆条100多条,总时长564分钟。

精心制作IPTV专题及专题大阅兵节目。9月3日,推出"9·3"大阅兵系列专题,依托阅兵直播的碎片化视频,在阅兵直播结束后1个半小时内上线。

开通微博、微信两大平台丰富互动方式,观众可以通过微博、微信等新媒体渠道与节目互动,发送拍摄的图片、视频,讲述自己有关抗战的所思所想。北京电视台官方微博大阅兵微直播总阅读量超过3000万次,总转发量近8万次,覆盖人群达到1.5亿左右;通过北京电视台官方微信观看直播、参与话题圈留言和评论、阅读微信的总人数接近100万人次,各类留言、评论等超过25万条;通过IPTV观看直播的人数超过120万。

北京卫视制作大型系列纪录片《伟大的贡献》

卫视节目中心

为纪念中国人民抗日战争暨世界反法西斯战争胜利70周年，由北京市委宣传部策划，北京电视台北京卫视《档案》栏目制作了大型系列纪录片《伟大的贡献》。该系列片共8集，通过独家的历史档案文献、珍贵的历史影像、电影化的制作手法，展现和解读了在14年艰苦卓绝的抗战历程中，中国共产党发挥砥柱中流作用，带领中国人民取得抗日战争全面胜利的伟大历史功勋以及为世界反法西斯战争最终胜利所做出的伟大贡献。《伟大的贡献》每集60分钟，8月24日—9月1日在北京卫视播出。

首善媒体，责任担当

北京卫视秉承“首善媒体，大美品质”的媒体责任感和历史使命感，推出《档案》特别节目《伟大的贡献》。此前，栏目组制作的《伟大的抗美援朝》和《砥柱中流——伟大的敌后抗战》两部大型系列片，均获得业界专家高度认可和社会各界的广泛关注。《伟大的抗美援朝》还获得中宣部“五个一工程”优秀作品奖。

此次，《档案》再次推出第三部伟大系列作品——《伟大的贡献》。该系列片以历史进程为经，以事件和人物为纬，以国际视野，通过故事细节，展现伟大的中国人民抗日战争如何开辟世界反法西斯战争的东方主战场，如何为挽救民族危亡、实现民族独立和人民解放，为争取世界和平的伟大事业做出的彪炳史册的贡献。

国际视野，重大发现

《档案》栏目组秉承一贯的“以档为凭，用史实说话”的创作态度，走入中央档案馆、中国第二历史档案馆以及全国53家抗日战争纪念馆，历时6个多月，遍查14年全国抗战的相关历史档案和文献，在党史文献研究室专家学者的指导下，进行分析整理和解读，梳理出近6000分钟的珍稀影像和40余万字的文献资料。

与此同时，栏目组打开视野，运用团队外语人才多的独特优势和独家资源，在日本、美国、德国、意大利、法国和英国寻找和挖掘到大量珍贵原文档案和未曾公开的影像资料。栏目组在浩如烟海的文字资料中，夜以继日进行地毯式搜索，经过长时间和多方面的仔细寻找，找到了毛泽东《论持久战》最早的英文版本；编导走遍日本各大档案馆和研究室，最终找到日本“东方会议”对华政策讨论稿，臭名昭著的《田中奏折》就是在这次会议讨论稿的基础上完成的；与此同时，栏目组还寻找到罗斯福总统特使关于敌后抗日根据地的秘密情报等多份独家档案和重大发现，用第一手的档案和文献，解读伟大的中国抗日战争中的关键历史节点和不为人知的历史细节。

全面升级，震撼呈现

"讲述"的电视呈现方式，一直是《档案》的独特标签，它之所以成为全国知名纪录片品牌栏目，获得"金鹰奖"等数十个顶尖电视奖项，源于它开创了人文纪实栏目的全新语态和语汇，用原创的讲述类节目形态，"简单、有效、极致"的精彩呈现，对历史进行故事化和观点性解读，使历史充满"人情味儿"，使人们能在历史中得到现代启示。此次，《伟大的贡献》系列节目，在秉承《档案》原有的讲述风格的基础上，进一步提升"讲述"品质。一是保留讲述人在原有演播室展示实物档案的特色并提升表现力。《伟大的贡献》继续保留《档案》原有的经典讲述元素，保留在棚内对原始档案、文物、实物和珍贵影像的讲解。同时，栏目组改造演播室，在1000多平方米弧形多屏互动的演播室内，舞美升级，巨屏呈现，让讲述人带领观众从容游走于历史与现实之间。此外，栏目组采用航拍技术，打造电视节目的顶级质感。二是讲述人在演播室综合运用虚拟植入特效，展示和解读历史档案。在《伟大的贡献》中，讲述人通过虚拟植入技术，信手"拈来"一份原始文件，在荧幕上清晰放大呈现其中的细节；讲述人现场拆解大炮，探究"炮管"中的奥秘；讲述人还让历史影像中的坦克，直接开进演播室现场；让美军飞行员的飞机直接降落在身旁。节目利用特效技术，进行形象化解读和生动讲述，有机地将现实与历史勾连起来、将微观与宏观结合，运用虚拟地图和沙盘，解读国际形势和国际格局的变化。三是讲述人走出演播室，走进复现的历史场景，"身临其境"，动情开讲。《伟大的贡献》首次尝试用电影的拍摄手法和制作标准，拍摄电视纪录片。节目根据历史史料记载，复现了14年抗战中全国军民浴血奋战的历史场景和不为人知的历史细节，让讲述人重返历史现场，走进"历史上的那一天，那一幕"。在节目中，讲述人会端起枪，冲锋陷阵，拼杀在"一·二八"淞沪抗战前线；会扛起铁轨，加入敌后游击队，破坏侵略者的交通线；会站在八路军的队伍中，接受改编，整装待发；会坚守在四行仓库，与日寇拼杀；同时会走进巴登巴登，探秘法西斯头目不为人知的秘密会议；会潜伏进隐蔽战线，感受最惊心动魄的历史瞬间；也会走上滇缅公路，"身临其境"感受最动人心弦和可歌可泣的真实故事。

重返历史现场，《伟大的贡献》用镜头直击人心，让历史走进人心，力求最直观、饱满地展现抗日英烈的英雄气概和历史的气壮山河，使得作品展现出史诗般的气度。这既是对历史的崇高敬礼，也是对英雄的深情缅怀。

抗战精神，治学创新

《伟大的贡献》拥有一支200多人的国际摄影团队和制作班底，昼夜连续拍摄，以电影的精细化标准，制作电视纪录片，以抗战精神激励团队严谨治学，创新呈现。《档案》栏目组制片人吕军一直追求用拍电影的手法，揭秘历史，他拍摄的电影短片，曾在旧金山国际电影节等多个国际性电影节上获奖。吕军本人曾多次获得中国广播电影电视报刊协会"金牌制片人"、全国电视制片业"十佳电视栏目制片人"称号，曾被评为"中国电视榜中国十大电视创新人”。吕军要求栏目组的每一个重大题材项目，都要有所创新，要求编导必须有“治学精神”和“文化自觉”。因此，在《档案》团队中有浓郁的学习研究氛围。每一个编导，都要以史学研究的态度，对待每一个历史细节。

《伟大的贡献》的编导团队是一支平均年龄只有26岁的队伍，但就是这样一支年轻的队伍，据统计，参与创作《伟大贡献》的每位编导，平均阅读抗日战争相关书籍达30本以上，他们踏踏实实以做学问的心态对待电视节目制作，努力用最先进的电视呈现打造最权威的电视纪录片。

此次《伟大的贡献》是对《档案》团队又一次集体的精神锻造和心灵洗礼。编导们被英烈的民族气概所感染，在创作过程中，展现出不畏困难的创作毅力与激情。在撰写远征军一集的稿件时，面对震颤人心的历史影像，编导曾脱口而出：“写不好这一集，我真是对不住这些死去的战士，对不住他们啊。”由于大量拍摄雨戏，编导们接二连三地在片场病倒，但是没有一个人离开岗位，全部带病坚守。由于持续高温，许多团队成员在现场中暑，现场副导演曾在一场夜戏中，被道具火把烧伤，但是所有人都坚守岗位，没有人“下火线”。这些年轻人耳机里循环播放的不是流行音乐，而是《游击队之歌》，是《大刀进行曲》，是《到敌人后方去》……抗战精神激励着这个团队的每一个年轻人，他们希望把自己的感动和震颤通过节目，传递给更多的年轻人。

北京电视台推出大型直播报道《永远的丰碑》

新闻节目中心

北京电视台于2015年9月3日7：00—18：00推出《永远的丰碑》——中国人民抗日战争暨世界反法西斯战争胜利70周年阅兵直播报道。此次直播在要求高、时间紧、资源少的条件下，直播团队与军方密切合作，攻坚克难，科学筹划，对当天的纪念活动做全方位的展现，整个直播做到了历史与现实的结合，人物与装备的结合，外场与演播室的结合，最终呈现出一台立意深刻、新闻性强、内容丰富、节奏紧凑、形式新颖的大型直播报道。不仅观众好评如潮，还开创了北京电视台历史上多个第一，即：第一次全台12个频道同步直播，彰显北京电视台传播声势；第一次在天安门广场和阅兵训练基地设立十几个直播点，彰显北京电视台报道实力；第一次全媒体互动使全台微博矩阵覆盖1.5亿人次，阅读量接近3000万次，开创了北京电视台新媒体发展的历史记录。

直播报道立意高远

此次直播以习近平总书记提出的“铭记历史、缅怀先烈、珍视和平、展望未来”为指导思想，邀请总参作战部某少将担任直播内容设计总顾问，通过追忆抗战岁月，展现中华民族不屈不挠的抗战精神，突出报道中国共产党在抗日战争中的中流砥柱作用；通过采访参阅官兵的训练故事和邀请参阅官兵走进直播演播室，展现当代中国军人“有灵魂、有本事、有血性、有品德”的精神风采；通过采访+虚拟植入表现形式，展现我国自主研制生产的武器装备的先进性和国防力量的发展壮大，为裁军30万，调整我国国防战略做好了充分铺垫和解读。

前期准备充分扎实

此次直播，核心资源最为关键。为了争取到9月3日当天北京电视台在天安门广场的报道权，新闻中心和市委宣传部新闻处进行了多次充分沟通，在为数不多的北京市属媒体报道资格证件中，为北京电视台争取到了18个，分别在天安门东西两侧临时观礼台，旗杆东西两侧临时观礼台，南池子、建国门、复兴门、南口阅兵训练基地等多处核心点位，覆盖了当天受阅部队集结、出发、途经、受阅、返回等各个环节。与此同时，直播团队先后与总政宣传部、总参作战部、总参外事办、总参新闻局等深度合作，拿到了进入南口阅兵训练基地、外国方队训练基地、军乐团合唱团训练基地、华北某机场空军训练基地、华北某海军训练基地的采访权，可以说，大部分核心资源牢牢地握到了手里。

由于此次受阅的装备一直处于保密状态，不让任何媒体接近，直播团队又与中国航空集团、中国兵器装备集团、中国兵器工业集团、北方工业公司、中国船舶重工等装备研发、生产集团接洽，搜集装备相关文字资料、视频画面等，充分做到报道准确清晰、内容翔实全面，为报道和直播打下坚实的基础。

报道内容宏大生动

直播之前，在《北京新闻》播出13集《永远的丰碑·铭记》，直播团队与八路军研究会、新四军研究会、市委党史研究室等部门合作，以抗战老战士、抗日英烈子女和抗日名将后人讲述的方式，以全新的视角带观众了解抗日历史。周恩来总理的侄女周秉德、陈毅元帅之子陈昊苏、陈赓大将之子陈知建、萧克上将之子萧星华、邓华上将之子邓欣、邓穗都参与了报道，而抗日老战士张舞原讲述的沁源围困战、魏国运讲述的平型关伏击战、赵征讲述的抗战爱情故事、恽前程和储渭讲述的新四军抗战故事、苏萌回忆的与白求恩相识的故事等报道，让观众更加深刻地了解了70多年前的那段不平凡的历史，口述历史让观众了解烽火壮烈的抗战岁月，唤起国民的爱国情怀和珍视和平的主题思想，同时，为9月3日《永远的丰碑》大型直播报道做了深入的铺垫和预告。

《永远的丰碑》大型直播全长11个小时，全天结构分为“阅兵倒计时”“阅兵实况”“中流砥柱”“强军之路”“兴军之魂”“英雄凯旋”等6个章节。内容充分饱满，及时快速生动全面地展现阅兵前的各项准备工作，受阅部队状态，观礼嘉宾期待，北京城的喜庆热烈，盛大阅兵现场，邀请新四军老战士盛林、开国大将陈赓将军的儿子陈知建、多位军事专家解读，等等。

此外，新闻节目中心还在9月2日、3日和4日的晚间时段推出《永远的丰碑》直播报道，邀请评论员、军事专家和抗战老战士走进演播室，展现了大阅兵的亮点和期待，阐述了大阅兵对提振民族自信以及维护世界和平的深远意义。

展现形式新颖多样

为了体现直播的现代感和呈现的丰富性，直播团队先后观摩了俄罗斯的胜利日阅兵，借鉴了法国、英国的阅兵转播资料，并多次前往中国抗日战争纪念馆进行学习、沟通，将当下媒体传播中最先进的电视技术运用到直播当中。

利用有限空间设计演播室舞美。在演播室舞美的设计上，充分借鉴了舞台剧舞美元素、影视剧舞美元素和展览元素，运用多种手段营造抗战氛围。在访谈区的设计上，充分利用有限的空间，营造立体访谈感，在前景位置上设计了白桦树、在后景位置上设计了抗战元素视频屏幕、在空中悬挂了抗战伤亡大数据，从视觉效果上确保了直播的丰富、饱满。

大量运用先进电视技术手段。此次直播大量运用了虚拟植入技术，从体量上看此次直播的虚拟成分超过了以往历次 BTV 大直播。在录播部分，为了展现此次阅兵最大的亮点——受阅武器，直播团队与虚拟植入团队密切配合，先后制作了99A 主战坦克、歼 - 15（飞鲨）战机、红旗 - 9 防空导弹等 22 个虚拟场景，为保证视觉效果，直播团队将录制地点安排在大剧院，从灯光效果，机位设计、三维效果上确保最佳。

快编精彩回放。全天 11 个小时的大直播，对于大阅兵直播实况的分解、解读、快编呈现更是必不可少。为此直播报道组提前策划，增派人手，分工合作。一方面收录阅兵转播信号，与此同时投入大量快编人员进行分类整合，确保第一时间将不同主题、不同功能的快编视频条目发送演播室，供直播使用。直播结束后，据初步统计，内编组共编辑阅兵视频条目 68 条，每条视频都以画中画、口插画、MV 的形式予以播出，丰富了访谈环节的视觉性；增强了访谈话题的针对性；提升了整体直播的时效性。

全媒体互动效果显著

“9·3”阅兵直播，直播报道组与新媒体中心强强联合，充分借助 BTV 直播的影响力在网友中不断发展的有利态势，推出了阅兵大数据解读、阅兵小水滴全景呈现、网友微博、微信互动等环节，截至直播当天 15 点 30 分，全台微博矩阵覆盖 1.5 亿人次，阅读量接近 3000 万次，通过北京电视台微信电视浏览信息并参与互动接近 30 万人次，留言和评论达到 10 万条左右，开创了 BTV 新媒体的历史记录。

《档案》“九一八”特别节目主题深刻警醒世人

卫视节目中心

2015 年是“九一八事变”84 周年。9 月 17 日晚 22：35，北京电视台北京卫视《档案》播出“九一八”特别节目“正义审判”。节目梳理了抗日战争胜利后国际国内军事法庭对军国主义、帝国主义、法西斯的审判，通过对审判过程和细节的展现警醒世人不忘历史，不忘革命先辈。

全面展示审判过程，主题深刻，警醒世人

从1931年“九一八事变”开始，日本侵略中国长达14年之久，中国军民以不屈不挠的抵抗在付出了3500万同胞的牺牲后，终于换来全民族抗战的最后胜利。日本的投降标志着世界反法西斯战争的全面胜利而告终，战犯受到历史的惩罚。“正义审判”主要展现的就是国际组织追究战争责任，审判战犯罪责的全过程。节目展现了多个正义审判，其中重点表现了东京审判、南京国防部军事法庭审判和中华人民共和国最高人民法院特别军事法庭审判，既讲述了各国军事法庭对法西斯战犯的审判，也展现了中国法官代表团为让日本军国主义战犯得到应有的惩罚而付出的努力，以及因为当时复杂的国际形势使一些战犯逃过历史审判而留下的很多遗憾。节目利用历史资料影像放映和场景模拟相结合的方式对这些正义审判进行了详细生动的呈现，向观众传达出深刻的主题：战后国际秩序是世界反法西斯的正义力量浴血奋战的重要成果，是人类社会文明发展的重要保障，一个忘掉历史的民族是没有希望的民族，同时战后的正义审判也让我们了解并铭记我们的民族是从怎样的苦难中走过来的，要铭记革命先辈，维护战后新秩序，重申建立在正义审判上的国际秩序不容任何人变更和颠覆。

深入挖掘审判细节，内容丰富，讲述生动

节目善于挖掘细节，通过对审判过程中一些细节和故事的详尽呈现让观众自己感知和判断。如在远东国际军事法庭审判中，法庭正式开庭审讯的第一天，接受审判的日本军国主义战犯就上演了一幕丑剧。在下午的审判开庭时，日本甲级战犯大川周明击打东条英机，妄图通过“装疯卖傻”的表演以逃脱惩罚。节目放大这个细节，进而将焦点放在打人者大川周明身上，细数他的罪行和丑态。在中华人民共和国最高人民法院特别军事法庭设立在沈阳的特别军事法庭审判中，对一些罪行比较轻悔过比较好的战犯从宽处理，全部战犯对所有指控罪行供认不讳，无一人否认罪行，无一人要求赦免，相反无一人例外都痛哭下跪，一些日本战犯请求以死谢罪，同时画面播放记录了这些场景的影像资料，利用影像本身的力量让观众有一个更直观的感受，声画结合印证外国记者的著名评论“这是不可思议的一幕，在抚顺，中国人创造了奇迹”。再如被释放的一些战犯回到日本后自发组织了致力于中日和平友好的“中国归还者联络会”，他们还向抚顺战犯管理所集资打造了“谢罪碑”，碑面上用中日两国文字镌刻着中日两国永不再战的心声，昔日的战犯为自己的罪行立碑忏悔，这在全世界是绝无仅有的。节目通过这些细节将一幕幕场景生动地展现在观众面前，带领观众回顾历史，有很强的教育意义。

《档案》特别节目《毛泽东遗物的故事》三大亮点

卫视节目中心

2015年10月1日，北京电视台北京卫视《档案》播出特别节目《毛泽东遗物的故事》，有三大亮点。

一是揭示开国领袖的内心世界，引发观众共鸣。节目中介绍：毛泽东将毛岸英生前穿过的衣物整整齐齐地放在柜子里，精心收藏起来。通过这个故事，揭示了毛泽东内心深处对儿子的深深眷恋和怀念，刻画了一个不同于以往的毛泽东的慈父形象，能够引发观众共鸣。

二是真实生动，感染力强。节目采访了毛泽东的生活管理员吴连登、毛泽东的女儿李讷、毛泽东的儿媳刘松林、毛泽东的孙子毛新宇、毛泽东的卫士组长李家骥，他们讲述了一些鲜为人知的故事。这样的表现手法极大地增强了节目的真实感。同时，这些人物所讲述的故事很生动，感染力很强。例如，毛泽东的儿媳讲述的毛泽东的儿子们在雨中玩耍并将毛泽东的皮鞋弄坏的故事，就很生动鲜活。毛泽东的卫士组长李家骥讲述的毛泽东在听到儿子牺牲的消息后“又拿烟，又把烟揿灭，回过头又点烟”的细节很让人动容。

三是教育意义和纪念价值很强。节目中，展现了毛泽东为了中国人民的解放事业所进行的无私奋斗，杨开慧、毛岸英为革命所做出的巨大牺牲，都可以起到弘扬伟大爱国主义精神的作用，而本期节目在国庆节期间播出，很具有教育意义和纪念价值。节目中，毛泽东要求儿子“穿旧的，吃差的，干累的”，毛泽东亲眼目睹自己的女儿狼吞虎咽，都体现出他的严谨的艰苦朴素的作风，对于今天的领导干部有很强的教育和警示意义。

李伟同志前往四川雅安慰问《长征》摄制组

卫视节目中心

2015年12月19日至20日，市委常委、宣传部部长李伟利用周末时间前往四川雅安，慰问正在那里采访、拍摄大型系列片《长征》的北京电视台摄制组全体成员，鼓励这支平均年龄只有26岁的年轻团队不畏艰难、发扬长征精神，潜心创作出超越以往同类题材的优秀纪录片作品。市委副秘书长、宣传部副部长严力强，北京电视台党委书记、台长李春良，副总编辑徐滔等随同前往。

为纪念长征胜利80周年，北京电视台《档案》栏目将于2016年10月推出10集大型系列纪录片《长征》。2015年10月17日，《长征》摄制组在红军长征出发地江西省于都县举行了庄严的拍摄启动仪式和誓师大会。此后，《长征》摄制组开始了重走长征之路的前期采访、调研和拍摄工作，旨在沿途搜集珍贵的历史档案和鲜为人知的红军故事，探访红军留下的历史遗迹和红军历史的见证者，记录红军长征途经之地今昔的对比变化，弘扬长征精神并诠释长征在新时代的伟大意义。从2015年10月15日离开北京开始，摄制组已经行进8000多公里，跨越了江西、湖南、广东、广西、贵州、云南、四川七省和自治区。到过于都、瑞金、新丰、汝城、道县、全州、兴安、龙胜、遵义（娄山关、桐梓、苟坝、仁怀、习水、土城）、贵阳、昆明、大理、禄劝、雅安20个市县，93个乡、镇、村进行拍摄，采访了近百位长征亲历者及他们的后人和当地文史专家。

12月19日下午，李伟一行到达成都后，不畏严寒和舟车劳顿，直接从机场马不停蹄地赶往雅安上里古镇，慰问正在那里拍摄的《长征》摄制组成员。上里古镇是四川历史文化名镇，著名的红色之地，镇里至今尚存有红军石刻标语70余幅。这些石刻标语见证着80年前的军民鱼水情深，以及80年来长征精神的代代传承。

摄制组结束在上里古镇的拍摄后，李伟一行与他们进行了座谈。四川省政府副省长、雅安市委书记叶壮，四川省委宣传部副部长赵明仁，四川省雅安市委副书记、政法委书记张燕飞等参加。座谈会上，《长征》摄制组年轻的编导们充满深情地讲述了此次采访、调研和拍摄的经历和感受。《长征》纪录片执行总导演、总撰稿吴志勇说：“如果现在的年轻人知道在80年前，同样有一群年轻人，在用他们的青春、热血和生命做一件改变中国、改变人类文明进程的事业，我相信现在的年轻人会被影响。长征的路很长，英雄的故事讲不完。我们，愿成为长征故事的讲述者和长征精神的传承者！”李伟对《长征》摄制组寄予厚望并提出更高的要求：“长征是伟大的实践，爬雪山、过草地、坝子口、乌江天险……这些都是大家很熟悉的。最重要的是通过这些事件，把长征的魂写出来。正如一本书叫《中国共产党为什么行》，就是要告诉大家我们的先辈为什么要长征，如何通过长征走向成熟，为什么旧社会一定要推翻，为什么没有共产党就没有新中国！”

12月20日上午，李伟一行参观了四川建川博物馆的抗战博物馆。建川博物馆共设有5个抗战系列展馆，展出文物3万多件。壮士广场、“日军侵华罪行馆”等，每一处展馆、每一件抗战文物都记录着动人悲壮的故事。这些抗战文物以无可辩驳的史实和铁的证据，揭露了日本侵略者的侵华罪行和伪满政府、汪伪政权的奴颜媚骨；更以饱满的爱国热情讴歌了中华儿女抗击侵略者的伟大壮举，它再一次证明，中国人民以自己的鲜血和生命为世界反法西斯斗争的胜利做出了历史性贡献。

四川省委副书记、宣传部部长尹力与李伟一行就《长征》的拍摄及两地宣传系统更深入长远的合作进行了充分沟通交流。

北京卫视推出大型系列纪录片《西藏》

卫视节目中心

为迎接西藏自治区迎来成立50周年华诞，北京市委宣传部与西藏自治区党委宣传部联合策划，推出6集大型系列纪录片——《西藏》。该系列片为北京电视台、西藏电视台联合制作，由北京卫视《档案》栏目组承制，于2015年9月5日—9月10日，每晚22：30分在北京卫视、西藏卫视同步播出。中央及市委领导俞正声、刘延东、刘奇葆、郭金龙、李伟等同志对《西藏》纪录片给予充分肯定，中央电视台安排在一套黄金时间重播，并在青、藏、川、滇四省区藏区播出。

大型系列纪录片《西藏》分为“神圣疆土”“盛世新生”“活佛转世”三大主题，每个主题制作两集。该系列纪录片系统、清晰、深入浅出地阐明了“西藏自古以来就是中国不可分割的一部分”“西藏地区民主改革的历史意义”以及“藏传佛教活佛转世”这三个广受关注、但同时又普遍了解不深、甚至遭到误解和歪曲的主题。北京卫视《档案》团队创作的《西藏》是国内媒体第一次对这三大重大主题的集中阐释。

一、首次披露 独家发现

有关西藏的影视作品数不胜数，西藏的绝美景致、独特风光在电视屏幕上也已经有过不少的展现。但《档案》团队秉持“只有独家的发现才有可能成就独到的视角和精彩的故事”这一准则，在将近一年的制作过程中，围绕上述三大主题，深入挖掘史料，实现了众多首次披露和独家呈现。

一是以档为真，历史铁证。在中央档案馆、中国第一和第二历史档案馆、西藏自治区档案馆、西藏自治区博物馆等多家单位的大力支持下，项目组调集了海量独家、珍贵的文献，如国民政府正式册封十四世达赖的手令，毛泽东主席、周恩来总理与十四世达赖之间的多次通信，十四世达赖写给毛泽东主席的赞美诗，对新中国西藏工作具有里程碑意义的《十七条协议》，美国中央情报局暗中策反、支持十四世达赖叛逃的绝密文件，西藏自治区档案馆的镇馆之宝《钦定藏内善后章程29条》，以及从元朝至清朝，中央政府施政西藏地方所赐予的印鉴，包括清中央政府授予达赖喇嘛、班禅额尔德尼之金印等数十件国宝级文物等，都是首次与观众见面。这些文献和文物，有力地证明西藏自古以来就是中国的领土这铁一般的事实。

二是尘封影像，前所未见。在中国电影资料馆和西藏自治区党委宣传部的全力支持下，项目组获得了分别于1934年拍摄的《黄专使入藏》和拍摄于1942年、表现十四世达赖经国民政府认定、坐床全程的《西藏巡礼》，美国中央情报局拍摄的《潜入西藏》以及中央新闻纪录电影制片厂拍摄的十四世达赖和十世班禅大师赴北京觐见毛泽东主席、参加全国人大一次会议，十四世达赖叛逃经过和西藏平叛等珍贵的影像素材。这些胶片最早时间可以追溯到80年以前，其中90%都是首次在电视屏幕上呈现。

三是秘境拍摄，触摸历史。布达拉宫西大殿、十三世达赖喇嘛圆寂处、西藏地区第一座宫殿雍布拉康、罗布林卡内十四世达赖的会客室等，之前从未对媒体开放过。在这些地方都曾发生过怎样的故事？刻印着怎样的历史？都将在节目中首次呈现。在西藏自治区的全力配合下，大型系列纪录片《西藏》紧紧围绕三大主题，实现了多处“秘境”的实地拍摄。栏目组克服高原反应以及拍摄工作中的种种困难，投入上百人的制作团队及大量高性能专业设备，光是拍摄阶段就前后历时两个月调研筹划、数次开赴西藏自治区各地，在平均海拔4500米以上连续进行了近50天外景拍摄，行程达3.8万公里。大家克服了高原反应带来的种种不适，拍摄了一大批珍贵、精美的素材，并整理、收集、积累了大量第一手的鲜活资料，形成了创作电视精品节目的基础。

四是历史见证，独家采访。为了更好地解读历史、讲好故事，大型纪录片《西藏》项目组还对一些重要的历史见证人进行了独家专访。包括：亲历西藏地区民主改革、第一位昔日农奴出身的国家领导人——第十届全国人大常委会副委员长热地同志，第一任西藏自治区政府主席阿沛·阿旺晋美的儿子、西藏自治区政协副主席阿沛·晋源同志，西藏地区唯一的女活佛、昔日被十四世达赖挟持到印度、之后辗转回国的桑顶·多吉帕姆老人，十世班禅额尔德尼转世灵童寻访组成员萨龙·平拉大师等多位权威级、重量级历史亲历者。而正如桑顶女活佛在采访过程中与项目组成员所讲：“你们的这部纪录片，不仅是一部优秀的电视精品，同时，客观上，也将起到正本清源、护法弘教的巨大作用。”

二、创新升级　特色呈现

“以史为鉴、以档为真”是《档案》的栏目特色。但仅有丰富的史料在《西藏》这样重大的历史与现实题材的呈现中是远远不够的。如何能把浩如烟海的史料转化成电视的语言，让观众眼前一亮，是《西藏》项目组攻坚克难的课题。

“讲述”的呈现方式一直是《档案》栏目的特色，也是《档案》的定位。那么，《西藏》的讲法又该是怎样呢？其实，在《西藏》脚本的创作过程中，项目组就已经在对脚本中的每一个段落、每一句讲述、甚至每一个台词，都进行了反复推敲，力求以更新的纪录片呈现方式在《西藏》中得到体现。

创新之一：实地拍摄，言之有物。当讲述人走进实实在在的历史发生地，声情并茂地讲述着此地承载的历史故事时，一切都将与众不同和生动鲜活。无论是近距离拍摄大昭寺中的释迦牟尼12岁等身像，还是徜徉在雍布拉康，回味松赞干布和文成公主在此首次相见的传说；无论是在楚布寺中阅看有关历史上第一次活佛转世的经文记录，还是在江孜帕拉庄园体会仅有一街之隔的贵族庄园和农奴窝棚的巨大反差，实地拍摄使得纪录片《西藏》让厚重的历史找到了现实传播的穿越通路。按照权威藏学专家的点评：“如此具有特色的呈现，从某种程度上讲，甚至可以填补很多理论研究的空白。”

创新之二：棚内呈现，全面升级。除了大量的在历史发生地讲述之外，项目组还首次尝试场景预设，通过实景剪接、实物剪接，巧妙结合了实景拍摄和特效两方面，力求做到棚内棚外无缝式衔接，并多处应用了虚拟植入技术、三维特效技术、搭建时空走廊，利用独具西藏特色的唐卡、壁画等作品展现形态，使庞大深奥的历史在节目中变得通俗易懂，让史料、文物活起来。

三、治学严谨　敬畏作品

《档案》栏目的编导们创作大型系列纪录片《西藏》可以用“以敬畏献礼神圣”的状态来概括。西藏，是神圣国土、圣洁之地。三大主题，事关主权、人权、宗教，既宏大高远，又见微知著，容不得半点含混、模糊。

西藏，充满吸引力的秘境，无论是历史还是现实，无论是“老西藏精神”还是“新西藏成就”，都是有温度的，都是有血有肉的。如何能够让观众体会到这种温度？如何能够让这部系列纪录片具备国际传播力？

在西藏项目组的内部，有这样一条不成文却深藏所有成员心底的标准：立足雪域高原，向祖国献礼，如果达不到艺术创作的高峰，怎能扛得住这份信任与责任？为此，在创作的过程中，《档案》栏目组，一支平均年龄不到26岁的团队，在2014—2015年间，在相继推出《伟大的抗美援朝》《砥柱中流——伟大的敌后抗战》以及为纪念中国人民抗日战争暨世界反法西斯战争胜利70周年而制作的特别节目《伟大的贡献》等这一恢宏的“伟大系列”的同时，更始终以“特别能吃苦，特别能奉献”的老西藏精神要求自己，以真实、客观为基础，在从2014年底领受任务的短短10个月内，遍访国内30多位权威藏学专家，在北京、西藏两地举办数轮专题研讨会，学习、借鉴了近千万字的专业著作，先后组织数次西藏实地前期采访，形成了扎实、准确又独具特色的纪录片创作脚本。大型纪录片《西藏》的脚本在初稿形成之后，就得到了众多专家的普遍认同，而为了精益求精，项目组直到节目制作完成的整体过程中，仍在专家的指导下，反复推敲，确保每一个字都经得起历史的检验。

在系列纪录片《西藏》的看片会上，国家新闻出版广电总局重大理论文献影视片创作领导小组、中共中央统战部、北京市委宣传部、西藏自治区党委宣传部、中国藏学研究中心等领导和专家均表示：大型系列纪录片《西藏》注重历史、注重细节，引用历史资料翔实、论证充分，解读深刻准确，画面震撼、制作精良，集思想性、政治性、艺术性、观赏性于一体，对于维护祖国统一和民族团结，引导社会各界更加全面、真实、客观地认识和了解西藏，具有重要的现实意义和深远的历史意义。

西藏自治区党委宣传部肯定大型系列纪录片《西藏》

办公室

2015年9月，西藏自治区党委宣传部《西藏宣传思想文化工作简报》第60期以《呈现真实历史　解读热点问题　大型系列纪录片〈西藏〉播出反响热烈》为题发表文章，肯定大型系列纪录片《西藏》。

文章指出，为庆祝西藏自治区成立50周年，由北京市委宣传部和西藏自治区党委宣传部联合摄制，北京电视台、西藏电视台制作的六集大型系列纪录片《西藏》，于2015年9月5日起在北京卫视和西藏卫视同步播出。该片播出后，受到区内外媒体的密切关注和观众的广泛好评。

该片分三部六集，从自古以来西藏是祖国不可分割的一部分、历代达赖喇嘛转世、西藏和平解放和民主改革等三个方面，系统清晰、深入浅出地讲解历史事实和历史真相，针锋相对地驳斥十四世达赖分裂集团的各种舆论，帮助人们进一步认清西藏的主权归属、人权进步和活佛转世制度的历史定制和宗教仪轨。

大型系列纪录片《西藏》自2014年立项以来，短短10个月时间，创作团队查阅了近千万字的专业著作，遍访国内数十位权威藏学、历史专家，在北京、西藏两地举办数轮专题研讨会，先后组织主创人员三次赴西藏进行前期采访，形成了扎实、准确的纪录片创作脚本。在拍摄过程中，摄制组克服高原缺氧的困难，投入上百人的精英制作团队及大量高性能专业设备，在我区进行了为期40余天的外景拍摄，行程达38000公里。创作团队克服各种困难，找寻历史遗迹、采访历史亲历者，查阅第一手资料。在制作过程中，不仅使用了近千分钟珍贵影像资料、上百份绝密文献档案、数十件国宝级精品文物，还运用了虚拟植入技术、三维特效技术，使庞杂深奥的历史，在节目中变得通俗易懂，直观生动。

《西藏》播出后，引起了国内媒体的密切关注和专家学者的一致好评。《北京日报》《北京晚报》《西藏日报》《京华时报》《法制晚报》《西藏商报》《拉萨晚报》等主流平面媒体在重要版面的重点位置，对《西藏》播出相关情况进行了较大篇幅的报道。人民网、新华网、中国网络电视台、新浪、腾讯、搜狐、网易、凤凰、千龙网、中华网、中国青年网等主流网站和地方门户网站都在重点位置对《西藏》进行了关注与报道。

许多观众认为，纪录片《西藏》是继《伟大的贡献》之后，北京卫视《档案》栏目奉献的又一年度巨作。该片注重历史、注重细节，引用历史资料翔实，解读深刻准确，画面震撼、制作精良，集思想性、政治性、艺术性、观赏性于一体。该片的拍摄，对于维护祖国统一和民族团结，引导社会各界更加全面、真实、客观地认识和了解西藏具有重要的现实意义和深远的历史意义。

《养生堂》重走革命老区开展巡讲活动

卫视节目中心

为纪念中国人民抗日战争暨世界反法西斯战争胜利70周年，北京电视台北京卫视《养生堂》栏目于2015年4月启动革命老区巡讲活动，并于2015年5月26日至6月30日完成全部录制工作。

此次活动共选取5个革命老区，包括陕西延安——抗战的指导中心和战略总后方；湖北红安——共和国第一将军县；海南琼海——红色娘子军、琼崖支队活跃和战斗的地方；山东枣庄——铁道游击队的根据地；吉林临江——东北抗联的根据地之一。

为配合此次活动，《养生堂》栏目组特邀请了10位国内外知名的专家教授到革命老区参与节目录制，包括国家级老中医李乾构、王莒生、冯兴华、黄丽娟、王庆国，以及活跃在电视荧屏、深受观众喜爱的中青年专家、北京市中医院院长刘清泉、中国中医科学院研究员韩学杰、北京中医药大学教授程凯、北京中医药大学附属东方医院主任医师付国兵、中国中医科学院附属广安门医院主任医师贺用和等。

在革命老区进行的巡讲和录制，每场都吸引了几百位观众现场参与，除了节目录制以外，这些专家还分别为老区群众进行了义诊，给当地中医药工作者进行了业务讲座，为老区人民带去实实在在的医疗救助。

此次巡讲的特别节目于2015年8月25日至9月3日在北京卫视播出。

品牌栏目，零距离感受全国观众的厚爱

2015年是中国人民抗日战争暨世界反法西斯战争胜利70周年，包括央视和各家省级卫视都在大张旗鼓地进行宣传。作为北京卫视的一档品牌栏目，《养生堂》此次选择了重走革命老区，给老区人民送健康、送关爱，在省级卫视的报道中独辟蹊径。一路走来，栏目组的工作人员也深深地感受到了老区人民对《养生堂》的认可和厚爱。一直以来，《养生堂》始终位居省级卫视同时段收视第一，然而，直到这次重走革命老区，才让节目组人员切身感受到《养生堂》节目在观众心目中的重要地位。每到一地，听到最多的就是“我们全家都是你们的粉丝”“我每天都看你们节目”。无论是主持人悦悦、刘婧，还是请到的专家、教授，对当地观众而言都是如此的熟悉，受欢迎程度丝毫不亚于娱乐明星。《养生堂》一直倡导的理念，就是“献给亲人的爱”，而这一次，老区人民也给了节目组一份浓浓的“亲人的爱”。全国巡讲，不仅仅是一次栏目品牌的传播，更让栏目组的每一个工作人员感受到了观众的认同。

锻炼团队，经历风雨终见彩虹

作为一档访谈节目，《养生堂》很少走出演播室，像这次这样大规模的全国巡讲前所未有，遇到的困难可想而知。摄制组从前采开始到录制结束，团队累计行程几万公里，踏遍祖国东西南北，节目内容辐射到各个革命老区。过程之中的种种经历给摄制团队留下难忘的印象。

在海南琼海，突然来临的暴雨让现场搭台不得不推迟到深夜才开始，而录像时又遭遇大风，布置好的背景板和易拉宝被吹得东倒西歪。在湖北红安，由于突发沉船事故，编导、专家乘坐的原本应该降落在武汉的航班被紧急备降长沙，而此时离录像时间只有不足16小时。在录像时，现场阴云密布，各种消息不断传来，南面的武汉市暴雨，北边不到20分钟车程的红安县大雨，在这种情况下，摄制组果断决策，紧急沟通，决定两场连录，在大雨落下之前完成了节目的录制。在陕西延安，原本选定的枣园毛主席故居被临时通知不允许录像，重选场地后，为了布置现场，栏目组工作人员又在当地的帮助下，去村里挨家挨户收购玉米棒子和辣椒，就连录像现场的临时导播间，也都是摄制组的工作人员自己动手，用军用帐篷搭建起来的。在山东枣庄，摄制组一直到录像前一天的深夜两点多，还在为电力供应进行协调，而录像当天，为了协调专家的时间，摄制组在一天之内，完成了相隔100多公里的两场录制，中间又几度遭遇断电等现场突发事件。在吉林临江，摄制组乘坐了8个小时的大巴车才抵达目的地，由于录制地点位于中朝边境，在录像前8小时被边防通知，不能录像，栏目组又紧急选景，更改录像地点。录像当天，临江迎来了近一个月以来的第一次大雨，所有工作人员不得不现场待命，等待雨停，然而，直到下午6时，大雨仍然没有停下的迹象，摄制组只得临时取消了当天的录制，改为第二天早上6点半开始录像，那一夜，几乎所有工作人员都彻夜难眠，一次一次站到窗边，祈祷雨停，所幸第二天一早，雨停云散，录制得以顺利进行。就是在这样一种情况下，栏目组能够圆满地完成拍摄任务，不仅仅是一种意志的磨炼，更是对队伍的锻炼。

多方协作，护航巡讲活动顺利进行

革命老区巡讲对《养生堂》而言是一次难得的尝试，这种尝试意义非凡，为《养生堂》栏目走向更高更好做好铺垫工作。

对此，卫视中心领导高度重视，副主任张丽亲自带队到每一站录制。栏目组动员全组力量，几乎所有编导都参与了节目的摄制工作。与此同时，《养生堂》的官方微博还与北京卫视和北京电视台的官方微博联动，对每一站的录制进行了现场微直播。5站累计发布微博200余条，点击量接近500万次。

同时，京视传媒派出擅长地面活动的团队全程配合栏目组，克服各种困难，与地方进行充分有效的协调，完成所有站点的采访和10期节目录制。特别是在原定站点出现不可控因素时，京视传媒团队及时联络了鸭绿江畔的临江市，通过沟通，当地政府高度重视，动员了10余个单位给予支持，保证特别节目按计划录制完成。

为了保证节目质量，栏目组邀请了业内最具实力的转传团队参与节目录制，并首次在节目中启动微型飞行器进行航拍，不仅实现了技术上的突破，而且丰富了节目的呈现方式。

齐心协力，让爱在老区传递

此次《养生堂》的革命老区巡讲，

为了让老区人民更多地感受《养生堂》对老区人民的关爱，参与巡讲的专家除了参与现场录制，还给当地的中医医院进行专题讲座，给老区人民进行义诊，其场面之热烈、观众参与热情之高，都出乎人们的想象。在延安，原定一个半小时的国家级名老中医李乾构老师的讲座，足足持续了3个小时；在临江，中国中医科学院的韩学杰老师义诊之后进行现场录制，观众从义诊现场一直追到了录制现场；在红安，参加讲座和义诊的专家——国家级名老中医冯兴华和广安门医院肿瘤科的主任医师贺用和，因为现场观众热情不减，险些因为时间过长而延误飞机。所有这一切都说明，《养生堂》的此次巡讲，不仅仅是一次节目的录制，更是一份对老区人民的爱的奉献。

“扶老人何以成为难题”节目崇尚社会公德

新闻节目中心

2015年12月6日，北京电视台新闻频道《有话就说》栏目抓住“扶老人何以成为难题”这一具有社会普遍意义的问题，以“路遇摔倒老人该不该出手相助”为切入点，从多起扶助老人的事件中分析当下社会在“扶助老人”这一现象中所折射出的道德观念、信任危机以及法律的不完善。整期节目在讨论中传递出了讲法治、崇尚道德、弘扬正气的社会正能量，引导了正确的社会价值观。

选题贴近生活　有社会价值。本期节目选择的辩题“扶老人何以成为难题”，是当下社会生活中经常发生的热点话题。邀请的嘉宾和评论员既有媒体人、专栏作家、法律专家，也有不同年龄层的百姓，还邀请了一部分在“扶老人”纠纷案件中的当事人和家属。在节目中，评论员提出的媒体恶性引导、法律维权成本过高、社会信用体系的缺位都是当下社会多种矛盾中存在的问题，对此类问题的评论和陈述也在如今多向性的媒体观点中呈现。牢牢把握住社会的主流价值观念，疏导社会负面情绪，化解疑惑，提供解决方案，是媒体应承担的社会责任。

讨论深入具体　以理服人。节目定位准确，条理清晰，层次分明，从多个层面讨论了扶老助老中存在的问题和解决方案，兼具现实应用价值和法理思考价值。

节目首先以实际案例“父亲摔倒，近一小时无人搀扶”为由头发起讨论：路遇老人摔倒扶不扶？在场观众的意见一定程度上反映了在“扶与不扶”之间的顾虑，随后评论员展开评论：在不扶背后，并非单一的人心冷漠和道德滑坡，还有诸多的现实考虑。节目第二个部分，探讨了在扶老人如果被讹诈时如何证明自己“是好人”。通过实际案例、现场试验，观众讨论，阐释了在“扶老人”过程中取证的难度，这也就更加考验着人与人之间的信任关系，节目也对此提出了建议性的解决方案。第三个部分，编导站在“扶老人”的好人角度设置环节，以“碰瓷”案例来提出问题：“遇到碰瓷的怎么解决?”先后通过法律专家、保险行业从业者等多个角度提出维权方案，这样的深入讨论和反复强调，宣扬了这样一种价值观：“不要因为怕遇上事就不敢扶，要勇于做好事，用正确的方式去扶助老人，即使被讹也有维权方式”，宣扬这样的价值观会给观众带来积极正面的心理暗示。节目的结尾更是以“勇于承担责任的‘肇事者’得到受害老人谅解”的案例来强化正确的社会观念：作为社会公民，要积极承担法律责任，遵循优良的道德观念，共同建立良好的社会风尚。

观点积极具有前瞻性。节目中提出的诸多观点都具有思辨性和前瞻性，尤其是评论员和法律专家提出的观点：“加强老人的社会保障建设”“完善立法，让好人不再顾虑，让坏人有所顾忌”。这与当下的国家完善社会保障体系和“依法治国”的基本方略相符合，起到了非常好的舆论引导作用。

北京电视台开辟多种平台直播三元桥大修

新闻节目中心

2015年11月13日至15日，北京电视台开辟多种平台对万众瞩目的三元桥大修工程进行了全程直播报道。

一、多屏直播，展现新闻直播新样态

北京电视台新闻频道、北京网络电视台、水滴直播平台、北京电视台和BTV新闻频道的官方微信平台等多平台，用多种方式快速全面地为观众传递了新闻信息。

多节目紧密配合，为观众还原换修工程全貌。从13日清晨开始，新闻频道《北京您早》《直播北京》《北京新闻》《特别关注》等多个节目就对三元桥大修工程的准备工作进行了报道，如换桥工程如何开展，运用到哪些新型技术手段，准备工作进展如何等，为当日23点正式开始的三元桥大修工程宣传造势。在长达43小时的三元桥整体置换施工进行中，BTV新闻频道的多个节目也在随时追踪工程进展，实时连线现场记者了解相关情况。通过多个节目的紧密配合，让观众随时可以了解到三元桥大修工程的有关内容。

双平台全程实时直播，为观众打造视觉盛宴。此次直播最大的亮点就是北京网络电视台和水滴直播双平台对三元桥大修工程进行了全程实时直播报道，与全国网友一起见证了三元桥“旧桥换新桥”的整个过程。北京电视台在三元桥周围多个位置架设360智能摄像机（也称小水滴）对三元桥大修工程进行全程拍摄，全景还原工程运作的全貌。网友不仅足不出户就可以了解到工程情况，看到“旧桥换新桥”的壮观场面，还可以自主选择机位挑选自己最喜欢的角度进行观看。

专题页面即时推送，让观众随时随地掌握新闻动态。三元桥换修工程的实施，既是我国先进生产力的体现，也寄托着许多老北京人深厚的感情，是一项万众瞩目的大事。而BTV新闻频道微信公共号设置的“直击三元桥大修”专题页面，即时推送相关内容，回应公众的关切，尤其为一些不方便看视频直播的观众提供了便利。在专题页里，观众可以看文字报道，也可以看图片和短视频，或者点击观看实时直播视频。众多内容使观众完全可以根据网络情况自主选择要接收的信息，随时随地掌握新闻动态。

二、台网联动，打造新闻直播新模式

一方面，北京电视台通过多平台的紧密配合对三元桥大修工程进行实时直播，尽可能全面的为观众提供现场信息。如当三元桥大修工程工期面临延期时，网络平台上已经出现了相关讨论，但由于水滴直播平台的限制，记者并不能出镜为观众解释工期延期的原因，紧接着北京新闻频道的《直播北京》晚间版节目，就通过现场连线记者和对专家采访等方式为观众解答了疑惑，实现了“台网联动”，同时也弥补了网络直播平台深度不足的缺陷。另一方面，由于一些观众并不能实时关注三元桥大修的整个工程进展，因此北京电视台将直播中的一些精华内容进行再剪辑通过电视平台向观众呈现，如BTV新闻频道以延时摄影的方式，用33秒还原了长达43小时的三元桥大修全过程，充分发挥了不同传播平台的优势特点。

三、实时话题讨论，让观众成为新闻直播新亮点

多屏互动，使得观众可以利用多个平台充分参与到此次“直击三元桥大修”的报道中。观众不仅可以通过北京网络电视台网页，北京新闻频道微信公众平台以及水滴直播平台进行留言讨论；BTV新闻频道微信公众号专题页面还主动设计话题“说说你对三元桥的记忆和印象”来引导观众进行讨论。BTV新闻频道《特别关注》节目更将讨论搬到电视荧屏中，进行了题为“三元桥服务31年　市民怀旧纷纷留念”的相关报道，到施工现场去聆听北京市民的声音，提升观众的参与感。在全媒体时代，让公众更多地参与到新闻内容的生产中已是一种不可阻挡的趋势。在本次“直击三元桥大修”的直播报道中，很多观众彻夜守候观看换桥过程，而观众的讨论也成为直播的一大看点，他们在直播平台中边看边聊，或抒发感慨，或表达观点，或探讨问题，让直播平台热闹非凡。

除此之外，本次“直击三元桥大修”直播报道对新技术的使用也令人称赞。除了利用360智能摄像机对工程现场进行全景实时拍摄之外，大疆无人机的使用也为观众带来了更加立体的视觉体验，较好地体现了北京电视台的新闻直播报道水平。

北京电视台第三届“观众喜爱的主持人”评选颁奖活动举办

总编室

心悦百姓 行为民生——“华夏银行杯”北京电视台第三届“观众喜爱的主持人”大型评选颁奖活动，11月15日在北京电视台苏州街台址800平方米演播室举行。栗坤、春妮、阿龙、聂一菁、曹一楠、悦悦、高燕、李向显、桑朝晖、王业荣获“观众喜爱的十佳主持人”称号；顾阳、晨阳、李杨薇、陆放、王小佳、罗旭、火旺、谭江海、佳璇、王振龙、刘婧、彩虹、梦遥、端端、大伟、曹扬、魏翊东、卢迪、孙扬、王倩、吴冰、金巍荣获“观众喜爱的优秀主持人”称号；龚宁、天旭、雅淇、亚明、李鹏荣获“公益之星”称号。

颁奖活动现场，获奖主持人悉数亮相，展露最美笑脸，留下句句肺腑之言。颁奖活动在一曲《彩虹》中拉开帷幕，仿佛架起了主持人与观众间的绚丽之桥。伴随着对本届观众喜爱的主持人大型评选活动暨公益新闻行动的回顾，一道道彩虹，绘制出BTV主持人的爱心地图，如万里霓虹辉耀在北京的上空。

由“天安门大妈”刘玉珍、“最美姐姐”于文静等五位北京好人，以及新四军老兵王飞、申冬奥大使李妮娜组成的颁奖嘉宾，亲手将奖杯和证书颁发给“公益之星”和“优秀主持人”，再次加深了公益的内涵，以及对主持人在各个重大新闻事件、公益活动现场敬业和奉献精神的颂扬。

曾经在“华夏梦·环卫情”BTV主持人携手环卫子女绽放国家大剧院活动中有精彩表现的环卫工人子女，与主持人们进行了精彩的歌舞表演。

晨阳、雅淇、栗坤表演的舞蹈首秀《聆听》，用现代舞的方式表达了主持人与观众之间千丝万缕的情感。

活动最浓墨重彩的一幕，则是由北京电视台播音主持前辈余声、著名朗诵艺术家任志宏与文艺中心主持人春妮合作完成的朗诵——诗人流沙河的著名诗篇《理想》，他们用浑厚、丰沛、凝重的声音，向主持人们发出了新的感召与鼓励。

本届评选活动紧贴“心悦百姓行为民生”主题，号召参选主持人深入时下社会热点问题，在自然环保、健康、教育扶贫、残疾助老、关爱儿童、文化传承、法律援助等方面，践行“三贴近”，积极投身公益事业。各中心根据频道特点相继开展了“相约红领巾同唱中国梦”主题队日、“我为古都代言”“法官告诉你”“变废为宝走进社区”“生活好伙伴”“创客说——人人都可以成为创客”“牵手蓝天”首都大学生环保辩论赛、“与星星同行——关注自闭症儿童”等多项爱心公益活动。8月18日，北京电视台携手“华夏银行助力环卫子女成长基金”，BTV主持人与建设美丽北京的环卫工人的子女们在国家大剧院的舞台上为广大观众奉献了一场“华夏梦·环卫情”公益演出。北京电视台的主持人全身心投入到每一个节目的表演，甘为绿叶帮助孩子们，让他们的才华在艺术的最高殿堂得以绽放。这些公益活动的开展，传播社会正能量，助力“中国梦”，深深体现了首都媒体新闻工作者的使命感和社会责任感。

与往届不同的是，本届评选活动在投票及宣传方式上力求突破创新，全程采用了新媒体技术。新技术手段的应用，不仅让投票变得更加方便与快捷，更让观众与主持人真正实现亲密的双向互动交流。本次评选活动揭晓的同时，北京电视台还正式推出了BTV主持人官方微信账号，使主持人与广大观众的沟通互动更加便捷，也是主持人品牌宣传的延伸和新的拓展。

本届评选以观众直接投票占60%、社会独立调查机构调查数据占40%，两项数据得分相加后排序的计分规则，统计出了全部参选主持人的最终结果。在3个月的投票期内，组委会共收到有效选票近40万票。评选活动坚持公开、公平、公正的原则，并委托北京市东方公证处对评选活动全程及评选结果进行了公证。

本次颁奖活动通过北京网络广播电视台进行了网络同步直播，让观众第一时间了解到了评选结果。活动现场还进行了“十佳主持人”微信公众号的“摇一摇”启动，这预示着在新媒体时代的主持人的蜕变，将是更加的多元、多彩、多面。

本届评选活动开展时间长、参与人数多、公益活动范围广、投票技术手段创新，总编室总体策划、统筹，各节目中心和新媒体发展中心通力合作，台办公室、计财部、广告部、保卫部、制作部、网管部等相关部门对本次活动大力支持，使得近半年的活动得以顺利开展并圆满落幕。

北京电视台创新做好田径世锦赛报道

总编室

2015年8月22日，作为世界三大赛事之一的第十五届世界田径锦标赛在北京国家体育场开幕，这是北京携手张家口申办冬奥会成功后北京承办的首个国际级大型赛事。北京电视台本着“跳出体育看体育”的原则，围绕“弘扬积极向上公平公正体育精神，体现开阔大气稳健大台大国风范”的报道主题，综合运用直播、口播、专访、特写、编后、集锦、MV 等多种报道形式，不仅全天候、全方位、多角度展示赛事盛况，还以平常的心态报道赛事，以公正的心态对待比分，以包容的心态鼓励选手，以快乐的心态享受运动，带给观众深深的感动。自 8 月 22 日至 8 月 27 日，北京电视台共转播世锦赛比赛 17 场，总时长 50 多个小时；各档新闻资讯类栏目共编发赛事报道 300 多条，总时长达到 500 多分钟。

报道基调提前策划，预热宣传先声夺人

本届田径世锦赛不仅是运动员实现梦想、创造辉煌的新舞台，更是世界各国各地区人民共襄盛举、友好交流的大聚会。根据市委宣传部领导指示，台领导带领相关记者编辑反复研究报道预案，要求在赛事报道中传递“积极向上、充满阳光、公平公正、大国心态”的报道理念，努力体现中国为成功举办世锦赛所做出的努力，弘扬各国运动员在赛场上的拼搏精神和友好情谊，以及广大观众文明观赛，为各国运动员加油助威的良好精神风貌。BTV 体育频道专门制作了 6 版田径世锦赛的宣传片，不仅推介赛事，还突出了北京文化、体育精神。宣传片从 5 月 14 日倒计时 100 天时开始反复播出，总播出次数超过 1200 次。《天天体育》栏目在距离开幕还有 10 天的时候开设《我的田径故事》专栏，用不同的人物和事例诠释了田径带给大家深刻的人生感悟。

采访对象广泛平衡，不以胜败论英雄

各档新闻栏目根据赛事日程确定选题，认真做好每场比赛的报道。既报道苏炳添、张文秀等我国优秀选手参赛情况，也报道博尔特等外国优秀运动员的参赛情况；既报道我国选手有望冲击奖牌的优势项目，也报道别国选手领先的优势项目；既报道人们普遍熟悉和喜爱的竞赛项目，也报道少人问津但同样精彩的田赛项目；既采访比分领先的运动员，也采访比分落后的运动员。人物报道中突出这么一个精神：每一位付出努力的选手都是体育精神的践行者，都值得尊重。

嘉宾访谈深度解读，凸显体育精神和大国风范

体育频道邀请了包括史冬鹏、景雪竹等一批原中国田径明星运动员和教练出任评论嘉宾，既接地气，又更加专业。新闻频道《锐观察》邀请相关专家对这一体育盛会及其对市民生活改善和促进等进行了深度解读，做到了将运动惠及大众的理念与北京的人文特色的有机结合。主持人和嘉宾在访谈中从事实出发，尊重选手、尊重裁判、尊重体育精神，体现了北京电视台首善媒体、大美品质的大台素质，同时也体现了开放包容、公平公正、自信活力的大国风范。

直播报道精彩呈现，传播享受体育、快乐运动理念

体育频道总计安排 17 个时间段的田径世锦赛直播，赛事总播出时间近 50 小时；同时北京电视台在《直播北京》《晚间新闻报道》等新闻栏目中多点段、高频次插入现场直播信号，第一时间传播赛事盛况。北京电视台在直播报道增加了服务性，用嘉宾访谈、口播、图表、版式等形式丰富报道内容，既报道赛事，也介绍项目常识、评分规则；既关注赛况，也向观众介绍如何欣赏赛事、如何运动健身，倡导全民健身理念。

赛场内外全面关注，为城市管理和服务积累经验

除了关注赛事外，北京电视台还将视角转向赛场之外。从交通运输保障、空气质量保障、外事服务保障等方面，多角度、全方位报道了在市委、市政府统一部署下，环保、交通、水务、市政市容、园林绿化、住房建设、城管、气象等部门为赛事保障付出的巨大努力，全面展示北京大型赛事的组织和保障能力。

此次田径世锦赛报道，北京电视台突破版权短板，克服没有证件、采访受限等困难，放大既有资源，采用公共信号切入、外围自采、素材整编等多种手段，充分展现了田径比赛盛况的热烈和精彩，展现了世锦赛健康向上、阳光大气、分享运动的内在气质，有效推动了全民健身、田径运动在中国的普及与发展。

《北京喜剧幽默大赛》走进基层

文艺节目中心

2015 年，北京电视台《北京喜剧幽默大赛》节目组深入落实“走基层、转作风、改文风”的精神，在平谷影剧院、天桥剧场、天津西岸相声剧场举办了 3 场下基层的惠民相声专场演出。

1 月 15 日，由北京电视台文艺节目中心、平谷区委共同举办的“喜剧幽默悦动平谷”——北京喜剧幽默大赛精品作品下乡演出活动在平谷影剧院举办。此次活动由北京曲协副主席、2004 年北京相声小品邀请赛一等奖获得者李伟建和他的师傅刘洪沂领衔，2014 北京喜剧幽默大赛一等奖获得者金霏、陈曦，以及历届大赛的优秀选手郭阳、郭亮、于磊、付朝奎、罗真、牛云峰等，都在此次活动中为观众奉上了自己的拿手节目。演出形式丰富多彩，除了爆笑幽默的相声段子，演员们纷纷拿出了自己的看家本领，京剧、快板、吉他等，精湛的才艺让现场观众叫好连连。

1 月 19 日，北京天桥剧场笑声再起。喜剧幽默大赛节目组带领由著名相声演员王玥波、王文林，2013 北京喜剧幽默大赛一等奖获得者孙仲秋，与大赛历届优秀选手张硕、吉祥、如意、回想、路遥组成的强大演员阵容，向西城区的观众奉上一场欢笑的盛宴。令现场观众格外惊喜的是，2014 年由喜剧幽默大赛推出、春晚走红的陕西相声演员苗阜、王声为了表达对捧红他们的北京电视台的感激之情，居然也专程空降到北京，参与此次的下基层惠民演出活动。演出现场，《笑动 2015》栏目主持人龚宁全程与观众热情互动，串联在精彩的节目中间，更是让整场演出的气氛走向了高潮。

1 月 31 日，喜剧幽默大赛节目组走进天津西岸相声剧场。2014 年北京喜剧幽默大赛一等奖获得者陈映泉、侯振鹏，连续两届参与大赛的双胞胎演员郭阳、郭亮，优秀青年相声演员冯凤禹、张伯鑫与天津本土的优秀青年相声演员同场表演。北京人的幽默和天津人的“哏儿”强强联手，让现场笑声不断，叫好连连。很多观众表示，以往都是在电视里看大赛，自己喜欢和支持的演员来到面前表演，还是第一次。现场一浪高过一浪的欢声笑语让他们提前感受到了过年的快乐。

此次专场演出有几大特色：一是“大赛”节目组贯彻“走基层、转作风、改文风”的宗旨，深入基层，作品直接接受市场检验，满足观众的收看需求。二是本次演出是《北京喜剧幽默大赛》地面演出活动首次走出北京，跨城市举办。天津演出的成功，让品牌的知名度、好口碑得到了更广泛的推广。三是本次活动为京津两地的青年演员搭建了一个交流的平台，相互取长补短、精进业务、共同进步，也进一步增加了“大赛”的凝聚力。参与演出的演员纷纷表示，参加“大赛”专场演出受益匪浅，除了能够直接听取群众的意见建议，还能为新一届《北京喜剧幽默大赛》的作品提前准备压场，争取来年获得更好的成绩。

《明月照人还—— 2015BTV 中秋晚会》情暖中秋

文艺节目中心

伴随一年一度中秋佳节的到来，由北京电视台倾心推出的《明月照人还——2015 年 BTV 中秋晚会》于 9 月 18 日 19：00在 BTV 大剧院录制。晚会以“心升明月，情暖中秋”为主题，情归“家”，心归“暖”，在节目内容和晚会形式上有诸多创新。

一、明星阵容实力出演，舞台呈现视觉奇观

实力歌王压轴秋晚，歌舞节目主打怀旧。歌王韩磊压轴本次秋晚，柔情铁汉唱响游子心声。著名歌手毛宁和著名演员、模特、歌手瞿颖联袂表演，老友久别重逢，追忆如梦人生。著名歌手潘美辰和她的哥哥、台湾金牌音乐制作人潘协庆首次登上 BTV 中秋晚会的舞台，共同演唱潘美辰的代表作《我想有个家》。这首当年传唱大江南北的经典歌曲伴随一代人走过青春岁月，直至今天也让无数盼望归家的游子感动、感慨。著名演员沈丹萍全家表演歌曲《我的家庭真可爱》，向观众传递温暖亲情。青春偶像内地嘻哈蓝调小王子苏醒带来贴心的《别忘了回家》。

相声大咖新人齐聚，语言节目主推原创。相声大咖何云伟、英宁搭档 BTV 主持人晨阳演绎搞笑版《红娘新传》，机智俏红娘出马调停离婚大战，张生崔莺莺终于破镜重圆；春晚相声新人王苗阜、王声表演爆笑相声《我的校园生活》，暴走青春时代，细数校园囧事；著名相声演员冯巩弟子李鸣宇幽默戏说《月宫朋友圈》究竟有什么神奇之处；双胞胎相声演员郭阳、郭亮带来专门为晚会创作的《月亮之歌》；新生代相声演员陈印泉、侯振鹏、陈曦、金霏、徐涛表演小品《回家》，针砭时弊，接足地气。

泡泡月亮全球首秀，梦幻魔术惊艳舞台。世界著名科学家、艺术家，19项吉尼斯世界纪录获得者Fan Yang表演迷幻魔术《泡泡秀》，多姿多彩的泡泡被Fan Yang随心所欲地“吹”上舞台，最惊喜的是，他将打造全球首个泡泡月亮，让观众领略征服世界的梦幻表演。

二、出动BTV当红主持人，倾情奉上“综艺大餐”

2015BTV中秋晚会主持人各显身手，用各种形式的表演给观众带来惊喜表现。著名主持人春妮、曹扬、悦悦、曹一楠以音乐剧的形式拉来开场歌舞《明月照人还》的序幕；为著名歌手李健写下《月光》的唱作者邢天溯携BTV三位高颜值型男主持人陈竞、秦天、关文平共同演唱歌曲《游子吟》，致敬在北京奋斗创业的年轻人。

三、现场动情圆梦，网台互动全新突破

为营造中秋的节日氛围，强化台上台下、场内场外的互动，2015BTV中秋晚会设置第二现场“月亮小屋”，邀请参加北京电视台《北京您早》“给家乡的孩子带本书”活动的大学生信使陈丽来月亮小屋讲述她的经历和故事。在结尾《卢沟晓月家国情》中，开国大将陈赓将军的女儿做客“月亮小屋”，拿出尘封多年的陈赓家书，讲述家国往事，送上中秋祝福。

2015BTV中秋晚会利用各种线上线下资源发起多项富有创意的活动：举办“中秋免费咖啡，温暖创业梦”落地活动，通过新媒体传播，在中秋夜温暖创业梦想，鼓舞创业人勇敢前行。借助网台联动的新媒体手段，首次在电视平台发起实时公益众筹。公益众筹活动“中秋正能量，90分钟捐个图书室”由北京电视台文艺节目中心、新闻节目中心、北京发行集团、北京青少年发展基金会共同发起，与晚会播出同步上线。

《明月照人还——2015BTV中秋晚会》在9月26日23：00北京卫视频道，9月27日19：35北京电视台文艺频道相继播出。吃月饼，喝咖啡，看2015BTV中秋晚会——无论你回家团聚还是独自一人，北京电视台中秋晚会都将陪伴大家度过90分钟精彩难忘、暖心暖胃的中秋之夜。

《2015青海国际水与生命音乐之旅——世界防治荒漠化和干旱日主题音乐会》圆满完成

文艺节目中心

“青海，贵德，黄河；水，生命，自然，让我们来年再相聚！”夜空之下，黄河之滨，绚丽的烟花腾跃而起，掌声和欢呼长久不息。在欢乐而热烈的氛围中，

《2015青海国际水与生命音乐之旅——世界防治荒漠化和干旱日主题音乐会》落幕，与此同时，BTV团队在青海的第8年直播也画上了圆满的句号。

从2008年到2015年，“水与生命”的绿色交响已连续8年奏鸣在青海贵德黄河河畔，而以北京电视台文艺节目中心为主力的BTV直播团队也在8年间见证了这一品牌的成长、成熟。

黄河河畔奏响和谐乐章

2015年6月16日20：30，伴随着交响合唱《昆仑颂》雄浑激昂的旋律，“水与生命”主题音乐会拉开帷幕。天津交响乐团、著名指挥家许知俊以及来自汉族、藏族、蒙古族、土族的艺术家，通过交响乐、原生态民歌、组合演唱等形式，表达热爱自然、热爱生活、热爱生命，共筑美丽中国的心声。耳熟能详的中外名曲，深情饱满的诗歌朗诵，悠扬婉转的青海花儿，高亢清越的藏族民歌，沉厚低回的蒙古小调，无不流露出对自然与生命的赞颂，对祖国与家园的挚爱，对生活与梦想的憧憬。

从薄暮初降到月华满天，河畔的水车广场乐声悠悠，水声潺潺，上演着力与美的结合，景与情的交融，民族与世界的混响。整个广场座无虚席，就连路边和舞台两侧也站满了驻足欣赏的人群，更有乡亲在演出开始前一个多小时便提着板凳来到现场等候。如今，“水与生命”主题音乐会已成为青海的品牌和名片，成为贵德当地群众精神文化生活不可或缺的重要组成部分。而这一品牌的培育与成长，也凝结了BTV人的辛勤汗水与智慧结晶。

精诚协作助力完美呈现

一场高水准的演出，离不开前期的精心筹划和表演者的倾情演绎；而一场演出的完美呈现，则离不开直播团队各岗位、各工种的辛劳付出与通力协作。6月11日，导演组先遣部队抵达贵德，提前完成大屏幕、灯光、音响等设备的搭建和调试；13日，文艺节目中心导演高文曦、龙舒以及摄像科科长姜力率领直播大部队到达，随即开始卫星车信号测试等直播准备工作，并按流程进行彩排；14日，进行第二次彩排；15日下午联排，晚间录制备播带；16日上午根据备播情况对节目进行相应调整……直到正式直播的前一刻，整个团队都紧锣密鼓地筹备着、忙碌着，只为直播当天的完美呈现。“不到直播结束绝不松懈”，这已成为团队牢记于心、实践于行的座右铭。

根据前几年的经验，直播当天下雨似乎是破不掉的“魔咒”，因而录好备播，提前做好防风防雨措施无疑是为了保障直播顺利进行。幸运的是，天气预报虽然“习惯性”地显示16日有雨，但也许上天不忍再让大家受累，在经历了大半天的阴翳后，傍晚忽然转晴。河畔与舞台的灯光交相辉映，大屏幕背景与清清黄河相映成趣，现场机位准备就绪，转播车内秩序井然，首次在直播中出镜的主持人麦凌身着一袭白裙，端庄优雅；参演的艺术家们情绪饱满，用精湛的演奏、优美的歌声和朗诵为观众呈现了一场堪称完美的音乐盛宴。出席活动的青海省领导郝鹏和中国作协副主席吉狄马加对演出和直播工作给予了高度肯定。

从前期筹备到正式直播，文艺节目中心、制作部、转传部组成的直播团队秉持专业、敬业的精神，确保直播各环节顺畅无误；总编室、办公室、研发部、计财部等部门相关人员为演出提供了服务保障。艰苦的条件、不时袭来的高原反应、难以预计的天气状况……面对困难，没有一个人叫苦，没有一个人退缩，而是以十二分的精力与热情投入工作。正是这种勇于担当，打造了一支无往不胜的优秀团队；正是这种精诚协作，成就了现场直播的完美呈现；正是这种紧密团结，激发了团队成员的强劲力量；正是这种无间融合，诠释了 BTV 文化、BTV 精神的核心与要义！

纪录片《窗口·海外中国文化中心》讲述中国故事

文艺节目中心

由中华人民共和国文化部、中共北京市委宣传部、北京市文化局、北京电视台共同主办，北京电视台文艺节目中心拍摄的大型文化纪录片《窗口·海外中国文化中心》于2015年11月9日在BTV文艺频道晚间黄金档播出。

8集文化纪录片《窗口·海外中国文化中心》，是首部对遍布世界五大洲的海外中国文化中心进行全景式展现的，充满人文感、故事性和纵深度的纪录片；是第一次用镜头真实纪录一个个与中国文化结缘的动人故事和中国文化中心传播中华文化的典型案例来展现中国文化走出去历程与精彩的大型文化纪录片。该纪录片将目光聚焦在对我国“文化走出去”战略的重要载体——海外中国文化中心。以海外中国文化中心17年特别是近10年的发展为时间轴，以遍及世界的海外中国文化中心其中的11个中心为空间轴，以一个个热爱中国文化的海外民众知中国、爱文化的故事为核心，编织成一幅海外中国文化中心的绚丽长卷。

系列纪录片《窗口·海外中国文化中心》共8集，第一集《山水相望》；第二集《缘系四海》；第三集《言为心声》；第四集《润物无声》；第五集《气象从容》；第六集《美美与共》；第七集《赤子同心》；第八集《时空交响》。纪录片立足中国文化、国际视野和文明发展，以文明共鉴、文化交流为核心，从一个个身在世界各地的海外中国文化中心学员的亲身经历着手，从个人的故事引申文化故事，从教与学的故事延展交流的故事，从海外中国文化中心的故事投射面向世界的中国故事。

2014年9月，纪录片《窗口·海外中国文化中心》项目正式启动。由北京市文化局牵头，北京电视台文艺节目中心组建骨干团队，文化部外联局参与，三方多次组织策划会，介绍中心情况，确定影片基调，制定拍摄及制作计划。2014年10月，摄制组正式开机，先奔赴德国、法国、西班牙三国开始拍摄采访工作。

作为第一次跨越欧亚非三大洲，拍摄纪录当代中国文化海外传播成果的纪录片《窗口·海外中国文化中心》，拍摄制作历时一年，摄制组分成四条线路，马不停蹄地前往法国、德国、西班牙、俄罗斯、蒙古、马耳他、毛里求斯、埃及、韩国、日本、泰国等11个国家的海外中国文化中心进行采访拍摄，接受采访并拍摄记录了数十位政要，例如，德国普鲁士协会主席恰普克，马耳他共和国前总统乌戈·米夫苏德·鲍尼奇，俄罗斯新闻出版和大众传媒署署长弗拉基米尔. 格里高利耶夫等，以及数以百计的海内外文化学者和各界民众。此外，纪录片还专访多位我国驻外使馆大使、文化参赞等官员。

《窗口·海外中国文化中心》最引人瞩目的亮点之一就是以“真实的故事打动人”。数百位与中国文化中心相关的人物走入镜头，讲述了他们与中国文化结缘的生动而丰富的故事。他们当中有毛里求斯一家三代人从文化中心初建直至今20余年坚持在中心学习中国文化的故事；埃及的杂技家娜哈莱讲述自己从小学习中国杂技抖空竹的点点滴滴；日本的白西绅一郎通过镜头展示了600多次来中国旅行的护照，并讲述了他“一辈子只访问中国一个国家”的执着之爱；泰国朱拉蓬公主用学习中国古筝的亲身经历印证了“中泰一家亲”的友好情谊。其中，法国青年梅兰和戴梦平苦学中国评剧的故事最让人难以忘怀。对于文化差异很大并远在欧洲的青年人能够学好汉语都是一件难事，但是，法国青年梅兰和戴梦平却能够化妆，手眼身法步俱全连唱带舞地表演中国评剧。在巴黎塞纳河旁，在埃菲尔铁塔下，两位年轻人操着流利的汉语，为摄制组讲述了他们热爱中国文化，研习中国文化的精彩故事。

海外中国文化中心教学内容多种多样，文化活动丰富多彩。但是随着所在国地域与文化的差异，其所展现出来的表征样态也各有不同。例如：同样是太极拳的教学，在开罗中国文化中心的武术课上就显得与其他国家截然不同。由于埃及独特的文化和国情，原本舒缓沉稳的太极拳教学在这里却展示出它实用搏击的一面。老师不仅悉心教授中国太极的一招一式，更手把手地指导埃及学员如何掌握太极拳四两拨千斤的实战技巧。

真实性和故事性是一部纪录片构成的重要条件。为此，文化部、北京市文化局和北京电视台文艺节目中心的领导对本片提出了更高的要求，并为本片确定了“三个一定”。一定从人入手，从故事入手，润物细无声地反映海外中国文化中心的成就；一定坚持纪录片的拍摄手法，尽量避免理论说教；一定咬紧牙关，时间再紧，也不放弃每一个可能出彩的情节和细节。为此，摄制组在每一个海外文化中心都努力寻找“故事”和“有故事的人”。如何反映各个文化中心对当地人的影响，如何体现每个文化中心的特点？如何结合当地的特色，如何表现11个海外中国文化中心的共性与个性，从第一站柏林开始，摄制组就确定下来，无论在哪个国家都要走进至少一个当地人的家里，从他（她）以及家人的生活中，去找寻他（她）与中国文化与中国文化中心的故事。

实现这一拍摄目标，在民族性格外放的欧洲和非洲国家，相对比较容易；而在性格内敛拘谨的亚洲国家，确实有些意想不到的困难。然而，文化中心的工作人员与摄制组用诚意最终赢得了驻在国中心学员的理解。摄制组在11个国家走进了数十户当地人家中，而这一个个“入户”的故事，的确每个都带给大家不一样的感动和惊喜，成为本片最能打动人的内容。

摄制组走访欧亚非 11 个国家，共拍摄 1700 多分钟高清视频素材，不仅丰富了纪录片的内容，还为海外中国文化中心积累了宝贵的史料素材。

在《窗口·海外中国文化中心》一片的视觉呈现上，北京电视台特别安排了台内多年来负责设计和制作春节晚会的包装团队进行影片的 CI 设计。整体方案定位在中国元素国际化表达的基础之上，将书法、水墨等中国元素与现代设计中的色彩、线条等元素巧妙融合，包装风格明快典雅，又不失时尚简洁。

除了纪录片视频的全部实拍、原创外，剧组特邀请了曾担纲电影《一步之遥》、纪录片《神秘西夏》作曲——著名音乐人张镒麟为本片创作主题曲以及全片背景音乐。影片音乐从国粹京剧的经典旋律出发，创作了音乐主题，并根据这一主题创作出纪录片主题曲及其运用于纪录片各种桥段、各种情绪处的背景音乐，保证了本片音乐风格统一，音乐情绪到位，音乐主题原创等艺术特征，并有效提升了纪录片的整体质量。

一扇窗口许多热爱，一种文化多种情愫。纪录片《窗口·海外中国文化中心》通过文化对比、人物对照将中国文化在世界各地的多元发展和本土融合呈现在镜头中、展现在故事里，《窗口·海外中国文化中心》自然、质朴的纪实影像，隽永、凝练的叙事风格，深邃、严谨的布局结构，也堪称近些年中国电视纪录片中具有十足诚意与创新价值的精品之作，正如主创人员所说，“精良、精深、精彩”是海外中国文化中心传递给世界的中国文化风貌，也是拍摄制作团队在文化的主题下坚守的宗旨和理念。

纪录片《窗口·海外中国文化中心》一经播出，引起了国内国外观众的广泛关注。观众通过微信平台纷纷发来反馈：“此片很用心，通过小故事串起大事件。细微处见宏伟，引人入胜，有力度和穿透力。”“有深度，而且有文艺范儿，高雅，有情感。祝贺。”“看过节目，充满了对祖国文化的自豪感，再出国，一定去我们的文化中心去看看。”

科教频道推出春节特别节目《祥和过大年　欢乐送健康》

科教节目中心

从腊月二十九至大年初七，北京电视台科教频道整合频道资源，突破时段限制，围绕“法治中国和谐社会”“喜庆洋洋送健康”“笑声中的记忆”三大主题，打造祥和春节。

中国法治梦，和谐过大年。科教频道《法治进行时》栏目盘点 2014 年北京在建设法治中国进程中有重要意义的事件，与北京110指挥中心、北京市高级人民法院合作，对一系列百姓关注的侵财、伤害、吸贩毒案件进行主题式跟踪报道，展现相关案件的最新进展和公、检、法执法人员的感人故事。《第三调解室》以家和万事兴为主旨，以回访的形式展现各个家庭在经历了调解之后的幸福生活，提倡积极的价值观，倡导和谐的生活，坚持依法调解，提倡理性宽容。《法治中国60分》制作特别节目《法治·档案》。该节目以国内大案、要案为故事原型，以悬疑推理剧的编剧结构，制作节目台本；利用插叙和倒叙等叙事方式讲述故事；以物证和推理作为环节推动点，再现大案、要案的故事发展和侦破过程。通过解密档案中的历史秘密，探寻解读各种历史人物和事件的缘由脉络，告诉观众一个又一个惊人事件和传奇背后的真实故事，传播法治思想，追踪历史真相。

春晚黄金档，欢乐过大年。春节期间科教频道打破时段限制，从20：00起打造晚间欢乐强档（时长200—300分钟）。《记忆2015》制作春节特别节目“笑声中的记忆”，通过那些带有时代烙印、充满生活气息的相声、小品、贺岁电影、情景喜剧，一起回顾我们在笑声中的记忆。同时在该时段播出BTV2015年主春晚、2015年环球春晚，让观众在喜庆欢乐的气氛中过大年。

科学吃美食，健康过大年。《健康北京》结合《您吃对了吗》特别制作50分钟的《喜气洋洋送健康——春节特别节目》，在活泼轻松的氛围中告诉大家如何吃得科学营养、远离疾病、永葆健康，健康就从吃中来。

另外，科教频道征集百姓自己拿手菜，制作系列短片《团圆饭——我的拿手菜》，春节期间在科教频道循环播出。

第七届北京影响力颁奖晚会成功举办 首度颁出“京津冀协同发展大奖”

财经节目中心

2015年12月22日晚，“同在蓝天下——2015年第七届北京影响力颁奖晚会”在北京电视台大剧院举办，京津冀三地的36家优秀企业及个人捧得北京人奖杯。

2015年第七届北京影响力的关键词是：新常态、新希望、新力量。最大的特点是首次将遴选范围扩大至“京津冀”，颁出3个“京津冀协同发展大奖”，奖励那些在三地融合、发展中作为“急先锋”的企业。

本届“北京影响力传媒大奖”中，获得“社会使命”奖的北京佰仁医疗科技有限公司董事长金磊、“新锐企业”奖的北京亿美博科技有限公司董事长杨世祥、“产业生态”奖的北京新能源汽车股份有限公司董事长徐和谊用他们的情怀、坚持、大爱感动了在场的每一个人，也以更为人文、人性、人情味的视角展现了新时代媒体观察的创新。

本届北京影响力在三个传统奖项上也有大胆的突破和创新，如“影响百姓经济生活十大企业家”奖以及获奖的十大企业家推出表演秀《影响者》。为达到舞台效果，组委会在前期与获奖的每家企业进行了深入沟通，在夜间进行多次彩排，最终在颁奖晚会上取得巨大成功。

财经频道纪念抗战胜利特别节目《见证》开播

财经节目中心

为纪念中国人民抗日战争暨世界反法西斯战争胜利70周年，财经频道精心制作的5集专题片《见证》于2015年8月31日开始播出。

《见证》在宏大的抗战历史背景中，选取收藏品这个细小切口进行微观讲述：一块血毯、一只银手镯、一个文件包、一份报纸、一封家书、一条坦克履带……这些物件都见证着一段抗战壮举，也见证着70年前的侵略罪行。《见证》摄制组于2015年6月26日出发，历时一个月，寻访了云南腾冲、四川安仁、江西新余、湖北武汉、山西长治、辽宁沈阳、黑龙江佳木斯和哈尔滨等地，寻访到了一批抗战文物收藏者，用镜头记录下了百余件抗战遗留实物，这些一手的抗战证物及其证物背后的故事，最终被精心编辑、串联成线，成为一部用人、物、史、情元素构成的纪念抗战胜利的用心之作。

《见证》系列专题片是一部以民间集藏的抗战实物为触点展开的细节化历史记忆。节目调性微观、具体、点滴而不失主旨、理性而不失情感，一物一段史、一物一传奇，历史的故事化讲述，是本系列片的特色之一。

紧扣频道定位、凸显财经元素是《见证》专题片的另一特色。全片以寻访全国的民间抗战文物收藏者作为切入点，讲述收藏者的经历，深挖藏品包含的有关军事、经济斗争的历史记忆。5集系列片中，经济视角贯穿始终，尽显频道特色。

体育节目中心完成田径世锦赛展示任务

体育节目中心

北京世界田径锦标赛于2015年8月22日至8月30日在国家体育场举办。这次田径世锦赛是除奥运会之外，规格最高、规模最大、影响最广的田径竞技运动会，有来自200多个国家和地区超过2000名运动员参赛，这也是继2008年奥运会后，北京举办的级别最高、影响力最大的世界级体育赛事。

北京电视台承担了这一重大赛事的展示任务，具体任务是国家体育场鸟巢内和男女马拉松起点（永定门）处的现场展示工作。在国家体育场内，负责现场6块大屏的视、音频信号播出，并利用视屏、音乐和新媒体技术手段，烘托赛场气氛，制造热烈、欢快的比赛和观赛氛围，并在第一时间对夺冠选手进行即时采访。根据组委会要求，赛时鸟巢内6块大屏将最多播出4路不同比赛信号，这也是世界田径锦标赛历史上大屏数量最多，现场大屏播出信号最丰富的一届。

北京电视台承担田径世锦赛体育展示的团队有近30人，由体育节目中心节目管理科、《体育议起来》节目组和制作部制作一科、整备科人员组成，部分核心人员曾参加过2005年北京世界青年田径锦标赛转播工作，他们熟悉直播规范、流程，熟练操作各类编辑设备，直播经验丰富。设备方面按奥运会现场展示工作标准进行双备份准备，确保技术上万无一失。在赛事筹备期间，展示团队积极了解需求、制订计划、测试设备，与组委会竞赛部、市场开发部、主转播机构、鸟巢运行保障部、互动表演团队等相关部门反复沟通、协调。经过“国际田联挑战赛”和“全国冠军赛”两次测试赛，体育展示团队已经对田径比赛竞赛展示的内容和形式有了充分了解。

测试赛期间，市委副书记、市长王安顺和副市长张建东也来到北京电视台的体育展示工作间和APP现场互动后台进行视察，观看了直播测试运行效果。8月初，台长赵多佳和副总编辑朱江专门听取了体育展示团队的筹备汇报，反复强调体育展示的重要性和确保体育展示播出安全。

北京世界田径锦标赛期间，北京电视台体育展示工作包括在现场大屏中引入主播机构提供的10路转播信号、4路运动员信息信号、2路微信互动信号，同时在现场架设3台摄像机，其中两台用于现场观众互动信号在大屏中展示，另一台用于赛后对重点运动员的现场采访。

8月17日，展示技术团队连夜运输、搭建、测试系统，为中、外方参团队搭建了视、音频及内部通话系统，并为外方临时提出的技术需求提供了优质的解决方案，显示了极强的专业性。编辑团队准备了近200个视频项目，包括男女4×100米、4×400米预决赛各参赛队的国旗动画制作、108个项目动画、服务引导动画、宣传片及中外赞助商广告，利用两个硬盘播放器、一台非线实时更新制作内容，编辑每日比赛集锦。

8月23日（第二个比赛日），国际田联和组委会临时在男子100米决赛前安排了钢琴演奏家郎朗和博尔特的现场互动。团队在接到任务后，迅速和郎朗团队沟通，协商互动脚本，研究钢琴现场演奏扩音方案，并为主播机构提供了音频信号，圆满完成了这一“特色节目”。此外，北京电视台体育展示团队配合颁奖组完成了47次的国歌播放扩音保障工作。现场主持人和摄像团队在赛前、赛中和赛后全程配合文化展示团队的现场展示，捕捉观众精彩花絮，为烘托气氛起到了重要作用。

在为期9天的比赛中，北京电视台体育展示团队每天工作超过16个小时，满负荷运转，最终将现场互动、赛事盛况、赞助商权益等完美呈现在现场6块大屏上，得到市领导、国际田联和组委会的赞扬。

《快乐健身一箩筐》历时一年拍摄专题节目《广场舞，想说爱你不容易》

体育节目中心

在北京地区最关注大众体育运动、倡导科学健身的电视栏目——北京电视台体育频道的《快乐健身一箩筐》，从2014年4月起，就跟踪拍摄专题节目《广场舞，想说爱你不容易》。一年来，摄制组跟踪广场舞健身人群，拍摄广场舞团队数十个，拍摄人数近万人。2015年4月10日，《快乐健身一箩筐》专题节目《广场舞，想说爱你不容易》在体育频道播出，这是首个深度报道、全面解读广场舞的专题节目。

广场舞是目前中国最火的舞蹈。从城市到乡村，这种源于民间、盛行于世的舞蹈，不知不觉地改变了很多人的健身方式和生活习惯。现在，中国有超过一亿人捧着“小苹果”，嗅着“中国味道”，随着“广场 style”，喊着“这个 feel 倍儿爽”，刮起了一股强劲的“最炫民族风”。广场舞，这项普通的运动，在短时间内，以令人惊诧的速度扩大，被全国各地的大爷大妈跳成“现象级”存在，并形成独特的舞蹈文化。然而，随着广场舞的火爆，人员聚集、音乐声过大等一系列问题，不可避免地被反对广场舞的人视为噪音扰民、随意占领公共空间的头号困扰，甚至出现极端的抵制行为。正因为如此，广场舞一直都在非主流文化的边缘生存。

专题节目《广场舞，想说爱你不容易》的拍摄横跨四季。春季的公园社区，夏季的公共广场，秋季的全民运动，冬季的民间舞蹈。每个季节拍摄的团队、选取的角度，都极具代表性。金珠健身舞蹈团、南馆艺术团、圆梦舞蹈队、王广成团队、舞蹈家黄豆豆等，无论百姓、明星或是健身教练，与广场舞有关的重点人物均囊括其中。关注健身团体与倾听声音同样重要。对于广场舞的种种争议，摄制组在拍摄时收集了普通百姓、广场舞爱好者、健身专家、著名舞蹈家等不同人群的声音。该专题虽然从筹备到播出历时一年，但为了保证节目的准确表达与时效热点，自拍摄之日起，节目的主体思路仍在不断改进与完善。

2015年，《最炫小苹果》登上北京电视台春晚舞台，广场舞再度成为热门话题。春节过后，节目组迅速联系参与春晚广场舞演出的演员，最终对王洁丽阿姨进行了采访。她面对着镜头表达了对广场舞由冷漠到喜爱的过程。2015年3月23日，国家体育总局联合文化部宣布，在全国正式推广由专家创编、适合不同人群、编排科学合理、简单易学的12套广场健身操舞优秀作品。该消息发布之后，社会各界声音不断，专题节目《广场舞，想说爱你不容易》紧跟热点，调查角度再次更新。面对大众的种种质疑与猜测，节目组特邀当事人、广场健身操舞“国家标准”王广成做客，接受栏目独家专访。他在录制现场，首度回应了广场健身操舞推出后的几大争议话题。

为了保证节目的权威性，摄制组还特意采访了北京体育大学体育艺术系副教授、第八套广播体操示范模特、第九套广播体操喊操员张平，她从科学性、健身性、实践性、推广性等方面对广场舞给予了充分肯定。

一年的拍摄，节目组走访了不同人群，拍摄了数十个广场舞团队及体育总局、社区举办的大型广场舞活动；也采访了各领域的专家及相关人士。经过筛选，最终拍摄的有效素材近10小时。如何从大量的素材中选取最精华的部分，梳理结构与脉络就成了重中之重。为了保证整体流畅，从中提炼精华，广场舞的文稿从5000字改到4000字，最终定在3500字，每一句都经过反复推敲，每处用词都经过细致考量，既要显得生活化、平民化，又能具有一定深度，引起思考。

在节目的制作上，功夫下在镜头的运用与音乐的搭配上。电视最大的优势，就是具有视觉与听觉的双重功能。舞蹈本就离不开音乐，广场舞更是因为有神曲的配合，显得极为巧妙。在本节目的开篇部分，就通过多首具有冲击力的神曲混剪，使原本平淡的画面变得爆发力十足，瞬间将观众的注意力吸引到节目中来。30分钟的节目，镜头语言通过音乐来延伸，或轻快、或激烈、或高昂，二者搭配起来相辅相成，抑扬顿挫，有声有色。

《上菜》第二季创出美食精品节目

生活节目中心

2015年1月31日，北京电视台生活频道在便宜坊鲜鱼口店召开美食真人秀节目《上菜》第二季收官总结会。中国烹饪协会副会长冯恩援、中国饭店业协会秘书长佟林、北京烹饪协会副秘书长王云等行业领导，30家餐饮企业代表及媒体代表参加总结会。

美食真人秀《上菜》第二季由北京市旅游委、北京电视台联合出品，这是北京电视台生活频道继《北京味道》之后，倾力打造的致力于传扬北京美食文化特色的精品电视节目。节目以美食美景为主要元素，以北京传统传承和国际化多元相融的美食文化为内核，以餐厅和厨师为故事线索，通过纪实与竞技真人秀相结合的方式，用美食、味道传达出主流价值与情怀。

《上菜》第二季于2014年11月8日在生活频道季播档播出，于2015年1月

31 日首播收官，节目播出后在北京美食餐饮界以及电视媒体业获得高度赞誉。

节目获得收视和品牌双重收获

《上菜》第二季以季播节目的模式播出 13 集，单期最高收视达到 1.98%，平均收视达到 1.15%，这是周六晚黄金档取得的较好收视成绩。该节目播出后，在电视和美食界都引起了广泛的关注。中国烹饪协会副会长边疆认为，《上菜》节目做得非常完美。观众网友认为节目的品质超过想象，看到的不仅是美食，更多是人物的故事、情感的表达，既引人入胜，又引发思考，实现了美食与价值的双重传播。

开启频道首次大规模外地纪实性拍摄

节目从准备到完成播出，历时约 11 个月，其中拍摄近 8 个月时间。节目从美国长滩龙虾节到江苏盱眙小龙虾开渔，从内蒙古锡林郭勒盟到云南西双版纳，从杭州千岛湖到四川宜宾，30 人团队，30 家餐厅，前往近 40 个地方完成菜品的寻访拍摄，累计拍摄素材 5000 多个小时。

探索出原创美食真人秀模式

《上菜》第二季没有引进成熟的电视模式，生活频道以多年美食节目经验和资源的积累，在不断创新的驱动下，探索出一套成功的季播真人秀电视节目模式。《上菜》第二季设计了“寻味”“练菜”“应战”“美食大会终极赛”的竞技模式，辅以三位重量级评委（北京饭店行政总厨郑秀生、便宜坊副总经理孙立新、美食评论家董克平），100 位大众评委现场评审，形成了一套完整的大型节目形态，并在逐步的雕琢中，完成一套观众和业界都高度认可的真人秀节目模式。

坚持用美食纪录风物，用故事抒发情怀

《上菜》第二季是有人文色彩的美食节目。节目通过对 30 位大厨回乡寻根寻味的纪录，使人们看到每一道菜从源头到北京餐桌上都有一段动人的故事。烤鱼中有川菜大师的技艺传承；小龙虾中有大厨回乡寻找扬州妈妈的情景；煎饼中有 90 后年轻厨师对传统技艺的尊重……这些节目传递出的价值观，不仅仅停留在介绍餐馆、介绍菜肴上，而是让观众看到“美食”背后的大美，有传承、有温度、有思考。

生活频道联合八家电视台
开展“袋动中国”生活微行动

生活节目中心

“文明旅游　袋动中国”，是北京电视台生活频道第二次联合 8 家电视台在“十一”黄金周期间开展的以文明旅游为主题的公益微行动。这一活动通过 8 省市烽火接力、北京 14 个景点全城接力以及“3 分钟与 1 米风景”线上分享接力，号召大家在“十一”黄金周出行期间能够自觉自律、文明出游，不乱扔垃圾，不给景区添堵，汇聚社会微力量，共建社会大文明。

2014 年，BTV 生活频道就 6 省市电视台开展了“袋袋来了”微行动，并取得了较好的效果。2015 年，BTV 生活频道《生活 2015》栏目又联合天津新闻频道《热播一小时》、河北都市频道《民生 315》、山东齐鲁频道《每日新闻》、湖北经视频道《湖北经视直播》、江苏城市频道《零距离》、陕西都市青春频道《都市快报》、青海经济生活频道《百姓 1 时间》等 8 家电视台，以及新媒体《人民网》举办了名为“袋动中国”的微行动。

以前，在操作类似选题的时候，通常的做法就是曝光不文明现象，比如画面里经常呈现的是乱扔垃圾，或者是景区垃圾遍地，有损国家形象等，都是把游客放在了和景区对立面的位置。而 2015 年节目组决定要跟大家站在一起——你已经做得很好了，我们可以做得更好！

整个黄金周期间，8 个电视台的相关栏目每天都依托本地著名景点开辟报道专题，通过创意互动、志愿者引导、文明测试等方式加强正面宣传，凸显正能量。如在创意互动方面，有 2 选 1 趣味问答能投票的垃圾箱、可随意摆放的心形环保袋自取装置，以及科技感十足的 360 大屏幕双向互动设备。每天的文明测试，还策划了主持人扮演环卫工、温暖抱抱团、童言无忌等既有趣味，又能引起反思和共鸣的节目。整个报道多家媒体、多个平台联动，整体策划有序、层次分明、内容丰富、形式新颖，逐步将活动推向高潮。

在本次 8 家电视台联动的公益活动中，众多演艺界明星也作为志愿者加盟进来。他们通过社交媒体、宣传短片以及现场参与等方式来影响观众共同参与文明传递。

活动启动仪式之前，王祖蓝、李春波、张信哲等演艺明星就已经通过微博发出自己的文明宣言，号召大家参与本次公益活动，张歆艺、瞿颖、毛宁、苏醒、沈丹萍、李春波、王祖蓝、曹云金等明星则通过录制宣传片，号召大家汇聚力量，通过一点改变创造无限可能；梁丹妮、冯远征夫妇也通过一段有趣的小短片分享了他们对于文明出行的看法，号召大家文明旅游，带走垃圾，创造奇迹。活动启动当天，李春波、吴樾、孔琳、何云伟、周艳红等演艺明星也来到了现场为公益活动加油。除了明星志愿者和线上加入分享接力活动的志愿者外，本次活动还汇聚了来自全国各地、各个机构的数万名志愿者，仅北京地区就包括来自北京市各区县文明办、旅游委、团市委、市社区服务协会、北京控烟协会以及大学生志愿团体等数千名志愿者加入到烽火接力活动中。

为了使公益活动取得好的效果，活动主办方首次采用了全媒体矩阵实时传播的全新格局。除 BTV 生活以及各大联合主办的省级台外，人民网、新浪微博、腾讯微信、北京网络电视台、北京公交地铁电视等组成全媒体报道阵容，直播开幕式盛况，实时报道现场情况，通过热搜、话题、分享、展播、矩阵传播等各种渠道支持此次文明传递与接力。10 天时间里，8 大栏目共完成 179 条新闻报道，全国 50 多家媒体视频和文字报道 218 条，其中《北京日报》《人民日报》、央视《新闻直播间》以及《新闻联播》也纷纷拿出版面对这一活动进行报道。

《老有才啦》第二季系列活动圆梦老人

生活节目中心

2015年10月3日，由北京市社区服务协会和北京电视台生活频道共同主办的以“圆梦老人，崇尚孝德，构建和谐”为主题的老年公益项目系列活动《老有才啦》启动。这是全国首档以老年人为主角的达人竞技公益评选活动。该活动由北京市民政局、北京市老龄办、北京市福彩中心指导，活动的优胜者个人或者团队，将成为“为老服务公益项目代言人”。《老有才啦》第二季的举办，不仅要向大众展现老年人丰富的晚年生活，更是希望通过这档节目呼吁和倡导全社会来关心和关注老年人的晚年生活，真正实现老有所乐、老有所为、老有所养。

《老有才啦》区别于现在很多以选拔年轻人为目标的选秀类节目，而是将舞台交给50岁以上有才艺、有故事的老年人。活动立足于北京333个街道乡镇的7000多个社区、村，以及天津、河北的部分地区，节目旨在展现老年人积极向上的精神风貌，弘扬孝老敬老爱老的传统美德，共同构筑家庭和睦。活动吸引北京及周边地区1300多组选手、4300多人次报名参加，其中有71组选手脱颖而出，在电视节目中和观众见面。

《老有才啦》第二季特别邀请王为念、李伟健、高燕、朱明瑛、李明启、成方圆、王倩等作为评委。几位评委交替上场，代表着不同领域的专业水平及不同年龄段的审美观，对各种表演形式都能有专业判断评选。其中“国民大叔”王为念老师的到来更是受到广大选手的热烈欢迎。王为念作为国内著名的情感类节目主持人，在中老年群体中拥有很高的人气，此次来到《老有才啦》第二季，他更是妙语连珠，与选手积极互动，让节目更精彩。

在《老有才啦》第二季的舞台上，观众们看到了真情，受到了感动，并真切体会着这些老年艺术家和生活达人的乐观心态。这些选手们和年轻人一样在舞台上肆意挥洒着他们对艺术的热情和对生活的热爱。在他们身上，观众能学的不仅是对艺术的那份执着，更是积极面对每一天的从容和自信。

生活频道举办“为爱益剪”大型公益活动

生活节目中心

2015年10月24日，由北京电视台生活频道《生活面对面》栏目、国家癌症中心、中国癌症基金会、中国医学科学院肿瘤医院、中国轻工工艺品进出口商会发制品分会共同发起的大型公益活动“为爱益剪”在中国医学科学院肿瘤医院成功举办！

本次“为爱益剪”大型公益活动旨在帮助因化疗导致脱发的癌症患者，用健康的头发为他们编织爱的发套、生的希望。这次活动得到了全社会的关注与支持。活动启动后，全国34个省市、21家三甲医院、20所大学、15000家企业和上千家美容美发店积极响应和热情参与。红十字血液中心的30辆献血大巴也成为了“为爱益剪”活动的流动宣传站。

108位爱心天使齐聚一堂现场捐发，100位顶尖造型师爱心益剪。参与剪发的爱心天使来自北京、湖南、广州、上海、天津等省市，日本友人也参加了活动。最小的孩子11岁，特地从上海赶来捐发；最年长的70多岁，一头花白长发；还有来自日本的摇滚男青年。他们的行为不为别的，只为传递希望！

本次“为爱益剪”的爱心天使们共捐赠了3240厘米的健康发丝，也共同缔造了一项新的世界纪录——最多人同时现场剪发捐发。世界纪录协会美国高级认证官麦克·温森特和世界纪录协会香港认证官吴江华先生共同认证。

同时，活动募集到的108束优质长发也在中国轻工工艺品进出口商会发制品分会的协助下，被制作成发套捐赠给100位因化疗而失去头发的女性癌症患者。

《2015卡酷少儿动画春晚》创“三个第一”

动画节目中心

《2015 BTV卡酷少儿动画春晚》2月14日至17日在北京电视台卡酷少儿卫视播出，以孩子的视角和思维方式打造了4场形态各异的主题晚会，成为只能在卡酷看到的春晚风景。4场卡酷动画春晚创下三个第一：全国34城市4+收视率在所有省级卫视同时段排名第一；全龄受众范围，4场晚会平均收视份额1.36%，位居动画春晚开播8年以来收视纪录第一；在4岁至14岁核心受众中，《歌舞美丽夜》

北京地区收视份额高达31.3%，全国34城市收视份额9.82%，创下少儿观众的最高收视纪录。

新形态探索，创意出奇

2015卡酷动画春晚以“吉羊送吉祥”为核心，打造了4场不同形态的晚会：《动物奇幻夜》首次将全球最大的实景马戏表演呈现到电视荧屏；《歌舞美丽夜》则为喜羊羊、猪猪侠、植物大战僵尸这些孩子们喜欢的动画和游戏角色，打造全新的动画主题歌舞剧；《综艺洋气夜》结合综艺娱乐元素，明星和小朋友搭档演出；国内首部全三维动画春晚《吉羊盛典》，全宇宙的卡通形象齐集北京过年。马戏表演、明星综艺、音乐舞台剧和电视动画，动画春晚创意出奇，展现出多元普适的形态，和传统春晚节目形成区隔，不仅孩子爱看，成人观众也能在其中找到自己喜爱的内容。

正能量主题，阳光朝气

晚会节目的选取贴合小观众熟悉的作品和旋律，《综艺洋气夜》中，好声音李文琦表演少年先锋队队歌《时刻准备着》，新加坡歌手黄义达演唱了热门动画片《戚继光》的英雄爱国歌曲《啸烽烟》，歌手刘惜君表演的则是代表勇敢和突破的《冰雪奇缘》。综艺明星经过动画春晚的“改造”变成孩子们的同龄人，展现出青春朝气、蓬勃向上的一面。《歌舞美丽夜》中，喜羊羊和灰太狼经过互相了解握手言和，植物大战僵尸中的向日葵和队友携手克服重重磨难来到动画春晚。情节幽默、具有剧情冲突的故事让孩子们享受快乐，其中蕴含的道理让孩子们体会到勤劳、勇敢、团结的价值。

原创新内容，亮点纷呈

三维动画《吉羊盛典》对北京的地标建筑进行大胆改造，古代春节祭天的场所变成绚丽动感的舞台，启发孩子们的想象力。动画人物集体向全国小观众送出吉祥祝福，契合“吉羊送吉祥”的主题，表达出春节最传统的团聚意味。形式上，全三维制作的动画春晚，全球最大的实景式马戏，都是电视荧屏首次实现的创新。可以说，作为一个专门做给孩子看的晚会，动画春晚不仅满足了观众需求，还更进一步地为观众启发了需求。

《戚继光》点睛，筑梦家国

最后一场《吉羊盛典》中，经典动画片中的爸爸妈妈们集合演出《妈妈咪呀》《爸爸去哪儿》，展现出小家庭的团圆喜庆，而2014年大热荧屏的英雄戚继光则以平民偶像的身份上台开讲，描述家国之思。从平民百姓到热血英雄，从小家的团聚到家国的梦想，卡酷少儿用动画的无限想象和独特的视听语言展现出孩子易于接受的中国梦。戚家军歌舞节目《舞至巅峰》《啸烽烟》《男儿当自强》，表现出铮铮中华儿女的浩然正气。“英雄男神”戚继光“戚家讲坛”热血讲述，用充满未来感的科技手段讲解戚家枪、鸳鸯阵，从少儿偶像的角度表达了对国家富强、人民幸福的理想追求。

标志元素植入，打造品牌

不管是真人综艺还是原创动画，卡酷主持人、频道独有的动画形象都承担重要角色，成为卡酷春晚的辨识标志。在编排上，卡酷春晚躲开各台春晚的亮相高峰，在除夕前连续4天，每天同一频道、同一时间规整播出，形成了内容和放送的有效配合，不仅是晚会，强档动画片的全天排播也对春晚收视形成顺流，整体感觉流畅通汇，一脉相承，发挥了编播效应的最大化，完成了完整的传播效果，显示出规模化的品牌效应，在孩子们心中形成了很高的知名度和黏合度。

卡酷少儿卫视推出爱国歌曲动画 MV

动画节目中心

在纪念中国人民抗日战争暨世界反法西斯战争胜利 70 周年之际，北京电视台卡酷少儿卫视频道推出 4 部经典爱国歌曲的动画 MV，以卡通人物为表演主体，用儿童熟悉的视角和手法，全新演绎了《游击队之歌》《地道战》《黄河大合唱》和《团结就是力量》，为卡酷少儿的小观众带来耳目一新的爱国主题节目，也为纪念抗战胜利 70 周年奉献了热忱之心和澎湃之情。

*动画 MV 是爱国的传承。*从 9 月 2 日起，卡酷少儿卫视抗战节目编排，既有活泼好看的抗战动画片，又有经典不朽的抗战老电影，在黑白和光彩之间，流动的是一种爱国主义的传承精神。而这次出品的爱国歌曲动画 MV，秉承的是同一种爱国精神。专门为卡酷少儿卫视的小观众做的动画 MV，在可爱的人物和精彩的情节之间，一遍又一遍高唱的是一个世纪以来最为震撼人心的爱国意志！孩子是民族的未来，歌唱祖国唱的是历久弥新的民族精神。卡酷少儿推出爱国歌曲动画 MV，意在为年轻一代培养爱国奋进的土壤和动力。

在爱国歌曲动画 MV 中，猪迪克高唱悠扬机智的《游击队之歌》，猪猪侠战队在《地道战》里大放异彩，《食功夫》的大冒险变成了铿锵的《团结就是力量》，《黄河大合唱》则是由卡酷家族的所有形象出演！蹦蹦跳跳、年、全博士、MINI 一起在故宫表演绝妙的音乐会！意想不到的场景组合、卡酷最赤诚和富有想象力的作品，让我们的爱国歌曲散发着更加青春更加励志的光芒。先辈的热血在音乐中，我辈的用心在动画中，这样传承式的结合，是卡酷式的歌唱祖国，也是一种时代使命。

此次制作的动画 MV，选取的 4 首爱国歌曲，曲风活泼，易于传唱，朗朗上口，对孩子来说更容易接受和理解。音乐的感染人心、振奋人心的力量，通过 MV 中跳跃的动画人物，传递给小观众，将这份浓重的爱国情怀，代代传承，永志不忘。

卡酷少儿频道与小观众一起过生日

动画节目中心

2015 年 9 月 10 日，是北京电视台卡酷少儿频道 11 岁生日。这一天恰逢新学期开始和教师节。于是，卡酷少儿频道采取了与以往不同的方式过生日。他们通过微信与电视的链接合作平台，推出“卡酷 11 岁”过生日的互动活动，将小观众的参与度和热情充分地调动起来。从 9 月 1 日起，卡酷少儿的生日专属二维码“卡酷 11 岁”出现在频道宣传时间，参与活动的小观众，用手机扫描二维码，就出现“为卡酷点生日蜡烛”的页面，手动点上生日蜡烛后，即可留下生日祝福及联系方式，参与到卡酷送出的主持人签名照、玩偶等奖品抽奖当中。

这次活动一经推出，卡酷少儿的微信后台留言板每天都有上百条留言，变成写满了小观众对卡酷生日祝福的“生日墙”。小观众的留言有简洁的“祝卡酷生日快乐”，有从小收看卡酷长大的小朋友感谢卡酷的陪伴，还有小朋友“今年我也 11 岁了，想和卡酷一起过生日”这样温馨可爱的留言。参与到扫码点蜡烛活动的人数节节攀高，自活动开展以来，微信增长近一万人，大家都踊跃地参与点蜡烛送祝福。

从 2015 年暑假起，卡酷少儿的“微信新媒体”项目逐步展开，力求寻找电视和新媒体的相关联点，突破思维，创新模式，将剧场和节目的线下参与度逐步提高。“卡酷 11 岁”就是频道与新媒体结合的一个很好的体现。通过这种方式，将小观众引领到电视上，并且分时段有针对性地用二维码，黏合他们的关注与参与，使卡酷少儿微信平台更加活跃起来。

同时，选取部分小观众的生日祝福，由他们喜爱的主持人在电视上读出来，并送上主持人的祝福，再次将注意力折返回到电视上。在送出的生日礼物中，有卡酷主持人新一季的宣传照片及亲笔签名，这样，就为频道形象的宣传助了一臂之力。

北京国际电影节纪录单元举办“青春的纪录”系列活动

纪实频道节目中心

第五届北京国际电影节纪录单元于 4 月 17 日下午启幕。作为本届单元活动之一的 2015 年第四届“青春的纪录”环太平洋大学生微纪录作品大赛启动仪式暨

2014年第三届获奖作品颁奖仪式相继举行。

第四届“青春的纪录”环太平洋大学生微纪录作品大赛启动仪式暨第三届获奖作品颁奖仪式于4月18日在北京电视台800平方米演播室成功举行。本次活动不仅更加有效推广了“青春的纪录”的品牌形象，明确了“青春的纪录”以纪录片为载体、以影像为手段开拓大学生纪实影像文化平台，引导青年学生客观观察社会、理性思考人生，更重要的是通过微纪录的征集活动，广泛连接环太平洋地区乃至全球大学生的情感，唤起全球大学生对于环保、对于战争、对于公民责任的认知与责任。共青团北京市委员会副书记杨海滨 、北京电视台副总编辑艾冬云、中视协电视纪录片学术委员会会长、“青春的纪录”评委会主席刘效礼、北京电视台纪实频道总监陈大立、本届北京国际电影节记录单元国际评委魏克然、北川惠和克瑞斯·奥利弗以及著名表演艺术家谢园、纪录片《侣行》主人公张昕宇、梁红等嘉宾同来自世界各地的大学生纪录片爱好者参加了当天的活动。

会后，参加第五届北京国际电影节纪录单元的澳大利亚评委克瑞斯·奥利弗表示，他将通过他本人在澳洲的影响力，呼吁、号召新西兰、澳大利亚大学生参与到《青春的纪录》这项活动中来，并期待明年的颁奖礼上有澳洲大学生的作品问鼎。

本次“青春的纪录”系列活动除颁奖和启动仪式之外，还在电影节期间，举办了《4K画质与生活质感——“青春的纪录”纪录片沙龙》《纪录·感悟·成长——青年纪实影像论坛》等活动。4月19日这个颇受大学生喜爱的沙龙在索尼高清影视技术学院举办。纪录片《第三极》导演曾海若、摄影师孙少光、SONY公司技术专家与“青春的纪录”获奖导演、青年纪录片爱好者等参与了本次沙龙。沙龙由纪录片《第三极》片段观摩、现场互动讨论、4K技术前后期全流程实际操作等环节组成，现场气氛轻松而极具专业性。

作为系列活动之一的《纪录·感悟·成长——青年纪实影像论坛》彰显了活动对社会价值观的引领作用。北京师范大学资深教授、博士生导师黄会林，北京纪实频道总监陈大立，中国传媒大学教授张雅欣，著名学者石述思等出席了论坛。论坛就青年大学生群体引发的社会现象、社会问题进行探讨，同时就纪录片对于青年大学生群体的成长及未来发展的引领作用与意义从学术角度、政策角度等不同方面进行了解读。

本届“青春的纪录”活动还与BTV大媒体联手发起的主题视频征集活动、与腾讯视频联合推出获奖作品投票展播等活动，多方位的新媒体合作手段依旧延续了历年来“青春的纪录”在新媒体传播上的努力探索。此次活动在微信平台上搭建的“青春的纪录”创始人、首席评委、青年导演面对面交流空间是“青春的纪录”在新媒体传播上的又一次尝试，实时互动拓展了“青春的纪录”活动空间。投票展播方面，自2014年12月26日30部入围优秀作品在腾讯网上线以来，不到4个月，网络点击量达到1014万次，投票总数达379058张。

北京国际纪实影像创意基地与纪实频道联手打造第五届北京国际电影节纪录单元

纪实频道节目中心

2015 年 4 月 17 日下午 4 点，第五届北京国际电影节纪录单元开幕式暨“中国纪录产业年度论坛 2015”在中华世纪坛举行。

本届电影节纪录单元邀请了来自全球 411 部优秀作品参加评审，其中包括德国新浪潮运动代表人物维姆·文德斯的最新力作《地球之盐》。专家评审团由来自澳大利亚、日本、印度和中国的 7 位专家组成。在开幕式上，专家评审团公布了本届纪录单元推荐的作品 10 部，最佳作品 1 部。

在当天的开幕式现场同时发布：2015 年纪录单元评审结果；国内首个纪录片移动互联网平台——纪录中国理事会成立；北京国际纪实影像创意产业基地与北京歌华文化发展集团联合打造的纪录院线揭牌启幕；《2015 中国纪录片发展研究报告》（蓝皮书）出版发行。

“中国纪录片产业年度论坛 2015”是北京国际电影节纪录片单元的新亮点，来自国家新闻出版广电总局的主管领导，纪录片界著名学者、专家，全国纪录片专业频道总监，国际知名纪录片机构的负责人，就纪录片产业化与“走出去”等论题进行了讨论。

2015 年，纪录单元升格成为北京国际电影节独立单元。本届纪录单元以纪录片重回电影院为切入点，探索纪实产业电影与电视的跨界融合。自本届电影节开始，由北京国际纪实影像创意基地与歌华文化集团共同打造的纪录影院，将常态化落户中华世纪坛。

本届纪录单元的活动与上届相比，内容更加丰富、多元；评审推荐、佳作展映、论坛、沙龙等活动亮点频出。

电影节期间，这些推荐作品在全市 20 余家电影院线和北京纪实频道、新媒体和线下沙龙 4 个播放渠道进行展映、播出。

值得一提的是，本届纪录单元开幕影片《第三极》、2014 年奥斯卡最佳纪录片提名《地球之盐》等作品，开票不久便出现一票难求的情景，显示出观众对于优秀纪录片的热情，也为纪录片如何更好地跨界融合进行了有益的探索。

本届纪录单元的论坛板块，邀请了中国广播电视协会纪录片工作委员会、五洲传播中心、中央新影集团、全国多家纪录片专业频道、首都纪录片协会、众多民营纪录片制作机构，共同举办 8 场专业论坛，多维度地探讨纪实产业的改革与发展之路。

本届纪录单元首次设立的纪录片市场

交易环节，由中央电视台、中国教育电视台、北京纪实频道、上海纪实卫视、湖南金鹰纪实、中国国际电视总公司、中央新影集团和多家极具实力的民营企业组成的纪录片联合展台，为中国纪录片的联合发力积聚力量，将参展方的产品和服务推送给来自全球的买家。

北京电视台认真开展“三严三实”专题教育

党委办公室

从2015年5月以来，北京电视台结合实际，在全台处级以上党员领导干部中深入开展“三严三实”专题教育，在夯实党建基础工作、改进工作作风等方面取得了明显成效。

“规定动作”扎实深入。实现了“四个到位”：一是动员到位，成立了由台主要领导牵头的工作协调小组，制定了切实可行的工作方案，在党委扩大会、编前会、党课报告会上分别对不同层次的党员干部进行动员，累计配发学习材料近5000册；二是学习到位，台领导班子和处级以上干部、台属企业管理人员集中学习了郭金龙书记的党课报告，班子成员分别讲了党课，完成了党委中心组三个专题的学习研讨，包括14次集中学习和3次集中研讨，参加人数超过3000人次。有的中层干部也主动讲党课、谈体会，学习教育的气氛比较浓郁；三是整改到位，对党的群众路线教育实践活动整改方案确定的25项措施落实情况进行了全面梳理，明确了进一步巩固整改成效的具体办法；四是宣传到位，通过《北京新闻》等重点栏目播出全市开展“三严三实”专题教育相关报道70余条，营造了良好的宣传舆论氛围；同时，通过台内网、党委宣传栏等平台加强对党员干部的宣传教育。

“自选动作”有声有色。重点聚焦“三个锤炼”：一是锤炼忠诚品格，以纪念建党94周年为契机，开展“我是党员我宣誓”主题活动，前往国旗护卫队、三军仪仗队参观学习，让党员干部感受国威军威，受到了震撼、受到了教育、受到了鼓舞；二是锤炼敬业精神，围绕纪念建台36周年，举办“砥砺·奉献”援建工作影像展，展现了十几年来、几十名援建记者在拉萨、和田、什邡、玉树等艰苦地区参与援建工作的经历和面貌，把援建的精神力量传递到了所有的BTV人；三是锤炼党性修养，把加强基层党组织建设作为“三严三实”专题教育的重要抓手，揪住党支部书记这个“牛鼻子”，守住党日活动组织这个“命根子”，牵住“智慧党建”APP平台开发使用这个移动党建“总盘子”，形成了党建工作新的生命力。

联系发展结合实际。把“严”和“实”的要求，贯穿到北京电视台改革发展的全过程、各方面：一是从严从实推动生产，加快推进落实生产经营机制改革的各项举措，全面完成纪念中国人民抗日战争暨世界反法西斯战争胜利70周年、申办2022年冬奥会等重点宣传报道任务，推出了《中国梦365个故事》《生命缘》《音乐大师课》等一批有社会影响的专题新闻、季播节目和品牌栏目，高标准抓好《西藏》《伟大的贡献》《长征》等重点项目的拍摄制作，把专题教育成效体现到推动节目生产、技术保障、广告创收等改革发展的重点任务中；二是从严从实抓好管理，研究制定了《北京电视台采购及招投标管理规定》和《外协制作服务招投标（试行）方案》，印发出台了《北京电视台党风廉政建设谈话制度》，进一步完善了人员管理、财务管理、安全管理等工作制度；三是从严从实带好队伍，深入开展“三项学习教育”活动和马克思主义新闻观教育，制定了《北京电视台关于进一步加强播音员主持人和嘉宾使用管理的通知》等，严格落实媒体从业人员管理办法，从源头上清理和纠正潜在的宣传风险，强化青年人才培养工作，完善青年创新工作站创建和评审机制，构建有特色、有内涵、有深度的青年人才培养体系，增强了北京电视台改革发展的内生动力。

通过“三严三实”专题教育，北京电视台实现了“五个有效”：一是有效提高思想认识。把理论学习贯穿于专题教育的始终，台领导班子带头，引导全体党员干部学理论、学思想、学典型，做到学而能懂、学而能信、学而能用。二是有效汇聚团结力量。通过台党委、党总支、党支部三个层面的共同努力，培育了一批有亮点的党建创建载体，凝聚人心、聚集人气、造就人才。三是有效培育内部文化。加强平台建设和氛围营造，建立员工入台、入职、入党的“三入”教育基地，为北京电视台健康发展、职工队伍健康成长创造条件。四是有效规范管理要求。坚持问题导向，直面管理运行过程中的矛盾问题，以“严”和“实”的标准推动制度建设和管理工作，把干部管理、人才管理、财务管理、生产管理、产业管理等方面的要求立起来、传下去、用到位。五是有效落实“三严三实”。认真完成台领导班子专题民主生活会和党支部专题组织生活会各项工作，把专题教育的各项要求落实、落深、落细，推动“三严三实”要求进一步深入人心。

技术管理和新技术应用

2015年北京电视台新技术应用情况

总工程师办公室

一、应用立体电视技术，获《中国立体（3D）影视作品奖》

在2015年度“中国立体（3D）影视作品奖”评选中，北京电视台制作的3D版《2015北京电视台春晚》和《2015北京电视台环球春晚》双双获得3D影视作品“最佳奖”，其中《2015北京电视台春晚》3D版还获得了代表中国参加国际先进影像学会2015年最佳节目评选的资格。

北京电视台从2010年开始3D电视节目的试验。2011年11月，北京电视台成立了3D项目组，开始3D电视技术的应用。4年来，项目组为本台制作并储备了620小时的3D节目，在“中国3D试验频道”安全播出近4200小时。在全台多个职能部门、技术部门和节目中心的支持下，形成了完整的采、编、审的工作流程，达到了台里预定的项目目标。

“中国立体（3D）影视作品奖”是目前中国3D影视作品级别最高的奖项。4年来，北京电视台的作品每年都在此项评比中获得殊荣。2015年。北京电视台两个节目同获舞台类作品最佳奖，与获得电影类最佳奖的《狼图腾》宣传短片一同代表中国参加在美国举办的国际先进影像（3D）2015最佳作品评比。

二、积极探索超高清电视技术应用

2015年，超高清电视（UHDTV，Ultra High Definition Television）技术迅猛发展，日本、韩国、美国、法国等国家，都在加紧建设超高清（4K）电视直播平台，并在一些世界性的集会上进行了实验性的传输，这些都标志着视听行业即将迈入超高清时代。

北京电视台从2009年开始将4K技术应用于大屏节目制作。2015年，应用超高清技术制作了北京申办2022年冬奥会陈述开场大屏《紫气东来》，助力北京申办成功。同时，应用超高清4K技术拍摄了反映生活在塔克拉玛干大沙漠深处的达里雅布依人生活的《沙漠最后的守望者》。本片利用多种超高清摄影器材，全方位、多角度展现了丰富的人文细节和生态风光，镜头内容丰富，意境悠远，成为应用新技术服务编播的一次有益尝试。

北京电视台加强安全播出技术体系建设

总工程师办公室

2015年，北京电视台在安全播出技术管理体系建设上取得了新的进展。

一、加强重要时期播出安全的技术保障

市“两会”、春节、全国“两会”“9·3”阅兵、国庆等重要保障期及敏感日内，加强技术设备的安全保障和上传下达、零事故报告等组织协调工作，确保了安全播出。2015年3月，文艺频道开始24小时播出；2015年4月，纪实频道开始24小时播出。为保障安全播出，全台技术部门组织实施安全播出建设维保项目40余项，累计投资约6000万元。

二、完善安全播出联络通报机制

建立安全播出联络员月例会制度，全年组织召开12次例会，通过通报情况、收集信息等方式，将各技术部门联络员引入到日常安全播出体系中来。由总工办牵头，搜集各技术部门的安全播出信息在每周一台编前会上进行通报。从2015年1月起编制《安全播出月报》，全年共编制12期，通过这个刊物，沟通当月安全播出情况、部署重要安全播出工作、传递安全播出隐患追踪信息，改进安全播出工作。

三、加强事故事件排除隐患跟踪

建立安全播出事故、事件以及隐患排除的跟踪机制，关注从发生到查明原因，再到问题整改的全过程，包括播出服务器部分格式不兼容，上载提前采集、抖动、跑点、AVS+卫星接收异常、新闻网存储故障等共10余项，将追踪情况记录在每月《安全播出月报》中。2015年，北京电视台停播率为0.3秒/百小时，符合国家规定的技术标准。

四、制定《北京电视台技术系统应急操作手册》

2015年7月，制定出台了《北京电视台技术系统应急操作管理规定》，为责任界定提供了管理依据，梳理出台了《2015北京电视台技术系统应急操作手册》，涵盖了各技术系统、各业务流程的250余条风险点及其应急操作步骤，为应急处置提供了标准化的作业指导。2015年5月，吸纳各技术部门的年轻同志组成了北京电视台安全播出应急预案创新工作站，建立了工作站的月例会制度。

五、规范季度检修管理流程

组织制定了《北京电视台季度例行停机检修管理规范》，按照管理规范组织了本年度4次季度检修，包括台内报批、台外联络、方案汇总、组织方案汇报、事后总结等相关事宜，并对大型数据中心、通讯机房先后进行了调研活动，研讨了停电检修的必要性和可行性。

六、组织安全播出考核与技能比赛

2015年，组织进行了新版62号令的全员培训，组织制作部开展了直播安全评

比周，组织播出部80人次、制作部425人次、网络信息管理部80人次、转播传送部35人次的应知应会和应急操作技术考核，巩固了技术人员的基础知识。

BTV1—BTV8标清编码传输系统进行改造

白国涛

2015年9月22日，北京电视台播出部完成对BTV1—BTV8标清节目编码复用传输系统的升级改造，正式启用8+2新编码传输复用系统。

8+2新编码传输系统设计的核心是以技防代替人防，系统的技术亮点是：整套系统配备一台NCC网管服务器，完成设备参数设置、系统状态巡查，实现自动切换功能。系统具备的功能，包括节目信源故障自动切换及设备故障自动切换。

节目信源故障自动切换，BTV1 BTV8备路SDI信号，送入一个16×4的矩阵，并将矩阵输出信号送入备份编码器。当主路SDI信号出现中断时，可直接启用备路SDI信号送入编码器。比如当主路8套节目中的BTV1信号源出现中断时，编码器会给网管系统发送无信号输入告警信息，当检测到告警信息后，网管系统先从逻辑关系上断开在用BTV1编码板卡的输出信号，同时启用16×4矩阵，选择备路BTV1的SDI，送入备份编码器的其中一块编码板卡，再将备份编码器输出的IP码流送入数据交换机，保障系统正常工作。

设备故障自动切换，通过网管，系统可以对编码器和复用器进行主、备倒换，而倒换条件可以是设备告警、断电，以及通信终端等触发。比如当某一台编码器自身出现故障时（8+2新编码传输系统，在编码器环节采用1备4的设计方案），如设备电源故障，编码板卡故障等，没有IP码流输出时，NCC网管服务器一旦检测到故障信息，会立即启用备份编码器代替在用编码器工作。

新8+2编码传输系统中，作为主路复用系统最后一级的码流输出是关键点。BTV1—BTV8主路标清节目SDI信号以2套节目为一组送入4台爱立信AVP2000编码器。所有SDI信号经过编码压缩后，输出IP码流送给主备两台数据交换机。两台交换机送出IP码流给主备两台MX8400复用器，完成8套节目复用。在此关键点上，采用了ASI码流2×1切换开关，实现主备两台MX8400复用器的备份，两台复用器长期加电工作，当主复用器出现故障后，2×1切换开关会自动倒换到备复用器上保障送给歌华有线的节目传输流不中断。

目前8+2标清编码传输复用系统已经上线运行，工作状态稳定，在系统验收工作过程中，已经模拟过当出现信号源中断、设备故障等现象，系统能够实现信号倒换，设备自动倒换功能。系统自动切换触发点多，启动备用设备设置丰富。与老系统相比新系统在节目信号传送的播出安全上得到了极大的改善。而且 8 +2 编码复用传输系统内部信号传输全部采用 IP 码流。一台编码器实现 2 套标清节目编码，编码器输出的不再是传统的 ASI 异步串行接口信号，而是 IP 码流，每一个 IP 码流中包含 2 套节目的主信号和镜像信号，送给数据交换机。虽然新系统功能强大，但是播出部节目传送科依然会加强系统巡视工作，除了不断的熟悉学习网管系统，也不会放松对所有编码传输系统的人防工作。

打造春晚专业制作团队

——制作部《2015BTV 春晚》后期团队工作纪实

王梦羽

当接到 BTV 羊年春晚的制作任务时，春晚后期项目组的成员们都有些兴奋，马年春晚是制作一科第一次独立完成春晚后期制作，并取得了很好的成绩。当孙仝导演点名让马年春晚团队继续担任羊年春晚的后期制作时，制作部春晚后期制作组欣然应战。其实在完成马年春晚制作任务之后，后期制作团队一直没有停止关于春晚后期制作的构想，因为马年春晚的制作，有成果，有经验，也有遗憾。而打造成熟的后期团队的计划以及后期整包服务的理念也正在推行，所以当面对这次挑战时，大家都在心里暗下决心，要全力而为，超越自己，不但要把这次后期任务完成得更加精彩，还要拿出一套成熟的后期制作理念。

一、后期整包服务

后期整包服务理念实际上是打破传统的后期制作模式，不再是简单的后期剪辑或是其他的单一技术支持，而是一个更加专业的后期团队。在羊年春晚的单拍和录制现场，你会看到这样的情景：多通道组、后期组、虚拟组都派出人员一直驻守现场，专业、有序地进行工作。而正是这三个团队组成了为春晚提供后期整包服务的专业制作团队。在这次与羊年春晚的合作中，制作团队提出了自己的理念：按需定制与专业服务。按需定制的意思主要是节目组只需把他们的要求告诉团队，团队根据他们的要求来对工作进行整体的后期定制，比如他们需要收录多少路讯道，他们预期的后期制作完成时间，他们希望后期能达到什么样的效果，团队接到这些需求后，专门为他们指定计划，而节目组则不需再为后期的各个具体环节操心。我们的多通道组会根据他们的需求提供两套收录设备加磁带备份，并根据硬盘的空间和节目的录制情况进行调整，确保 19 路讯道收录的万无一失。而团队的后期组在节目录制的 3 个月前就深入节目组，全面了解节目组想达到的后期效果，多通道组会根据节目组的需要提供现场剪辑工作站，把单拍好的节目进行剪辑，让导演对这个节目后期效果有了直观的了解，在接下来的拍摄中可以弥补之前的不足。后期组还会在全程进行专业详尽的场记，并且一直与导演组进行有效的沟通，随时记录导演的灵感及节目的闪光点，包括对重点节目的表现力的加强，协助导演把现场录制效果尽量完善。虚拟组则从节目刚开始的策划就参与其中，反复地讨论与测试拿出导演满意的方案，并在现场根据节目组的需求进行调节以及跟灯光、摄像、舞美设计、大屏幕团队进行及时的沟通。比如舞蹈“莲花心”，虚拟组就在现场跟杨丽萍老师多次讨论，当场修改，最后由虚拟团队打造的“一花一净土”、天空皓月、萤火点点的效果让节目组和杨丽萍都非常满意。在虚拟团队的努力下，虚拟植入不再是过去碎片化的虚拟，而是根据节目组的需求进行整体意境的创造，并把一些现场很难实现的场景，比如说富有层次的烟雾等场景的可操作性加强。所以说，制作团队推出的这种后期整包服务，让所有的想法和操作实施都不再是无意义的工作，而是更专业、更有效的按需定制与服务。

二、用“云模式”最大限度地提高效率

所谓的“云模式”是这次后期制作团队新提出的概念，就是在节目录制完成后，后期制作的项目负责人把40组节目建好时间线放在一个公共区域，相当于云存储。2015年春晚的制作周期可以说是跟历届比最短的一次，只有不到一个星期，但录制时长又是跟历届比最长的一次，而且由于节前科里的工作量非常大，所以人员调配很成问题，在制作周期短的情况下，剪辑师也不会像过去那样多且集中，但是按照“云模式”把剪辑打散，把流程打散，把剪辑师打散的工作概念，剪辑师不必像以往那样全程参与后期制作，他们只需要找出自己的“碎片时间”，可以在完成本职工作后从公共区域领取工作任务，进行单个节目的剪辑。这种工作方式首先是对人员更充分的利用，虽然固定参与后期制作的人员比过去少了，但是实际参与剪辑的人员反而比过去多了。其次是对设备的更充分利用。碎片时间使剪辑师可以根据自己的安排完成剪辑，使机器的空闲时间减少，提高了设备的利用率。而这种“云模式”的制作方式也让人员的付出和收益紧密联系，项目负责人根据节目的性质与难度对剪辑每个节目的获得进行合理的分配，把每个参与人员的岗位和工作成果与他的收益有了更加贴切的结合。事实证明，这种“云模式”的工作方式大大提高了工作效率和人员的工作积极性，节目组的导演都在感叹没想到这次的完成速度会这么快。

二、艺术的提升

对于后期制作来说，完成制作任务只是最基础的一步，如何达到艺术上的升华，是后期制作团队努力的又一个重要方向。以这次羊年春晚被评价为艺术性最高的舞蹈《莲花心》为例，从前期录制开始，剪辑师们就和导演及节目主创人员进行沟通，了解这个节目的精髓。在单拍舞蹈《莲花心》的当天，整整10个小时，后期团队的成员们一直坚守在录制现场，他们被杨丽萍老师的专业与敬业打动，同时也记录下了每个美丽的镜头和每个导演想表现的意境。到了后期剪辑的时候，团队为这个节目特别安排了一名会跳舞的剪辑师，这样无论是剪辑上还是跟导演的沟通上都专业了许多。与杨丽萍老师在机房一天的合作里，后期制作人员收获了很多，学习了如何运用剪辑方法把节目的灵魂表现出来。杨丽萍老师对后期制作非常满意，播出的效果也非常好。于是后期制作团队的工作不再是单纯地剪辑而是在创造一个艺术作品，把技术与艺术相结合，在完成节目制作的同时达到艺术的提升才是我们后期制作的意义。

四、创新与突破

在 BTV 羊年春晚的播出过程中，“北京电视台春晚”一直高居微博话题热门榜。“弹幕”，成了网友热议的重点词。弹幕是指网友发出的评论会实时出现在视频画面上，是新媒体时代一种新的视频体验方式。春晚项目组在《羊年说羊》这个创新节目中大胆地加了 30 秒的弹幕，这在各卫视中属于首创。其实在加弹幕的时候，后期制作团队也有过犹豫和顾虑，不知这种创新能不能被观众接受，事实证明，这种非常新潮的表现方式抓住了很多年轻观众的心，很多经常上网的观众都表示在电视上看到弹幕非常的新奇，感到很惊喜。大胆的尝试与突破其实是我们做节目非常欠缺的，现在各大卫视的竞争激烈，大家都在创新，都在突破，所以后期制作团队也必须有所行动。虽然这次弹幕还不是真正意义上的实时互动性弹幕，但却表示了传统媒体渴望与新媒体融合的愿望，在坚持优秀的传统制作方法的同时也要进行更多新的尝试。这次的弹幕为北京电视台羊年春晚积累很好的口碑，也让观众有了耳目一新的感觉。

在这次春晚的后期制作过程里，提出了很多全新的概念和工作方式，就是为了让工作更高效、更创新。后期制作已经不仅仅是“后期制作”，而是整个节目团队的一部分，每个步骤都跟后期制作息息相关，春晚是这样，别的节目也在逐步往这个方向尝试和转换。

多通道录制系统助力季播节目

制作部

随着北京卫视节目季播化的深入，北京电视台制作部承担了大量前后期录制任务。2015 年 3 月，制作部刚建成的多通道前场收录与后场制作系统，为完成季播制作任务提供了强有力的支撑。多通道录制系统的建成，使季播节目的录制从前期到后期有了一个整体的解决方案。

多通道录制系统是由前场收录系统与后场制作系统两部分组成。从 2015 年 3 月起，多通道前场收录系统已参与多个季播节目的录制工作，包括《我的歌声里——卫健音乐时光》《杨澜访谈录特别节目——人生相对论》《幸福的味道》等，累计录制节目 37 期，素材时长 1700 多小时，素材总量近 140TB，系统功能和稳定性得到了各方面的肯定与好评。目前《妈妈听我说》正在该系统中进行后期工作，整个多通道系统已经为制作部创收

200多万元。

多通道录制系统有很多特点和优势：

一是全收录。前场收录系统具备可以同时收录所有讯道的功能，增加节目的可观性，避免在节目的录制过程中出现珍贵镜头没有收录的遗憾。

二是全格式。前场收录系统具备录制所有主流视频格式的功能，无需转换。

三是导入快。后场制作系统配备素材快速导入设备，可以将收录的素材倍速导入制作系统，省时省力方便快捷，为后期节约了宝贵的制作时间。

四是空间大。后场制作系统存储配备了128TB的光纤存储，有效存储容量达到80TB，完全可以承接不同类型的季播节目。

五是性能强。后场制作系统是以9台苹果MAC PRO为主的制作系统，其中一台高配安装了达·芬奇调色软件，还配备了3台高性能包装工作站。

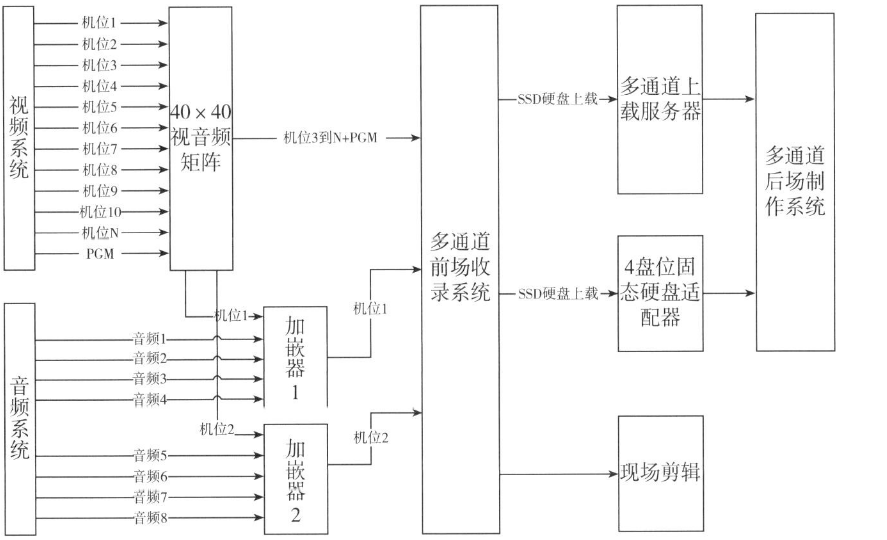

多通道前场收录及后场制作系统流程图

这套多通道后场制作系统搭建在综合楼1013演播室，机房布局采用比较宽松的设计。桌子沿机房外侧排列，各类线材统一分布在桌子后部，消除了光纤线和网线容易碰松的安全隐患。机房还配备审片大屏和会议桌，方便审查。同时，光纤存储、交换机、存储控制服务器等关键组件都集成在飞行箱内，安置在演播室隔壁的控制室，使机房内的噪音大幅降低，也为运维人员进行例行检查维护等提供了便利。

随着北京电视台承担的季播节目和特别节目越来越多，仅在2015年9月一个月，制作的节目就有《伟大贡献》《钢铁记忆》《西藏》《幸福味道》《幼儿园》《四大菜系》《暖暖的新家》《妈妈听我说》等，之后还有特别节目《大西山》《长征》《解放》，制作任务会越来越繁重。制作部将进一步总结经验，发挥小型系统应对季播节目多变需求的优势，更好地为全台各节目中心服务。

《我的歌声里·卫健音乐时光》的灯光设计

制作部

北京卫视全新的音乐节目《我的歌声里·卫健音乐时光》对灯光设计提出了新的要求。这个节目的灯光设计既要融入综艺节目灯光的设计特点，又要做好人物访谈的静态布光。灯光是节目的灵魂，灯光设计师应合理运用灯光造型和渲染效果，以灯光为画笔，为电视节目增光添彩。

一、灯光构思

节目录像地点最终选在了BTV剧院的后舞台，剧院后舞台的灯光吊挂设备全是一水的跟舞台通长的吊杆，如果按照剧院后舞台的灯杆的布局设计灯光的话，跟舞美的结构和节目想表现的风格完全不符，最后决定舍弃剧院后舞台的灯光吊挂设备，按照节目的舞美设计图重新设计和安装灯光的结构。整个舞美就像一个大客厅，唱歌的舞台是跟老唱片一样的圆形设计，在舞台两侧后方是乐队的区域。访谈区则是一个纵向类似T台的延伸的区域，一张长方形大桌子，主持人背对唱歌的舞台，嘉宾和副主持人坐在桌子两侧，正反都有机位。观众区在访谈区的两侧。灯光区域可分为四大块：唱歌区、乐队区、访谈区和观众区。

二、灯位

在布光时，要明确摄像机机位分布，确定布光方向，其中灯位尤为重要。在唱歌区有6台VL1100成像灯和4台彩熠1200spot电脑灯做面光使用；访谈区的面光一共有20台VL1100，采用的是交叉布光，专用主光相互借用逆光的布光方法，观众区分为两边，分别以4只VL1100均匀的铺面光，4只VL3500wash和7只YT-LED作为逆光。

三、灯具选择

灯具要根据场景、对象做进一步选择。访谈区面光以VL1100成像灯为主，光质好，投射距离较远；唱歌区面光以电脑灯为主，成像灯为辅，用电脑灯可以较好地控制面光区域。效果光效和定点用Beam灯（即光束灯）；乐队区全部采用电脑灯做逆光和面光。墙体的染色全部采用LED（即发光二极管）（LED洗墙灯、LEDwash、LEDpar）。

四、区域灯光照度的控制和统一

照度控制与机位景别、画面景深息息相关，同时决定着画面的效果。舞美的灯箱亮度、灯带亮度、大屏幕的亮度和整个墙体染色的亮度的调整对整个节目的画面效果起着决定性的作用。灯光设计和舞美设计、视频设计应密切配合，找到最适合的光圈照度。

五、色温

在进行灯光设计时，除了考虑照度，还要注重色温。要分析舞台的各种发光元素，综合考虑照明灯光色温基准。考虑到节目定位和舞美效果，此次节目灯光的面光全部采用3200K的低色温。

六、歌曲编程

为了配合访谈与演唱部分的平滑衔接，演唱部分的灯光设计力求简洁大气、突出意境，注意节目气氛的渲染，随着歌曲节奏的变化，采用不同的色调和影调，加强节目的艺术感染力，起到突出主题、刻画形象、渲染气氛的作用。如：歌曲*Smoke Gets in Your Eyes*的灯光设计就可突出这一点，这是一首经典的奥斯卡金曲，节奏缓和，如泣如诉，由此将整体色调定为黑白，尽可能抛弃色光，灯光的结构追求极简，开头部分聚焦于歌手的两道白色光束踩着歌曲节奏向外跳动，此明彼暗，勾勒出整首歌曲的意境但不抢戏，观众可以很快投入，聆听歌手幽怨的倾诉。行至歌曲中落，感情开始有一定剂量的喷发，灯光在结构上也相应地趋于饱满，光束灯同时聚焦于歌手，伴随着现场的烟雾萦绕，正好符合歌曲所表达的意义。唱到最后，一个开放式的结尾，歌曲从幽怨的泣诉转向了振聋发聩的爆发，此时聚焦的灯光随节奏打开散于舞台。整个歌曲犹如一篇文章的起承转合，灯光和歌曲可谓互为脉络，在形、意上都达到了统一，观者仿佛在看一部经典的黑白电影，表演虽尽，回味无穷。

确保“9·3”阅兵大型直播节目的信息网络安全

信息网络管理部

2015年9月3日，北京电视台推出大阅兵直播节目《永远的丰碑》。为了确保大型直播节目的信息网络安全，北京电视台信息网络管理部在技术上提供了安全保障。

一、保障网络系统安全

这次大型直播，北京电视台不仅要转播中央电视台的信号，还要推出自己的大直播节目，彰显大台的气质。如何确保网络及信息系统安全，是一项艰巨的任务。为此，信息网络管理部由主任挂帅，建立了“9·3”网络安全重保小组，对台内新媒体、制播网、办公网三个信息系统进行了地毯式安全检查，对重要信息系统进行了漏洞扫描和渗透测试，并依据扫测结果进行整改。同时，关停了一批暴露在公网但难于保护或非关键业务系统，清理了全台有线和无线网络环境，聘请公安部推荐的奇虎360科技有限公司进行互联网攻防渗透测试及域名解析安全工作，所有检查、整改于8月31日全面完成。9月2日至5日期间，全天24小时多人监控各技术平台，较好地完成了系统安全保障。

二、保障直播技术稳定

为了保障9月3日当天直播技术的稳定，网管部承担了所有网络直播技术保障工作，包括新闻演播室、新媒体演播室和场外网络信号的全方位。主要项目，一是4G回传及对播。此次直播共准备了15台4G背包，其中12台由新闻中心提前规划分配，3台作为紧急机动备用。在长安街沿线的核心区分配了多台4G背包进行直播回传。直播期间累计回传4G素材1小时59分，制作小片14条，进行4G直播连线（对播）11次。“9·3”直播，需要多路现场信号作为节目素材，但由于现场人员密度较大，原定的4G回传方案在彩排演练时，发现无法保障质量，这就要求我们必须采用更新式的信号回传技术，确保信号通路。在本次活动中，网管部共派出两套flyaway卫星回传设备，并由孙凯、赵宇两名技术骨干分别前往阅兵村、华北某陆航团机场进行现场回传报道。在直播当天共进行了14次卫星对播和回传，其中播出了包括记者采访阅兵返航的八一飞行队队长等重要的现场新闻。

二是新媒体演播室技术保障。在本次直播中，苏州街台址的新媒体基地设立了独立的新媒体演播室，重点呈现新媒体相关内容。在整个直播活动中，新媒体演播室共接入信号8次，播出小片2条，共计30分钟，所有服务稳定可靠，播出效果良好。

本次的直播活动是一次新的技术尝试，如何将新媒体的新技术更好地应用在直播中，是我们要处理的技术难题。相比起传统演播室相对单一的信号来源，新媒体演播室信号来源广、节目形态丰富、互动内容多，需要更全面的网络支持。为了达到理想的呈现效果，网管部召集技术骨干，对直播业务形态进行了方案的充分论证与完善的测试。最终实现了包括新媒体演播室信号、电视直播信号、多工作区场景、微博微信矩阵工作台和360智能摄像头内容等所有信号的汇聚与呈现，在直播中取得了很好的效果。

三、保障业务流程顺畅

为了重播、点播等各项节目制作的需要，还需要保障系统流程顺畅，让直播内容第一时间收录回采，让后期制作的节目顺利送备播，让新媒体内容第一时间下发到各平台。

为此，一要做好直播信号收录与采集。此次直播活动中，内容要在中央电视台直播信号的基础上，进行再次制作，采集信号就成为了节目制作的唯一来源。信息网络管理部媒资科提前与相关节目部门进行了多次沟通，从信号类型、传输通路、人员账号、人员权限、传输方式等各方面都做了细致商讨，使双方对相关细节达成了一致的认识。

此次采集高清、标清两种类型的素材，高清信号来源于CCTV1，标清信号来源于CCTV1和CCTV13，分别提供给新闻、卫视、文艺、青少·海外等4个节目中心使用，传送目标涉及新闻、高清综合、深度编辑、共享审片、AVID、标清综合6个后期制作网络，同时还要为台资料室保存采集素材，文件采集总时长达到60.5小时（其中阅兵式高清34.5小时、标清12.5小时；文艺晚会高清8小时、标清5.5小时）；磁带采集总时长15小时（其中高清磁带采集8.5小时，标清磁带采集6.5小时）。

为了确保信号采集万无一失，采取了诸多的保障手段：高清、标清信号均采用了主备服务器、多路信号同时采集；高、标清各使用一台服务器进行手动本地采集；为防止数据库出现不可预知的问题，准备了不依赖数据库的硬采集服务器；同时提供了4台高清录像机和4台标清录像机进行录像带采集。

二要做好缜密的流程测试。由于部分节目部门对信号采集流程不熟悉，且有部分制作网在此前从未实际进行过高、标清同时备播。为了确保备播节目流程和效果，网管部提前5天就开始与各部门协商，并协调内部所有生产网科室，进行了从信号采集、素材传送、节目备播、节目送播到节目监看全方位、全流程的周密测试，对每个环节进行了确认，做到了不留死角。“9·3”直播当天，所有频道的各项业务流程都正常顺畅。

三要做好新媒体内容生产与发布。在直播活动进行的同时，包括IPTV、网站等多个发布平台均需要对直播信号进行收录，并快速拆条下发，供用户点播观看。在“9·3”阅兵直播当天，利用新媒体收录系统对北京电视台全频道进行多主备路收录，累计收录内容近200小时。采用新媒体内容生产服务平台实时收录、边采边编的制作能力，对内容进行快速拆条，超实时合成，实现第一时间的多平台发布。

直播当天，新媒体中心指定人员负责对直播内容进行定制化拆条，网管部安排了一支保障团队，对业务进行“贴身式”的保障。这一天，累计下发内容129条，包括直播每段内容的拆条与整段点播，累计下发内容时长达到了10小时21分钟。其中112条为网站下发，17条为IPTV专题，并且将拆条视频第一时间推送到北京电视台官方微博上，在阅兵后15分钟内，视频就已经呈现了出来。

典型经验

新形势下重大主题报道的创新与创优

——以北京电视台纪念抗战胜利70周年宣传报道为例

史椰森　秦新春　孙湘源

2015年9月3日，在天安门广场举行的纪念抗战胜利70周年大阅兵吸引了全球的目光。对国内外各大媒体来说，这是报道实力的一次阅兵，是传统媒体和新媒体相争相融的一次角力，更是关于抗战胜利70周年历史认知与报道理念的一次碰撞。据统计，9月3日纪念大会当天，全国有4.89亿电视观众收看了电视直播，有32家省级卫视频道、337家地市级主频道全程转播了中央电视台直播信号，并机总收视率达到25.62%。北京地区共有77个频道（含高清）进行直播，直播收视份额为99.1%，其中CCTV1和BTV北京卫视占据头两名。

在多屏时代到来的境状下，蕴含重大主题的重大事件，应该是传统主流媒体的主战场，主流媒体应该是全民社交互动话题的集散地。如何顺应新的传播生态，如何尊重新闻规律，如何有效发挥重大主题报道的引领作用，本文以北京电视台抗战宣传报道为例，就新形势下主流媒体如何彰显责任担当，做好重大主题报道进行了思考。

一、激浊扬清，以铿锵言行直面风口浪尖

世界很多国家和地区都在隆重纪念反法西斯战争胜利70周年，而中国今年的纪念活动却引来一些人的非议。一些西方政客似乎在有意无意地淡化二战胜利成果，一些西方媒体以“秀肌肉”“炫耀武力”为话题，转移中国大阅兵的焦点。网络自媒体上，一些人跟风西方的价值观进行政治上的解读，混淆视听。联系到近年来历史虚无主义思潮的泛起，联系到抹黑英雄的种种奇谈怪论，国内主流媒体有责任引领舆论，展现出大国的心态，从历史的角度挖掘纪念抗战胜利的深刻内涵，维护二战之后所确立的国际政治秩序。

北京电视台是唯一自制推出阅兵日直播节目的省级电视台。9月3日清晨开始，11个小时大型直播《永远的丰碑》在全台15个频道和各大新媒体平台同步播出，这在北京电视台的报道记录上还是绝无仅有，在传播平台的宽度和覆盖观众的广度上开创了若干第一，也说明BTV新闻人在重大政治任务面前的责任和使命意识。除与央视并机直播纪念大会和文艺晚会外，北京电视台还有大量独家新闻，如来自天安门广场的最新消息、受阅部队的最新动态、武器装备的最新展示等，并通过嘉宾访谈、线上线下互动等形式，体现了“铭记历史、缅怀先烈、珍爱和平、开创未来”的主旨。

除了《永远的丰碑》大型直播外，

北京电视台还注重在品牌栏目中针对错误历史观澄清是非，以正视听。北京卫视《档案》栏目播出的“九一八”特别节目《正义审判》，介绍了对罪大恶极日本战犯进行的东京审判、中国战区南京审判和新中国成立后最高人民法院的审判，对比了纽伦堡审判、苏联远东审判等，让史实说话：建立在正义审判的国际秩序不容任何人变更和颠覆！北京电视台以庄严的媒体仪式，以独到的主题引领，致敬历史，彰显担当。

二、顶层设计，以全民话题带动全域传播

在“9·3”大直播中，北京电视台成为唯一一家进入阅兵训练基地采访、阅兵当日在核心区设置采访点的地方电视台。而在直播筹备之初，有谁知道报道资源极其稀缺，争取采访权难之又难。北京电视台在对直播进行顶层设计时，认识到本次阅兵直播的重大意义，明确提出要抓住新闻机遇，在“国家题材，北京概念”上做足文章，就是要让地域新闻事件成为传播的主力，寻找国家、民族、时代共通的传播议题，正所谓“好风凭借力，送我上青云”。为此，北京电视台报道团队对外加强形势研判，对内加强资源统筹，发挥中央厨房编辑部的作用，以实现资源效益的最大化集聚。

经过大数据调查分析受众对这次阅兵的期待点，比如首次亮相的武器装备，受阅的女兵方队、外国方队等，于是北京电视台向总政、总参等单位反复争取，终于拿到了南口阅兵训练基地、外国方队训练基地、军乐团合唱团训练基地等核心资源的采访权，及时报道了受阅官兵的最新动态，并邀请评论员、军事专家和抗战老战士走进演播室，与观众及网友互动，展现大阅兵的亮点，解读阅兵的先进武器装备，剖析习主席宣布裁军的深远意义。特别是邀请参阅的三军仪仗队军旗手张洪杰、“狼牙山五壮士”英模方队领队少将张海青、三军仪仗队女队员赵颖、抗战胜利70周年纪念章设计者夏鑫等来到演播室，分享他们的受阅感受，传递精神力量。这些独家资源、独家话题，通过电视直播、网台互动等多种方式广为传播，引领国人提振民族自信，珍爱和平，共创未来，让大众话题从北京向全国扩散，实现了主流舆论的有效引领。

三、守正出奇，以多重变奏丰富主题合唱

主题报道既要传播正能量，唱响主旋律，又要讲究特色，守正出奇，这样宣传效果才能如春风化雨，入脑入心。在抗战宣传报道中，北京电视台努力在节目品质和选题内容方面创新尝试。

大型纪录片《伟大的贡献》对历史资料进行了“地毯式搜索”和“考古式发掘”，生动反映了中国共产党在14年艰苦抗战中发挥的中流砥柱的作用。该片在北京卫视《档案》栏目风格基础上进行了全新升级，首次让讲述人走出演播室，走进复现的历史场景，将讲述空间还原成为历史现场，“身临其境”讲述历史故事，“大大提高了历史题材纪录片的艺术性和可看性”。网友们纷纷发表热议：“《伟大的贡献》真正的价值在于实现了宏大叙事和主题报道的视觉突破，让普通观众无障碍理解历史概念和严肃命题，消除了当代和历史的隔膜感，找到了主题宣传的新模式。”

大型纪录片《钢铁记忆》从兵器与

战争的关系入手，通过大规模的实地拍摄，权威的当事者及专家采访，呈现鲜为人知的历史细节，分析错综复杂的国情时局，提炼当下的思考启示。《世界军事杂志》总编辑陈虎表示：“《钢铁记忆》表面上看它是一些由钢铁构成的各种武器的记忆，但实际上它背后反映出来的，远远不是这些：它是一个民族智慧的记忆，民族力量的记忆，以及民族精神的记忆。”

北京电视台还注意发挥地缘优势，突出首都台的报道特色。2015 年 4 月 5 日，北京电视台发起并联合上海电视台等多家电视媒体推出清明节直播，报道全国范围内举行的缅怀抗战先烈的公祭仪式，体现了首都电视台的领头羊作用。2015 年 5 月 3 日起，《北京新闻》推出了精心策划的“京华英雄”系列报道，将平津地区 70 位抗日英雄人物介绍给观众。为了迎接大阅兵，各档新闻栏目推出“服务胜利日 保障大阅兵”等系列报道，反映全市相关部门和区县全力保障阅兵顺利进行的行动，彰显出首都的大局意识。

在抗战胜利日到来之际，北京电视台抗战宣传报道达到高潮，组织全台 15 个频道全面播出抗战题材节目，形成宣传矩阵。除了统一转播《永远的丰碑》大型直播外，北京卫视频道推出特别节目《从空前觉醒到伟大复兴》，邀请中国人民解放军少将金一南开讲历史公开课；文艺频道集中推出《光荣岁月》《歌声中的时代记忆》等文艺专题、专访、汇演；科教频道打造怀旧特别节目“抗战记忆”；财经频道推出系列节目《穿越战火的纪念》《见证》；生活频道推出《我们的纪念日》《单骑送铁证》系列报道；青年频道推出特别节目《铭记这一刻——聚焦胜利日大阅兵》；新闻频道以每天一集的频率播出历史文献纪录片《抗战史上的今天》；纪实频道集中播出反法西斯战争纪录片；各频道还集中展播抗战题材影视剧、动画片、宣传片、歌曲 MV，共同汇聚成弘扬伟大抗战精神的大合唱，诠释了“铭记历史是为了更好地呼唤和平”这一主题。

四、用户至上，以线上线下活动衍生节目品牌

在观众用户化、节目产品化的当下，主题报道更要遵循传播规律，围绕用户开展对象化传播。

为纪念抗战胜利 70 周年，《养生堂》栏目组策划了一次线下活动，与 10 位全国顶级医疗专家一起，分赴全国五大革命老区，进行巡讲义诊。67 个日夜、2.5 万公里的行程，这次活动受到了老区人民的热烈欢迎，于 2015 年 8 月 25 日至 9 月 3 日连续 10 天播出的《养生堂——革命老区巡讲》特别节目，得到了众多观众、网友的积极评价。

财经频道精心打造了《财富故事抗战特别节目——见证》《理财抗战特别节目——穿越战火的纪念》。《见证》摄制组辗转全国各地，寻访到了一批抗战文物收藏者，他们手中的抗战收藏品很多是首次在镜头前亮相，具有极其宝贵的史学价值。小藏品蕴涵大主题，栏目组深入挖掘这些战争遗物背后的故事，烘托了“一物一段史、一物一传奇”的主旨，专家评价道，《见证》是一部用人、物、史、情元素构成的纪念抗战胜利的用心之作。《穿越战火的纪念》栏目组则从微信上征集到大量藏友，主要从红色藏品、抗日期间报纸杂志收藏等进行报道，用文物藏品再现了烽火连天的抗战岁月，提醒观众铭记苦难、奋发图强。《理财》和《财富故事》两个品牌栏目推出的抗战特别节目，符合栏目定位，不仅在节目制作过程中得到文玩爱好者的帮助，更在节目播出后扩大了品牌影响力，有利于凝聚老观众，培育新用户。

五、讲好故事，以细节情感弘扬人性光辉

常言道："一枝一叶总关情。"重大主题报道要注意讲好中国故事，点面结合，做好重大主题的人性化解读。

8 月 28 日，北京卫视《我是演说家》推出了第二季的首场节目。第一季冠军梁植娓娓道来，讲述了一位叫欧兴田的新四军老战士用 30 年的时间找回牺牲战友的遗体，自筹资金，变卖了 6 枚军功章，建立和守护烈士陵园的故事。演讲结束后，节目组把欧兴田老人请上舞台，并出人意料地将老人变卖的 6 枚军功章找了回来，由 4 位导师为老人一一佩戴在胸前，这一幕深深打动了场内外观众，折射了人性的光辉。

类似这样的例子还很多，大阅兵当天，三军仪仗队旗手张洪杰在北京电视台演播室接受采访时，讲述了阅兵式上三次流泪的经过和心路历程，展现当代中国军人"有灵魂、有本事、有血性、有品德"的精神风采；专题片《见证》中，人们看到了赵尚志牺牲前盖过的血毯，看到了父亲送给上战场的孩子一面"死字旗"，听到了父亲的那句话：这面旗伤时拭血，死可裹身……这些故事触碰了人类情感深处最柔软的点，展现了伟大的民族精神，让人潸然泪下。

六、媒体融合，以多屏互动实现立体传播

大阅兵直播，让人们见识了什么叫作"台中有网、网中有台"。9 月 3 日，除了电视屏外，BRTN 北京网络广播电视台同步直播《永远的丰碑》，制作 IPTV 专题大阅兵节目，开通微博、微信两大互动平台，碎片化内容同时推送给手机 APP 客户端和微平台。北京电视台新媒体平台推出了阅兵大数据解读、阅兵小水滴全景呈现、直播弹幕等环节，截至直播当天 15 点 30 分，全台微博矩阵覆盖 1.5 亿人次，阅读量接近 3000 万次，通过北京电视台微信电视浏览信息并参与互动接近 30 万人次，留言和评论达到 10 万条左右，开创了 BTV 新媒体的历史记录。

本次大阅兵在社交网络上引发了刷屏式的传播与评论，再次印证了媒体融合的大潮势不可挡。看电视，玩手机，这是时下很多年轻人的新玩法。重大主题报道如何从客厅的电视屏走向移动的手机屏，这是一个值得媒体人努力的方向。

七、技术挖掘，以创新应用呈现奇妙视界

北京电视台在阅兵直播中大量运用了虚拟植入技术，先后制作了 99A 主战坦克、歼 –15（飞鲨）战机、红旗 –9 防空导弹等 22 个虚拟场景，从体量上看此次直播的虚拟成分超过了以往历次 BTV 大直播。在《伟大的贡献》《钢铁记忆》拍摄制作过程中，北京电视台采用了逼真的三维特效制作、实时虚拟技术，配以画龙点睛的情景再现、实景拍摄，做到棚内棚外的无缝式衔接，将现实与历史勾连起来，让史料、武器活起来，创新手法得到专家好评，被誉为"站在技术高点上的主旋律创新""让观众的历史想象更具合理性"。

在"9·3"大阅兵直播中，北京电

视台还启用了360智能摄像机，俗称小水滴，布设在全市各个代表性地点，拍摄的现场实时画面能够在新媒体演播室大屏实时聚合呈现，全景记录大阅兵现场、抗战老兵家庭等地的点滴瞬间。此外，北京电视台还运用大编辑部工具分析网友关心的话题方向，并针对性的进行数据挖掘和解读，为节目策划、互动传播等提供了参考。

八、团队协作，以攻坚克难彰显职业操守

在历次重大主题报道中，BTV人敢打硬仗，善打硬仗，无论是兵团作战能力还是单兵作战能力，都是有口皆碑。

在抗战70周年主题报道中，一批年轻的80后、90后成为报道主力，特别是党员干部率先垂范，主动担当，以“关键少数”引领“最大多数”。在阅兵训练基地，年轻记者每天早上6点多就赶到现场，在官兵训练前做好准备，晚上直到官兵们休息才离开，每天只能睡三四个小时，为了阅兵报道真是拼了。直播前一天，18名天安门和长安街沿线核心区的记者们凌晨两三点扛着机器，背着干粮提前到达集结地点，夜以继日地演练、采访。参与创作《伟大的贡献》的每位编导，平均阅读抗日战争相关书籍30本以上，梳理出珍贵影像近6000分钟，文献资料40余万字。在拍摄夜戏、雨戏的过程中，编导们接二连三地在片场病倒，但是全部带病坚守。

一名参与阅兵报道的女记者在采访手记中这么写道：“顾大局、讲奉献永远是一名新闻人应有的职业素养，善攻坚、能打仗，才无愧新闻人应有的责任和担当。”BTV人弘扬抗战精神，用史诗的情怀、精彩的创意、黄牛般的实干，致敬历史、致敬民族、致敬生命，他们也在重大主题报道中一步步走向成熟。

北京电视台推出
申冬奥大型直播《通向2022》

总编室

2015年7月31日9：00，北京电视台在北京卫视、BTV新闻频道、BTV体育频道、BRTN北京网络电视台同步推出申冬奥大型直播《通向2022》。这一大型直播，获得社会各界的盛赞。市委常委、宣传部长李伟指出，“你们的直播真漂亮，不容易”！中国人民大学新闻学院教授喻国明认为，此次台网融合报道模式“让电视的精髓在移动互联网时代得以延续”。国广市场调查首席研究员靳智伟认为：“直播充分体现出北京电视台的电视格调与情怀，体现出北京电视台综合传播能力和市场竞争能力的整体进步。”中国传媒大学传播研究院教授、受众研究中心主任刘燕南表示："直播的一大亮点是多屏多渠道传播、全媒体联动、传受互动，这是以融媒体思维进行大型直播报道的一次有益实践。"网友"小鱼儿"发帖道："这才是皇城脚下的范儿，为北京电视台点赞，为北京张家口骄傲!"

一、开拓直播视野，彰显大台风范

为了延伸报道触角，北京电视台搭建了北京主演播室、吉隆坡前方演播室和新媒体分演播室，成功实现了三方对播，特别是《北京新闻》首次实现了与境外演播室的实时对播，连线范围遍及北京、张家口、吉隆坡、阿拉木图、乌鲁木齐等地，体现了全球共享的视野。

在吉隆坡，北京电视台提前派出31人的前方报道团队，记者通过锲而不舍的努力进入国际奥委会第128次全会核心区域，及时报道了北京代表团所有重点场次活动。陈述会后的新闻发布会上，北京电视台记者向陈述人杨扬提问，同时记者在混合采访区采访了北京代表团成员。当举办城市揭晓时，记者在第一时间记录下了国际奥委会委员李玲蔚、陈述团成员李妮娜夺眶的泪水，也留下了代表团成员成功瞬间的肺腑之言。前方记者还邀请中国奥委会主席、国家体育总局局长刘鹏，北京冬奥申委主席、北京市市长王安顺进入吉隆坡演播室，接受了BTV的专访。这些采访以直播形式传回北京，第一时间播出，增强了报道的时效性和权威性。

在圆满完成大直播的基础上，前方记者还先后在《北京新闻》《特别关注》《北京您早》《体坛资讯》和《天天体育》等栏目发稿约100多条次，成功实现实时对播。本着"跳出体育看体育"的宗旨，记者拍摄的对象遍及华人华侨留学生、北京企业、中国企业在吉隆坡的建设者，采访内容从体育到人文到"一带一路"的国家长远规划，体现出首都台的眼界和胸襟。

在北京、张家口，二十几路记者分赴鸟巢、水立方、五棵松体育馆、奥林匹克森林公园、朝阳公园、乔波滑雪馆、延庆八达岭、张家口崇礼等地展开现场报道，多路记者，多点采访，画面生动，内容丰富，全面展现奥林匹克精神的美好前景。

在奥林匹克公园庆典广场举行的"北京市群众体育交流活动"是"7·31"大直播和北京市迎奥运的重要内容。之前，市委书记郭金龙和宣传部长李伟专门听取了赵多佳台长和艾冬云副总编辑有关直播方案的汇报，艾冬云副总编辑7月30日、31日连续两天现场盯守，随时调整最新转播方案。7月31日当天，奥林匹克公园庆典广场直播团队顺利向央视和国际奥委会吉隆坡会议现场提供国际公共信号，为北京电视台大直播提供活动画面，为奥林匹克庆典广场和水立方的大屏幕反送吉隆坡投票现场信号，供领导和现场群众同步观看，同时还完成若干次单边连线报道。当天申冬奥成功后，中央领导刘云山、刘奇葆、栗战书、郭金龙、杨晶等同志来到现场，宣读了习总书记的贺信并致辞，现场一片欢腾，成为北京市当天规模最大、气氛最为热烈的活动，也成为北京电视台大直播的一大高潮。在延庆八达岭长城直播点，报道团队圆满完成三次对播联线以及投票揭晓时刻欢庆场面的实时回传工作。

在京张携手、京津冀协同发展的大背景下，北京电视台转播小组协调满足了中央电视台和河北电视台的直播需求，帮助外地多个电视台完成多次连线报道，体现了首都媒体应有的团结协作意识。河北电视台出动最新的高清转播车和卫星车，在张家口为 BTV 大直播提供信号，张家口电视台主持人与北京电视台主持人一起完成了首次连线报道。张家口、承德、唐山人民广播电台也同步播出了《通向2022》，共同为申冬奥加油助威。

3 个演播室的实时对播，20 多个直播点的横向联系，跨省市多家媒体的联动合作，拓展了直播节目的规模、纬度和深度，提升了北京电视台的影响力。

二、把握直播基调，展现大国自信

早在直播前 3 个月，在赵多佳台长的亲自指导下，朱江副总编辑带领总编室、新闻节目中心、体育节目中心等部门主创人员精心策划直播报道工作方案，数易其稿，反复磨合论证，探索宣传规律和电视规律最佳结合点，努力呈现一部有主场特色、情感饱满的电视精品。由于情况复杂多变，直播团队准备了两套不同方案，精心设计直播流程、访谈内容、专题片等等，无论成功与否，都牢牢把握舆论导向，传达北京的申办理念，展现大国的自信、从容、淡定。

直播以 7 月 31 日 2022 年冬奥会申办城市遴选活动为核心，巧妙融入北京申办历程、中国以及世界奥运史、申办所带来的经济社会体育多方面影响等内容。节目定位为“主场的情感、万众的期待”，通过《万众瞩目》《激情碰撞》《五环魅力》《美丽梦想》《欢腾时刻》《祝福歌声》等 6 个篇章，呈现北京的申办理念和申办优势，展示举办冬奥会对于普及冬季运动、满足群众文化体育需求、助推京津冀协同发展的重要意义，营造出万众期待的浓郁气氛，生动弘扬了中国梦主题和奥林匹克精神。

直播嘉宾阵容强大，魏纪中、蒋效愚、赵英刚、黄亚玲、魏坤琳等各界知名人士走进演播室，一起见证中国与冬奥会的这场激情约会，精彩访谈接连不断，以独特视角分享各自的“冬奥梦”。

12 个半小时的大型直播，主题明确，内容丰富，层次分明，细节生动，采访话题到位，资料背景清晰，人物专题个性鲜明，本台短评及时有力，很多观众反映，这是一场“有情感、有温度”的节目。中国传媒大学媒介评议与舆论引导研究中心主任唐远清认为，北京电视台申冬奥直播报道是北京电视台作为首善媒体综合实力的有力体现，整体设计恢弘大气，把中国梦的主题和奥林匹克精神有机结合在一起，体现出了思想性，使得整场直播主题鲜明，振奋人心。

三、实践台网融合，加深全媒体理念

在《通向 2022》大型直播中，北京电视台首次实践“记者一次采集、编辑多次生成、渠道多元传播”的中央厨房式“大编辑部”报道模式，第一次真正实现了台网融合的全媒体大型直播报道，在北京电视台媒体融合发展过程中具有历史意义。

多种节目形态，多屏多介质，线上线下全媒体互动，是本次直播的一大亮点。电视、广播、PC 端、移动端、城市电视、户外大屏幕等共同组成了一场前所未见的“台中有网、网中有台”的全媒体平台。直播当天，BRTN 网站、BTV 大媒体客户端、BTV 官方微博微信同步多屏直播，同时，也汇聚各类新媒体资讯，一个内容源，多次编辑，多元发布。在直播互动环节，通过摇一摇、扫一扫等手段，吸引网络和手机用户开展十几个小时的持续互动。

中国人民大学新闻学院教授喻国明认为，此次直播有三个特点，一是大时段直播，二是大数据的表现手法，三是互联网 + 逻辑的运用。互联网逻辑首要的连接是内容连接，即海量存储和超级链接，实现各自分属的内容互联互通。北京电视台中央厨房式台网融合报道模式，打通多终端全媒体平台，是一种有益的尝试。

截至 7 月 31 日 24 点，与《通向 2022》大型直播直接关联的北京电视台各大新媒体平台用户踊跃，均大幅超过历史记录。BRTN 北京网络广播电视台独立访问用户（UV）3423562 人，翻看页面 5980951 次，观看直播信号的独立访问人数超过 60 万，页面播放次数接近 100 万，创造了 BRTN 北京网络台的历史最高记录，带宽使用量达到了历史最高点（2015 年 BTV 春晚）的 4 倍。通过 BTV 大媒体 APP 收看手机直播、浏览信息和参与活动的用户高达 10 万，翻看页面超过 25 万次。观看 360 智能摄像头拍摄直播画面的人数高达 326 万。直播伴随稿件《北京赢了》在微信平台发出，立即积累了超过 10 万次的阅读量，同名应用转发量超过 100 万。

四、推进技术创新，提升视听体验

北京电视台技术团队为北京主演播室大直播量身打造了与现场舞美完美结合的虚拟植入特技，呈现出演播环境的冰天雪地，舞美效果高端大气，模型动画鲜活生动。新媒体演播室进行了 360 摄像头信号源汇入、多机位构图等方面的创新设计，完美呈现了新媒体技术在传统媒体上的表达。

在研发全新台网融合工具和平台方面，此次直播有三大技术创新：

一是开创性地将互联网摄像头与传统电视摄像机实质结合，改变传统电视采编和发布方式。360 智能摄像头被记者称为“小水滴”，拍摄的视频画面不仅随时用于电视直播中，也全部在网站和移动端上线播出，供用户选择。

二是研发完成“BTV 大编辑部”工具和平台，尝试改变传统媒体编辑部模式。“BTV 大编辑部平台”基于全网新闻搜索技术，按配置分类检索并聚合相关图文及视频内容，做到全网资讯的实时搜索与汇聚。

三是“虚拟坐席”“边看边聊”微信“摇电视”等一系列新技术新应用大大丰富了电视直播的节目内容，开启全天伴随式互动。为突出直播的实效性、增强与观众的互动，这次直播还大量采用了弹幕形式，及时引导话题走向，表达观众声音，让直播内容更加生动丰富。

五、凝聚各方力量，畅通绿色通道

此次大型直播得到了上级领导的高度重视与大力支持。冬奥会举办城市揭晓前夕，7 月 29 日，郭金龙书记、李伟部长在市委召开的直播协调会上听取了北京电视台直播方案汇报。7 月 30 日，北京冬奥申委主席、北京市市长王安顺在吉隆坡慰问了北京电视台前方报道记者。市委宣传部领导多次对直播报道方案作出指示，提供指导。冬奥申委、市外办、市外宣办有关领导也对北京电视台申冬奥宣传报道工作提出了宝贵的指导意见。

直播的成功离不开 BTV 人的大局意识和责任担当。此次直播，北京电视台有近千人参与。早在今年4月底，北京电视台成立了以赵多佳台长为组长，其他台领导班子成员为副组长，以及10余个职能、节目、技术部门为成员的申冬奥直播工作领导小组。赵多佳台长、田方总工程师、朱江副总编、艾冬云副总编多次来到演播室和鸟巢活动直播现场等地视察，确保直播万无一失。7月25日，朱江副总编辑带领申冬奥前方报道团出征，受赵多佳台长委托，韦小玉常务副台长代表台党委为他们送行。前方报道团抵达吉隆坡的当天下午就投入紧张工作，直播前一天的工作部署会一直开到直播当天的凌晨2点，主持人李杨薇只睡了2个小时就爬起来做直播准备。7月31日，赵多佳台长、艾冬云副总编辑在北京主演播室坐镇指挥，朱江副总编辑在吉隆坡前方演播室调度有方，确保直播从容有序进行。

直播的成功离不开全台各个部门的全力支持与配合。办公室、总编室、总工办、研发部、行政部、保卫部、卫视节目中心、新闻节目中心、体育节目中心、新媒体发展中心、网管部、播出部、制作部、转传部等多个部门精诚合作，大局为重，迅速开通直播绿色通道。办公室认真细致地做好外事服务、信息报送、沟通协调、服务保障等工作，面临吉隆坡出访人员超标和受理时限不足的双重困难，多番协调和反复调配，最终保证了申冬奥前方报道团31名成员如期启程；通讯技术团队运用电话会议系统为台内600平方米演播室总导演、播出总控、16个外场直播现场导演和冬奥会前方演播室提供了12小时的无间断沟通联络保障，全程确保10余个外场注入点40余次户外多点视频连线顺利完成。总编室作为直播工作领导小组的具体办事机构，负责统筹协调工作，多次组织召开专题会、协调会、专家策划会、培训讲座、直播动员会以及前方报道团队出征欢送仪式等；与申冬奥报道主体部门建立联络员机制和信息快报机制，逐一推进落实、协调具体工作；提前制定“全台申冬奥宣传推广方案”，陆续制作播出申冬奥各版本宣传片；媒资系统提前为大直播开放了全台体育素材库和奥运相关素材内容，并通过台内网推出了《2001年7月13日北京申奥直播回顾》视频专栏；数月来拍摄北京电视台申冬奥直播筹备工作的历史资料，紧急制作反映北京电视台申冬奥宣传历程的特别节目；特别是针对7月31日当天直播，总编室准备了申办成功和失利两套编排方案，提前做好应急备播及节目垫播方案，保障了BTV北京卫视、BTV新闻、BTV体育频道的安全顺畅播出。在奥林匹克庆典广场，北京电视台技术部门出动两辆高清转播车，现场架设8台摄像机，BTV直播团队与主办方、联通公司多次会商，反复磨合，确定施工方案，在雷雨中架设作业调试长达12小时，毫无怨言，最终圆满完成了高难度的转播任务。技术部门提前做好各项安全预案，顺利处置直播当天卫星信号突然更改、《新闻联播》延时到42分钟、IBC突然断电等突发情况，保障了直播报道顺利进行。

在重大宣传战役中发挥“中央厨房”统筹作用

史椰森

在北京电视台《通向2022》申冬奥大型直播中，有两点突出的体会：一是全台“一盘棋”的合力，二是“兄弟同心、其利断金”的威力。18个部门、数十个工种、近千人的联合作战，3个月的紧张筹备，3个演播室的跨国对播，20多个直播注入点的横向互动，22路史上最多的外来信号源，12.5小时的不间断直播，可以说这是北京电视台首次运用“中央厨房”式大编辑部平台统筹全台资源、实现跨屏传播的创新实践。

组织统筹：建立“一盘棋”的组织机构运行机制，确保一切行动听指挥

回顾申冬奥100天的日日夜夜，切身体会到组织保障的重要性。2015年4月底，北京电视台成立了申冬奥直播工作领导小组，赵多佳台长为组长，同时明确副总编辑朱江作为执行总负责人，成员包括相关职能、节目、技术部门。在前期策划阶段，朱江副总编辑带领几个核心部门做了细致的调研推演，明确提出了“中央厨房”式宣传工作框架。所谓“中央厨房”，就是要统筹全台资源，依托大编辑部平台，实现“六个统一”，即：统一策划、统一调度、统一活动、统一采制、统一推出、统一互动，在融媒体平台上实现多屏互动。在领导小组的统一指挥下，迅速拿出了“7·31”初步方案，4月下旬分别报编委会、党委会立项；全台组织召开跨部门专题会近30次，明确了此次报道的总体任务、具体要求、责任分工等大事小情；前方报道组、后方报道组、宣传推广组、技术保障组、新媒体组等相继成立，一切行动听指挥；总编室作为领导小组的具体办事机构，承担着“中央厨房”平台的统筹调度、协调落实职责，保障了中枢指挥系统的高效运作。

内容统筹：进行专业化、科学化的顶层设计，确保重大主题报道导向正确、守正出奇

道路决定方向，科学的顶层设计是成功的关键。比如这次申冬奥直播报道，既有很强的政治敏感性，又有很强的体育专业性，为此申冬奥报道组不仅依靠自己的团队精心策划提出了初步的方案，而且还召开了多种形式的专家策划会，邀请到了北京冬奥申委宣传部长王惠、体育部长赵英刚等专家来帮助策划和培训，主动登门市外办听取指导意见，特别是还得到市委和宣传部主要领导的多次指示和具体指导。通过反复修改直播方案，以“主场的情感、万众的期待”作为定位，从体育的视角展现大国的文化自信，同时也关照中国梦、京津冀协同发展、“一带一路”等国家战略主题，还确定了网台联动的基本思路。高屋建瓴的顶层设计，让直播报道显得大气，有情怀，有温度，受到社会各界的普遍好评。

信息统筹：建立全天候的信息会商平台，确保指令畅通、反馈及时

在申冬奥直播筹备期间，全台加强了信息会商工作，建立了信息快报机制和联络员机制。台领导随时听取各方工作汇报，总编室派专人随时记录并传递重要信息，确保从中枢指挥系统到神经末梢都能沟通便捷，运转高效。值得一提的是，报道组专门创建了“7·31 项目组”微信群，参加人员包括主管台领导、前后方报道组以及相关部门的核心人员。微信群突破了时间和空间的限制，在这里，领导指令畅通无阻，工作建议随时交流，很多报道线索被及时采纳，并呈现在荧屏上。

编播统筹：提前制订周密的编播预案，确保安全播出零差错

为了应对各种可能发生的情况，赵多佳台长、田方总工程师等台领导多次部署并提出具体要求，对跨频道多平台的 7 月 31 日申冬奥直播，不仅准备了申办成功和失利两套编播方案，还多次召开节目和技术的跨部门联席会，解决各类可能影响安全播出的问题，提前做好应急备播及垫播方案，成功应对当日《新闻联播》超时、吉隆坡卫星信号突然中断等突发事件，这一切都是因为全台提前做好了各种预案，关键时刻才不会掉链子。

编播统筹是一门艺术，更是一种责任，不仅要讲传播效果，更要讲政治，守纪律。比如申冬奥初期，报道组严格遵守宣传精神，低调务实地开展宣传推广工作，分阶段、小规模地推出各种版本宣传片，一直到 2015 年 7 月 25 日起，才集中推出《冰雪的梦想　火热的向往》大直播推介宣传片，有效地为 7 月 31 日大直播营造声势。

团队统筹：像蚂蚁式的分工协作，确保团队的执行力、创新力和凝聚力

这次直播有很多亮点，比如引人入胜的演播室虚拟植入技术、弹幕互动、小水滴智能摄像头……这些创新其实都离不开人的因素。正是无数个个体的精诚合作，团结一心，才铸就了团队整体的成功。所以，越是跨地域、跨媒体、跨工种的大型报道，越需要做好团队的统筹，做好部门的融合。具体说来，就是要践行“三严三实”的要求，打造一支“忠诚、干净、担当”的报道队伍，用执行力去攻坚克难，用创新力将“不可能”变为“可能”，用凝聚力打造 BTV 的品牌形象。

《幼儿缘》用精彩纪实传播育儿理念

卫视节目中心

2015 年 10 月 20 日，北京电视台北京卫视《幼儿缘》栏目播出《六旬母亲和五岁龙凤胎》节目。这期节目有三个特点：

公益化理念

节目主要讲述了一个六旬母亲如何养育一对龙凤胎的故事，因而是一个带有社会普遍意义的育儿问题。节目中，详细展现了这个特殊家庭在日常生活中所遇到的各种难题，尤其是妈妈在教育子女方面遇到的方方面面困惑。面对此问题，育儿专家阿达丽参与其中，通过实地调查、心理实验等方式为这一家庭遇到的问题提出解决办法，而且对其进行了爱心捐助。专家在跟踪、分析和帮助的过程中，从专业视角传达出很多专业知识，如通过心理测验探寻孩子的心理需求问题，不仅对该家庭各种困惑的解决大有裨益，而且对遇到类似问题的观众具有启发作用。因此，节目的公益性突出，具有很强的人文情怀和社会教益。

二是纪实化风格

整个节目采取“用事实说话”的编创理念，用真实的镜头，实况画外音的运用以及必要的解说给观众以身临其境之感。例如，编创者用摄像机如实记录了这一家人的生活环境、日常交流、遇到问题时的尴尬，以及育儿专家的全程跟踪调研与解决途径。这种“真实的力量”让观众感到节目中的当事人似乎就在身边，因而亲切感十足。此种纪实性风格使节目贴近生活，拉近了和观众之间的距离。

三是故事化讲述

节目在叙述的过程中，通过悬念开场、跌宕讲述等手法，以一种故事化的形式吸引观众的注意力。例如，节目开头即讲道：“一位54岁女性生出一对龙凤胎……”这便引发了观众的观看兴趣。节目进行过程中，当育儿专家准备为这个家庭装一个上下铺时，又意外地遭到母亲的强烈反对，这样的一波三折又令观众欲罢不能。因而，此种故事化的讲述风格大大增强了节目的观赏性和吸引力。

传递“两会”声音　展示代表委员履职风采

——北京电视台“两会”报道呈现五大亮点

新闻节目中心

从2015年1月21日政协北京市第十二届委员会第三次会议开幕，到1月29日北京市十四届人民代表大会第三次会议圆满落幕，在为期9天的北京市“两会”期间，北京电视台组织近200人的新闻报道团队，策划先行、突出重点、拓展内容、创新形式，集成大型直播、滚动新闻、插播时段、特别节目四大板块，在《北京新闻》《北京您早》《特别关注》《锐观察》等8档新闻栏目强势播出《两会特别报道》《2015蓝图》《行进京华大地　讲述精彩故事——小曹跑两会》《小曹跑两会　帮您捎句话》《小聂探两会》《代表委员朋友圈》等专栏，圆满完成了市“两会”各项报道任务，赢得了市领导、宣传部领导的充分肯定和好评。在市十四届人大三次会议闭幕式上，市人大常委会主任杜德印特别提到：北京电视台对大会全体会议和部分代表团会议进行了现场直播，对会议及代表履职情况进行了充分深入的报道，架起了联系沟通广大人民群众的桥梁。

从1月22日至1月29日，新闻节目中心共播发市“两会”新闻170条，总时长超过740分钟，报道总量比往年增长20%以上，创造了市“两会”报道史上多个第一。此外，还完成了人大和政协新闻发布会、政协记者会的专题制作和政协委员联欢会的录像编辑工作。

这次“两会”报道，呈现五大亮点：

亮点一：镜头始终对准基层代表委员。“两会”期间，报道团队始终把镜头对准基层代表、委员，运用大量的现场同期声，传递代表、委员声音，充分展示了代表、委员不辱使命、认真履职的风采。“两会”期间，新闻节目中心所属各档节目共采访并播出市人大代表、政协委员同期声近1000人次，汇集了代表委员对《政府工作报告》等会议文件的精彩表述，以及审议、讨论时发表的真知灼见，集合成了振奋人心的两会“好声音”。

亮点二：体现电视特色，突出现场直播。2015年的市“两会”报道除了对市政协、市人代会两个开幕式，市人代会全体会议审议市人大常委会工作报告进行现场直播外，还在两会驻地搭建了前方演播室，在每天中午的《特别关注》栏目中设置了对播环节，每天用5—7分钟的时间及时播报两会新闻，突出现场感。

亮点三：报道发挥新媒体优势，加强网台联动。《小聂探两会》以“大数据搜索热词+网友视频提问+现场访谈答疑”的形式，与百度合作，借助大数据搜索“两会热词”，在前方演播室请入各委办局新闻发言人和相关领域的代表委员进行现场访谈，以此增强该节目与“两会”的契合点。

“代表委员朋友圈”板块运用新的传播方式，将代表、委员通过自己的“朋友圈”把两会上的一些有特点的提案、议案以及趣闻进行展示。节目中采用了轻松活泼的呈现方式。

新闻节目中心要闻采访部通过部门开设的“708号外”微信公众号，第一时间传递两会信息，点击量节节攀升。其中，《王市长，我发言您别不高兴》真实反映了代表、委员认真履职，关注民生；市领导直面问题，真诚回应，将两会声音通过新媒体传递广泛传递。《代表委员遭“围堵”记者也是蛮拼的》《失独老人有专门的养老院可住!》等，最快地传递了“两会”声音，搭建了市府与市民间有效沟通的桥梁。

亮点四：强化主题报道，深入开展“走转改”活动。“2015蓝图”是每年两会的重点报道之一。专栏围绕《政府工作报告》中的重点、要点、亮点，运用虚拟演播室植入的方式，对《报告》进行解读。在确保权威性外，还要突出走转改，为报告中的数字和观点，找到现实生活中生动鲜活的实例。

《行进京华大地　讲述精彩故事——小曹跑两会》利用栏目品牌效应，选取过去一年中发生在市民身边的变化，采用会内会外结合的方式，突出走转改，展示北京的发展变化。

此外，《小曹跑两会　帮您捎句话》通过微博、微信广泛征求市民的意见建议，实现会场内外、荧屏内外的互动和交流，收到观众留言近千条，涉及民生方方面面。

亮点五：包装给力，全频道宣传。新闻节目中心制作了4个宣传片，分别是《两会特别报道总宣传片》《小聂探两会》《小曹跑两会》《新媒体宣传》，在新闻频道各时段广为宣传。

《中国梦——365个故事》用“微记录”展现“中国梦”

新闻节目中心

由北京市委宣传部策划并出资，北京电视台承制的365集微纪录系列片《中国梦——365个故事》，通过对每一个普通人的人生轨迹的观察、记录，回答“什么才是当代中国人真正的‘中国梦’”这一时代命题。

《中国梦——365个故事》是一部以“微纪录”的形式，以365集的体量，全面纪录当代中国人梦想故事的纪录片。本片主题鲜明、内容丰富，每集3分钟，共拍摄365集，实现电视台、网络及平面全媒体覆盖。截至2015年底，节目已经制作完成并且在网络推出287集，在北京电视台播出205集，在英国普罗派乐卫视播出100集。

在北京电视台《北京新闻》栏目播出以来，节目的平均收视率达8.6%，单集最高收视率达11%，网络总点击率已逾2.5亿次。很多热心观众纷纷致电提供选题线索，希望能够参与纪录片的拍摄。广大网友对微纪录片给予积极评价，说这部纪录片给观众送去温暖，提供了“正能量”。

该纪录片播出后，获得中央、中宣部和市委领导的高度重视，刘云山、刘奇葆、郭金龙、王世明、李伟等同志先后作出重要批示，称这部纪录片对社会主义核心价值观更加通俗化、形象化宣传有启示作用。

《中国梦——365个故事》先后获得2014年“优秀国产纪录片扶持计划”优秀微片奖、第21届“中国电视纪录片十佳十优评选”最佳微纪录作品奖、北京市“好文风好新闻作品奖”“北京广播电视台创新奖”等多项奖项。

一、用创新形式展现时代主题

用3分钟的时间展现“中国梦”宣传这个时代的主题，是该纪录片的一次大胆尝试。在策划之初，主创团队曾经对纪录片的长度做过若干测试：如何在当下的“信息社会”中，既能吸引受众的注意，又能切实传播多元、丰富的社会主义核心价值观？团队曾设想过5分钟、2分钟甚至1分钟的时间。经过反复试验，最终确定用3分钟的篇幅讲述主人公3—4个人生的横断面。这一篇幅是一个临界点，既能够保证故事的完整性、信息量的稠密度，又能直接击中受众的关注点，形成记忆点。

二、用创新思路提升“中国梦”的传播境界

一个词汇，一旦成为政治语汇被不断重复，其语义内涵便容易空洞化，进而丧失人们与其沟通的体验品质，而逐渐沦为一个失去生命力的概念和符号。这正是传统宣传工作经常事倍功半的原因和宣传工作者经常面临的陷阱。《中国梦——365个故事》并没有对“中国梦”这一词汇进行生硬的重复传播，而是将宏大叙事转化成为实在的、可感的、易于理解的个体叙事，通过一个个感人至深的故事，一句句朴素鲜活的话语，对“中国梦”的价值内涵进行来自民间的、具有生命活力和感染能力的新鲜阐释。其中既有国人奋力实现梦想的群像，也不完全回避实现梦想路途中的坎坷，从万千个人的梦想中，看见时代的深深刻痕。本片不仅具有宣传价值和社会价值，更达到了历史价值和审美价值的高度，提升了“中国梦”的宣传境界。

三、以求真精神映射当代中国人心灵之光

本片的拍摄对象涵盖了全国各民族、各地域以及社会各阶层、各年龄、各职业的人群。节目组远赴西藏、上海、山东、四川、江苏、浙江、河南、云南、广西等地，展现了西藏的支教教师、贵州马背上的医生、加拿大归国的二战亚洲历史普及者、成都的私人博物馆创办人等许多鲜活的人物面孔，表现出普通中国人在大时代中追求、经历与命运的故事。人物年龄最大的有95岁的抗战老兵，最小的有正在上初中的盲人少女，70后、80后、90后的人物均占有一定比例。《中国梦——365个故事》尝试拉开光谱，选取具有社会样本意义的人物，用足够数量的纪录与口述，映射出当代中国人的心灵之光。

四、追求历史的视野和纬度

本片通过合理安排故事主角的年龄、代际关系，平衡不同年龄段人群在本片中的比重，设计与历史有关联的人物角色，潜入中国百多年来近现代史的深处，梳理“中国梦”的源流与脉络，发掘被历史尘埃掩埋湮灭的梦想先驱，再现筑梦者们的奋斗史，倾听几代中国人的心灵密语。这是一部描述“中国梦”的精神史诗，它不仅为人们提供现实参照，也提供历史资源、思想营养和精神动力。

五、通过多种维度传播社会主义核心价值观

《中国梦——365个故事》周一、周四在《北京新闻》首播，并在北京卫视、新闻频道、青年频道、财经频道、生活频道、纪录频道的公益广告时段重播，一周7天可以在北京电视台各频道看到两集影片。

每个月，节目在千龙网、新华网、新浪、搜狐、腾讯、爱奇艺、优酷等各大门户、视频网站推出10—15集影片。在各大网站推出后，节目进入多级传播渠道，同时在《北京日报》《北京青年报》《北京晚报》《新京报》等平面媒体及其网站进行相关报道，并在地铁、公交车上的移动媒体以及北京西站、双井富力广场、秀水街等地的大屏幕播出。

此外，该纪录片在北京电视台北美频道、英国普罗派乐卫视用英文、法文、德文配音播出，为在国外阐释“中国梦”，传播北京声音取得了良好的效果。

新闻节目中心50小时直播报道三元桥大修

新闻节目中心

2015年11月13日17点至15日18点，北京电视台新闻节目中心对北京市重点工程——三元桥大修改造工程进行了现场直播和连线报道，对整个工程施工的全过程、重要节点进行了长时间、大规模、全方位、多角度的报道，有力地配合了各部门的工作，为市民的出行提供便利。

三元桥是京城东北部交通枢纽，始建于1984年，由于长期超荷载运行及外部环境影响，主梁及桥面板损坏严重。为确保桥梁设施运行安全，市政府决定对该桥进行大修。大修对交通影响极大，对此市委市政府高度重视，要求北京电视台进行现场直播，市委宣传部、市交通委与新闻节目中心多次开会协调制订直播方案，新闻中心成立了三元桥大修的直播报道团队。在直播报道之前，节目策划人员多次与交通委和施工方沟通，勘察现场、精心研讨确定报道方案。从11月13日17点开始，在《都市晚高峰》《北京新闻》《直播北京》《锐观察》《红绿灯》《晚间新闻报道》等各档新闻中，实时连线直播报道施工进程。并于11月14日7：00—13：00，在北京卫视和新闻频道中专门开辟直播时段，主持人与施工专家一起现场解读施工进程。傍晚时间，各档新闻随时连线报道工程的施工进展，直至交通恢复。持续直播跨度达50多小时，总发稿量达130多条，全程记录三元桥大修工程。评论节目《锐观察》连续三天聚焦三元桥大修，专栏节目《这里是北京》制作了三元桥历史回顾专题，加上北京网络广播电视台同步互动播出，形成了多种节目类型、多种节目形态复合多维立体的传播态势。此外，新闻中心直播团队还为央视新闻频道提供了多机位直播信号，体现了兄弟台之间相互协作，相互支持。

一、无人机航拍在直播中大规模使用

在直播团队与网管部的不懈努力下，经北京空军司令部和北京市公安局批准，此次直播顺利实现了多旋翼无人机航拍。无人机3天内起降近50架次，其中近半数属于夜间拍摄，确保了空中视野展现工程的全部重要工序环节。在直播过程中，无人机画面直接切入转播车控制台，使直播报道大气恢弘，烘托了整个工地紧张繁忙、秩序井然的氛围，取得了极佳的视觉效果和宣传效果。这次无人机航拍不但开创了航拍直播续航时间最长、单项目升空次数最多、夜航量最大等多项纪录，而且开创了航拍画面实时4G网络回传等多项先河。

二、设置高点机位进行延时摄影和高点直播

在朝阳区相关部门的积极帮助协调下，直播团队在中旅大厦顶楼布设了延时摄影和新媒体视频直播机位，使观众能够多角度、全方位地看到三元桥大修的景象。而延时摄影也打破以往直播之后才能

播出的惯例，实现了随着工程进度推进随时更新，不同时段不停延展的随动效果。延时摄影记录了道路断流、旧桥拆除、新梁驮运、铺油通车的全过程，历时50多小时，全景式展示整个大修全过程，极具画面震撼力。

三、传统转传与新技术融合

在转播技术方面，本次直播调用了一辆8讯道转播车和一辆4讯道转播车，在三元桥的施工现场开设直播点。针对三元桥施工区域现场复杂、难以铺设线路的情况，直播团队通过架设高点微波中继手段，将6个地面机位中的4个及1处高点机位设置为微波无线机位，开创了此类直播中无线机位比例最高的纪录。同时，参与直播的八轴无人飞行器采用最新的2.4G无线高清图传技术，将高度百米、直径一公里内的空中拍摄画面实时送入转播车信道，实现了航拍实时高清切换的突破。

四、新闻频道滚动播报突出揭秘性和服务性

在直播编排方面，本次直播根据工程持续时间不确定的特点，采取惯常的集中时段通档连续直播与各档新闻插播实时跟进相结合的方式。在确保及时跟进报道工程进展的基础上，不但使播出持续时间更为灵活，而且增加了工程报道的覆盖面，将此次大桥维修的艰巨性复杂性充分揭示出来。同时，展示了北京现代化的桥梁建设工艺，1400吨钢梁一次驮运对位成功，这些先进技术为北京城市建设管理打造了一张靓丽名片。而对道路交通分流的提示性报道也一直坚持了50个小时，有效分流了大量车流，圆满完成了服务交通保障的任务。

五、新媒体互动打开线下互动通路

在新媒体方面，北京网络电视台设置了水滴相机对大修进行网络视频直播，新闻频道公众服务号推出互动微直播，在互联网、手机平台随时直播现场施工进展，并实时与观众互动。电视、手机加互联网，高空、延时加深入报道，形成了多维立体交互的全新报道模式。新闻频道则通过公众微信号推送互动话题，鼓励观众参与，推送直播视频对新闻产品进行二次开发，推送阅读量创出新高，极大地扩大了影响力，拓展了报道渠道。

新技术的应用和视角独特的画面，使得这次报道别开生面，全方位、多角度、立体化地展示了北京道路建设的技术发展，以及建设者吃苦耐劳的优良作风，体现了市委市政府一心一意为百姓办事的服务精神。让电视新闻直播节目再上一个新台阶。

《温暖冬日》系列报道
聚焦小人物　凸显严冬温情

新闻节目中心

2015年12月5日—12日，北京电视台《北京您早》推出《温暖冬日》系列报道，报道从小人物入手，关注严冬里为老百姓服务的劳动者，凸显严冬温情。

颂扬劳动者聚焦小人物

《温暖冬日》系列报道关注的都是小人物，其中包括公交夜班车司机、快递小哥、出租车司机、地铁修建工人、小区保安、清洁工等。这些劳动者有共同特点：一是在户外工作；二是多在夜间工作。冬日里黑夜漫长，天气寒冷，户外和夜间劳动者工作环境差，难度强。节目选取此类劳动者，将严冬时节与工作特点相结合，聚焦小人物，契合了“温暖冬日”的主题，同时又彰显这些小人物的奉献精神，以环境衬托人物，凸显人物形象。

跟进式拍摄，伴随式采访

由于报道对象多在工作时起早贪黑，节目在报道时采用了跟进式拍摄、伴随式采访。比如《温暖冬日：尹兆勤——我在黑夜扮靓这座城》，报道一开篇讲到“清晨4点45分，天还未亮，42岁的环卫工尹兆勤已经起床梳洗，准备上班去”。由此开始对尹兆勤一天工作的跟进式拍摄。在采访过程中，尹兆勤一边收拾东西，一边叙述自己的工作和家庭情况。跟进式拍摄以时间和地点的转移来展开报道，突出报道对象的工作特点和工作环境。伴随式采访使得画面生动，具有生活气息。《冬日里的温暖：善良“的姐”为乘客送爱心风雨无阻》《周涛——夜班司机干就要干好》《温暖冬日：出租司机——真诚沟通贴心服务让乘客感受温暖》都采用了这种报道方式，可见记者采访深入，报道下足了功夫。

双向“温暖”升华报道主题

通常的冬日走基层报道都集中于刻画劳动者在寒冷中为老百姓辛苦工作，送来温暖。《温暖冬日》系列报道不仅如此，同时强调冬日里老百姓为劳动者送来温暖，感谢他们的辛勤工作。如此双向“温暖”，把劳动者与老百姓结合在一起，升华了报道主题。比如《温暖冬日：一杯热水暖人心》的报道，就讲述了便利店的职工为夜间环卫工人送来一杯热水，以表对环卫工人的敬意；《冬日里的温暖：善良“的姐”为乘客送爱心风雨无阻》的报道，讲述了热心的老人为每天早起接她去医院的“的姐”做好早饭；《24小时的温暖守候》报道讲述了每天都有住户向保安小景道一声谢谢与辛苦。这种双向“温暖”，更契合“温暖冬日”的主题。

《北京您早》“带本书给家乡的孩子”传递爱心

新闻节目中心

2015年，北京电视台《北京您早》连续播出大型公益节目《带本书给家乡的孩子》。节目跳出程式化的“献爱心捐书”活动报道，以书为媒，实地走进接受捐赠的孩子生活的大山和村落，倾听他们的故事，了解一本书撑起的一个梦想。节目忠实记录，真诚感人，制作精良，如同观看一本电视公益之“书”，逐页翻开孩子的梦，逐句感受爱心的暖。

书为载体，透视背后人和事

“西藏尼木县的多吉11岁。即使放牛时也书不离手。然而他却不曾拥有一本属于自己的书。”

“河北省兴隆县的胡小英是一名乡村小学教师。她的学校里只有6个学生，但她却坚守了30年。她的愿望是，为孩子建一所图书室”……

这是每一期《带本书给家乡的孩子》的开场白。散文化的笔触，让它不仅像一个电视节目，也像一本书的扉页。

以9月27日播出的节目为例：记者走进新疆和田，本期的主人公是8岁的艾丽菲热。为了上学，她每天天不亮就要起床，然后帮家里喂鸭子。可以看到，记者的采访注重融入孩子的生活，自然地在一旁以聊天式的方法进行采访。记者与艾丽菲热一起搭上去学校的公车。在车上，记者旁白：“当远处一辆火车经过，小姑娘脸上立刻显现出兴奋的表情……”艾丽菲热喜欢火车，是因为她从来没有离开过家乡。“古尔邦节，她希望得到的礼物是一本书”。所以，书和“火车”一样，在她的眼里，都是外面的世界的标志和载体。因为，孩子们对外面世界的了解，几乎全部源自于书本。节目以书为媒，讲述书籍背后的人物和故事，用平白的叙事方式，忠实记录一个孩子一天的日常生活，感受她的心灵，理解她对于书的渴求。这样的报道方式最能打动人心。

镜头画面，直击动人细节

“初秋的和田已经天气微凉，8岁姑娘的单薄身影，让我觉得有些心疼”。记者陪同小姑娘一起等车，此时镜头采用了仰角度拍摄，孩子的背影在广阔的天地间显得愈发单薄。画面对准了主体的背影，展现了主体所在的环境，渲染了氛围，也留给了观众更多的想象空间。这样的镜头画面处理，加强了主题的表现力。

镜头还善于捕捉细节并特写。记者跟随艾丽菲热来到学校，看到的情景是：学校因办学条件有限，缺少桌椅，现有桌椅也老旧残破。镜头对准了一把椅子，左边的椅子腿已经断了一截，“只能依靠孩子自己保持平衡才能坐在上面听课”。两个孩子凑在一起看书，阅读的乐趣和专注，在眼神和动作中表露无遗。

以上，镜头对于细节的掌控，对画面语言的追求，让节目在真实记录的过程中有的放矢，具有强烈的感染力。

人文关怀，传递公益温暖

从节目总体策划来看，《带本书给家乡的孩子》这一主题本身很出彩，具有人文关怀，通过“书”传递了公益的温暖。

有可操作性。在当今这个流动的社会，尤其是逢年过节回到老家，提醒人们“带本书”，一个细微的善举也许就会改变一个孩子的命运。

有丰富的内涵。它让“献爱心”明确而有指向。采取纪录片的方式，真实有力。如果没有走进这片土地，就无从知晓一个孩子对一本属于自己的书的渴求。

综上，这一系列节目像是一扇窗户，让更多的观众，看到各地的每个角落里都有渴望阅读的心，从而激发起参与其中的热情，接力爱心，温暖孩子的童年。

《锐观察》国庆特别节目 角度新 立意深 内容实

新闻节目中心

2015 年 10 月 1 日至 6 日，北京电视台新闻频道《锐观察》推出特别节目“山河岁月 相约抗战游”，将重点放在“抗战游”这个主题上，关注红色旅游景点，兼具服务性和教育性。

分组呈现，内容翔实，带领观众回顾历史。节目邀请的嘉宾是旅日学者和军事专家，三位观察员一同为观众解读抗战历史。10 月 1 日，“抗战游”相约宛平城“七七”事变，2 日“抗战游”相约山海关长城抗战，3 日“抗战游”相约北京昌平南口会战，5 日“抗战游”相约北京顺义地道战，6 日“抗战游”相约白洋淀和狼牙山。每期节目的开篇都播放几分钟短片，带领观众回顾历史，走进当年的抗日战场。然后，记者走访抗日战场，将所见所闻所感传递给观众，增强了真实感和贴近性。史料、视频影像、专家解读相互交叉，营造出良好的节奏感，内容更显丰富翔实。如第四期北京顺义地道战，节目先播放资料短片，接着记者出镜向观众介绍如今成为旅游景点的抗战遗址，即顺义焦庄户地道战遗址纪念馆，随后记者亲身体验重走地道，并说出所见所感，让人觉得直观真切。同时画外解说对地道的相关功能进行补充说明，视频影像和现实体验双窗口模式出现在屏幕上，造成一种视觉冲击，加之观察员的详细解读，观众在观看中便收获了历史文化知识。节目还向观众展现了这些抗战遗址现在的风土人文，如特色美食、生活观念等等，历史与现实交叉，更有深度和广度。

穿针引线，层层深入，展示细节抽丝剥茧。节目在讲述抗战历史时善于抓细节讲故事，不枯燥不说教，用穿针引线、抽丝剥茧的方法一层层介绍抗战背后鲜为人知的故事，更加生动感人。如第一期宛平城“七七”事变，观察员首先为观众详细解读了宛平城情况和发生在这里的历史，细说了一些故事和趣闻，接着将视线引向宛平城外的卢沟桥和发生在卢沟桥上的抗战以及参与此次抗战而光荣牺牲的将领。其中最巧妙的设计在于介绍抗战牺牲将领的方式，节目用北京三条以人物姓名命名的道路赵登禹路、佟麟阁路、张自忠路为切入点，先介绍烈士墓，展示其生平经历，然后又再次深入，讲述他们的英勇事迹，将爱国将领在战场上临危不惧、血洒疆场的形象和气势传递给观众，激发观众的爱国之情和崇高敬意。在讲述赵登禹将军率领的大刀队的英雄事迹时，用广为传唱的《大刀进行曲》作为切入点，歌曲加影视资料、历史影像，还原了二十九军大刀队如何用大刀打败敌军，创造喜峰口抗战传奇的事迹，更加振奋人心。

这5期节目的主题严肃宏大而不说教，文风生动有趣而不轻妄，内容丰富翔实而不拖沓，情感真实朴素而不造作，在展示祖国大好河山的同时，也向观众传达出深厚的历史文化内涵，具有很强的教育意义。

《法治中国60分》"西藏武警哨所边疆行"系列报道真实感人

科教节目中心

北京电视台科教频道《法治中国60分》栏目2015年10月17日—29日播出"西藏武警哨所边疆行"系列报道，将视线聚焦西藏武警哨所及官兵的责任和使命，主题深刻、内容全面、情感真挚，彰显了媒体责任，体现了当代核心价值观。

主题深刻

上世纪90年代，由于盗伐盗猎猖獗，西藏高原的森林面积和野生动物数量急剧下降，一些国家级保护动物濒临灭绝。西藏特殊的地理位置和自然资源，其气候变化对我国乃至世界都有很大影响。2002年10月，党中央批准在西藏成立中国武警西藏森林总队，担负守卫高原脆弱生态的艰巨使命。2015年10月，《法治中国60分》"西藏武警哨所边疆行"摄制组深入武警森林部队，将镜头聚焦于这些森林守护战士，表现他们过硬的业务素质，心系藏民的奉献精神，扎根西藏的坚定意志，报道他们鲜为人知的感人故事。栏目组在西藏采访报道15天，与武警森林战士同吃同住同行，选择这一主题做系列报道，立意深刻，视角独特，将人们不了解的、未涉足的领域或事件通过镜头展现在观众面前，彰显了媒体的责任意识。

选题多样

在这一系列报道中，覆盖范围比较广，内容丰富具体。栏目组跟踪武警西藏森林总队的不同支队、执行不同任务、深入不同地区，拍摄了大量视频资料，如10月17日节目，表现他们课余训练的全过程，反映他们如何练就过硬的身体素质；10月18日节目，跟踪他们巡山，反映他们在复杂地质环境下如何开展工作，怎样对可疑的着火点或有隐患的林木进行排查和清除；10月19日节目，记录森林部队防火演练的全过程；10月21日节目，检查站的武警官兵对过往车辆进行查处，打击和震慑非法采伐和偷运木材的不法分子，在条件最苦的地方与不法分子斗智斗勇，展现官兵的生活和工作状态；10月25日节目，为藏族同胞的生活提供帮助，与藏族群众一同进行入冬前的森林防火宣传和野生动物保护工作；10月29日节目，挽救西藏同胞的生命财产安全，保障他们的生产生活等等。报道选题非常多样，内容丰富扎实。

带入感强

在这15天时间里，栏目组全程与战士同吃同住同行，这种亲身体验的方式能迅速掌握拍摄对象的工作和生活，捕捉拍摄对象的心理活动，获得第一手资料，真实度高，带入感强。记者对武警战士的采访报道具体实在，充满人文情怀，如记者采访武警战士，跑步："早上起来有时候啥事都不干，有点喘不过气来，有时候严重的话还会流鼻血""现在习惯了就好"；执行任务："爬到半山腰，腿快受不了，但是最后还是坚持下来了，因为我们的职责就是保护森林资源，不能在需要我们的时候退缩"；林政执勤："因为工作需要就上来了，这是一个有荣誉的地方。"通过镜头，观众看到了武警官兵工作的艰辛，所处环境的危险，同时也看到了西藏独有的优美壮丽的自然资源和风景，官兵在恶劣环境中表现出的积极乐观的情绪，完成任务后的荣誉感，与藏民相互帮助的温情，总体基调昂扬向上，在背景音乐的使用上也比较恰当，烘托了武警官兵完成守护使命的坚定意志。

《法治中国60分》"西藏武警哨所边疆行"系列报道，完全依靠镜头实现表达，真实质朴，真情感人。

《拾说什刹海》用百姓故事展现北京精神气质

生活节目中心

北京电视台生活频道从2015年11月25日开始播出的《四海漫游——拾说什刹海》，以细腻写实的手法记录了什刹海地区的人文样本和情感百态，从普通人的故事入手，展现了老北京的风貌和北京城的精神气质。

制作精良

一是主题鲜明。《拾说什刹海》每集分上下两期播出，以统一主题讲述什刹海百姓的故事。如11月25日、26日播出的"家传"，展现了什刹海的传统式家族经营者，在面对传统文化与现代商业的碰撞时，所进行的改革与创新。12月9日、10日播出的"守艺"，记录了一些手艺人在古代文明与当代文明的对视中，所选择的坚守与传承。二是角度新颖，作为一部文化类纪录片，《拾说什刹海》没有枯燥的历史介绍，也没有对教授学者的老套采访，而是选取最接地气的什刹海寻常百姓，或是年近百岁的修表店老师傅，或是新老两代冰刀王，或是义务9年为敬老院包饺子的交通引导员曹大姐，记录这些对什刹海最有发言权的寻常百姓的琐碎生活，让观众感受到生活的真切与温度。与此同时，以类似口述历史的形式融入历史、人文、遗迹故事，减少观众对正襟危坐式采访的抵触情绪。三是声画精致。片中使用了大量的延时素材，跨越四季，除了精致的构图、讲究的色彩，鼓楼、拱桥、垂柳、门墩等京味符号的画面也为片子增色不少。此外，片中保留大量车铃、吆喝、湖水、雨水等同期声，为故事的叙述、转场、积累情绪提供了重要作用。

解说隽永

《拾说什刹海》的整体解说风格平实自然，且每期节目中总有一些隽永细腻的解说，为全片作了总结升华，使得观众有余音绕梁之感。如“有段电影台词说：所谓大时代不过就是一个选择，或去或留。有人选择留在了自己的岁月，那是他们最快乐的日子。而经历过很多大时代的什刹海，从始至终都有自己最特别的岁月”，巧妙地将原本抽象的什刹海类比成人，拉近与观众的可感距离；同时，将什刹海置于时空背景之中，营造出历史的厚重感，调动观众进一步了解的兴趣。再如，“什刹海的包容和开放，让这片水一直波澜不惊。而守着这片水的人，以水滴石穿的姿态，对抗着现实的诱惑；不管外界多么的嘈杂，一直守着内心的含蓄与平静”，则准确地找到什刹海和附近百姓之间的相似性，通过二者的勾连，自然地传递出“踏实”“坚守”“执着”等精神内核。

立意深远

《拾说什刹海》以人带景，通过居住在不同地区的各个主人公，展现了不同视角下什刹海的美景。立意方面，却不止于美景，而是传递了平凡普通的什刹海百姓的不平凡的精神与情感。如12月2日、3日播出的“情分”，曹水蓉、刘晓东对街坊四邻数年来的帮助、容易先生对传统建筑的保护、捷克人杨凯博对什刹海胡同的热爱，无不体现了在飞速变化的今天，“情分”“精神气质”这些却是不变的，也正是这些什刹海真正的主人，带着不变的北京精气神儿，与古老又年轻的什刹海，在历史与新生中相伴同行。

融通中外　和合共生

——《BTV2015环球春晚》打造民间外交新形态

青少·海外节目中心

中国春节、中国首都、五洲艺术、四海宾朋。如此多的元素因为一台晚会而被完美融合为一体——2015年2月17日(腊月二十九)，北京电视台环球春晚，以“友谊地久天长”为主题，通过来自全球各地18个国家的近千名演员；通过来自中国大陆、中国香港、中国台湾、美国、法国的6位双语主持人；通过来自不同艺术形式的数十个国际级精彩节目，在“春节”这个中国传统节日里，张开拥抱世界的臂膀，奉献了一场异彩纷呈的文化盛宴。晚会首播收视率达到5.5%，比2014年环球春晚提升幅度达到20%；根据BRTN网站的统计数据，《2015环球春晚》微博总转发62307次，总评论数31234次，总覆盖人数2.17亿。播出当天，爱奇艺网站播放次数达到821万次，点播用户达到520万，播出时长达410万小时，从大年二十九到初七，视频播放次数达到1021万次，点播用户达到820万，播出时长达510万小时，其影响力、传播力、覆盖面已经超越了传统电视晚会的概念。

创办于2010年的北京电视台环球春晚，迄今已是第六届。从创办之初，环球春晚就承载着体现北京电视台作为“国际化大都市”媒体应该具备的气质，实现着中外文化互通共融的使命。晚会开办至今，主题口号由“牵手世界、欢动五洲”到“我们的朋友遍天下”，再到本届的“友谊地久天长”，具有行进感的主题演进，体现了北京电视台的国际视野和媒体责任，同时也折射出北京这座国际化大都市愈加自信、开放的时代脚步。

胸怀大局、把握大势、着眼大事——环球春晚立足于传播时代最强音

在和平、交流、理解、包容、合作、共赢成为时代主题词的今天，连续6年的环球春晚，着力阐释和传播这些时代强音和国家理念。本届环球春晚大到整台晚会，小到其中一个名为“丝路新语”的节目，无不体现着发展、友谊、进步的美好愿望。正当中国的“一带一路”构想向世界发出团结互信、平等互利、包容互鉴、合作共赢的倡导之际，一台中外文化交融的“环球春晚”，唱响的正是将“中国梦”与“世界梦”进行有机衔接的中国声音。

作为独家创新的晚会模式，已连续3年设立的“大使推荐”环节让环球春晚具有了与众不同的规格和标志性。2015年环球春晚，又有澳大利亚、俄罗斯、西班牙、瑞士和以色列的驻华大使、公使登上环球春晚的舞台，向观众祝贺新春，推荐各自的国宝级艺术家和经典节目。在环球春晚的舞台上，国家关系层面的硬话题被成功地穿上了一层软包装，这样的方式，圆满解决了晚会的“高度”与“温度”之间似乎天然存在的矛盾，将凸显媒体责任与提升节目感染力的目标有机地融合统一，这在当下流行“搞怪、砸钱和玩大牌”的电视综艺节目中显得尤为清新和难能可贵。难怪外交界把坚守6年的北京电视台环球春晚称为“中国民间外交的标志性品牌”。

2015年环球春晚的录制现场特别邀请了美国、俄罗斯、法国、冰岛、南非、加拿大、以色列、西班牙、瑞士等13个国家的50多名驻华使节前来观看，其中很多官员已经是多次参加。他们纷纷表示：春晚是中国人过年的重要内容，而《环球春晚》邀请了那么多国家的演艺明星参加演出，这让人感到春节不只是中国人的春节，更是全世界的嘉年华！

博采众长、推陈出新——环球春晚成为世界文化精品和最新艺术形式的展示窗口

“中外文化共融、中外明星同台”一直是BTV环球春晚的最大特色，通过节目，观众能领略到世界各地的气息，感受各种文化的魅力。来自不同国家、使用不同语言、传承不同文化的各国演员汇聚一堂，无处不在的差异性让环球春晚拥有了特殊的艺术吸引力。2015环球春晚上，新颖诙谐的澳大利亚踢踏狗舞团、深沉悠扬的瑞士阿尔卑斯长号、别具风情的苏格兰红辣椒乐队，以及青春动感的韩国歌唱组合，都给观众带来了堪称新、奇、炫的艺术感受。澳大利亚驻华公使韩家思先生说：“这是我第一次观看环球春晚。每一个国家的演员都各具特色，他们分别展示了不同国家的文化和风土人情，我很享受，非常棒!”俄罗斯驻华大使安德烈·伊万诺维奇·杰尼索夫先生说：“这是我第二次应邀观看环球春晚了，场面很壮观。我很高兴能够代表俄罗斯国家水平的红旗歌舞团参演环球春晚，推介俄罗斯文化。”瑞士驻华公使莫雅琳女士说：“这场晚会很国际化。很荣幸使馆推荐的瑞士长号节目能够参与环球春晚的演出，有机会的话明年我们还要参与。”西班牙驻华大使马努埃尔·瓦伦西亚先生说：“我本来非常忙，但还是一定要赶来为露兹·卡莎尔助威。这是名副其实的环球盛会，西班牙国宝级的流行天后露兹·卡莎尔能够在北京这个国际大舞台表演，真是一件极其幸福的事。”以色列驻华大使马腾先生说：“我非常高兴今年有两位非常有天赋的以色列音乐家参加环球春晚，我希望能够一直与环球春晚合作下去。”驻华使节们一致认为，环球春晚从一个侧面显现了中国国力的强盛和国际地位的提升，很好地展示了中国的国家形象和北京的对外形象，希望《环球春晚》能越办越好。

也正是借鉴了世界最新电视呈现理念，2015年环球春晚充分利用了先进的舞台设备和具有国际时尚特色的舞台设计理念。整台节目没有豪华辉煌的实景搭建，而大胆使用灯光和视频效果在空灵通透的舞台上构建了充满想象力的空间造型和色彩节奏，充满时尚和国际化的创意。此外每个节目在表演过程中，都有量身设计的声光电手段为其烘托舞台效果，如贝蒂·希金斯与金池合唱经典名曲《卡萨布兰卡》的过程中，同名电影的画面与两位歌手的现场表演浑然一体，恍如穿越时空、昔日重现，巧妙的视觉呈现惊艳全场。

融通中外、传递友谊——环球春晚努力“讲好中国故事，传播好中国声音”

以“友谊地久天长”为主题的2015年环球春晚，中外演员的混搭、中外艺术对话得到淋漓尽致的体现。以色列爵士新星马丽娜·马西米兰与中国歌手沙宝亮联袂献唱 *Someone Like You*、西班牙国宝级歌手露兹·卡莎尔与中国香港艺人钟镇涛共同演绎经典歌曲《我的心里只有你没有他》，来自美国的著名艺术家贝蒂·希金斯与中国新锐歌手金池共同表演国际流行金曲《卡萨布兰卡》……晚会一次次被掌声和欢呼推向高潮。

被认为具有“民间外交”功能的环球春晚，通过6年的时间，让越来越多的世界级艺术家发生了从“请我来”到“我要来”的转变。今年，环球春晚利用自己日益显著的影响力，推出了衍生品牌——环球春晚环球行，派出6路记者奔赴世界各地，一边向各国艺术家发出邀请函，一边回访曾经登上环球春晚舞台的老朋友，其间发生的故事足以令人感动。

俄罗斯著名的柯斯洛玛舞蹈团曾经在2010年来到北京，参加了第一届环球春晚的演出，整整5年之后，环球春晚的记者冒着大雪、从莫斯科出发驱车5个小时来到了俄罗斯古城柯斯洛玛，回访这个著名的舞蹈团。在得知环球春晚记者要来回访的消息后，柯斯洛玛舞蹈团的演员都非常高兴，他们不但为记者表演了精心准备的节目，而且还带来了一个非常大的惊喜：现场演唱了环球春晚的主题歌《我爱你》，而且还一边唱一边做出“我爱你”的手势，一瞬间环球春晚的记者被感动得热泪盈眶。柯斯洛玛舞蹈团的朋友对记者说："虽然已经过去了5年，但我们现在依然会唱《环球春晚》的主题歌。"跨越5年时光的真情——就是地久天长的友谊！

历经6年的精心打造，BTV环球春晚正在从每逢春节的一道荧屏靓影，逐渐演变扩展为一个跨越国度、跨越民族、跨越语言，实现中外文化交流互通的现象级文化事件。参加环球春晚的各国艺人大多都被当地媒体作为新闻事件予以报道，其中西班牙的电视媒体还全程跟拍记录了歌手露兹·卡莎尔来京演出的全过程，卡莎尔与中国歌手钟镇涛交流合作的细节尤其被重点拍摄。环球春晚主创人员表现出的开放心态、国际视野、新潮理念以及发自内心的文化自信，更是被国外电视同行深深认可。顺应时代之势，满足时代所需，环球春晚也才具有了最鲜活的感染力，可以把五洲四海的朋友汇聚于同一舞台，把来自北京、来自中国的新春问候传向世界各地。

"我爱你，我爱你，拉起手就是兄弟，姐妹不分我和你"——由著名音乐人小柯为环球春晚创作的主题歌《我爱你》，自第一届起就成为晚会的结束曲并沿用至今，不同肤色、不同国家的演员共同携手演唱，不仅是当今世界——这个我中有你、你中有我的命运共同体发出的一曲集体和声，更是当今中国不断提升文化自觉、增强文化自信、实现文化自强过程中一个具有代表性的亮点、一个回声嘹亮的跃动音符。

北京电视台承办
第五届北京国际电影节开幕式晚会

青少·海外节目中心

由北京电视台承办的"第五届北京国际电影节开幕式晚会"于4月16日晚在北京怀柔雁栖湖国际会展中心成功举办。来自世界各地的国际知名电影节主席、驻华使节、电影人和电影制片机构、电影市场、论坛嘉宾代表以及新闻媒体等1500余人因为电影，相聚怀柔。

开幕式晚会以"光影礼赞"为主题，在极致创意和唯美格调的光影盛宴中礼赞至真、至善、至美的人类情怀与理想。作为一场向世界电影致敬的典礼，开幕式晚会拉开了本届电影节的恢弘序幕，向世界展示了一个国际化、高端化、时尚化的大型国际电影文化活动的风采。

一、一首精彩纷呈、流转自如的电影史诗

第五届北京国际电影节历经5个多月的精心创作，先后完成了晚会的节目创意、演员邀请、舞台搭建、大屏制作、现场直播等一系列工作。综观整个晚会的设计、安排和组织，将演出与仪式完美融合，演出部分既展示了世界电影经典的魅力，又融入了中国传统文化的智慧，体现电影给人生带来的启迪与激励；仪式部分特点鲜明，形式新颖，并与晚会节目内容有机融合，仿如一首自然流淌的电影史诗长河。

节目气势恢宏，传递人类正能量。整个开幕式气势恢宏，通过影像叙事、有故事的舞台、创新多维互动的观演体验、电影化叙事歌舞再现经典场景等手段将精彩节目呈现在观众眼前。开场秀《光影礼赞》融入了天坛奖意象，大气唯美。舞蹈《飞天》取材于古代敦煌唯美的素材，通过立体式的表现形式展现中国古典艺术巅峰之美。它象征电影瑰丽梦想，尽显中国古典艺术的独特意蕴。《光影音诗画——致敬电影》，通过中外经典电影原声与经典电影场景的再现，演绎出战争与和平，光影与梦想，苦难与希望，自由与幸福，岁月与芳华的宏大主题，凸显人性的光辉。

仪式环节别出心裁，致敬老艺术家。2015 年恰逢世界电影诞生 120 周年和中国电影诞生 110 周年，为了致敬电影，致敬电影人，导演组特意设置了向老艺术家致敬的环节，田华、王铁成、王晓棠等 10 位为中国电影做出杰出贡献的老艺术家以及梅葆玖、李维康、尚长荣等京剧名家纷纷走上舞台，接受全场致敬。整个环节感人至深、催人泪下。

开幕式晚会星光熠熠，众星云集登台献艺。在开幕式晚会上，诸多大牌明星登台表演，著名影人冯小刚、张国立作为嘉宾主持参与演出。著名女演员斯琴高娃，美国著名导演达伦・阿罗诺夫斯基，韩国知名演员宋承宪，电影演员王珞丹、倪妮、赵又廷向观众推荐了本届电影节的 15 部入围影片。香港歌手陈慧琳、韩国歌手郑淳元、美国知名歌手贝蒂希金斯、大陆演员史可分别登台演唱了歌曲《好地方》《你激励了我》《卡萨布兰卡》《幸福》。开幕式的最后，歌手孙楠唱响了北京国际电影节的主题曲《你在我的世界里》将晚会气氛推向高潮。

精诚所至，各界交口称赞。开幕式晚会取得了极大成功，获得了北京市领导、电影节嘉宾，及社会各界人士的高度赞扬。第五届北京国际电影节主席、市长王安顺盛赞开幕式晚会完美无瑕，无与伦比。中宣部副部长、国家新闻出版广电总局局长蔡赴朝表示北京国际电影节开幕式晚会办得一届比一届好，内容精彩绝伦，在晚会现场向影视老艺术家和戏剧老艺术家致敬环节中，蔡赴朝热泪盈眶，深受感动，连称“荡气回肠”。本届电影节组委会主席、著名导演吕克・贝松也被晚会的恢弘场面和诗意内涵所打动，连连叫绝，开幕式结束后专门托人传来信息，希望能带回开幕式的光盘，永久珍藏。在开幕式当天的新媒体微博互动中，许多网友也对晚会给予了点赞，称赞这台晚会“颜值高、内容强”“没有枯燥无聊的絮絮叨叨”“行云流水、大开眼界”。

二、一项空前艰苦而复杂的系统工程

本届电影节的承办自 2014 年 10 月下旬开始启动，期间经历多次重要变动，特别是举办地点由国家大剧院迁至刚刚竣工、从未使用过的怀柔雁栖湖国际会展中心，令我们遭遇了空前艰难的挑战。总结“第五届北京国际电影节”开幕式晚会的成功经验，主要有以下三点：

一是台领导高度重视。“第五届北京国际电影节开幕式晚会”台领导给予了高度重视，举全台之力，调动台内一切力量，确保晚会的筹备和播出顺利进行。安全问题是重中之重，赵多佳台长早在3个月之前，就针对问题召开了各部门的协调会，并提早做出了预案，避免了安全隐患的发生。韦小玉常务副台长亲自率队参加现场考察和方案汇报；彭司海副书记、田方总工程师、朱江副总编和李岭涛副台长在电影节开始前夕，带领台内各相关部门主任去现场实地考察，及时发现问题，及时协调，保证了各部门沟通顺畅，协调工作顺利进行。朱江副总编和青少海外节目中心主任袁子勇提前一周便进驻怀柔剧组，每天参与节目策划和工程协调。可以说，领导的空前重视和有力督导是本次开幕式获得巨大成功的关键一环。

二是全台各部门通力合作。“第五届北京国际电影节开幕式晚会”得到办公室、总编室、总工办、制作部、转传部、动力部、播出部、计财部、行政部、卫视节目中心、文艺节目中心、影视剧中心和新媒体发展中心等各部门的通力配合与支持。无论在对外联络、宣传报道，还是在资金、设备、服务、技术等方面都给予极大的支持。动力部、转传部等部门负责同志多次前往场地考察、协调，设计了多种不同方案，所有的压力点都设计了双保险。行政部门克服困难，花费了大量的人力物力，保证了几千份工作餐按时按量的送达怀柔。播出部和总编室多次调整方案，保证了节目的顺利播出。在最后一天，剧组突然发现现场通讯不畅，办公室通讯科克服困难派专人带设备去现场保障通讯等等。可以说“第五届北京国际电影节开幕式晚会”的成功是台内各部门精诚合作的产物。

三是晚会团队全体人员齐心协力。“第五届北京国际电影节开幕式晚会”从策划筹备到播出完成，历时5个多月。在晚会取得成功的背后，是整个电影节开幕式团队付出双倍的努力。

在筹备过程中，主要面临两大困难：一是临时更换场地。电影节开幕式的场地原本定在了国家大剧院，所有舞美方案都是按照国家大剧院为场地设计的，突然更换场地后，不得不重新设计舞台方案。由于北京雁栖湖国际会展中心坐落于怀柔，离市区距离远，又是一座新的场馆，电、水、传输、安保各方面的条件都不成熟，为了确保开幕式万无一失，导演组事先设置了多套预案和周密计划，列举出所有可能出现的问题，将电力、通讯、卫星传输、人员等都做了备份。以至于在现场发生特殊情况的时候，能够迅速切换到备用方案，使得开幕式晚会的组织工作有条不紊，顺利进行。

由于市领导和电影节组委会领导对此次电影节开幕式空前重视，并提出了要把第五届电影节开幕式当作第一届电影节来举办，要求把北京国际电影节打造成符合国际标准的活动，办成北京市的名片，要达到世界A级水平。对节目质量提出了远高于往届的要求，要求节目要比以往上一个全新档次。

在硬件条件不好，节目又要求升级的大背景下，参与电影节的全体人员发挥了核心团队的战斗力，在整个过程中，无论是面对长时间、高强度的工作压力，还是面对节目几易其稿，多次换演员、换服装、换景片的精神压力，电影节所有工作人员始终保持满腔热情和昂扬状态，全情投入、不畏困难、顽强拼搏、齐心协力、精益求精地做好每一项工作，为晚会的成功举行做出了无私的贡献。

组织机构

组织机构

中共北京电视台委员会

书　记：李春良　赵多佳
副书记：王　珏　韦小玉　彭司海
委　员：田　方

北京电视台领导班子成员

李春良　北京电视台党委书记（2015 年 12 月任）
　　　　北京电视台台长（2015 年 11 月任）
赵多佳　北京电视台党委书记（2015 年 12 月免）
　　　　北京电视台台长（2015 年 11 月免）
王　珏　北京电视台党委副书记（2016 年 1 月任）
　　　　北京电视台总编辑（2015 年 12 月任）
韦小玉　北京电视台党委副书记、北京电视台常务副台长
彭司海　北京电视台党委副书记、北京电视台纪委书记
田　方　北京电视台党委委员、北京电视台总工程师
朱　江　北京电视台副总编辑
王　澎　北京电视台副台长
李岭涛　北京电视台副台长
艾冬云　北京电视台副总编辑
徐　滔　北京电视台副总编辑

共青团北京电视台委员会

书　记：陈　庆
副书记：洪　聿　王　寅
委　员：张宇明　张恺轩　吴秋辰　靳萌萌

机构设置

内设机构：

党委办公室、办公室、监察审计办公室、人事部、工会办公室、计划财务部、行政部、保卫部、基建办公室、研究发展部、总编室、广告部、经营管理部、新媒体发展中心、离退休干部工作办公室、总工程师办公室、制作部、播出部、动力部、技术设备管理部、转播传送部、信息网络管理部、卫视节目中心、新闻节目中心、文艺节目中心、科教节目中心、影视剧中心、财经节目中心、体育节目中心、生活节目中心、青少年节目中心、海外节目中心、动画节目中心、纪实频道节目中心

内部机构：

办公室—史志办、监察审计办公室—招投标办公室

注：青少年节目中心、海外节目中心，在台内合并为青少·海外节目中心

北京电视台在职中层干部

序　号	姓　名	部门及职务
1	郝　洪	党委办公室主任
2	孙书明	党委办公室副主任
3	宋　莲	办公室主任
4	王　昕	办公室副主任
5	李　晗	办公室副主任
6	史椰森	总编室主任
7	高　謞	总编室副主任
8	刘　虎	总编室副主任
9	毕　江	北京电视台副总工程师
10	林　平	总工程师办公室主任
11	王立冬	总工程师办公室副主任
12	徐志军	总工程师办公室副主任
13	秦新春	研究发展部主任
14	马克燕	研究发展部党支部专职书记
15	李文升	研究发展部副主任
16	刘晓隽	研究发展部副主任
17	周久兰	监察审计办公室主任
18	周志豪	监察审计办公室副主任
19	钱　毅	工会办公室主任
20	李迎军	工会办公室副主任
21	杨建忠	人事部主任
22	高　扬	人事部副主任
23	陈　冬	人事部副主任
24	孙成刚	计划财务部主任
25	汪　红	计划财务部副主任
26	王京梅	计划财务部副主任
27	王开平	行政部主任

续表

序 号	姓 名	部门及职务
28	纪 勇	行政部副主任
29	卢英锁	行政部副主任
30	钟 强	保卫部主任
31	赵修明	保卫部副主任
32	马世飞	保卫部副主任
33	张晓耕	广告部主任
34	冯 平	基建办公室主任
35	张宇青	基建办公室党支部专职书记
36	朱晓宇	基建办公室副主任兼招投标管理工作领导小组办公室主任
37	孙洪斌	经营管理部主任
38	戴巧玲	经营管理部副主任
39	买剑平	经营管理部副主任
40	马 宏	卫视节目中心主任
41	张 丽	卫视节目中心副主任
42	李利影	卫视节目中心副主任
43	邵 晶	卫视节目中心副主任
44	张 庆	新闻节目中心主任
45	周永萍	新闻节目中心新闻编辑部主任
46	王 毅	新闻节目中心新闻编辑部副主任
47	徐京玲	新闻节目中心副主任兼要闻采访部主任
48	张晓鲁	新闻节目中心要闻采访部副主任
49	丁晓阳	新闻节目中心副主任兼社会新闻采访部主任
50	袁 朴	新闻节目中心社会新闻采访部副主任
51	刘 民	新闻节目中心副主任兼新闻评论部主任
52	黄 瑨	新闻节目中心副主任兼新闻专栏部主任
53	李大功	新闻节目中心综合管理部主任
54	袁子勇	青少年节目中心主任
55	陈 晔	青少年节目中心副主任
56	姚大禹	青少年节目中心副主任

续表

序　号	姓　名	部门及职务
57	张　苏	青少年节目中心副主任
58	潘全心	文艺节目中心主任
59	李　兰	文艺节目中心党总支书记
60	齐建彤	文艺节目中心副主任
61	庄小红	文艺节目中心副主任
62	杜　研	科教节目中心主任
63	张　宾	科教节目中心副主任
64	宁文茹	科教节目中心副主任
65	王　勇	科教节目中心副主任
66	张　恒	影视剧中心主任
67	郭跃进	影视剧中心副主任
68	严　澍	影视剧中心副主任
69	朱礼庆	影视剧中心副主任
70	宗燕红	财经节目中心主任
71	岳　民	财经节目中心副主任
72	蓝　霖	财经节目中心副主任
73	白　平	财经节目中心副主任
74	焦少波	体育节目中心主任
75	邱大卫	体育节目中心副主任
76	宋健生	体育节目中心副主任
77	王少华	体育节目中心副主任
78	赵　彤	生活节目中心主任
79	刘学军	生活节目中心副主任
80	任友红	生活节目中心副主任
81	白艳军	生活节目中心副主任
82	张　帆	动画节目中心主任
83	周　方	动画节目中心副主任
84	陈大立	纪实频道节目中心主任
85	严　崴	纪实频道节目中心副主任

续表

序　号	姓　名	部门及职务
86	蒋　虎	新媒体发展中心主任
87	赵志成	新媒体发展中心副主任
88	张　红	新媒体发展中心副主任
89	史月光	新媒体发展中心副主任
90	王　方	播出部主任
91	刘宏亚	播出部副主任
92	金　强	播出部副主任
93	刘　威	播出部副主任
94	郑　星	制作部主任
95	王　浩	制作部副主任
96	程　军	制作部副主任
97	孙海峰	制作部副主任
98	朱雨稼	转播传送部主任
99	韩士聪	转播传送部副主任
100	王晓龙	动力部主任
101	刘　颖	动力部副主任
102	侯宏炜	动力部副主任
103	刘晓光	技术设备管理部主任
104	章泽群	技术设备管理部副主任
105	周旭辉	信息网络管理部主任
106	李　湧	信息网络管理部副主任
107	李　程	信息网络管理部副主任
108	赵福明	负责史志办工作
109	闫军才	史志办公室副主任
110	刘绍芬	老干部工作办公室主任
111	孟传妍	老干部工作办公室副主任
112	齐学耕	北京卡酷传媒有限公司总经理
113	刘方平	北京电视产业发展集团总经理
114	牛振青	北京京视卫星传媒有限责任公司总经理

续表

序　号	姓　名	部门及职务
115	赵峥铮	北京京视电广传媒有限责任公司总经理
116	刘　泓	北京京视电广传媒有限责任公司副总经理
117	曹　征	新纪实（北京）传媒投资有限公司总经理
118	李雅涛	行政部主任助理
119	许建海	紫禁城影业公司总经理
120	宗　昊	正处级干部（援藏干部）
121	赵　波	纪实频道节目中心副主任（援藏干部）
122	翟　涛	副处级干部（援疆干部）

（截至2015年12月31日　党委办公室）

北京电视台科级干部

序　号	部　门	姓　名	职务名称	职务级别
1	总工程师办公室	赵宏伟	科长	正科级
2	总工程师办公室	周　宏	科　长	正科级
3	总工程师办公室	叶晋卿	科　长	正科级
4	总工程师办公室	尹　言	副科长	副科级
5	总编室	丁　军	副科长	副科级
6	总编室	罗丽红	科　长	正科级
7	总编室	李　昕	科　长	正科级
8	总编室	黄　晋	科　长	正科级
9	总编室	张桂花	副科长	副科级
10	总编室	连燕青	科　长	正科级
11	总编室	苏小兵	副科长	副科级
12	总编室	李　鹏	科　长	正科级
13	总编室	孙湘源	科　长	正科级
14	总编室	刘五洋	副科长	副科级
15	总编室	周　红	科　长	正科级
16	总编室	田爱民	科　长	正科级
17	总编室	王　华	科　长	正科级
18	总编室	高　爽	副科长	副科级
19	转播传送部	谢苏文	副科长	副科级
20	转播传送部	刘燕伟	副科长	副科级
21	转播传送部	康金平	副科长	副科级
22	转播传送部	谢　原	副科长	副科级
23	转播传送部	杨梓江	科　长	正科级
24	转播传送部	叶志云	科　长	正科级
25	转播传送部	姜世杰	科　长	正科级
26	转播传送部	魏建国	副科长	副科级
27	转播传送部	马　捷	副科长	副科级

续表

序　号	部　门	姓　名	职务名称	职务级别
28	转播传送部	郝　纪	副科长	副科级
29	制作部	陈立强	科　长	正科级
30	制作部	韩　烜	科　长	正科级
31	制作部	余一华	科　长	正科级
32	制作部	何　旭	科　长	正科级
33	制作部	周海峰	副科长	副科级
34	制作部	冯耀华	副科长	副科级
35	制作部	匡　葵	科　长	正科级
36	制作部	崔歌平	科　长	正科级
37	制作部	石　巍	副科长	副科级
38	制作部	王　江	副科长	副科级
39	制作部	陈嘉超	科　长	正科级
40	制作部	郭振渊	副科长	副科级
41	制作部	赵新生	副科长	副科级
42	制作部	孙大庆	副科长	副科级
43	制作部	姚银壮	科　长	正科级
44	制作部	章文博	科　长	正科级
45	制作部	刘光辉	副科长	副科级
46	制作部	黄之为	副科长	副科级
47	制作部	殷　亮	科　长	正科级
48	制作部	刘伟立	科　长	正科级
49	制作部	张　硕	科　长	正科级
50	制作部	李　勇	副科长	副科级
51	制作部	覃　刚	科　长	正科级
52	制作部	王　祎	副科长	副科级
53	制作部	陈志明	副科长	副科级
54	制作部	王　倩	副科长	副科级
55	制作部	陆　军	副科长	副科级
56	制作部	韩正雷	副科长	副科级

续表

序　号	部　门	姓　名	职务名称	职务级别
57	制作部	李文军	科　长	正科级
58	制作部	周东红	科　长	正科级
59	制作部	左　晶	科　长	正科级
60	制作部	王建业	科　长	正科级
61	制作部	梁　爽	副科长	副科级
62	影视剧中心	张　蕾	副科长	副科级
63	影视剧中心	张立新	科　长	正科级
64	影视剧中心	杨凌一	科　长	正科级
65	影视剧中心	李　燕	副科长	副科级
66	影视剧中心	贾晋平	科　长	正科级
67	影视剧中心	贾建华	副科长	副科级
68	研究发展部	史　兵	科　长	正科级
69	研究发展部	黄新荣	副科长	副科级
70	研究发展部	刘　锐	科　长	正科级
71	研究发展部	马英男	科　长	正科级
72	研究发展部	李　玲	副科长	副科级
73	信息网络管理部	冯新春	科　长	正科级
74	信息网络管理部	许之明	科　长	正科级
75	信息网络管理部	孙　波	科　长	正科级
76	信息网络管理部	陈　宇	科　长	正科级
77	信息网络管理部	郑　岩	副科长	副科级
78	信息网络管理部	韩益亚	科　长	正科级
79	信息网络管理部	陈广鑫	副科长	副科级
80	信息网络管理部	季　民	副科长	副科级
81	信息网络管理部	丁　辰	副科长	副科级
82	信息网络管理部	王学奎	科　长	正科级
83	信息网络管理部	芮　浩	科　长	正科级
84	信息网络管理部	栾　花	副科长	副科级
85	信息网络管理部	赵　涛	副科长	副科级

续表

序　号	部　门	姓　名	职务名称	职务级别
86	信息网络管理部	柴　焱	副科长	副科级
87	信息网络管理部	宋　琳	副科长	副科级
88	新闻节目中心	马　莉	科　长	正科级
89	新闻节目中心	董二兵	科　长	正科级
90	新闻节目中心	史　慎	科　长	正科级
91	新闻节目中心	张　耀	科　长	正科级
92	新闻节目中心	伊国庆	副科长	正科级
93	新闻节目中心	张若南	副科长	副科级
94	新闻节目中心	张　民	副科长	副科级
95	新闻节目中心	徐志贤	副科长	副科级
96	新闻节目中心	卢晓南	副科长	副科级
97	新闻节目中心	陈　楠	科　长	正科级
98	新闻节目中心	李　斌	科　长	正科级
99	新闻节目中心	李　欣	科　长	正科级
100	新闻节目中心	颜　匀	科　长	正科级
101	新闻节目中心	张文天	科　长	正科级
102	新闻节目中心	宋　扬	科　长	正科级
103	新闻节目中心	柏广群	科　长	正科级
104	新闻节目中心	张　炜	副科长	副科级
105	新闻节目中心	尹　航	副科长	副科级
106	新闻节目中心	樊　煜	副科长	副科级
107	新闻节目中心	吴　群	科　长	正科级
108	新闻节目中心	刘非非	副科长	副科级
109	新闻节目中心	王　晔	科　长	正科级
110	新闻节目中心	刘　效	副科长	副科级
111	新闻节目中心	朱晓梅	科　长	正科级
112	新闻节目中心	梁雪松	副科长	副科级
113	新闻节目中心	赵　欣	科　长	正科级
114	新闻节目中心	刘　婧	副科长	副科级

续表

序　号	部　门	姓　名	职务名称	职务级别
115	新闻节目中心	代　晓	科　长	正科级
116	新闻节目中心	李　颖	副科长	副科级
117	新闻节目中心	林　力	科　长	正科级
118	新闻节目中心	刘　钊	科　长	正科级
119	新闻节目中心	肖艳萍	科　长	正科级
120	新闻节目中心	段忠俊	副科长	副科级
121	新闻节目中心	杨　洋	副科长	副科级
122	新闻节目中心	楚　钊	科　长	正科级
123	新闻节目中心	胡　阳	科　长	正科级
124	新闻节目中心	李光军	副科长	副科级
125	新闻节目中心	杨晓飞	科　长	正科级
126	新闻节目中心	陈　岳	副科长	副科级
127	新闻节目中心	田　刚	副科长	副科级
128	新闻节目中心	国培源	副科长	副科级
129	新闻节目中心	朱　岩	副科长	副科级
130	新闻节目中心	尹　磊	副科长	副科级
131	新闻节目中心	张　妍	副科长	副科级
132	新闻节目中心	马　迟	副科长	副科级
133	新闻节目中心	黄　广	副科长	副科级
134	新媒体发展中心	孙　兵	科　长	正科级
135	新媒体发展中心	尚　宁	科　长	正科级
136	新媒体发展中心	侯国强	科　长	正科级
137	新媒体发展中心	胡　泊	科　长	正科级
138	新媒体发展中心	张宝生	科　长	正科级
139	新媒体发展中心	海　仑	科　长	正科级
140	新媒体发展中心	于　煊	副科长	副科级
141	新媒体发展中心	徐　薇	副科长	副科级
142	新媒体发展中心	韩　梅	科　长	正科级
143	新媒体发展中心	杨文华	科　长	正科级

续表

序　号	部　门	姓　名	职务名称	职务级别
144	新媒体发展中心	许小净	副科长	副科级
145	新媒体发展中心	齐若凡	副科长	副科级
146	文艺节目中心	盛启立	科　长	正科级
147	文艺节目中心	付德刚	科　长	正科级
148	文艺节目中心	田　歌	科　长	正科级
149	文艺节目中心	孔　洁	科　长	正科级
150	文艺节目中心	王炳川	副科长	副科级
151	文艺节目中心	段　嵘	科　长	正科级
152	文艺节目中心	于　瀛	科　长	正科级
153	文艺节目中心	姜　力	科　长	正科级
154	文艺节目中心	张文华	副科长	副科级
155	文艺节目中心	孙　仝	科　长	正科级
156	文艺节目中心	赵　楠	科　长	正科级
157	文艺节目中心	高文曦	科　长	正科级
158	文艺节目中心	顾　杨	副科长	副科级
159	文艺节目中心	郭　悦	科　长	正科级
160	文艺节目中心	孙　勤	副科长	副科级
161	文艺节目中心	裴晓林	科　长	正科级
162	文艺节目中心	李雪萍	副科长	副科级
163	文艺节目中心	刘朝晖	副科长	副科级
164	文艺节目中心	于东玉	副科长	副科级
165	文艺节目中心	杨　行	副科长	副科级
166	卫视节目中心	李　彬	副科长	副科级
167	卫视节目中心	邢志国	副科长	副科级
168	卫视节目中心	齐　婷	科　长	正科级
169	卫视节目中心	李志兵	科　长	正科级
170	卫视节目中心	林　斐	副科长	副科级
171	卫视节目中心	黄　炜	副科长	副科级
172	卫视节目中心	景　林	科　长	正科级

续表

序　号	部　门	姓　名	职务名称	职务级别
173	卫视节目中心	吕　军	科　长	正科级
174	卫视节目中心	田　天	科　长	正科级
175	卫视节目中心	韩　勇	科　长	正科级
176	卫视节目中心	华剑雄	副科长	副科级
177	卫视节目中心	王　泓	副科长	副科级
178	卫视节目中心	吴犁犁	副科长	副科级
179	卫视节目中心	郑　蓉	科　长	正科级
180	卫视节目中心	李　潇	副科长	副科级
181	卫视节目中心	赵　菁	副科长	副科级
182	卫视节目中心	王　寅	团委副书记	副科级
183	卫视节目中心	王　璐	副科长	副科级
184	体育节目中心	李长平	科　长	正科级
185	体育节目中心	周　欣	科　长	正科级
186	体育节目中心	胡宁扬	科　长	正科级
187	体育节目中心	赵　华	科　长	正科级
188	体育节目中心	司　虹	副科长	副科级
189	体育节目中心	孙　松	科　长	正科级
190	体育节目中心	林　琛	科　长	正科级
191	体育节目中心	高海宁	副科长	副科级
192	体育节目中心	丁　屹	副科长	副科级
193	体育节目中心	张　洪	副科长	副科级
194	体育节目中心	田　丰	科　长	正科级
195	体育节目中心	金　巍	副科长	副科级
196	体育节目中心	章　玫	科　长	正科级
197	体育节目中心	刘　宇	副科长	副科级
198	体育节目中心	曹晓磊	科　长	正科级
199	体育节目中心	王　速	副科长	副科级
200	体育节目中心	唐骏飞	副科长	副科级
201	生活节目中心	刘继东	科　长	正科级

续表

序　号	部　门	姓　名	职务名称	职务级别
202	生活节目中心	霍　雯	科　长	正科级
203	生活节目中心	王　宏	科　长	正科级
204	生活节目中心	倪小康	科　长	正科级
205	生活节目中心	凌　英	科　长	正科级
206	生活节目中心	许　亮	科　长	正科级
207	生活节目中心	王　昆	科　长	正科级
208	生活节目中心	刘春艳	科　长	正科级
209	生活节目中心	王蔚然	科　长	正科级
210	生活节目中心	李　璐	科　长	正科级
211	生活节目中心	高　燕	科　长	正科级
212	生活节目中心	李　翔	副科长	副科级
213	生活节目中心	宋虹君	科　长	正科级
214	生活节目中心	黄殿琴	副科长	副科级
215	生活节目中心	吕　丹	副科长	副科级
216	生活节目中心	王　倩	科　长	正科级
217	生活节目中心	王昱斌	副科长	副科级
218	生活节目中心	于　莉	副科长	副科级
219	人事部	唐乐平	科　长	正科级
220	人事部	江明慧	副科长	副科级
221	人事部	吴　峰	副科长	副科级
222	人事部	张兰岚	副科长	副科级
223	人事部	张　亮	副科长	副科级
224	青少·海外节目中心	宋　民	科　长	正科级
225	青少·海外节目中心	姜　华	科　长	正科级
226	青少·海外节目中心	徐春梅	副科长	副科级
227	青少·海外节目中心	张　立	副科长	正科级
228	青少·海外节目中心	张　弘	科　长	正科级
229	青少·海外节目中心	马　嘉	副科长	副科级
230	青少·海外节目中心	李晓军	科　长	正科级

续表

序号	部门	姓名	职务名称	职务级别
231	青少·海外节目中心	崔笑田	副科长	副科级
232	青少·海外节目中心	徐　剑	副科长	副科级
233	青少·海外节目中心	寇建国	科　长	正科级
234	青少·海外节目中心	吴　筠	副科长	副科级
235	青少·海外节目中心	沈　澜	科　长	正科级
236	青少·海外节目中心	吴　玮	科　长	正科级
237	青少·海外节目中心	刘　岩	副科长	正科级
238	青少·海外节目中心	刘健辉	副科长	副科级
239	青少·海外节目中心	章向东	副科长	副科级
240	青少·海外节目中心	敖　娜	副科长	副科级
241	青少·海外节目中心	郭　巍	副科长	副科级
242	青少·海外节目中心	王　赤	副科长	副科级
243	青少·海外节目中心	王　旗	副科长	副科级
244	离退休干部办公室	梁　爽	科　长	正科级
245	离退休干部办公室	文　平	科　长	正科级
246	科教节目中心	陶继忠	科　长	正科级
247	科教节目中心	杨子云	科　长	正科级
248	科教节目中心	董炬光	副科长	副科级
249	科教节目中心	彭　皓	副科长	副科级
250	科教节目中心	施卫平	科　长	正科级
251	科教节目中心	郑　兵	副科长	副科级
252	科教节目中心	许　越	科　长	正科级
253	科教节目中心	白红洁	副科长	副科级
254	科教节目中心	穆　彤	科　长	正科级
255	科教节目中心	杨韵仟	科　长	正科级
256	科教节目中心	王丹英	科　长	正科级
257	科教节目中心	王壮壮	科　长	正科级
258	科教节目中心	刘　佳	副科长	副科级
259	科教节目中心	钟南南	副科长	副科级

续表

序　号	部　门	姓　名	职务名称	职务级别
260	科教节目中心	李玉国	副科长	副科级
261	经营管理部	李　健	科　长	正科级
262	经营管理部	李峪华	科　长	正科级
263	经营管理部	杨　播	科　长	正科级
264	京视传媒	赵跃东		正科级
265	监察审计办公室	林　敏	科　长	正科级
266	监察审计办公室	蒋效中	科　长	正科级
267	监察审计办公室	白希军	科　长	正科级
268	监察审计办公室	郑　欣	副科长	副科级
269	技术设备管理部	张保军	科　长	正科级
270	技术设备管理部	邹　庆	副科长	副科级
271	技术设备管理部	贾玉升	科　长	正科级
272	技术设备管理部	李　玲	科　长	正科级
273	技术设备管理部	王　克	科　长	正科级
274	技术设备管理部	刘顺平	副科长	副科级
275	技术设备管理部	王　嘉	科　长	正科级
276	纪实频道节目中心	钱丹丹	科　长	正科级
277	纪实频道节目中心	张　洁	科　长	正科级
278	纪实频道节目中心	俞　恺	科　长	正科级
279	纪实频道节目中心	王　悦	科　长	正科级
280	纪实频道节目中心	赵　怡	副科长	副科级
281	纪实频道节目中心	潘　旭	副科长	副科级
282	纪实频道节目中心	秦　蕾	科　长	正科级
283	纪实频道节目中心	高国华	科　长	正科级
284	计划财务部	赵亚波	科　长	正科级
285	计划财务部	李培云	科　长	正科级
286	计划财务部	冯　妍	科　长	正科级
287	计划财务部	李天莉	副科长	副科级
288	计划财务部	陈　方	科　长	正科级

续表

序　号	部　门	姓　名	职务名称	职务级别
289	计划财务部	史楠楠	科　长	正科级
290	计划财务部	赵景瑞	科　长	正科级
291	计划财务部	石　慧		正科级
292	计划财务部	彭　嘉		副科级
293	基建办公室	李学红	科　长	正科级
294	基建办公室	张向华	科　长	正科级
295	基建办公室	周　疆	副科长	副科级
296	基建办公室	董英秀		正科级
297	行政部	李国平	副科长	副科级
298	行政部	段　平	科　长	正科级
299	行政部	张红燕	副科长	副科级
300	行政部	姜　涛	科　长	正科级
301	行政部	闫　欣	科　长	正科级
302	行政部	李有成	科　长	正科级
303	行政部	朱　洪	副科长	副科级
304	行政部	李金明	科　长	正科级
305	行政部	曹京立	副科长	副科级
306	行政部	崔子强	科　长	正科级
307	行政部	马树军	副科长	副科级
308	行政部	崔国飞	科　长	正科级
309	行政部	孙建华	副科长	副科级
310	广告部	李　伟	科　长	正科级
311	广告部	刘　琪	副科长	副科级
312	广告部	周　轩	副科长	副科级
313	广告部	王晓薇	副科长	副科级
314	动力部	方亦军	科　长	正科级
315	动力部	黄晓峰	副科长	副科级
316	动力部	程　毅	科　长	正科级
317	动力部	杜　伟	科　长	正科级

续表

序　号	部　门	姓　名	职务名称	职务级别
318	动力部	殷　鹏	副科长	副科级
319	动力部	张　勇	副科长	副科级
320	动力部	赵　阔	科　长	正科级
321	动力部	张　岩	副科长	副科级
322	动力部	宋明防	副科长	副科级
323	动力部	左云彩	科　长	正科级
324	动力部	苑宏伟	副科长	副科级
325	动力部	张　焱	科　长	正科级
326	动画节目中心	曾　艺		副科级
327	党委办公室	高艺溦	科　长	正科级
328	党委办公室	蒋奕雯	科　长	正科级
329	党委办公室	陈　庆	科长、团委书记	正科级
330	党委办公室	洪　聿	团委副书记	副科级
331	财经节目中心	李铁军	科　长	正科级
332	财经节目中心	韩　梅	科　长	正科级
333	财经节目中心	李　玲	副科长	副科级
334	财经节目中心	谢燕秋	副科长	副科级
335	财经节目中心	范红军	副科长	副科级
336	财经节目中心	宋北光	科　长	正科级
337	财经节目中心	陈　栩	科　长	正科级
338	财经节目中心	郑长红	副科长	副科级
339	财经节目中心	司　健	副科长	副科级
340	财经节目中心	杨　健	科　长	正科级
341	财经节目中心	鲍　文	科　长	正科级
342	财经节目中心	马　旭	副科长	副科级
343	财经节目中心	王春元	科　长	正科级
344	财经节目中心	马　昊	副科长	副科级
345	财经节目中心	关　月	副科长	副科级
346	财经节目中心	赵文涓	副科长	副科级

续表

序号	部门	姓名	职务名称	职务级别
347	财经节目中心	常海龙	副科长	副科级
348	财经节目中心	韦　嘉	副科长	副科级
349	播出部	张　勃	副科长	副科级
350	播出部	杨建英	副科长	副科级
351	播出部	程　宏	副科长	副科级
352	播出部	张　皓	科　长	正科级
353	播出部	王　进	科　长	正科级
354	播出部	于先靖	副科长	副科级
355	播出部	董秀琴	科　长	正科级
356	播出部	赵　悦	副科长	副科级
357	播出部	肖春艳	副科长	副科级
358	播出部	王　辉	副科长	副科级
359	播出部	张宏斌	科　长	正科级
360	播出部	刘新同	科　长	正科级
361	播出部	梁建华	科　长	正科级
362	播出部	武　岳	科　长	正科级
363	播出部	安贵江	科　长	正科级
364	播出部	褚　存	副科长	副科级
365	播出部	王志华	科　长	正科级
366	北京卡酷传媒有限公司	池浩洋		副科级
367	北京卡酷传媒有限公司	宋　毅		副科级
368	北京京视卫星传媒有限责任公司	尹　悦		正科级
369	北京京视卫星传媒有限责任公司	商屹楠		正科级
370	北京京视体育发展有限责任公司	郭　斐		正科级
371	北京京视电广传媒有限责任公司	张　云		正科级
372	北京京视电广传媒有限责任公司	朱义婕		正科级
373	北京京视电广传媒有限责任公司	张　弢		副科级

续表

序号	部门	姓名	职务名称	职务级别
374	北京京视电广传媒有限责任公司	金丽萍		副科级
375	北京京视电广传媒有限责任公司	孙元元		正科级
376	北京京视电广传媒有限责任公司	王文献		正科级
377	北京京视电广传媒有限责任公司	苏　勇		正科级
378	北京京视电广传媒有限责任公司	潘海云		副科级
379	北京电视产业发展集团	李　莉		正科级
380	北京北视英特维文化传播有限公司	孙　游		正科级
381	保卫部	戴晋军	副科长	副科级
382	保卫部	张　毅	科　长	正科级
383	保卫部	李　锐	科　长	正科级
384	保卫部	张建宁	科　长	正科级
385	保卫部	毕小兵	科　长	正科级
386	保卫部	王喜宗	副科长	副科级
387	办公室	李晓亭	科　长	正科级
388	办公室	曹　勇	科　长	正科级
389	办公室	邢亚平	副科长	副科级
390	办公室	贾　岩	副科长	副科级
391	办公室	刘　妍	副科长	副科级
392	办公室	李　宇	副科长	副科级
393	办公室	秦　爽	科　长	正科级
394	办公室	王　伟	科　长	正科级
395	办公室	刘海述	科　长	正科级
396	办公室	王宇哲	科　长	正科级
397	办公室	刘　星	副科长	副科级

（截至2015年12月31日　人事部）

北京电视台人员情况

全台在职职工总数 3560 人。其中：在编人员 1317 人，派遣人员 2243 人。

政治面貌

人员＼政治面貌	合计	中共党员	共青团员	其他
在编人员	1317	785	0	532

年龄情况

人员＼年龄	合计	≤30	31—40	41—50	51—60	≥61
在编人员	1317	2	225	707	383	0

学历情况

人员＼学历	合计	博士	硕士	大本	大专	中专	高中	初中及以下
在编人员	1317	4	130	1046	120	2	14	1

专业技术人员情况

技术职务级别／专业技术系列	初级（4）	初级（5）	中　级	副高级	正高级	未评聘	总　计
播　音	16	1	19	5	5		46
档案管理	1			1			2
工　程	32	3	95	91	7		228
会　计	11		4	12			27
经　济			31	12			43
审　计		3					3
统　计	1			1			2
图书资料	2		2				4
新　闻	98		297	139	38		572
艺　术	17		57	37	7		118
政　工	14		10	9			33
						239	239
总　计	192	4	518	307	57	239	1317

（截至 2015 年 12 月 31 日　人事部）

频道·栏目

频道设置

BTV 北京卫视

北京卫视是北京电视台上星综合频道，根据美兰德和 CTR 统计的全国卫星频道入户率调查数据显示，北京卫视全国覆盖人口接近 11 亿，全国省级和地市级城市覆盖率 100%，全国 35 个中心城市覆盖率位列所有省级卫视第一名，全国 71 个城市覆盖率位列省级卫视第二名。

从 2013 年至今，北京卫视连续 3 年在全国 34 个城市、50 个城市和 71 个城市的收视率统计中位列全国省级卫视第四名，晚间黄金时段位列省级卫视第二名，外地贡献率达 67%，是北方市场最具影响力的“北方第一卫视”。2015 年，北京卫视荣获“中国电视欣赏指数省级卫视第一名”“2015 年度两岸四地创新频道四小龙”“2015 传媒中国年度十大影响力卫视”等称号。

北京卫视创办全国第一生活服务品牌栏目《养生堂》和《我是大医生》、全国第一人文纪录片品牌《档案》、全国第一新闻纪实品牌《生命缘》。2015 年，《养生堂》位列全网同时段节目收视率第一名；《档案》连续推出多部重大题材历史纪录片，其中，《伟大的抗美援朝》荣获中宣部“五个一工程奖”；2015 年纪录片《伟大的贡献》和《西藏》再次掀起“重大题材看《档案》”的舆论高潮。2015 年，《生命缘》荣获第二十五届中国新闻奖电视新闻专题类一等奖。

2015 年，大型综艺季播节目《最美和声》《我是演说家》《音乐大师课》《歌手是谁》《造梦者》《传承者》等刷新频道收视纪录；《暖暖的新家》《幸福的味道》《幼儿缘》《怀孕的爸爸》《八八爸爸》《妈妈听我说》等周间季播节目开创全新节目样态，用时尚、轻松、温暖锁定年轻受众。

BTV 文艺

北京电视台文艺频道以“欢乐的创造者、价值的传播者、文艺潮流的引领者”为宗旨，致力于打造文艺节目创新基地，将文娱资讯、明星访谈、大型综艺、喜剧表演、文娱评论、文化专题和访谈作为频道核心内容，不断吸引和拓宽年轻观众比例。

2015 年，BTV 文艺共有 19 档节目，包括日播栏目 4 个、周播栏目 10 个及编辑类栏目。日播栏目《每日文娱播报》

《文娱午报》《笑动2015》《脱口而出》；周播栏目《我爱我家》《光荣绽放》《影视风云》《星夜故事》《我家有明星》《春妮的周末时光》《我爱收藏》《文化之约》《欢天戏地》《超级播出季》；编辑类节目《综艺万象》《综艺麻辣烫》《欢乐微逗秀》《周播节目日播联播》等。

BTV 科教

北京电视台科教频道坚守“大教育”的频道定位，以“点亮智慧人生”为核心理念，通过“创新节目内容、丰富节目形态、探索特色编排、拓展经营渠道”，重点打造以人文、健康和法治题材为核心的具有时代特色的科教节目。

2015年，科教频道的节目主要由三大时段构成。一是由《现场说法》《法治进行时》和《第三调解室》（精编版）组成的130分钟的午间法治时段，其中《法治进行时》的时长由原来的50分钟增至55分钟，并自4月6日起正式开始直播。二是由《非常幽默》《您吃对了吗》和《健康北京》组成的傍晚幽默健康时段，其中《您吃对了吗》从元月1日起，从《健康北京》中剥离，成为一个独立的栏目。这三个栏目分别从心理减压、营养均衡和医药知识方面，以百姓易于接受的方式诠释该时段的主题——健康。三是由《法治中国60分》《记忆2015》《品味·艺术》《留学生》《最北京》和《第三调解室》组成的160分钟的晚间黄金时段。其中，《记忆2015》是原《北京记忆》的升级版，该栏目在选题和表现形式方面均有较大的突破。10月10日开播的《留学生》是科教频道新推出的一档《教育情感励志真人秀》节目，每周六20：00在BTV科教播出，此前在该时段播出的《品味·艺术》撤销。元月4日开播的《最北京》是科教频道倾力打造的一档以“寻访北京之最”为话题的访谈节目，每周日20：00在BTV科教播出，此前在该时段播出的《今晚我们相识》撤销。

此外，科教节目中心自制的栏目还有《警法目录》《庭审纪实》和《非常向上》。

BTV 影视

2015年，影视剧中心完成全台6个首播剧场、6个重播剧场、6个自然重播剧场的跨越6个频道剧场布局。全台每天共播出55集电视剧，全年累计电视剧播出量近20000集，占全台11个频道播出总量的四分之一。

北京卫视《红星剧场》，每日19：35播出2集电视剧，以“大戏看北京”的品牌理念，播出主题立意深远、人文含量高、叙事宏大、阵容豪华、制作精湛的“大戏”，并在全国宣传推广中全力突出这一剧场形象和品牌价值。

北京卫视《午茶剧场》，每日14：05播出4集电视剧，精选全国范围收视较好、反响热烈的热剧好剧进行播出。

文艺频道《炫剧场》，每日20：55播

出2—3集电视剧，主要播出展现女性气质电视剧，包括都市情感剧、年代剧、古装宫廷剧等，以青春时尚为主观众群，兼顾中老年女性收视兴趣和需求。

影视频道《首都剧场》，每日18：55（首播）、07：00（重播）4集电视剧，该剧场根据首都观众的电视剧品位与兴趣，坚持综合化定位、精品化的选剧标准，努力锁定第一地面剧场的目标，通过建立地面预购制、卫视地面联合购买、上星后购买等方式，同时开展更接地气的观众互动地面活动，与卫视红星剧场形成良性的差异化竞争策略和互补策略，努力锁定第一地面剧场的目标，维护首都剧场的黄金品牌价值和影响力。

影视频道《英雄剧场》，每日17：00播出2集，英雄剧场坚持类型化细分剧场的定位和思路，围绕"英雄"主题，主打公安、抗战、谍战、革命等具有悬念、战争元素的强情节类作品的专业化剧场。

影视频道《家和剧场》，每日13：00播出5集，以中老年观众为主要受众群体的重播剧场，主打卫视剧大戏二轮重播和首都剧场精品剧重播，与卫视午茶剧场形成差异化排播，力争互补双赢。

文艺频道《炫剧场》与广告部密切配合，确定以都市、女性为剧场定位，特色鲜明，广告客户指向明确，实现了编排与广告效益的合理结合。

科教频道《正剧场》是依据频道气质与目标观众，与科教节目中心的不断沟通、磨合中，坚持下来的以涉案剧构成的下午剧场，有效延伸了频道的优势收视时段。

青年频道《青春剧场》将原有的上下午和夜间剧场由3集增至4集，扩充了上午和后晚间的电视剧板块。

BTV财经

BTV财经是宣传北京经济发展、传递前沿财经资讯的专业财经频道。财经频道以"价值无所不在"为核心理念，凸显专业性和服务性的有效契合，致力于搭建以专业化为发展基础、以权威性为品质保证、以服务性为传播宗旨的面向大众的专业财经媒体平台。

2015年，为全面落实市委宣传部对财经频道提出的高站位、大视野、有格局、有品位、自觉成为宣传首都经济的主战场和生力军的指示精神，以及台领导提出的财经频道节目架构及专业属性亟待进一步明晰和提升的要求，财经频道开始从大众财经向专业财经的转型，初步形成了以新闻资讯、金融证券、文玩收藏、创业创新、经营定制节目带为主要内容的五维架构、多点支撑的频道格局。

同时，财经频道延续"5＋2"编排策略，工作日突出专业属性，休息日凸显轻松元素。工作日晚间黄金时段：《天下财经》看天下经济大势，解百姓财经热点；《首都经济报道》聚焦经济民生，服务首都百姓；《理财》品味收藏，传承文化；《财富故事》《北京发布》创业成就梦想，创新开创未来；《财富剧场》以微电影的表达方式，解读百姓生活中的经济现象，普及财经知识。

周末晚间以富有轻松元素的节目《拍

宝》《才高八斗》《品味消费在北京》为主，辅以具有专业特色的《财经锋汇》《谁在影响我》，在凸显周末轻松娱乐氛围的同时兼顾财经专业品质，共同打造具有高度、深度、广度、温度的“四度”财经频道，向高站位、大视野、有格局、有品位的频道发展目标迈进。

BTV 体育

北京电视台体育频道是24小时播出的、在全国最有影响力的省级专业体育频道，是全国首家高清播出的体育频道。体育频道是以赛事转播为核心，以新闻、竞技专栏为依托，以全民健身节目为特色的品牌化、专业化频道。近年来，体育频道逐步确立了“北京职业体育为龙头、国际赛事选精品、优秀栏目塑品牌、群众体育呈规模、新媒体有突破”的发展战略，在地方电视台中开创了一条有鲜明特色、自主创新的发展之路，受到广大观众欢迎，收视率、影响力、美誉度不断提高，跻身北京地区优秀频道之列，收视份额进入北京地区前十名。

2015年主要栏目有：《天天体育》《足球100分》《欢乐二打一》《体坛资讯》《快乐健身一箩筐》《声声体育》《体育议起来》《BTV赛场》等。

BTV 生活

北京电视台生活频道是中国都市生活频道第一品牌，省级地面频道十强之一，深受北京人欢迎的、最贴心的生活服务平台。

生活频道通过关注和介入北京人的个人生活、家庭生活和社会生活，关照受众在精神生活、物质生活方面的内在需求，以健康格调、善意传播，全方位培育和拓展首善之区的优质美好生活。以人为本，关注民生，全力打造都市生活频道的第一品牌。

2015年，生活频道以生活服务类节目故事化讲述的表现方式，播出一系列品牌栏目《生活2016》《生活面对面》《美食地图一探到底》《食全食美》《幸福厨房》《选择》《生活广角》《快乐生活一点通》《健康到家》《生活+》《我爱我车》《四海漫游》，季播节目《上菜》《味道学院》，生活微行动“文明旅游　袋动中国”受到观众的喜爱。

BTV 青年

2012年1月1日正式开播的北京电视台青年频道是全国第一家青年电视频道。

BTV青年频道以“弘扬北京精神，做文明有礼的北京人”为核心诉求，将“爱国、创新、包容、厚德”理念融入日常节目生产，弘扬社会主义核心价值观，兼顾社会效益与节目收视，一方面对观众进行正确的舆论引导，一方面展现北京人的时代面貌，并在此过程中时刻倾听观众的心声，力求对位满足观众的精神需求，凸显青年频道“青年成长坐标，青春动感平台，青年电视伙伴”的价值理念，对包括未成年人在内的广大青年观众进行正能量传播。

BTV 青年频道以全天近 5 小时的首播青年节目，强力锁定 15 至 34 岁青年受众，以三网融合的先进理念和手段，打造北京地区一流的青年电视频道，着力引入青年和国际元素，与 BTV 其他频道形成优势互补，全力凸显 BTV 作为首都媒体和未来城市媒体的应有气质。

2015 年，BTV 青年频道栏目设置：日播栏目《军情解码》《北京客》《不许不开心》《青年探秘者》；周播栏目《书香北京》《状元榜》；外购栏目《谁在说》《探索》。

BTV 新闻

2012 年 12 月 28 日，BTV 新闻频道全新亮相，实现全天候大直播，打造了北京地区本土新闻信息的权威发表平台。2015 年，BTV 新闻频道立足于新闻资讯的传播和新闻观点的表达，通过新闻栏目、滚动新闻、大型直播、新闻评论、新闻专题等多种形式，全面覆盖北京本土及国内各省区市。《北京您早》《特别关注》《都市晚高峰》《北京新闻》《红绿灯》《晚间新闻报道》《锐观察》《这里是北京》《北京新发现》等新闻栏目构成频道的主体框架，新闻大型直播节目、精品新闻专题等重头产品不断登陆，BTV 新闻频道呈现出权威大气、反应迅速、影响力显著的新闻频道气质。

频道宣传口号：新北京　闻天下。

频道特色：首都新闻信息的权威发布平台，大型新闻直播，突发事件快速反应。新闻，离你更近。

BTV KAKU 少儿

北京卡酷少儿卫视于 2004 年 9 月 10 日正式开播，是全国率先播出的专业动画卫星频道之一。频道口号：我们一起成长。

目前，卡酷少儿落地覆盖全国近百个大中城市，覆盖人口近 8 亿，涵盖京、沪、津、渝四大直辖市，冀、贵、陕、内蒙古四省区全境以及长三角、珠三角、环渤海、华中四大综合经济区。2015 年，卡酷少儿收视北京地区独占鳌头，全龄收视领跑全国动画少儿卫视，跻身全国所有省级卫视前十名。

卡酷少儿致力于打造全国一流的少儿服务专业频道和优秀动漫播出平台，拥有《动画春晚》《戚继光》《我的朋友猪迪克》等优质原创内容，以及《七色光》《闪天下》《卡酷动物园》等精品少儿节目，先后获得国家新闻出版广电总局优秀动画频道特等奖、最佳动画播出机构奖、最具影响力动画媒体奖等品牌大奖，以及文化部动漫创意项目、中视协金鹰奖、中国动画最高奖项金猴奖等众多重大奖项。

BTV 纪实

北京电视台纪实频道以纪录片为龙头，以广泛的纪实节目为主体，传播主流文化价值观，致力于为高知识结构的受众人群提供全球视野的高品质纪实节目。2015 年频道每天首播 5.5 个小时，全天播出 24 个小时，是全国首家、北京唯一一个以高清格式及 5.1 环绕立体声常规播出的专业纪实频道。2011 年 7 月 1 日，通过北京歌华有线网有线传输。自 2014 年 6 月 8 日起，纪实频道开始通过卫星进行信号传输，成为继中央电视台纪录频道之后第二家覆盖中国的纪实节目专业频道。2015 年播出栏目包括：《纪实天下》《时尚印象》《昨天的故事》《影事》《奇妙之旅》《纪录片影院》《奇纪实》《寰宇客》《中国故事》《奇趣自然》《全景》《口述》等。

BTV - International

北京电视台国际频道（BTV International Channel）依托长城平台对北美、亚洲、欧洲、拉美、澳大利亚等地播出，是以介绍北京文化为主旨的外宣频道。北京电视台国际频道的主要特点是：汇聚了北京电视台所有频道的精彩栏目，集中了全台的节目精华，以中文广播为主，英语广播为辅。国际频道没有广告播出，为受众提供了更加流畅的收视体验。

长城平台是由中央电视台、地方电视台和相关境外电视台的频道集成的海外播出平台。经国家广播电影电视总局批准，中国国际电视总公司所属的中视国际传媒有限公司负责长城平台海外落地项目的运营。目前长城平台已经在美国、亚洲、欧洲、加拿大和拉丁美洲落地，并将向大洋洲和世界其他地区扩展。

北京电视台国际频道通过长城平台从多角度展现了中华神韵，较好地展现了当代中国与北京的面貌，为国际受众全方位了解中国与北京，提高我国国际传播影响力做出了自己的贡献。

优秀栏目

北京卫视优秀栏目

《养生堂》

《养生堂》是北京卫视一档日播健康类栏目，2009 年开播。7 年来，该栏目收视率始终位列全国同时段第一，是全国美誉度、观众影响力最高的品牌栏目之一，深受观众喜爱。

早在 2010 年，栏目组就成立了健康节目专家顾问团，成员有国家顶级医学专业机构专家、中华医学会各专业委员会主任委员、副主任委员和中医权威专家、院士。该顾问团已成为《养生堂》最权威的专业指导机构。同时，在主讲嘉宾的遴选上，栏目组也一向从严把关，三甲医院主任医师是起点资质，院士、国医大师、三甲医院院长、副院长是《养生堂》的常客。

专家的权威性确保了内容的准确性。他们讲述的内容都是经过实践检验的科学案例。在讲述过程中，各位专家都要引用大量临床病例，逐一讲解，通过真实的病例和科学的统计数字，让观众学到相关知识，加强养生保健观念。

除对专家权威性的把控外，栏目组还从选题的角度、操作方向到具体内容，有严格的考证和信息的筛选、评估流程。首先，《养生堂》作为一档专业性较强的医学健康节目，内容需要专家提供方向和角度，以及大量第一手资料。编导在理解消化这些资料、将其进行翻译和再创作的过程中，也要参考一些同类节目的做法，包括网络上的热点说法等等。但栏目要求编导，在节目的初稿形成阶段就进行严格求证，将有争议的部分与专家反复商讨，凡是专家认为有误、不确定或者偏颇的地方都要删除。

在节目中，专家除了讲知识外，还要引述亲身经历的故事。这些故事，内容基本上都是医患间相互信任、协作对抗疾病的。这样的故事，真实、感人，对于树立医务工作者正面形象，融洽医患关系，起到了正面的作用。

《养生堂》继获得全国广播电视优秀栏目奖以及第三届《综艺》年度节目奖后，又获得多项大奖，如 2012 年获得第九届全国十佳制片人、全国健康品牌栏目、全国金牌主持人、TV 地标 2012 上星频道十大优秀栏目奖、2012 新浪健康年度盛典“最具影响力媒体奖”，2012—2013 中国最具品牌价值电视栏目及 2013 最具创新力十大创新栏目，“2014 传媒中国年度影响力广播电视栏目”等。

2015 年，《养生堂》推出“健康老区

行”活动，栏目组在国内多个革命老区录制节目，既向老区群众传播科学的健康养生知识和理念，也配合中国人民抗日战争暨世界反法西斯战争胜利70周年的宣传。国庆节期间，制作了特别节目——《四大菜系的养生门道》，邀请全国知名专家和厨师汇聚一堂，让观众在学到营养知识的同时，也大饱了眼福。

《档案》

《档案》是北京卫视原创的一档历史纪录片栏目，在同播出时段中是全国省级卫视频道中唯一一档原创自制的讲述类纪录片栏目。

《档案》栏目选取对人类社会产生重要影响的历史事件，或是引发社会广泛关注的焦点事件和关键人物，深挖事件背后隐藏的真实档案和历史资料，并通过“讲故事”的方式，将人们不曾了解的历史真相，呈现给观众。《档案》栏目凭借专业严谨的治学精神、生动细腻的历史叙事，通过讲述人角色功能的设置，利用演播室空间布景、虚拟植入技术和讲述人重返历史现场，开创了中国电视纪录片呈现方式的全新语汇。

《档案》栏目勇于承担重任，先后承制了《从一大到十八大》《辛亥档案》《苏联解体——8·19事件内幕》《伟大的抗美援朝》《砥柱中流——伟大的敌后抗战》等。2015年为纪念反法西斯战争胜利75周年及西藏自治区成立50周年，在北京市委宣传部的指导下，承制了《伟大的贡献》《西藏》两部重大题材历史文献纪录片。栏目对重大历史题材选题的全新解读手法也获得了社会各界的广泛认可，并逐步形成了“重大题材看《档案》”的社会现象。

《生命缘》

《生命缘》是北京卫视推出的国内首档全新模式的医疗纪实节目，以首善媒体的担当，展现高品质的纪实节目题材，以生死前沿的大爱展现人性，展现医者仁心，还原医患真情。在医患关系日益紧张的今天，《生命缘》为医者和患者之间搭建了沟通的“绿色通道”，通过《生命缘》栏目的播出，越来越多的观众理解了医生的难处，树立了正确的生命观、死亡观、医学伦理观。而更多的医务工作者也在《生命缘》中体会到了职业荣誉感和肩负的责任及重担。《生命缘》高品质的制作和节目人文情怀的展现，已成为北京卫视最有价值的品牌节目之一。

《生命缘》自2014年创立以来，已经播出两季。2014年播出第一季，每周一期，共11期；第二季从2015年1月开播，每周三期。

《生命缘》拍摄的题材广泛，涉及了医院大部分危重疑难病的科室和复杂的高难度手术，体现了医护人员精湛尖端的医疗技术。迄今为止，拍摄内容包括高难度的器官移植手术、心脏主动脉的抢救治疗、危重新生儿抢救，合并症的危重孕产妇抢救、急诊室的各种紧急抢救、肿瘤切除手术，以及神经外科开颅手术等。

在我国的电视业界，《生命缘》开启了多个国内医疗纪实节目的“第一次”：首次将医疗纪实节目的触角延伸到急诊室、抢救室、手术室等生死战场的最前沿；首次在医疗纪实节目中使用医疗直升机全景拍摄；首次采用医院内多角度的监控镜头；首次将 GPRO（吸盘式摄像机）安装在急救车、抢救室、待产室等场景。

《生命缘》播出后，获得了社会各界的高度评价，引起中央领导同志的高度重视并作出重要批示。与此同时，《生命缘》也获得了医疗界的高度认可，被广大医生称为“促进医患和谐”的良心节目。

《我是大医生》

《我是大医生》是北京卫视原创的一档以“医生主持团”为核心的大型健康服务节目。这档节目以独创的“健康脱口秀”形式首次实现了生活服务与综艺两种节目形态的跨界融合，开启健康服务节目的新篇章。

节目中，由主持人悦悦与专业医生组成的主持团通过最有趣的互动、最权威的讲解、最直观的实证、最意外的呈现，向大众传播科学准确的健康医学服务知识。《我是大医生》是团队自主研发的一档全新模式的大型健康服务节目。节目首度将专业医生组建成主持团，打造“医生梦之队”概念，为国内的健康服务类节目开启了全新的主持模式。

同时，栏目也在国内开创了一种全新的医学互动方式。打破了传统健康服务类栏目的“访谈场”，充分运用化学物理原理以及栏目自主研制出来的各种道具，将复杂的医学知识通过精彩的互动，准确展现。通过这些生动灵活的讲解、关联感极强的互动，向大众传播最具趣味性、实用性、权威性的医学知识；用活跃、直观、综艺的方式，解读健康的奥秘。

这里有独一无二的“医生梦之队”——哈佛博士后、中国心血管专家李建平，中国“乳房再造之父”栾杰等医学专家，兼具权威的医学知识与从容的主持表现，无论从定位、表达还是形象，“医生梦之队”都是难以效仿和超越的。

这里有独一无二的视觉呈现——细胞体概念的舞美设计，让《我是大医生》不是在舞台上讲课，而是在细胞体中聊天。同时，《我是大医生》充分利用 3D 动画、虚拟置入技术，形象阐释医学健康原理，打造电视节目中的《阿凡达》。

这里有独一无二的互动方式——医学的发展速度赶不上节目的录制，所以，对于旧的健康知识，《我是大医生》致力于用大家从所未见的互动方式来讲述。无论是实证、测试、互动道具的运用，《我是大医生》都在“意想不到”上下足文章。为了保证创意，栏目组每期录制大小道具明细总和高达上百件，每一件都在准确科学的基础上，要求精美和细致，从各个细节保证节目的质量。

《我是大医生》荣获 2015 年度中国电视满意度博雅榜发布的“卫星频道生活财经类栏目满意度前十强”。

文艺频道优秀栏目

《每日文娱播报》

《每日文娱播报》是一档新闻资讯类栏目，BTV文艺每天18时45分首播，节目时长45分钟。《每日文娱播报》自2002年创办以来，一直把“文化价值发现者”作为栏目口号，坚持“文化彰显品位”的理念，坚持弘扬社会主义核心价值观，坚持向观众传递正能量。《每日文娱播报》一直强调独家内容、独特视角、独到观点，在忠实记录文化娱乐事件现场的同时，力求从更深的层次进行分析，解读娱乐真相，发出不一样的声音，在文化娱乐界形成了强大的话语权和影响力。

2015年，《每日文娱播报》除了全力打造原有的两个重点板块《独家对话》《播报大调查》之外，在日播节目中，还开辟了全新板块——趣味民调“原来是播报”，采取记者出镜的形式和观众互动，选取时下最热门的话题进行讨论，比如“自拍”“控烟”等。该板块不仅取得了良好的收视率，还树立了较好的口碑，增强了“播报”在观众心中的亲和力和影响力。从2015年的收视情况来看，这三大板块常常成为栏目当日的收视高点。《每日文娱播报》周末还推出特别策划，以更宏观、更深刻的视角来解析文化实践、文艺现象，这样的编排让节目样态更加鲜活多样。

不仅节目内容有所创新，在灯光舞美方面也力求创新。2015年《每日文娱播报》的演播室焕然一新，秉持时尚酷炫、现代国际化、时间与空间融合、科技化等理念，呈现在大家面前的是一个活灵活现、会发光、充满现代都市浪漫气息的舞台。

2015年，《每日文娱播报》继续发挥采编优势，深入文娱一线，挖掘幕后故事，整合梳理盘点，做有格调、有品质的文娱新闻，同时继续推出大型地面活动，如年底推出的“文艺青年e起来”新闻发布会，既是《最美女生》的收官仪式，也是“笑咖来了”系列选拔活动的开幕式，活动邀请各路文艺青年报名参加，通过这种“走出去”的方式，提升《每日文娱播报》在观众中的知名度和美誉度。

《我家有明星》

《我家有明星》栏目，每周五19：35在BTV文艺首播，节目时长70分钟。该栏目开播于2012年，坚持“文艺服务生活，传播北京精神”的宗旨，依托北京独有的文化资源，打造一档原创的、差异化的、极具首都特色的励志、圆梦类综艺节目。

栏目2012年开播至今，坚持地面海选活动，不但挖掘了最新鲜的选题素材，还利用地面活动与观众进行面对面的沟通交流，及时在节目中进行调整与改进。

自2013年起，《我家有明星》推出了暑期大型活动“天才宝贝追梦春晚”，至今已成功举办三季。该活动的举办对拓展栏目品牌、扩大收视人群、提升栏目影响力起到了积极的作用。除此之外，栏目还与京视传媒合作，开办 BTV 少年传媒学院综艺主持表演班，将节目创作与市场化结合的探索又向前推进了一步。

《我家有明星》栏目在 2015 年获得 3 个奖项，特别节目“在等待阎肃老师回家的日子里”获得北京电视台 2015 年下半年电视文艺类二等奖；本栏目获得中国广播电视产业联盟颁发的 2015 年度全国省级地面频道电视栏目影响力 Top20；制片人付德刚获得 2015 年度全国省级地面频道金牌制片人奖。

《春妮的周末时光》

2012 年 7 月，北京电视台文艺频道推出了首档以主持人命名的栏目《春妮的周末时光》。该栏目以 BTV 看家花旦徐春妮的“家”为核心元素，打造首档大型全景式戏剧访谈节目。2015 年，《春妮的周末时光》在第五届中国电视满意度博雅榜地面频道娱乐类十佳栏目的评选中获得第三名，栏目组也于同年荣获北京电视台巾帼文明岗荣誉称号。

节目中，春妮首次尝试以女主人的身份邀请各界明星好友来“家”中做客，以各个领域中的明星代表为嘉宾阵容，围绕亲情、友情、爱情等话题进行轻松聊天，并穿插才艺表演，营造居家氛围，寻找情感共鸣，品味生活感悟，追忆青春年华，畅谈人生理想，描绘时代印记，梳理万千情丝。栏目不断向社会传达“正能量”，努力围绕创新、责任、品质、影响四个维度进行创作，在节目内容、表达形式、运营模式上努力创新、自成一格，引领国内同类栏目潮流。

《春妮的周末时光》一直坚持以“春妮带节目”的品牌战略，全力打造春妮的个人品牌。鼓励春妮参加更多社会公益慈善活动，以及主持台内外的各种大型晚会活动，不断提升“春妮品牌”的含金量。

2015 年，栏目组加大创新力度，在节目呈现形式、环节设计等诸多地方采取新尝试，取得了不俗的效果。在环节设计上，节目也通过日常朋友聚会串门的真实场景，反映明星嘉宾们的真实生活。例如，英达在家切肉待客、杨澜摆创意书柜、朱媛媛教春妮拖地小窍门、常宝华给春妮看重外孙女的照片等等。区别于星路历程、人生经历等明星节目的常规话题，《春妮的周末时光》节目中涉及的看似都是些家长里短，实际反映流露出的是普通人的“情”“幸福”和“爱”，带给观众的是一种社会“正能量”。

虽然节目是演播室访谈，也不局限于此，栏目组特别加入独具春妮感的小片，每期节目，春妮都会有所发现，有时会去好朋友英达剧组探班，有时又到张铁林家做客，有时走访西单商场寻找当年的启明茶社，甚至春妮会走入烤鸭店体验如何烤制鸭子、家具厂如何制作椅子、养老院体验最人性化的养老方式等等，通过女主人身体力行的体验和发现，拓展节目的宽度和广度。

作为北京电视台文艺频道在周末黄金时段推出的一档谈话节目，《春妮的周末时光》旨在传达人文情怀，引领观众的主流价值，体现较高的文化追求，展现首都大台的风范。强调并体现明星作为公众人物的示范引领作用，力求做到每一期节目都有一种主流价值体现，并力求以积极的人文情怀贯穿节目始终，体现北京电视台的大美品质。

《星夜故事》

《星夜故事》是一档京味儿综艺谈话节目，2012 年 1 月 5 日开播，每周四 19：35在 BTV 文艺首播，节目时长 50 分钟，是文艺节目中心的重点栏目之一。2015 年栏目宣传语为“京都纪事，且听我说”。主持人团队由“北京地气王”阿龙、京城“纪大明白”纪连海、“辣妈主持”乐文组成，他们与京城人气明星一起，带观众穿越古今，趣说京城大小事。栏目的年轻团队始终坚持独家策划与创新，2015 年平均收视率 1. 16%，占有率 3. 43%，在文艺节目中心晚间黄金档同类栏目中继续稳居第一。

2015 年，《星夜故事》团队在独家策划、挖掘故事、综艺化等方面不断探索，策划了《属相奇谈》《老顽童的萌态人生》《当曹云金遇到马布里》《虎妈猫爸养娃记》等特别节目，取得了不俗的社会反响和收视表现。此外，为巩固收视黏性，《星夜故事》团队还克服重重困难，先后策划了 9 个系列主题，共计 35 期，平均收视率 1. 15%，平均占有率 3. 46%。其中，2015 年 3 月 26 日播出《东南西北话京城——洋气城北》收视率 2. 31%，占有率 6. 47%，创单期收视率和占有率新高。

在主持人方面，《星夜故事》一直坚持打造“京味儿综艺主持”的特色标签，强化独家品牌，打造独家特色。在继续打造特色板块《老纪说》的基础上，2015 年还增设《阿龙探秘》板块，采取由主持人阿龙棚内讲述或外拍等形式，结合其独特的京味主持风格，向观众介绍老北京的衣食住行等多方面的趣事。

乐文作为栏目“元老级主持”，其清新活泼的风格，一直深受老少观众的喜爱。2015 年更以“辣妈”身份回归，以独特的女性、母亲视角剖析当期节目主题，加上阿龙和纪连海，形成独特的“三人行”主持群。

《星夜故事》获奖情况：2015 年 11 月 5 日播出的《公交协奏曲 · 最京味儿的公交线》获得北京电视台 2015 年下半年节目评奖电视文艺类二等奖。

《脱口而出》

《脱口而出》栏目于 2012 年 5 月开播，是文艺节目中心原创的一档情景喜剧类脱口秀节目。《脱口而出》坚持节目内容的原创性，邀请国内的优秀写手与导演组共同打造精彩的语言类节目内容。2015 年，栏目根据社会上的热点话题，进行节目内容上的编排，有“公主病”“诈骗”“托儿”“购物狂”等民生话题类较强的节目，也有“红五月歌咏比赛”等时效性较强的节目。

2015 年，栏目向打造情景式喜剧的模式方向发展，主打板块有“咖啡厅奇遇”“理发店传奇”“包公来了”“老板与员工”“李林电台”“创意生活店”等。这些板块都是本着围绕北京百姓日常生活的大事小情、趣事乐事、误会尴尬为创作的主要题材进行内容设计，深受广大电视观众喜爱。

电视观众喜爱的喜剧演员依旧是《脱口而出》栏目的主力，何云伟、李菁、应宁、王玥波、艾莉、王文林、李林、嘻哈包袱铺五虎、大逗相声等常规演员继续助阵栏目，同时将挖掘更多新的年轻喜剧演员来扩充表演队伍，以保持栏目年轻的生命力和活力。

在常态栏目之外，《脱口而出》在2015年继续拓展商演市场，进一步摸清市场规律，以此逐步使栏目在市场上占有一席之地。

《笑动2015》

《笑动2015》是北京电视台文艺节目中心语言类日播栏目，节目类型包括相声、小品、喜剧、幽默等。从创立《笑动2008》到《笑动2015》，连续多年，笑动持续不断地在挖掘新老作品，推广曲艺新人，录制演出实况，丰富了一大批播出素材。在节目编播上，也编出了很多新意。

2015年，栏目录制和播出了部分能唤起观众回忆的老艺术家作品，其中有些人已经淡出舞台。这些老艺术家的作品，不仅丰富了栏目播出内容，对提升栏目专业性也很有帮助。

除了为老艺术家录制作品，栏目也持续不断地挖掘新作，推广曲艺新人。2015年录制了嘻哈包袱铺、星夜相声会馆、乐八角曲艺茶园等专场演出，丰富了节目内容，推出了一批新人。

多年来，栏目每逢重要节日都会制作特别节目，2015年“五一”假期推出了特别节目《新人新作，笑动五一》。节目承接春节期间语言类节目热点，同时把反响极好的“2014年喜剧幽默大赛”的获奖演员请回演播室，录制了一大批从未在“笑动”播出的节目，集合了何云伟、应宁、王玥波、刘洪沂、李鸣宇等知名演员的新作，以及陈印泉、侯振鹏、徐涛、马星野、李寅飞、叶蓬、董建春、李丁等一批相声新人的代表作品。每年夏季，栏目第一时段播出青年演员王玥波播讲的长篇幽默评书，从《康熙私访月明楼》《张广泰回家》到《三盗九龙杯》，再到《聊斋志异》等，近10年来在北京电视屏幕近乎绝迹的评书艺术，为栏目带来不错的收视率。

5年来，以栏目为主要班底制作的2011—2015年的《北京喜剧幽默大赛》，推出新演员，创作新作品、创新新样式，受到观众的一致好评。

科教频道优秀栏目

《法治进行时》

《法治进行时》栏目自1999年12月27日开播以来，历经15年，安全播出5700多期。该栏目在每天中午12：00准时播出，时长55分钟。《法治进行时》展现了独特的新闻视角，第一时间的现场报道以及真实、鲜活的法治案例，推出了众多家喻户晓的精品，打造了品牌化法治节目。《法治进行时》的收视率、占有率和栏目广告创收连续10年在北京电视台的所有节目中稳居前三位，2015年，栏目全年平均收视率为4.3%。

2015年4月6日，《法治进行时》实现演播室直播。秉承节奏快、信息量大的特点，成为第一时间发布法治信息、解读法治案件的平台。4G背包、4G手机回传或连线，网络视频连线，电话连线，微信文字、声音、图片和视频的互动，底拉字幕实时滚动新闻，更加增加了新闻传播的时效性。

《法治进行时》与北京市公安局和110勤务指挥中心合作推出的《北京110》板块，以及与北京市高级人民法院联合推出的《老赖曝光台》，经过一年多时间磨合，在观众中形成了固定收看习惯，很多观众积极为警方和法院执行局提供线索，对有效打击犯罪、震慑犯罪嫌疑人、促进执行结案起到了积极作用。

《法治进行时》首播时间：BTV科教每天中午12：00，重播时间：BTV科教22：43，次日07：41；BTV卫视次日05：42。

《第三调解室》

《第三调解室》是北京电视台科教节目中心与北京市司法局合作，于2011年3月2日推出的一档法制类调解节目，每天12：55在BTV科教频道首播，时长50分钟。栏目秉承“坚持依法调解，追求公平正义，倡导理性宽容”的理念，以法律为准绳，以亲情为纽带，通过对民间纠纷的调解，明法析理。参与节目录制的有北京市各区县人民调解员、业界资深律师、心理咨询师等，每年有上千人次接受栏目的调解，当事人遍及北京市所有区县。

《第三调解室》栏目开播5年以来，收视一路蹿升，最高单期收视率达5.87%，位列当周北京电视台各栏目收视率排行第四。2015年，栏目组共调解纠纷250多起，调解成功率在75%以上。《第三调解室》既为百姓解决了实际问题，又宣传了相关的法律、法规和国家政策，因而受到社会的广泛关注和认可，已逐渐成为北京电视台的又一王牌栏目。

2015年《第三调解室》人民调解委员会获评“全市优秀公益品牌”以及“北京社会组织公益服务品牌评选”银奖。《第三调解室》是此次获奖的100个品牌中唯一的电视媒体。2015年10月中旬，在北京举行的“中国广播电影电视社会组织联合会”法制节目创优评析活动中，张小童主持的《第三调解室》被评定为“全国十佳主持人节目”。2015年10月，节目主持人张小童获得由中宣部、国家互联网信息办公室、国家新闻出版广电总局、中国记协主办的“全国新闻战线好记者讲好故事”大赛21强，并进入中央巡讲团进行全国巡讲。

2015年栏目平均收视率为2.43%。

《健康北京》

《健康北京》栏目是科教节目中心一档演播室访谈类栏目，播出时间为：每天18：30首播，次日06：29重播，时长30分钟。

《健康北京》栏目创办11年来，一直立足于普及和传播专业的医疗医药健康知识，始终倡导宣传科学健康的生活方式，引领观众认识健康、了解健康、把握健康、拥有健康。《健康北京》栏目始终坚持邀请北京市三甲医院权威专家进行病例剖析和解读，帮助电视机前的观众掌握科学的防病知识，取得了较好的收视。

节目四大亮点：一是定位专业。节目始终坚持正确的舆论导向，追求绿色收视，秉承为人民服务、为百姓送健康的宗旨，坚持内容丰富、权威科学、服务到位的标准，传递知识，纠正谬误；二是收视稳定。《健康北京》栏目，高端健康知识接地气，贴近百姓，始终有固定观众群，节目在北京地区同时段节目收视率排名第三位；三是权威专家。专家的权威性独树一帜，具有强大的资源优势。节目邀请北京市三甲医院的权威院士、院长、专家走进演播室，进行基础的健康知识教育，让每位医生言其所想，为每位患者解其所惑；四是形式多样。日常节目邀请患者和患者的主治医生走进演播室，通过患者讲述患病经历，医生分析诊断、治疗过程，剖析常见疾病的症状、治疗和预防方法，进行基础的健康教育。健康大课堂邀请各大医院院长级专家，走进演播室，以讲课的方式，系统、深入地讲解疾病的病理，主打“院长专家当老师，名嘴主持当学生，社区居民来参与”的课堂互动形式。专题节目《健康播报》每周五固定时段发布北京市卫生局健康播报、最新疫情信息及报道各大医院相关活动的信息，成为卫生部门解读政策和发布信息的权威窗口。

《健康北京》2015 年北京地区收视率为 1.11%，其中单期最高收视率为 2.52%。栏目制作的《超级斑块通缉令》获中国科教电影电视协会评选的“科蕾奖二等奖”。

《记忆 2015》

2015 年元月 1 日开播的《记忆 2015》，是一档以“口述历史故事”为特征的访谈节目，每周一至五 20：00 在 BTV 科教播出，时长 50 分钟。

作为《北京记忆》的升级版，《记忆 2015》有两大特点。首先，在选题方面，不再局限于北京地区，呈现的事件和人物不仅有国内的，也有国外的，甚至还有一些是跨国的。如《记忆 2015——法西斯三魔头的末日》《记忆 2015——光落狮城李光耀》《记忆 2015——排球结姻缘 成就跨国恋》等。第二，在表达方式方面，手段更为丰富。为了增加节目的感染力，《记忆 2015》打破以往演播室一对一的访谈模式，在全新的 600 平方米演播室设立了访谈、播放和讲述三个区域，利用高科技的视频呈现手段，在播放区为主持人打造一个可“穿梭”的“时光通道”，使主持人可以“入画”到不同主题下的视频情境，然后再从视频大屏幕中“出画”，来到讲述区或访谈区。此举将“当事人口述”“主持人情景讲述”“访谈”等环节有机地融为一体，让观众跟随着主持人一同体验历史的穿越，增强了节目时尚感和亲和力。

在北京电视台 2015 年的节目评奖中，《记忆 2015——忠诚 8431 部队往事》获上半年栏目创新一等奖，《记忆 2015——我的爱人毛岸英》获下半年优秀栏目奖。

《最北京》

2015 年元月 4 日开播的《最北京》，是一档以“寻访北京之最”为话题的访谈节目，每周日 20：00 在 BTV 科教播出，时长 50 分钟。该栏目用京味语言特有的韵味展现北京这座古老而又现代的都市之精神风貌以及在风土人情、地域文化、城市生活等方面发生的种种变迁。

为了更好地展现栏目的“北京味

儿”，《最北京》采用了“真人秀”与“脱口秀”相结合的叙事方式。所谓“真人秀”是指充分利用栏目的嘉宾李然相声演员的角色特点，选取极具老北京特色的商场、胡同等作为拍摄地点，采取隐蔽拍摄的方式，以最自然的方式记录下颇具“相声风格”的聊天和采访的全过程，并撷取对话中最具北京特色的内容和表现剪辑成篇用以展现话题；而“脱口秀”则是指在演播室内的“京味儿”访谈。同为“北京爷们儿”的三位嘉宾，40后的京剧演员艾宝良、60后的央视名嘴高潮东和80后的相声演员李然，坐在一起侃大山，用别具特色的京味儿语言和幽默，聊往昔岁月，叹今朝变迁，抒北京情怀。“真人秀+脱口秀”的叙事方式造就了《最北京》独特的节目风格——“行走中的相声　北京人的乡愁”。

在北京电视台2015年的节目评奖中，《最北京》上半年获栏目创新一等奖，下半年获优秀栏目奖。该栏目2015年平均收视率为1.04%。

财经频道优秀栏目

《财富故事》

《财富故事》栏目于2012年1月开播，每期30分钟，一周播出5期。栏目定位：2015年6月，《财富故事》实现题材全面转型，专注报道双创领域中涌现的创业人物和故事。主要特色：《财富故事》栏目，是一档日播专题节目。节目理念从大处着眼，从小处入手，通过展现大时代背景下的小人物，小人物身上的大乾坤，来反映时代脉动及其与个人命运的关系。故事化的讲述风格和纪录式的拍摄手法是节目的特色所在。

获奖情况：在2015年度两岸四地广播电视及新媒体创新推荐活动中，《财富故事》栏目凭借《见证》，获得“2015年度两岸四地最具创新力栏目”称号。

《天下财经》

《天下财经》栏目开播于2002年1月，是北京电视台唯一一档证券类专业财经节目。《投资者说》改版自《天下财经·百姓炒股秀》，2015年5月以来每个交易日19：28至21：00在财经频道播出，时长90分钟。

栏目定位：2015年年初《天下财经》改版，节目定位由“以股市为主的专业证券节目”，变为以专业和权威视角，聚焦国内股市、放眼海外市场、兼顾财经事件解读和热点评论的专业财经节目。

主要特色：《天下财经》立足国内资本市场，就广大投资者关注的证券、基金、债券、期货等投资品种，提供即时的政策解读、趋势研判和热点评述分析。《天下财经》汇集了北京地区众多券商、基金等机构专业人士和专业财经媒体的评论员，组建了自己的专家团队，在凸显专业节目财经品质的同时，积极传递正确的投资理念，倡导价值投资，竭诚为股民观众服务。2014年、2015年《天下财经》联合券商、投资机构，连续两年举办“请你操盘”公益炒股大赛和证券市场投资策略论坛，以及近 50 场线下活动，参会人数超过 20000 人次，得到广大股民观众的认可。

获奖情况：《天下财经》荣获 2015 年度中国电视欣赏指数本地财经类节目排名第一；荣获 2015 年度中国电视满意度博雅榜、地面频道财经·生活类栏目十强。

体育频道优秀栏目

《天天体育》

《天天体育》栏目的宗旨是为北京的体育迷提供全方位的服务，主要受众是京城喜爱体育健身，关心北京各项体育运动队的观众，年龄层次从小学生到退休老人。主要内容以新闻、专题为主，特色板块包括“天天观察员”“速评”“集结哨”等，并且随着制作手段的不断丰富，采用新媒体新技术的手段进行包装，收视率一直处于稳中有升的态势。

近年来，各项大赛层出不穷，《天天体育》致力于保持自己特色不变，在紧抓北京本土运动队品牌的基础上，推陈出新，在新媒体技术的应用上取得新突破。

《足球 100 分》

创办于 2005 年的《足球 100 分》，是北京电视台体育节目中心唯一一档涵盖足球专题与新闻评论的足球直播型节目。栏目立足北京，辐射全国，围绕足坛焦点赛事、风云人物，采用主、分演播室访谈、播报及专题片相结合的方式展开焦点热议，层层深入，力争还原事件之根本，实现纵深调查和深度报道。近年来，栏目重点围绕北京国安这支本土球队以及国内联赛展开追踪报道，以分析的专业性、报道的独特性和制作的精良考究而享誉全国同类专业节目。近期，《足球 100 分》增大新媒体的互动，更加突出球迷、球队和节目的互动性，使其成为北京地区最具关注度的全景展示国内足球的电视平台。

《快乐健身一箩筐》

《快乐健身一箩筐》作为一档日播谈话类节目，是北京电视台体育频道自 2007 年以来重点打造的一档非竞技类栏目，也是体育频道生命力最强的栏目之一。《快乐健身一箩筐》栏目是一本无微不至的健身百科全书，旨在引领京城健身时尚和潮流，打造一个权威性的健身、健康平台。如今的《快乐健身一箩筐》中，李鹏等外景记者的形象早已深入人心，他们亲临街头巷尾，寻访民间高人，探寻健身秘诀，体验锻炼高招，使栏目在内容上更加贴近百姓，突出全面、细致、生动的特点，以真实、可行、有信服力的健身方式来指导广大电视观众，以最直接、最贴近的形态引领百姓快乐健康的新生活。

主要受众：45 岁以上爱好健身、注重健康的中老年观众。

《欢乐二打一》

《欢乐二打一》栏目每周一至周五在

BTV 体育频道晚 17：55 播出，每期时长 50 分钟。这档节目的推出，丰富了体育节目中心的赛事节目内容，更重要的是，它是百姓可以直接参与的体育赛事。

节目形态的创新。《欢乐二打一》的比赛采用了电脑平台的比赛方式，选手通过电脑软件直接进行比赛。同时对比赛过程实时录制，让比赛的进程更加直观，电视观众也能从中感受到比赛的紧张和刺激。在包装上，《欢乐二打一》也进行了突破和创新，选手比赛实时画面与电脑牌局实现了完美结合。选手在比赛时真实的状态通过先进的包装手段，直接展现牌局界面上，让比赛的过程更加生动真实，电视观众可以更好地欣赏比赛的全过程。

全方位的推广模式。《欢乐二打一》更好地利用了多媒体平台，从选手选拔到节目内容宣传采用了全方位的推广模式，微信公众平台、官方微博、官方网站、海选网站同步上线，让节目在新媒体的环境中更好地生存和发展。节目在播出的同时，观众可以扫描节目中的二维码，用手机下载比赛客户端，就能在手机上随时随地参加比赛。微信公众平台将会成为另外一个节目宣传阵地：每场优秀选手评选、了解比赛咨询、获取比赛客户端下载链接、与其他观众交流观赛心得等等，更多的功能让观众在看比赛的同时更好地参与节目互动，让比赛成为百姓自己的比赛。

《声声体育》

《声声体育》是 BTV 体育频道每天 11：50 直播的一档新型体育新闻栏目。与传统体育资讯栏目不同的是，《声声体育》在体育资讯播报的同时，还可随时同电视屏幕前的观众进行互动。这种互动不限于文字，观众还可以通过微信平台，发来音频和视频，节目后台可以在最短的时间内，将这些音频和视频送上播出线，由主持人选择播出，然后加以评论，使观众成为节目内容生产的一分子。

生活频道优秀栏目

《生活 2015》

《生活 2015》栏目在 BTV 生活每天 18：29 首播，节目时长 90 分钟。

《生活 2015》是一档以民生新闻为主体，资讯与服务相结合的民生资讯节目。节目无论在形态还是内容上，于国内同类节目中都具有突破意义。演播室生活区域化设计、大型道具及全媒体新技术综合运用，既不同于以往宣传大政方针的正统新闻，又不同于偏低端、偏市井的民生新闻。节目恪守民生取向，以民生为本，秉承平民视角，关注民生百态，沟通市府市民，通过权威的内容发布，实实在在的媒体行动，为共建北京服务。即使是舆论监督题材，也立足善意传播，倡导健康积极价值理念。

2015 年，《生活 2015》栏目荣获由亚洲广播电影电视协会颁发的 2015 年度大中华地区十大品牌华语民生栏目称号。在第八届中国品牌媒体高峰论坛中，获得“中国最具品牌影响力地面电视栏目”荣誉。第八届《综艺》年度节目评选中获

“年度地面频道节目”奖项。

制片人高燕获得由北京市新闻工作者协会颁发的“第十七届北京市优秀新闻工作者”。由亚洲广播电影电视协会颁发的“2015年度大中华地区华语民生广播电视影响力制片”。第三届北京电视台“观众喜爱的主持人”评选中获得十佳主持人称号。

《生活+》

《生活+》栏目在BTV生活每周日20时45分首播，节目时长45分钟。

《生活+》是北京电视台唯一一档公益家装真人秀节目。节目专注于给百姓提供优质的家装服务，为企业搭建展示实力的平台。节目内容围绕装修和情感两条线索，在讲述家庭装修的过程中融入了更多的人物故事、情感，是一档温暖人心的节目。

除固定形态节目外，《生活+》还利用特殊时间、特殊节点，积极开发特别节目、大型季播节目。如春季秋季房展会、房产论坛、《我是设计师》大赛等一系列线上线下相结合的活动，在扩大节目影响力的同时，储备各种资源，增加经营创收。2015年，历时3个月的“我是设计师”大赛通过真刀真枪地装修改造，展现设计师的才华功力，开创了大型实景室内设计竞赛的先河，是《生活+》探索资源性节目做大做强，与家装业、新媒体深度融合的又一次尝试，推动了跨行业产业链接，形成了新的生态关系，实现了新的创收方式，打造了一场集社会效益、经济效益、品牌增值于一体的家装盛宴。

2015年，《生活+》三档节目共收入2170.778万元。《生活+》《生活+家装攻略》收入1910.678万元，《第一房产》收入260.1万元，《我是设计师》、“家装大讲堂”“房产论坛”等活动收入共408万元。

在经营创收的同时，节目内容也得到了专家的认可，在2015年度评奖中，三期节目获生活频道优秀节目一等奖一个、二等奖两个，两期节目分获北京电视台优秀节目二、三等奖。同时，《生活+》还被评为2015年度大中华地区城市品牌华语民生栏目。

《美食地图·一探到底》

《美食地图·一探到底》栏目在BTV生活周一至周五21:08首播，节目时长30分钟。

《美食地图·一探到底》于2014年5月19日试播，8月18日正式开播，是一档全新的具有调查性质的美食专题节目，旨在调查美食背后的真相。节目汇聚京城美食，以真诚的态度、真实的调查、“真探”的形式，还大众以美食火爆、口味独特的真相；传递美食文化，让爱吃的人更会吃，还要吃得更健康；美食侦探韩非、张婷、火旺深入调查探究美食，不但让观众看到美食，还能享有最大的优惠。开播一年多来，已成为京城最具权威性、真实性、互动性的美食栏目。

节目设有两大板块——“真相至上”和“美味揭底”。“真相至上”搜罗京城火爆美食，美食侦探以真诚的态度、真实的调查还大众以美食火爆的真相；“美味揭底”关注特色美食，美食侦探独家“真探”或带领“民间侦探团”一起探秘，传递美食文化，分享美食心得，让爱吃的人更会吃，还要吃得更健康！

2015 年，全年平均收视率为 1.17%，完成频道制定的收视指标。

《美食地图·一探到底》除了狠抓内容制胜之外，更加注重新媒体平台的宣传与推广，有效尝试了多渠道互动模式。

线上线下双屏互动，拉动手机用户回归电视屏幕。《美食地图·一探到底》每期节目中随时送出大量免单美食，观众看节目只需用手机微信扫一扫屏幕上的抽奖二维码，即可快速参与抽奖；如果抽取不到免单即可获得积分，积分可以到福利社里兑换免单美食。截止到 2015 年底，栏目微信平台粉丝总量 60 万，每天活跃粉丝为 5 万人以上，成为广大美食爱好者的交流平台！

美食侦探现场互动，节目真实性趣味性更强。《美食地图·一探到底》日常节目都是以美食侦探探店的形式探美食，美食侦探的着装为相对固定的黑色系，并在探店过程中运用道具进行深入调查。在每期节目中，都设计了互动环节，请现场食客参与品评或者体验美食制作，把美食的特色、口感以及一道美食的烹饪“功夫”展示得淋漓尽致。

“民间侦探”参与节目，开创地面活动新模式。栏目组通过微信互动平台征集的“吃货团”成员已达2 万余人，成为栏目组一个庞大的资源库。节目中经常会带领民间侦探跟随美食侦探一起进店探美食，通过他们的感受，给电视机前的观众提供就餐参考。特别值得一提的是栏目每月一期的“吃货团”特别活动，由 50 名观众组成规模空前的独立“吃货团”，在美食侦探的带领下，集中探访一家餐厅，现场品尝、现场评价、现场微信平台点赞投票，观众参与热情度极高，现场气氛热烈，成为栏目的独特符号。

《选择》

《选择》栏目在 BTV 生活每天 21：40 首播，节目时长周一至周五每天 45 分钟，周六、日每天 60 分钟。

《选择》于 2009 年 1 月 1 日正式开播，是一档关注普通人终身大事的情感访谈类节目，以普通百姓为主要参与者，以访谈与现场互动为主要表现形式，是一档带有综艺娱乐元素的大型真人秀演播室相亲节目。节目从开播至今为广大的中老年单身朋友提供了真实、可靠的相亲择偶平台，据不完全统计，通过节目相识、相知并最终步入婚姻殿堂的单身朋友达到 150 多对。在体现节目服务性的同时，彰显了社会主义核心价值观。

2015 年，全年平均收视率 1.19%，在全台常规节目中排名第十三，在生活频道排名第二，成为北京地区家喻户晓的名牌电视节目。

2015 年，“五一”及国庆节期间，《选择》延续传统制作了两场集体婚礼，两场婚礼共有 15 对新人在节目组的见证下领证结婚，充分体现节目真实性和服务性的特点。

不仅如此，2015 年度《选择》还开创性的制作了一系列专题类节目，例如护士专场、律师专场、医生专场、教师专场、残疾人专场、入殓师专场等。节目播出后，不仅取得了不俗的收视表现，还受到观众的普遍好评，进一步提升了节目影响力。

2015年,《选择》栏目组获得北京市民政局及北京市老龄工作委员会颁发的“孝星榜样”称号。2015年《选择》的作品《家和万事兴》获得北京电视台2015年下半年电视社教类节目三等奖;《选择》栏目组获得北京电视台2015年下半年栏目奖。

青年频道优秀栏目

《军情解码》

《军情解码》栏目于2011年1月1日开播,以“揭秘”为核心理念,涵盖军旅文化与战争文化,解析中外历史上的著名战役及政治战、经济战、心理战、文化战、情报战等不为人知的幕后故事,填补目前BTV及全国省级卫视军事栏目设置的盲点。

栏目与中国军方授权机构——新华社军事部以及《世界军事》《中国军人》杂志合作,确保选题及内容的高质与安全;以全国百余位顶级军事专家为嘉宾团队,确保表达的权威与精彩;以具有军事情结、人文素养、电视经验的人员组建摄制编辑团队,确保节目制作的品位与效率。

《状元榜》

《状元榜》栏目于2000年1月开播,是一个面向中学生的全国性知识竞赛节目,旨在激励青少年的学习热情,全面展示参与者的知识、视野、思维水平、动手能力、表达能力、团队精神等,通过不同类型题目考验的选手就是最终的胜利者。该栏目注重学生提出问题和解决问题的能力、创造力和团队协作精神。节目时长50分钟,每年有近260名选手参加,产生至少50位擂主。15年来共制作700余期,在北京、上海、天津等地同步播出,在中学生中产生了广泛影响,也引起家长、老师和社会各方面的热切关注。

《北京客》

《北京客》栏目于2011年1月1日开播,名称灵感源自美国著名杂志《纽约客》(*THE NEW YORKER*),包含所有从北京走出去和从各国各地来北京的人。该栏目定位了“国际朋友圈分享的有态度的人生”。

节目以前沿思想、精英身份、个性行为支撑的深层时尚为主要表达方向,在国内首次提出以“国际化时尚人物Talk Show”为亮点的全新理念,以幽默睿智的风格、轻松欢快的手段,打造时尚文化沙龙。要求嘉宾身为青年领袖或具有成为青年领袖的潜质,节目形态以演播室交流为主,结合专题拍摄,节目气质体现为健康、知性、轻松、真诚。

节目以受过高等教育的23岁到35岁观众为目标受众。这部分人群约占北京23岁以上人口的18%,他们有个性、有购买力,且大多具有深夜打开电视的习惯。

新闻频道优秀栏目

《北京新闻》

《北京新闻》拥有35年历史，是北京电视台最重要、收视率最高、影响力最大的新闻栏目，是北京市委、市政府重要的宣传阵地。

《北京新闻》秉承“权威发布政策资讯，悉心关怀百姓冷暖”的栏目宗旨，坚持正确的政治导向，坚持党的路线、方针不动摇，成为展示北京市改革开放、经济发展、社会进步的重要窗口；同时，致力于提高新闻质量和报道水平，创新报道方式，实现“导向正确、宣传有力、收视稳定”目标。它以权威的报道、新颖的内容、全面的资讯，追求时政新闻的严谨性、经济新闻的生动性、社会新闻的思想性，它让观众在最短的时间里了解最丰富的内容。

《北京新闻》栏目时长30分钟，首播时间周一至周日18：30，在北京卫视、BTV新闻频道播出。

《北京您早》

《北京您早》开播于1991年7月，是国内开办时间最早的早间电视新闻节目。栏目定位于“第一时间看北京、看中国、看世界”。

《北京您早》始终坚持及时丰富、清新朝气的节目理念，它秉承20多年的传统，不断开拓创新，梳理一天大事，提供丰富资讯。通过“夜线出击”“京城大交通”“晨读时光”等板块，提供清晨最适合的新闻早餐。

《北京您早》栏目时长120分钟，首播时间周一至周日7：00，在北京卫视、BTV新闻频道（北京卫视周一至周五并机直播至9：00，周六日并机直播至8：30）播出。

《特别关注》

《特别关注》是一档以民生新闻为定位的新闻栏目，始终坚持“关注社会发展，贴近百姓生活”的栏目宗旨，力求用特快的速度、特别的视角、特色的电视手段，突出时效性、地域性、服务性的特点，致力于真实客观地诠释新闻事件，理性细致地关注点滴生活。

为百姓排忧解难，倾听百姓心声，报道百姓关心的事、身边的事、困难的事、烦心的事，一直是《特别关注》的栏目特色。该栏目以党和政府的声音引导舆论、以党和政府的观点解疑释惑，成为沟通政府与市民的一座桥梁。《特别关注》陆续推出的子栏目《一辨真伪》《寻找老街坊》等，深得受众青睐和业界好评。

《特别关注》栏目时长58分钟，首播时间周一至周日12：00，在北京卫视、BTV新闻频道播出。

《红绿灯》

《红绿灯》栏目是北京电视台和北京市交管局合办的一档交通栏目。创办近

20年来，《红绿灯》已经培养了一批属于自己的稳定收视群体。《红绿灯》栏目是北京交通管理政策措施的权威发布平台，它关注北京交通事业和百姓出行的方方面面，北京交通所包含和涉及的公交、地铁、城铁、铁路、民航等领域发生的新闻尽在其报道范围之内。在遇有重大、重要交通事件时，《红绿灯》都会在第一时间提供全方位的报道。

《红绿灯》栏目时长42分钟，播出时间周一至周日21：10，在新闻频道播出。

《都市晚高峰》

《都市晚高峰》是一档综合性新闻栏目，它报道、梳理北京、国内、国际新闻大事，关注热点事件、热点人物，直播突发事件，通过交管局监控大厅实时直播路况，通过微信等多种手段，与观众互动，评点热门话题。

《都市晚高峰》栏目时长90分钟，首播时间周一至周日17：00，在BTV新闻频道播出。

卡酷少儿频道优秀栏目

《卡酷幼儿园》

《卡酷幼儿园》栏目播出时间周一至周五7：00—7：30。该栏目是为学龄前儿童量身定做的创意类儿童节目，集互动性、创意性、知识性、音乐性为一体，通过创意手工制作、儿童歌曲唱跳、常识小课堂等互动形式，提高孩子们的创意能力，打造一档快乐与知识并存的儿童节目。

《剧星派》

《剧星派》栏目播出时间每周一18：00—18：30。该栏目是动画主题综艺秀，紧扣热门动画话题，带领观众“看动画”“说动画”“玩动画”，打造国内一流的动漫产业合作平台。

《七色光》

《七色光》栏目播出时间每周六18：00—18：30。该栏目是一档少儿竞技闯关类节目，节目坚持“健康，快乐，成长”的宗旨，推出成长梦工厂、成长加油站等主题竞技节目季，通过户外成长训练、室内竞技比拼等刺激有趣的形式，陪同孩子共同成长。

《动画联盟》

《动画联盟》栏目播出时间每周三18：00—18：30。该栏目是一档动画专题类节目，围绕不同的动画主题，采用独特的主持人串联形式，结合当下小观众们感兴趣的新鲜热门资讯，巧妙地利用不同的话题和主题对动画片进行二次创作和解读。

《卡酷动物园》

《卡酷动物园》栏目播出时间每周四18：00—18：30。该栏目是一档以野生动物为主题的科普综艺秀节目，节目带领小朋友走进动物园，接触大自然，用任务挑战的方式来展示野生动物生活习性，用有趣、娱乐的方式科普动物知识。

《闪天下》

《闪天下》栏目播出时间每周日18：00—19：00。该栏目是一档少儿主题综艺秀节目，以“闪亮家族”主持群为号召力，利用神奇展示、访谈互动、游戏参与等形式，向小观众展示世间的快乐与神奇，将综艺变成一场发现和冒险。

纪实频道优秀栏目

《纪实天下》

《纪实天下》于2014年2月开播，2015年每周五21：00播出。《纪实天下》是北京电视台纪实频道节目中心的一档30分钟周播纪录片栏目，为频道自制纪实节目通档中的代表栏目。栏目形态为纪录片，通过发现当下社会、现实生活中一个个鲜活人物的别样生活，用纪录、纪实的视角和方法，追踪人物故事，展现人物情怀，关注人物命运，讲述人物的“中国梦”，以此串联成当今中国的时代群像。

调研报告

关于2015年北京电视台春晚的调查与分析

《2015年北京电视台春节联欢晚会》于2月19日大年初一在北京卫视和北京电视台文艺频道、青年频道、BRTN网站、BTV大媒体客户端同步播出。这台晚会，以“和美北京中国梦”为主题，坚持创新与节俭并举，整台晚会蕴含着人与人、人与社会、个人与国家之间的小情愫、大情怀，通过创新创意的艺术化呈现时代华章、反映百姓生活，展现出鲜明的北京特色和国际视野，在传统与现代、经典与原创、民族与国际、草根与明星的多重碰撞中谱写出一曲有温度、有品位、有特色的华美乐章。为了总结春晚的创作经验，探索春晚的创作规律，北京电视台文艺节目中心依托央视索福瑞提供的调查数据，对2015年春晚的特点进行了分析。

央视索福瑞提供的数据表明，2015年北京电视台春晚获得三个第一：一是收视率第一。2015年北京电视台春晚在全国34个城市收视率1.91%，市场份额5.83%，收视率和收视份额均位居同时段第一位。央视索福瑞2月21日发布的数据还表明：在北京地区2015年北京电视台春晚北京卫视收视率为13.01%，市场份额为36.08%，并机播出的BTV文艺收视率为4.06%，市场份额为11.27%；BTV青年收视率为2.3%、市场份额为6.44%。北京卫视、BTV文艺和BTV青年三频道合计收视率为19.30%，较去年增长了8.1%，市场份额为53.49%，较去年增长了14.2%，即在大年初一晚北京春晚播出时段，北京地区超过一半的电视观众锁定了北京电视台春晚，共有近600万北京观众观看了晚会。二是微信互动第一。晚会播出同时通过微信摇一摇参与互动的观众人数达700万，页面访问1.1亿次，在当天各卫视春晚中排名第一。摇一摇980万次，分享语音贺卡2300万张，送出滴滴打车红包420万份。三是微博互动第一。微博话题“北京电视台春晚”阅读数截至发稿前已达2亿次，春晚播出时段稳居热门话题榜第一名。

根据索福瑞提供的资料分析2015年北京电视台春晚的经验，主要有五点：

一、守正出奇　原创节目亮点频出

北京电视台将“大美品质”作为春节晚会的艺术追求，积极展开创新思路，在内容和形式上寻求突破，努力打造一台“有筋骨、有道德、有温度”的春晚。

舞台是展现给观众的第一位演员。这次春晚的舞台设计独具新意，凤冠造型大气典雅，灵感来源于京剧旦角的发饰，在凸显浓郁北京特色的同时，又呈现出变化多姿的视觉特效，得到观众一致好评。

整台晚会的创新点是大力打造原创节目。晚会新创及改编节目占90%，从节目收视走势来看，原创节目也屡次出现收视高点，成为网友和观众热议的话题。如让人印象深刻的舞蹈《莲花心》，由晚会总导演孙全、孙勤联袂策划，著名舞蹈家杨丽萍编导，爱徒杨舞出演，集合了两代“孔雀公主”打造的《莲花心》是此次晚会原创节目的重头戏。“中通外直，不蔓不枝，香远益清，亭亭净植”，舞者用婀娜摇曳的体态身姿展现出莲花“出淤泥而不染”的高洁之美，加上幽静唯美的舞台效果，令人称道。

喜剧演员范明和美声花腔女高音歌唱家么红的另类混搭《羊年说羊》则令人感到一份热闹的惊喜。在范明幽默诙谐的现场表演之下，么红素来的端庄大气范儿也能瞬间变得调皮可爱。还有国家一级指挥高伟春和国际首席爱乐乐团的伴奏，让世界名曲《威廉退尔序曲》变成了一首爆点十足的《羊年说羊》，其中穿插的“咩咩”叫声，令这首歌童趣盎然。总导演孙仝在创意这个节目时把音乐戏剧化，还突破性地在节目中加入时下流行的“弹幕”评论，网友的幽默吐槽貌似突如其来，但搭配着生动有趣音乐，毫无违和感，也得到了观众的点赞。

二、立意深刻　创作有温度的节目

由2014年《中国达人秀》冠军得主尹中华表演的杂技独舞作品《逐梦》视觉呈现上可谓美轮美奂，在传递美的同时，还向观众传达出一种对梦想矢志不渝的追求、一种大美大爱的人生境界。总导演孙勤带领演员历时3个月精心打造并深入挖掘节目内涵，独特的扇面道具配合中国风的视频特效，描绘出一个普通人几经磨砺化茧成蝶的故事。杂技中融合舞蹈，古典与现代相结合，唯美与曼妙相遇，力量与技巧兼具，加上视觉效果营造出意境的空灵与古典，使得这个节目极具观赏性与艺术性，让观众如置身于优美的幻境之中，令人赞叹。节目表演完成后，导演组另安排了一幕特别的温情时刻，将尹中华的母亲和全家人请到节目现场，实现了一家人的团聚，弥补了这位普通农村青年多年的遗憾，这也是北京电视台春晚“大爱在北京、圆梦在北京”精神在细节处的体现。网友对这种逐步递进的情感铺陈方式表示肯定和赞许，一位微博用户忍不住感叹：“北京电视台春晚更有百姓范儿。这是首善之区、成熟都市的范儿！”

中国人过年，过的是一种人情味。北京电视台春晚更是看重这份情感内核。京剧是国粹，更是北京人喜爱并引以为豪的艺术形式，谭鑫培的谭家和梅兰芳的梅家，这两个京剧世家延续了百年情谊。谭鑫培人生低谷时，梅兰芳的爷爷鼎力相助；19岁的梅兰芳又受到65岁的谭鑫培提携同台演出；后来，梅兰芳又对谭家后人提携有加。2015年北京电视台春晚上，观众看到梨园界两个传承百年的世家传人现场合作了一出经典剧目《坐宫》，这也是谭、梅两家合作最多的剧目。谭家第七代嫡传人谭正岩饰演杨四郎，梅葆玖唯一男旦弟子胡文阁饰演杨四郎的妻子铁镜公主。两个人堪称天衣无缝的表演，不仅上演了一出难得的精品好戏，更是绵延着两家人百年的情谊。

三、扎根生活　“小人物”故事更出彩

语言类节目一直是北京电视台春晚的特色和优势，其题材源自老百姓身边的事例，表现着小人物的喜怒哀乐。2015年春晚的语言类和小品类节目的创作量比往年有明显增长。白凯南携手小提琴演奏家叶飞、冯巩女弟子表演的小品《音药节拍》，让音乐释放出奇妙药效来治疗怪病，令人忍俊不禁；去年春晚上因相声《满腹经纶》而人气飙升的苗阜、王声带来爆笑相声《智取威虎山》，诙谐幽默中带领观众重温经典。

此外，在北京电视台《2014 北京喜剧幽默大赛》上荣获一等奖的作品《开会请关手机》与观众见面，这个春晚语言类节目的“秘密武器”“笑果”果然不同凡响，表演者陈印泉、侯振鹏、刘金霏、陈曦、徐涛这 5 人因说学逗唱样样在行，被喜爱他们的观众笑称为“嘻哈五虎将”，他们将时下大家随时随地手机不离手的生活习惯作为题材，进行了艺术化加工和喜剧化处理。这种取材生活的小品，令观众感到亲切熟悉的同时，也深含教育意义。

语言类节目内容扎根于生活，取材于生活，令观众感受到一份亲切的幽默，而在北京电视台春晚的节目创作中，找寻“小人物”的故事和寻求身边的感动更是让观众产生了情感共鸣。一位普通的父亲却有一位并不普通的身患自闭症的儿子，为了换来孩子难得的笑容，父亲开始学习模仿易中天、范伟、刘能等，这些夸张的语言及动作令孤僻寡言的儿子展露笑容。这位名叫赵玉琨的父亲走进春晚，他甘愿在儿子面前当一名小丑，自己脸上的笑暗藏心中的泪，这份真切的情感打动着台下和电视机前的观众。之后歌手姜育恒带来的点题歌曲《小丑》更是将父亲这份心酸融化在动人的旋律中。观众的情绪逐渐升温，节目的精心编排在此时更是推波助澜，由 Martin Hurkens 演唱的 *You Raise Me Up*，其歌词深意和激昂旋律直指人心，歌者在天使光芒之下的演唱画面，定格在每一位观众的心里。

四、整合资源　简约节俭不失精彩

春晚是北京电视台的品牌节目，整台晚会不请高价明星，不靠奢华舞美，不玩烧钱的高科技，在演员选择、节目创意、编排布景等方面全方位整合资源，实现简约而不简单、节约而不失精彩的传播效果。

2014 年北京电视台打造的季播节目《最美和声》《超级演说家》和《造梦者》都取得了良好的社会反响和收视效应，其节目导师如萧敬腾、刘嘉玲、张卫健、姚晨等也成为本届春晚锁定的明星嘉宾。多年未曾开口唱歌的刘嘉玲以一袭黑底红花的镂空旗袍惊艳亮相，献唱了一首邓丽君经典歌曲《原乡人》，旗袍、翠伞、柔美的歌声，刘嘉玲用歌声把最温暖的祝福献给母亲和诸位观众，同时也是用歌声向邓丽君致敬。梦想导师姚晨，以一袭淡蓝色曳地长裙亮相，演唱的曲目正是她在 2014 年主演的电视剧《离婚律师》的主题曲——《别让爱迷路》。这首曲调轻快、现代都市色彩浓厚的歌曲刚好体现这位新晋辣妈的好心情，也再次证明了姚晨能歌善舞会表演的综合实力。《超级演说家》中名副其实的“亮点”导师张卫健在本场晚会上不仅献唱歌曲，表演即兴脱口秀，更是担当主持重任，展现自己的好口才。去年首次参加北京电视台春晚的“王牌导师”萧敬腾，结识了李光羲、刘秉义、杨洪基三位老歌唱家，今年当他再次看到三位爷爷时，献上一曲《小男人大男孩》，延续这份男孩与男人的忘年情缘。而在去年获得一片赞誉的三位老顽童组合，今年挑战的摇滚歌曲《花房姑娘》，不仅曲风大胆突破，而且搭档北京电视台文艺频道《我家有明星之天才宝贝追梦春晚》中脱颖而出的谢豪、袁铭辰等几位小朋友，以及信乐团和 beyond 乐队的叶世荣等，以全新方式演绎了这首经典老歌。

五、媒体融合　打造深度互动平台

2015年北京电视台春晚的另一大突出特点就是强化媒体融合，全面打造深度互动平台。针对本次春晚的宣传推广，文艺节目中心提前布局、精心策划，宣传推广团队广泛发动互联网媒体，而且多层次定向锁定移动互联网产品，并与具有大型节目全国宣传推广经验的卫视节目中心宣传团队和具有强大新媒体运营平台的北京电视台新媒体发展中心深度融合，制定了与平台气质相契合的、符合市场规律和全媒体传播特点的营销推广策略和执行方案。各团队密切配合、协同作战，取得了春晚宣传推广全媒体整合营销的骄人成绩。北京电视台羊年春晚播出期间，北京网络广播电视台打造了新的网络直播形态。通过BRTN网站、北京电视台官方微信电视、APP大媒体客户端同步进行了网络直播。登录BRTN北京网络广播电视台观看北京电视台春晚、参与互动的独立访问人数超过500万人，点击相关页面总数达到1500万页，观看并参与评论和互动的峰值出现在20：47TFboys（一个少年偶像组合）的演出时间，超过15万用户同时在线。

除了联合几大主要的门户、视频网站展开宣传攻势，还开展了与蘑菇街、墨迹天气、滴滴打车等生活类手机APP的深度合作，同时在微博发起“北京电视台春晚”主话题的讨论，北京电视台全台微博矩阵联动，春晚播出期间共发布微博3000条。此外，还专门开发了“北京电视台春晚”的微信摇一摇页面，在2月19日早上7：00到23：30，观众收看北京卫视，就可以通过微信摇一摇互动，获得北京电视台春晚打造的王力宏、刘嘉玲、TFboys、萧敬腾、华晨宇、吴亦凡、黄渤等人气明星的专属语音拜年贺卡。在春晚节目播出期间，微信红包功能开启，对着屏幕摇动手机，就可以一起分享总价值高达2.19亿元的打车红包，100%中奖。截至2月20日零点，北京电视台春晚微信互动参与人数700万，在当天播出所有春晚中排名第一，摇一摇980万次，页面访问1.1亿次，分享语音贺卡2300万张，送出打车红包420万份。

北京电视台春晚还打造了全新形态的春晚直播——春晚总导演与网民边看边聊。与以往网络直播不同的是，这一次两位春晚总导演孙仝、孙勤与部分主创人员受邀进入北京网络广播电视台，开启导演评论陪伴的春晚观看模式，联动电视、网站与手机，在网络上与观众一起边看边聊，述说春晚创作过程的理念，介绍春晚节目亮点，实时与网友互动交流，以一种别开生面的新鲜形态完成了一次春晚直播的“真互动”，带给观众与网友全新的收看互动体验。到23：30晚会结束，参与“边看边聊”的网民总数达到70余万人，同时在线人数峰值达到10万余人，共发布评论26万余条。

2015 年北京电视台节目收视情况调查

研究发展部

卫视节目中心主要栏目收视

数据日期：2015 年 1 月 1 日至 12 月 31 日（不含季播节目、特别节目）

序　号	栏　目	播出频道	首播时间	收视率（%）	占有率（%）
1	《光阴》	北京卫视	00：27	0.07	2.53
2	《养生堂》	北京卫视	17：24	2.89	15.05
3	《我是大医生》	北京卫视	22：21	2.27	7.70
4	《档案》	北京卫视	22：48	0.62	4.53

新闻节目中心主要栏目收视

数据日期：2015 年 1 月 1 日至 12 月 31 日（不含季播节目、特别节目）

序　号	栏　目	播出频道	首播时间	收视率（%）	占有率（%）
1	《北京您早》	北京卫视	06：59	1.79	30.95
		新闻频道		0.17	2.79
2	《特别关注》	北京卫视	11：59	2.04	12.16
		新闻频道		0.25	1.50
3	《北京新闻》	北京卫视	18：29	5.67	22.69
		新闻频道		0.79	3.17
4	《都市晚高峰》	新闻频道	16：59	0.67	3.69
5	《直播北京》	新闻频道	19：00	0.38	1.23
6	《有话就说》	新闻频道	20：16	0.59	1.58
7	《锐观察 》	新闻频道	20：14	0.48	1.32
8	《红绿灯》	新闻频道	21：10	1.40	4.05
9	《晚间新闻报道》	新闻频道	21：55	0.71	2.66
10	《北京新发现》	新闻频道	22：48	0.38	2.19
11	《这里是北京》	新闻频道	23：06	0.25	1.77

文艺节目中心主要栏目收视

数据日期：2015 年 1 月 1 日至 12 月 31 日（不含季播节目、特别节目）

序　号	栏　目	播出频道	首播时间	收视率（%）	占有率（%）
1	《文娱午报》	文艺频道	11：55	0.46	2.80
2	《笑动 2015》	文艺频道	17：05	1.04	6.11
3	《音乐风云榜》	文艺频道	18：10	0.82	3.78
4	《每日文娱播报》	文艺频道	18：45	1.73	6.17
5	《春妮的周末时光》	文艺频道	19：35	1.21	3.50
6	《我家有明星》	文艺频道	19：35	1.17	3.37
7	《星夜故事》	文艺频道	19：35	1.16	3.45
8	《影视风云》	文艺频道	19：35	1.15	3.38
9	《光荣绽放》	文艺频道	19：35	0.82	2.36
10	《我爱我家》	文艺频道	19：35	1.06	3.07
11	《脱口而出》	文艺频道	20：30	0.84	2.27
12	《笑动欢乐秀》	文艺频道	20：30	0.69	1.94
13	《今晚 80 后脱口秀》	文艺频道	20：30	0.58	1.61
14	《我爱收藏》	文艺频道	20：50	0.73	1.96

科教节目中心主要栏目收视

数据日期：2015 年 1 月 1 日至 12 月 31 日（不含季播节目、特别节目）

序　号	栏　目	播出频道	首播时间	收视率（%）	占有率（%）
1	《现场说法》	科教频道	11：29	1.31	9.29
2	《法治进行时》	科教频道	11：59	4.07	24.39
3	《第三调解室》	科教频道	12：53	2.51	17.17
4	《您吃对了吗》	科教频道	18：08	0.67	3.01
5	《健康北京》	科教频道	18：27	1.10	4.36
6	《法治中国 60 分》	科教频道	18：59	0.83	2.68
7	《最北京》	科教频道	19：59	1.06	3.24
8	《品味艺术》	科教频道	19：59	0.96	3.05
9	《记忆 2015》	科教频道	19：59	0.78	2.15
10	《留学生》	科教频道	19：59	0.29	0.68

财经节目中心主要栏目收视

数据日期：2015 年 1 月 1 日至 12 月 31 日（不含季播节目、特别节目）

序　号	栏　目	播出频道	首播时间	收视率（%）	占有率（%）
1	《财富晚间道》	财经频道	10：20	0.13	1.43
2	《问鼎世界》	财经频道	17：59	0.07	0.30
3	《首都经济报道》	财经频道	18：35	0.55	1.94
4	《天下财经》	财经频道	19：05	0.57	1.99
5	《财经锋汇》	财经频道	19：10	0.15	0.48
6	《法眼看剧》	财经频道	19：15	0.25	0.84
7	《品味消费在北京》	财经频道	19：26	0.15	0.40
8	《天下财经投资者说》	财经频道	20：00	0.65	1.81
9	《财高八斗》	财经频道	20：02	0.16	0.42
10	《数说北京》	财经频道	20：34	0.16	0.42
11	《经济法眼法眼看剧》	财经频道	20：37	0.28	0.64
12	《理财》	财经频道	21：17	0.54	1.67
13	《理财周末版》	财经频道	21：32	0.48	1.59
14	《拍宝》	财经频道	21：51	0.80	2.75
15	《财富故事》	财经频道	21：59	0.49	1.87
16	《北京发布》	财经频道	22：09	0.17	0.57

体育节目中心主要栏目收视

数据日期：2015 年 1 月 1 日至 12 月 31 日（不含季播节目、特别节目）

序　号	栏　目	播出频道	首播时间	收视率（%）	占有率（%）
1	《声声体育》	体育频道	11：53	0.43	2.67
2	《欢乐二打一》	体育频道	17：53	1.48	6.74
3	《体坛资讯》	体育频道	18：48	0.91	3.21
4	《体育议起来》	体育频道	19：32	1.03	3.07
5	《足球 100 分》	体育频道	19：35	1.23	3.46
6	《天天体育》	体育频道	21：38	1.20	4.04
7	《快乐健身一箩筐》	体育频道	22：26	0.37	1.74

生活节目中心主要栏目收视

数据日期：2015 年 1 月 1 日至 12 月 31 日（不含季播节目、特别节目）

序　号	栏　目	播出频道	首播时间	收视率（%）	占有率（%）
1	《健康到家》	生活频道	11：55	0. 27	1. 52
2	《这是为什么》	生活频道	12：37	0. 40	2. 61
3	《食全食美》	生活频道	18：00	0. 89	4. 24
4	《美食地图》	生活频道	18：01	0. 95	4. 00
5	《生活 2015》	生活频道	18：28	1. 47	5. 09
6	《生活面对面》	生活频道	19：15	0. 79	2. 41
7	《幸福厨房》	生活频道	19：53	0. 66	1. 86
8	《生活秀》	生活频道	20：00	1. 10	3. 17
9	《我爱我车》	生活频道	20：01	0. 27	0. 79
10	《快乐生活一点通》	生活频道	20：33	0. 80	2. 14
11	《生活 +》	生活频道	20：48	0. 63	1. 71
12	《美食地图一探到底》	生活频道	20：51	1. 14	3. 27
13	《咱爸咱妈的美好时代》	生活频道	21：00	0. 66	1. 68
14	选择	《生活频道》	21：38	1. 19	3. 94
15	《生活广角》	生活频道	22：30	0. 85	4. 51

青少·海外节目中心主要栏目收视

数据日期：2015 年 1 月 1 日至 12 月 31 日（不含季播节目、特别节目）

序　号	栏　目	播出频道	首播时间	收视率（%）	占有率（%）
1	《探索》	青年频道	14：38	0. 16	1. 10
2	《不许不开心》	青年频道	18：55	0. 34	1. 21
3	《谁在说》	青年频道	19：29	1. 40	4. 12
4	《青年探秘者》	青年频道	20：28	0. 72	1. 77
5	《军情解码》	青年频道	21：15	0. 82	2. 45
6	《北京客》	青年频道	22：07	0. 33	1. 31
7	《书香北京》	青年频道	22：09	0. 21	0. 84

动画节目中心主要栏目收视

数据日期：2015 年 1 月 1 日至 12 月 31 日（不含季播节目、特别节目）

序 号	栏 目	播出频道	首播时间	收视率（%）	占有率（%）
1	《卡酷幼儿园》	动画频道	06：59	0.03	0.85
2	《卡酷全卡通》	动画频道	16：54	0.13	1.09
3	《卡酷动物园》	动画频道	17：59	0.39	1.86
4	《闪天下》	动画频道	17：59	0.32	1.27
5	《七色光》	动画频道	17：59	0.27	1.12
6	《剧星派》	动画频道	17：59	0.26	1.25
7	《十分开心》	动画频道	21：59	0.20	0.66

纪实频道节目中心主要栏目收视

数据日期：2015 年 1 月 1 日至 12 月 31 日（不含季播节目、特别节目）

序 号	栏 目	播出频道	首播时间	收视率（%）	占有率（%）
1	《人文地图》	纪实频道	16：04	0.04	0.28
2	《口述》	纪实频道	16：51	0.06	0.45
3	《全景》	纪实频道	17：24	0.07	0.36
4	《时尚装苑》	纪实频道	20：53	0.15	0.41
5	《纪实天下》	纪实频道	21：07	0.14	0.37
6	《影事》	纪实频道	21：07	0.13	0.38
7	《昨天的故事》	纪实频道	22：24	0.07	0.35

获奖·表彰

2015 年北京电视台节目获奖情况

总编室

序　号	奖项名称	届　数	奖项等级	获奖作品或单项个人	部　门
1	中国新闻奖	第 25 届	一等奖	《无影灯下的生死博弈》	卫视节目中心
2	中国新闻奖	第 25 届	二等奖	2014 年 11 月 11 日《北京新闻》	新闻节目中心
3	中国新闻奖	第 25 届	二等奖	李岭涛　论文：《三线立体互动传播：电视媒体的必由之路》	台领导
4	中国新闻奖	第 25 届	三等奖	《京津冀，大棋局需要大局观！》	新闻节目中心
5	中国新闻奖	第 25 届	三等奖	《中国医疗队赴西非抗击埃博拉》	青少·海外节目中心
6	飞天奖	第 30 届	优秀电视剧奖	《平凡的世界》	影视剧中心
7	飞天奖	第 30 届	提名荣誉奖	《老有所依》	影视剧中心
8	飞天奖	第 30 届	提名荣誉奖	《青年医生》	影视剧中心
9	飞天奖	第 30 届	提名荣誉奖	《红色》	影视剧中心
10	飞天奖	第 30 届	提名荣誉奖	《产科医生》	影视剧中心
11	中国广播影视大奖广播电视节目奖	2013　2014 年度	影视大奖	《习总书记赴庆丰　排队点餐取餐自己来》	新闻节目中心
12	中国广播影视大奖广播电视节目奖	2013—2014 年度	影视大奖	《空中别墅，违建，必清！》	新闻节目中心
13	中国广播影视大奖广播电视节目奖	2013—2014 年度	影视大奖	《书香北京》	青少·海外节目中心
14	北京新闻奖	第 24 届	一等奖	《雨儿胡同听民声：我们把心里话说给总书记听》	新闻节目中心
15	北京新闻奖	第 24 届	一等奖	《中关村创业大街开街　中国首个创业生态系统形成》	新闻节目中心
16	北京新闻奖	第 24 届	一等奖	《北京新闻》——《南水北调中线行》	新闻节目中心
17	北京新闻奖	第 24 届	一等奖	《锐观察》——《京津冀，大棋局需要大局观！》	新闻节目中心
18	北京新闻奖	第 24 届	一等奖	《档案》——《伟大的抗美援朝》第三集——《英雄》	卫视节目中心
19	北京新闻奖	第 24 届	二等奖	聚焦 APEC：百种宣传品免费取阅《习近平谈治国理政》最受欢迎	新闻节目中心
20	北京新闻奖	第 24 届	二等奖	《红绿灯》——《地铁票价调整的背后》	新闻节目中心

续表

序　号	奖项名称	届　数	奖项等级	获奖作品或单项个人	部　门
21	北京新闻奖	第24届	二等奖	《生命缘》——《我的心肝宝贝》	卫视节目中心
22	北京新闻奖	第24届	二等奖	《家国梦　岁月情——新中国成立65周年抒怀》	新闻节目中心
23	北京新闻奖	第24届	三等奖	《锐观察》——《黑客来了，你该怎么办?》	新闻节目中心
24	北京新闻奖	第24届	三等奖	《书香北京》	青少·海外节目中心
25	北京新闻奖	第24届	三等奖	《档案》——《砥柱中流——伟大的敌后抗战》(第三集)	卫视节目中心
26	北京新闻奖	第24届	三等奖	《中国军情》——《最新一艘056型护卫舰将部署西沙?》	青少·海外节目中心
27	北京新闻奖	第24届	三等奖	2014年3月8日《特别关注》	新闻节目中心
28	北京新闻奖	第24届	三等奖	《“改变·无止境”——2014生活微行动新年特别节目》	生活节目中心
29	北京新闻奖	第24届	三等奖	《大引擎》第五集——《梦想》	财经节目中心
30	北京新闻奖	第24届	三等奖	《较量》	体育节目中心
31	北京市优秀广播电视节目	2014年度	优秀广播电视作品	《雨儿胡同听民声：我们把心里话说给总书记听》	新闻节目中心
32	北京市优秀广播电视节目	2014年度	优秀广播电视作品	聚焦APEC：百种宣传品免费取阅《习近平谈治国理政》最受欢迎	新闻节目中心
33	北京市优秀广播电视节目	2014年度	优秀广播电视作品	《中关村创业大街开街　中国首个创业生态系统形成》	新闻节目中心
34	北京市优秀广播电视节目	2014年度	优秀广播电视作品	《红绿灯》——《地铁票价调整的背后》	新闻节目中心
35	北京市优秀广播电视节目	2014年度	优秀广播电视作品	《北京新闻》——《南水北调中线行》	新闻节目中心
36	北京市优秀广播电视节目	2014年度	优秀广播电视作品	《京津冀，大棋局需要大局观!》	新闻节目中心
37	北京市优秀广播电视节目	2014年度	优秀广播电视作品	《黑客来了，你该怎么办?》	新闻节目中心
38	北京市优秀广播电视节目	2014年度	优秀广播电视作品	《中国军情——最新一艘056型护卫舰将部署西沙?》	青少·海外节目中心
39	北京市优秀广播电视节目	2014年度	优秀广播电视作品	《家国梦　岁月情——新中国成立65周年抒怀》	新闻节目中心
40	北京市优秀广播电视节目	2014年度	优秀广播电视作品	2014年3月8日《特别关注》	新闻节目中心
41	北京市优秀广播电视节目	2014年度	优秀广播电视作品	《伟大的抗美援朝》第三集——《英雄》	卫视节目中心

续表

序　号	奖项名称	届　数	奖项等级	获奖作品或单项个人	部　门
42	北京市优秀广播电视节目	2014 年度	优秀广播电视作品	《我的心肝宝贝》	卫视节目中心
43	北京市优秀广播电视节目	2014 年度	优秀广播电视作品	《砥柱中流——伟大的敌后抗战》（第三集）	卫视节目中心
44	北京市优秀广播电视节目	2014 年度	优秀广播电视作品	《大引擎》第五集——《梦想》	财经节目中心
45	北京市优秀广播电视节目	2014 年度	优秀广播电视作品	《带孩看病突发心梗　儿童医院紧急救治》	新闻节目中心
46	北京市优秀广播电视节目	2014 年度	优秀广播电视作品	《著名歌唱家王昆去世》	文艺节目中心
47	北京市优秀广播电视节目	2014 年度	优秀广播电视作品	《看遍百味北京城　共享一碗炸酱面》	生活节目中心
48	北京市优秀广播电视节目	2014 年度	优秀广播电视作品	《陈景润是这样的人》	科教节目中心
49	北京市优秀广播电视节目	2014 年度	优秀广播电视作品	《村民强占新房　官民对簿公堂》	科教节目中心
50	北京市优秀广播电视节目	2014 年度	优秀广播电视作品	《书香北京》	青少·海外节目中心
51	北京市优秀广播电视节目	2014 年度	优秀广播电视作品	《“改变·无止境”——2014 生活微行动新年特别节目》	生活节目中心
52	北京市优秀广播电视节目	2014 年度	优秀广播电视作品	《中国女人眼中的阿富汗》	青少·海外节目中心
53	北京市优秀广播电视节目	2014 年度	优秀广播电视作品	《顶级餐厅亲民价格——北京餐厅周》	青少·海外节目中心
54	北京市优秀广播电视节目	2014 年度	优秀广播电视作品	《中国医疗队赴西非抗击埃博拉》	青少·海外节目中心
55	北京市优秀广播电视节目	2014 年度	优秀广播电视作品	主持作品：《老来不做“小糖人”（2）》	刘洪悦
56	北京市优秀广播电视节目	2014 年度	优秀广播电视作品	主持作品：《一赛季　一生情》	李晶
57	北京市优秀广播电视节目	2014 年度	优秀广播电视作品	主持作品：《直播北京——珠海航展特别节目》	邬晔纬
58	北京市优秀广播电视节目	2014 年度	优秀广播电视作品	主持作品：《冰雪北京　诚邀五环——2015 北京新年倒计时》现场直播	李杨薇
59	北京市优秀广播电视节目	2014 年度	优秀广播电视作品	主持作品：《郭兰英——从艺 80 周年风雨人生路》	曹扬
60	北京市优秀广播电视节目	2014 年度	优秀广播电视作品	《戚继光》	动画节目中心
61	北京市优秀广播电视节目	2014 年度	优秀广播电视作品	《熊出没之夺宝熊兵》	动画节目中心

续表

序　号	奖项名称	届　数	奖项等级	获奖作品或单项个人	部　门
62	北京市优秀广播电视节目	2014 年度	优秀广播电视作品	《2014 年北京电视台春节联欢晚会》	文艺节目中心
63	北京市优秀广播电视节目	2014 年度	优秀广播电视作品	《BTV2014 环球春晚》	青少·海外节目中心
64	北京市优秀广播电视节目	2014 年度	优秀广播电视作品	《2014 北京喜剧幽默大赛》晋级赛第五场	文艺节目中心
65	北京市优秀广播电视节目	2014 年度	优秀广播电视作品	《名著翻拍》	文艺节目中心
66	北京市优秀广播电视节目	2014 年度	优秀广播电视作品	《寻找国粹小明星》2014 年度颁奖典礼	文艺节目中心
67	北京市优秀广播电视节目	2014 年度	优秀广播电视作品	《戚继光》主题曲——《啸烽烟》	动画节目中心
68	北京市优秀广播电视节目	2014 年度	优秀广播电视作品	《首善媒体　大美品质——北京电视台建台 35 周年宣传片》	青少·海外节目中心
69	北京市优秀广播电视节目	2014 年度	优秀广播电视作品	《预防煤气中毒》系列公益宣传片	总编室
70	北京市优秀广播电视节目	2014 年度	优秀广播电视作品	《为爱情点赞北京大运河七夕情歌会》	文艺节目中心
71	北京市优秀广播电视节目	2014 年度	优秀广播电视作品	《东方红》传奇五十年（上）	文艺节目中心
72	北京市优秀广播电视节目	2014 年度	优秀广播电视作品	《一个法国人的红楼梦》	青少·海外节目中心
73	北京市优秀广播电视节目	2014 年度	优秀广播电视作品	《大漆》	纪实频道节目中心
74	北京市优秀广播电视节目	2014 年度	优秀广播电视作品	《揭秘降压黄金食谱》	卫视节目中心
75	北京市优秀广播电视节目	2014 年度	优秀广播电视作品	《卡酷动物园》	动画节目中心
76	北京市优秀广播电视节目	2014 年度	优秀广播电视作品	《笑动 2014》	文艺节目中心
77	北京广播电视台创新节（栏）目奖	2015 年	栏目创新金奖	《生命缘》	卫视节目中心
78	北京广播电视台创新节（栏）目奖	2015 年	节目创新金奖	《甲午推想》	青少·海外节目中心
79	北京广播电视台创新节（栏）目奖	2015 年	节目创新金奖	《档案》：《砥柱中流——伟大的敌后抗战》	卫视节目中心
80	北京广播电视台创新节（栏）目奖	2015 年	节目创新银奖	《工体之声》	体育节目中心
81	北京广播电视台创新节（栏）目奖	2015 年	节目创新银奖	《2015 年北京电视台春晚》	文艺节目中心

续表

序　号	奖项名称	届　数	奖项等级	获奖作品或单项个人	部　门
82	北京广播电视台创新节（栏）目奖	2015 年	节目形态创新奖（拟）	《微言大义：东方快车　一带一路》	新闻节目中心
83	北京广播电视台创新节（栏）目奖	2015 年	节目形态创新奖	《幸福绽放·劳模你报道》	新闻节目中心
84	北京广播电视台创新节（栏）目奖	2015 年	节目形态创新奖	《童心不停机之最好的礼物》	动画节目中心
85	北京广播电视台创新节（栏）目奖	2015 年	节目制作创新奖	《2015 年北京电视台春晚》	制作部
86	北京广播电视台创新节（栏）目奖	2015 年	节目制作创新奖	《第五届北京国际电影节开幕式》	青少·海外节目中心
87	北京广播电视台创新节（栏）目奖	2015 年	主题宣传创新奖	《家国梦　岁月情——新中国成立 65 周年抒怀》	新闻节目中心
88	北京广播电视台创新节（栏）目奖	2015 年	主题宣传创新奖	《生活微行动——袋袋来了》	生活节目中心

2015 年北京电视台技术获奖情况

技术设备管理部

王选新闻科学技术奖

序　号	项目名称	主要完成人	获奖等级
1	《台网融合架构下的北京电视台新媒体平台》	毕江、赵志成、周旭辉、李湧、李程、芮浩、孟大欣、冯澈、刘宇、宋峥、张宇明、孙立国、陈奇	一等奖
2	《高清制播网流程服务平台》	毕江、李湧、韩益亚、陈广鑫、张晓山、李铎、孙蒙西、王翔、吕少鹏、尹习武、刘盼	二等奖
3	《北京电视台办公网虚拟桌面基础架构建设》	毕江、周旭辉、王燕清、李程、孙立国、未立广、赵业琼、李晗	二等奖
4	《北京电视台可视化多维关联智能监控系统》	周旭辉、李程、冯新春、苏爽、未立广、彭玉文	三等奖

王选优秀新闻科技论文奖

序 号	项目名称	主要完成人	获奖等级
1	《电视台信息技术系统运维服务管理体系研究与实践》	毕江、王学奎、陈广鑫	一等奖
2	《北京电视台智能化数据中心的设计与实施方案》	李程、孙立国、冯新春	二等奖
3	《电视伴音响度问题及解决方法初探》	程宏、王麒、黄帅	三等奖
4	《北京电视台安全播出监录系统的技术创新与应用》	贾玉升、赵江怀	三等奖
5	《高清制播网流程服务平台》	陈广鑫、张晓山、李铎	三等奖

第八届中国电影电视技术学会科学技术奖

序 号	项目名称	主要完成人	获奖等级
1	《北京电视台播出在线字幕包装系统项目》	毕江、陈蕾、杨导南、郑铎、肖春艳、王倩、董秀琴、王进、武文举、杨翠翠	二等奖
2	《北京电视台办公网虚拟桌面基础架构建设》	毕江、周旭辉、王燕清、李程、孙立国、未立广、赵业琼、李晗	三等奖
3	《北京电视台可视化多维关联智能监控系统》	周旭辉、李程、苏爽、冯新春、未立广、彭玉文	三等奖
4	《高清制播网流程服务平台》	毕江、李湧、韩益亚、陈广鑫、张晓山、李铎、孙蒙西、王翔	三等奖

中国电影电视技术学会“全国杰出影视科技工作者”

序 号	部 门	姓 名
1	信息网络管理部	陈广鑫

中国电影电视技术学会“全国优秀影视科技工作者”

序 号	部 门	姓 名
1	制作部	贺文林

金帆奖

序 号	类 别		名 称	主要完成人	等 级
1	标清	新闻	《北京新闻》	曹霏、廖文青、邓泯霞、王海琨	一等奖
2			《特别关注》	隋如文、刘茜、润博、王鹏	二等奖
3		专题	《这里是北京》APEC 会议国礼诞生记（下）	赵娇、特畅、王冰、张宏斌	二等奖
4			《飞翔燕赵》第一集——《文明之河》	郑星、王梦羽、韩炟、李帧	二等奖
5		综合文体	《2015 年北京电视台春节联欢晚会》	张博、王宝岩、邵京娜、孙海林、李长云、张骞	一等奖
6			《我的歌声里——卫健音乐时光》第二期	鲁岩、李鹏、何雪松、欧晓霄、赵江怀、刁旭	二等奖
7	高清	专题	《友谊地久天长——环球春晚·环球行》	侯婷婷、王一、雷燕、赵宏伟	二等奖
8		综艺	《2015 年 BTV 环球春晚》	王浩、郭丽宏、付兵、刘洋、邹庆、尚宇鹏	二等奖
9			《2015 年第五届中国北京国际电影节开幕式》	夏新颖、刁旺、张媛、杨庆宇、付谦、宋琳	二等奖
10		电视剧	《下一站婚姻》第 23 集	张赓、张皓、张德军、金小健、刘莘、方亦军	三等奖
11			《别叫我兄弟》第 12 集	杨导南、武文举、宁宏立、朱江、樊思津、程毅	三等奖
12		体育	《第四届环北京职业公路自行车赛》（第四赛段）	谢原、刘畅、侯毅、承华、王卫平、宋晨光	一等奖
13			《中国男子足球队热身赛》（中国 VS 突尼斯）	韩士聪、安晓军、段然、冉晓峰、纪梦、曹董辉	二等奖
14	高清音频	音频专题	《友谊地久天长——环球春晚·环球行》	吴铮、宋建、张晓晨、孙立国	二等奖
15		音频综艺	《2015 年 BTV 环球春晚》	孙海峰、杨宣军、余勇平、薛频	二等奖
16			《我的歌声里——卫健音乐时光》第二期	范强、姚银壮、张宁、未立广	三等奖
17		音频体育	《2015 年亚洲足球冠军联赛》（北京国安 VS 韩国全北现代）	黄玮、陈思策、王志华、邓菲	三等奖

续表

序号	类别		名称	主要完成人	等级
18	视频图形	视频短片	《文明出行——改变从今天开始》	魏伯寅、刘珞莹、孙蒙西	三等奖
19			北京电视台科教频道宣传片《点亮智慧人生 MV》	赵博、欧阳三明、高剑虹	三等奖
20		视频片头	《2015 年北京电视台元宵晚会》	欧阳三明、李红燕、苏爽	二等奖
21			《北京新闻》	黄锐、刘睿、王崑	二等奖
22		演播室图形设计类	《2015 年北京电视台春节联欢晚会》	王祎、肖瓅、何莹	二等奖
23			《中超联赛直播》	李源、郝丽萍、王立冬	三等奖
24	灯光设计制作灯光综艺		《2015 年北京电视台春节联欢晚会》	韩正雷、包宇、杜艳红	一等奖
25			《2015 年 BTV 环球春晚》	姜正雨、吴秋辰、叶晋卿	二等奖
26	美术设计制作美术综艺		《2015 年北京电视台春节联欢晚会》	王工、冯德健、何新天	一等奖
27			《2015 年 BTV 环球春晚》	石悦、李玲	二等奖
28	播出技术质量		武岳、于先靖、易钢、张海峰、牛强、孟伟、章泽群、徐志军、侯宏炜、贾玉升、周海峰、杜波、邹斌、孙凯、张宇明		一等奖
29	金帆综合大奖		田方、毕江、郑星、刘晓光、王方、朱雨稼、林平、周旭辉、王晓龙、王喆		

第十七届华北地区电视技术协会电视节目技术奖

序号	奖项	名称	报奖名单	结果
1	新闻制作奖	《北京新闻》	王江、曹帅、石岩、张毅	一等奖
2		《特别关注》	刘宇萌、邓五一、苏红、赵辉	二等奖
3	视频制作奖	《友谊地久天长——环球春晚·环球行》	郭强、赵建伟、刘佳、刘笛	一等奖
4		《快乐健身一箩筐》去塞班跑马拉松	鲁岩、王笑林、王歆、张赓	二等奖
5	音频制作奖	《2015 年 BTV 环球春晚》	李鹏、董辉、李达、董茹环	二等奖
6	综合制作奖	《2015 年北京电视台春节联欢晚会》	孙斌、秦冬阳、杨庆宇、闫徯、刘迁、李鸣	一等奖
7		《第五届北京电影节开幕式》	朱雨稼、韩士聪、叶志云、郝纪、马捷、齐伟	二等奖

续表

序号	奖项	名称	报奖名单	结果
8	美工灯光奖	《2015年BTV环球春晚》	崔歌平、庞玉龙、李伟	一等奖
9	特技制作奖	《2015年北京电视台春节联欢晚会》	武经纬、刘珞莹、李红燕	一等奖
10		《2015年北京电视台元宵晚会》	朱永宾、冯中峰、王馨宇	二等奖
11	高清制作奖	《2015年BTV环球春晚》	朱家仟、尹航、蔡宇、姚东生、吕行、刘腾	二等奖

第十七届华北地区电视技术协会技术论文奖

序号	论文题目	作者	结果
1	《北京电视台环绕立体声节目的制作与播出研究之高标清同播录播》	姚银壮、余勇平	一等奖
2	《北京电视台播出保障系统》	张海峰	一等奖
3	《高标清电视频道响度问题及解决方法初探》	程宏、王麒、郝丽萍	一等奖
4	《电视台安全播出统一监测技术探讨》	贾玉升、赵江怀	一等奖
5	《北京电视台信息技术系统运维服务管理体系研究与实践》	毕江、王学奎、陈广鑫、栾花、丁辰	一等奖
6	《“全景呈现 真实视界”北京电视台720度全景技术的应用》	冯澈、张宇明	一等奖
7	《4K时代电视媒体的探索与应变》	贺文林、郭豪珺	二等奖
8	《大型晚会中舞台机械的组织与保障》	董明玥	二等奖
9	《扩展通路在演播室视频系统设计中的应用》	祝建平	三等奖
10	《北京电视台三定工作创新性浅尝》	周海峰、王健、顾端、孙萌、邵京娜、朱丽	三等奖
11	《浅析互联网时代电视机构发展的新方向》	王麒、程宏	三等奖

关于表彰2015年度获奖节目的决定

各中心、部、室：

2015年，我台全体采编人员勇挑媒体责任，坚持内容创新，集全台之力打造重大主题宣传报道，以首善视角讲好中国故事，为巩固和壮大主流思想舆论竭尽全力，制作推出了一系列有筋骨、贴地气的优秀节目，充分体现了首都主流媒体的文化引领作用。

根据《北京电视台节目评奖办法》（京视发〔2015〕32号），我台先后举办了2015年上半年、下半年节目评奖会，经台内外评委认真评审，共评选出163个获奖节目。经党委扩大会研究决定，对2015年度获奖节目予以表彰奖励。其中，获得一等奖的节目，节目净时长在50分钟（含）以下的各奖励3万元，节目净时长在50分钟以上的各奖励4万元；二等奖各奖励2万元；三等奖各奖励1万元；单项奖、个人奖各奖励6000元，优秀栏目奖各奖励4万元。

2015年度获奖作品名单如下：

一、电视新闻类

一等奖（8个）：

《起笔大交通》（新闻节目中心）

《海聚·创新》（新闻节目中心）

《北京新闻》2015年6月13日（新闻编排）（新闻节目中心）

《通向2022》（新闻节目中心、体育节目中心、新媒体发展中心）

《锐观察》——《别让胡同味儿淡了》（新闻节目中心）

《都市晚高峰》2015年11月15日（新闻编排）（新闻节目中心）

《生活2015》——《老人打车难》（生活节目中心）

《生活2015》——《调查老人为何看病取药难》（生活节目中心）

二等奖（12个）：

《引领下一个计算机时代“透明计算技术”获得国家自然科学一等奖》（新闻节目中心）

《96年历史的石景山热电厂为蓝天“告别北京”》（新闻节目中心）

《从“滞销鱼”到“爱心鱼”》（新闻节目中心）

《锐观察》——《养老金，怎么涨才公平?》（新闻节目中心）

《京郊188个村今冬不烧煤》（新闻节目中心）

《九人座微公交　投入运营受欢迎》（新闻节目中心）

《我这五年》（新闻节目中心）

《带本书给家乡的孩子》第二季（新闻节目中心）

《生命缘》特别节目——《祈福·天津》（卫视节目中心）

《首都经济报道》——《海景房调查：看起来很美?》（财经节目中心）

《天天体育》——《工体之声》（体育节目中心）

《生活2015》——《揭开夜幕下的交易》（生活节目中心）

三等奖（20个）：

《警察爷爷，你快回来！》（新闻节目中心）

《中关村：创新引领中国》（新闻节目中心）

《北京议事厅》——《代表关注：回家的路有多远》（新闻节目中心）

《北京您早》——《“带本书给家乡的孩子”公益活动》（组织策划）（新闻节目中心）

《一笼热包子　温暖环卫工》（新闻节目中心）

《北京地下水位16年来首次回升》（新闻节目中心）

《锐观察》——《关注习近平访美》（新闻节目中心）

《有话就说》——《大众创业　万众创新　我来了》（新闻节目中心）

《生命缘》特别节目——《永远的“福娃”邓鸣贺》（卫视节目中心）

《军情解码》——《热血铸忠诚　中国军队医疗队援非抗击埃博拉纪实》（下）（青少·海外节目中心）

《军情解码》——《探秘胜利日阅兵空中方队训练》（青少·海外节目中心）

《法治进行时》——《北京百荣世贸商城火灾系列》（科教节目中心）

《法治中国60分》——《公安部：广西捣毁特大制毒窝点》（科教节目中心）

《首都经济报道》——《走转改：26载蔬菜经　苦在朝暮乐在其中》（财经节目中心）

《首都经济报道》——《家门口污水横流　谁能帮帮忙》《污水排不出　症结何在?》《多方沟通出主意　低洼院积水有望解决》（财经节目中心）

《首都经济报道》——《苇塘村的“蝶变”从垃圾遍地到美丽乡村》（上）（下）（财经节目中心）

《财经锋汇》——《未来无处不在的大数据》（财经节目中心）

《天天体育》——《奇迹就发生在那38.01秒》（体育节目中心）

《生活2015》——《双胞胎姐妹为父征婚：他为女儿撑起一片天》（生活节目中心）

《小曹跑两会》（新媒体发展中心）

二、电视社教类

一等奖（7个）：

《生命缘》——《请你替我活下去》（卫视节目中心）

《档案》——《伟大的贡献》（卫视节目中心）

《他乡是故乡》（新闻节目中心）

《永远的丰碑——纪念中国人民抗日战争胜利70周年大阅兵》（新闻节目中心）

《拾说什刹海》（生活节目中心）

《纪实天下》——《一起长大》（纪实频道节目中心）

《时尚印象》——《京城“板寸王”》（纪实频道节目中心）

二等奖（13个）：

《平安缘》——《擒贼记》（卫视节目中心）

《生命缘》——《向死而生》（卫视节目中心）

《北京客》——《“四百”的幸福生

活》（青少·海外节目中心）

《记忆 2015》——《忠诚 8431 部队往事》（科教节目中心）

《记忆 2015》——《我的爱人——毛岸英》（科教节目中心）

《财富故事》——《奔跑的快递小哥》（财经节目中心）

《财富故事》——《开豪车的破烂王》（财经节目中心）

《数说北京》——《全面二孩时代来临，生还是不生》（财经节目中心）

《快乐健身一箩筐》——《广场舞，想说爱你不容易》（体育节目中心）

《生活＋》——《为爱成长》（生活节目中心）

《生活 2015》——《电梯吞人悲剧如何避免》（生活节目中心）

《昨天的故事》——《追寻》（纪实频道节目中心）

《IPTV“生活看吧”》——《百名天使　为爱益剪》（新媒体发展中心）

三等奖（21 个）：

《养生堂》——《“棋圣”与癌症的巅峰对决》（卫视节目中心）

《我是大医生》——《警惕癌变五型胃》（卫视节目中心）

《档案》——《屠呦呦的诺贝尔之路》（卫视节目中心）

《档案》——《西藏》（卫视节目中心）

《养生堂》——《情暖老区　走进延安——防秋燥》（卫视节目中心）

《书香北京》——《读书有道“生命的活法”》（青少·海外节目中心）

《青年探秘者》——《妇产科男医生您能接受吗?》（青少·海外节目中心）

《北京客》——《王为民的狼图腾》（下）（青少·海外节目中心）

《谁在说》——《邮票传递爱》（青少·海外节目中心）

《书香北京》——《硅谷之谜——为什么硅谷不可复制》（青少·海外节目中心）

《钢铁记忆》（青少·海外节目中心）

《北京发布》——《让创新插上金融的翅膀》（财经节目中心）

《欢乐二打一》——《全国电视牌王争霸赛第一场》（体育节目中心）

《生活＋》——《省钱秘笈》（生活节目中心）

《选择》——《家和万事兴》（生活节目中心）

《生活广角》——《儿子，终于等到你》（生活节目中心）

《昨天的故事》——《再见摩天轮》（纪实频道节目中心）

《影事》——《黑白梦境》（纪实频道节目中心）

《第四届“青春的纪录”环太平洋大学生微纪录作品大赛启动仪式暨第三届获奖作品颁奖仪式》（纪实频道节目中心）

《影事》——《胡同里的独家记忆》（纪实频道节目中心）

《北京 IPTV 看吧》——《“活”起来的故宫》（新媒体发展中心）

三、电视文艺类

一等奖（8 个）：

《传承者》（2015. 11. 21）（卫视节目中心）

季播节目《音乐大师课》——《同唱一首歌》（卫视节目中心）

《2015 年北京电视台春节联欢晚会》

（文艺节目中心）

《“明月照人还”——北京电视台2015年中秋晚会》（文艺节目中心）

《窗口·海外中国文化中心》（文艺节目中心）

《2015年环球春晚》（青少·海外节目中心）

《北京客》——《剧院魅影来了》（青少·海外节目中心）

《2015年BTV卡酷少儿动画春晚——吉羊盛典》（动画节目中心）

二等奖（8个）：

《我的歌声里　卫健音乐时光》——《致父母　把爱唱给你听》（卫视节目中心）

《2014北京喜剧幽默大赛颁奖典礼》（文艺节目中心）

《脱口而出》——《歌咏比赛》（文艺节目中心）

《我家有明星》——《在等待阎肃老师回家的日子里》（文艺节目中心）

《星夜故事》——《公交协奏曲·最京味儿的公交线》（文艺节目中心）

《酷片酷映剧场》——《快乐向前冲》（动画节目中心）

《剧星派之皮影传奇》（动画节目中心）

《重阳民俗彩墨动画》宣传片（总编室）

三等奖（14个）：

季播节目《造梦者》总决赛（下）（卫视节目中心）

《妈妈听我说》（卫视节目中心）

《春妮的周末时光》——《春妮家中话家风》（文艺节目中心）

《文娱午报》——《他们正青春》（文艺节目中心）

《第五届北京喜剧幽默大赛》第一场（文艺节目中心）

《脱口而出》——《挑毛病》（文艺节目中心）

《光荣绽放》——《霍尊另类“90后”》（文艺节目中心）

《动画联盟》——《对话猪猪侠》（动画节目中心）

《闪天下》——《篮球少年加油》（动画节目中心）

《中国创造剧场》——《欢乐北极星》（动画节目中心）

《保护音乐版权》（总编室）

《礼让急救车》（广告部）

《陪老人看看外面的世界（夏威夷篇）》（广告部）

《创新改变生活——中关村节能环保》（广告部）

四、境外播出类

一等奖（2个）：

《京韵情》（Sky189频道）（新闻节目中心）

《中国梦365个故事》——《体育馆》（英国普罗派乐卫视和BTV北美频道）（新闻节目中心）

二等奖（2个）：

《青年创客的O2O之路》（美国中文电视《新闻播报》）（青少·海外节目中心）

《杨国庆，将南口战役遗迹保护进行到底》（美国中文电视英语频道《新闻播报》）（青少·海外节目中心）

三等奖（1个）：

《小城崇礼变身冰雪运动天堂》（美国中文电视英语频道《新闻播报》）（青少·海外节目中心）

五、宣传片类

一等奖（2个）：

电视剧《嘿，老头!》系列宣传片（影视剧中心）

《纪念抗战胜利七十周年系列宣传片》（总编室）

二等奖（4个）：

《最美北京·传承　弓箭》（卫视节目中心）

《关注未成年人安全》“六一”公益宣传片（总编室）

《春节传统文化flash》系列公益宣传片（总编室）

《魅力北京——茹古涵今》台形象宣传片（总编室）

三等奖（6个）：

新闻频道宣传片《记者篇——贾湧强》（新闻节目中心）

《环球春晚·环球行宣传片（一）》（青少·海外节目中心）

《钢铁记忆》宣传片（三维版）（青少·海外节目中心）

《北京田径世锦赛宣传片：不同凡响》（体育节目中心）

《大漠飞车》宣传片（纪实频道节目中心）

《“家国情”中秋国庆公益宣传片》（总编室）

六、节目创新类

一等奖（2个）：

《直击三元桥大修直播》（新闻节目中心）

《最北京》——《散打芝麻酱　老店话幸福》（科教节目中心）

二等奖（4个）：

《暖暖的新家》——《岁月》（卫视节目中心）

《第五届北京国际电影节开幕式》（青少·海外节目中心）

《上菜II》系列节目（生活节目中心）

《永远的丰碑》（新媒体互动部分）（新媒体发展中心）

三等奖（5个）：

《杨澜访谈录　人生相对论》——《王楠　爱你无论输赢》（卫视节目中心）

《北京新闻》——《京津冀协同发展正当时》（新闻节目中心）

《锐观察》——《微言大义》（新闻节目中心）

《童心不停机》——《最好的礼物》（动画节目中心）

《冲吧！汪汪汪》——《天才狗狗团》（动画节目中心）

七、栏目奖（8个）

《养生堂》（卫视节目中心）

《这里是北京》（新闻节目中心）

《军情解码》（青少·海外节目中心）

《每日文娱播报》（文艺节目中心）

《最北京》（科教节目中心）

《选择》（生活节目中心）

《剧星派》（动画节目中心）

《纪实天下》（纪实频道节目中心）

八、单项奖

最佳导演奖（4个）：

吕军、吴志勇（作品：《伟大的贡

献》）（卫视节目中心）

胡阳（作品：《通向2022——“7·31”北京携手张家口申办2022年冬季奥运会》大型直播报道）（新闻节目中心）

王宇（作品：《中国梦——365个故事》系列片《在一起》《大馆奴》《还善款》）（新闻节目中心）

孙仝、孙勤（作品：《2015年北京电视台春节联欢晚会》）（文艺节目中心）

最佳摄像奖（4个）：

李力、聂萌：（作品《西藏》）（卫视节目中心）

王振（作品：《生命缘》——《不能说的秘密》）（卫视节目中心）

王欣欣（作品：《“明月照人还”——北京电视台2015年中秋晚会》）（文艺节目中心）

马勇杰、徐峰（作品：《时尚印象》——《50后和90后　模特的故事》）（纪实频道节目中心）

最佳舞美奖（1个）：

《2015年BTV卡酷少儿动画春晚——综艺洋气夜》（动画节目中心）

最佳歌曲作品奖（2个）：

《卡酷幼儿园》——《童声飞扬》（动画节目中心）

《北京蓝天》MV（总编室）

最佳电视新闻论文奖（3个）：

《电视新闻直播报道创新的理念和思考》（新闻节目中心）

《建设“大媒体”平台　探索媒体融合发展之路》（新媒体发展中心）

《重大主题报道创新创优的思考——以北京电视台纪念抗战胜利70周年宣传报道为例》（总编室）

最佳电视艺术论文奖（2个）：

《从颠覆性狂欢到价值建构中的娱乐升级：中国电视音乐选秀变迁》（新媒体发展中心）

《用镜头展现“口述历史”的魅力》（总编室）

希望以上获奖作品的主创人员珍惜荣誉，坚守初心，继续创作更多的精品力作。全台干部职工要以受表彰者为榜样，同心协力、敢于担当，在深化改革、媒体融合、转型升级的征途中开拓创新、攻坚克难，在“十三五”规划的图纸上谱写北京电视台发展的新篇章。

北京电视台

2016年2月26日

关于表彰2015年度考核优秀人员的决定

各中心、部、室，台属企业：

2015年全台广大干部职工爱岗敬业，锐意进取，扎实工作，为我台事业发展做出了积极贡献，涌现出了一大批先进个人。为鼓励先进，鼓舞士气，经研究决定，对在2015年度考核中被评为优秀的680名同志给予通报表彰（姓名按姓氏笔画排序，不分先后）。

丁　屹　丁　玲　丁　燕　万思余　万　臻
于　伟　于　洋　于晓琳　于晓鹏　于　莉
于　菲　于　跃　于　漫　于　瀛　卫梦娇
才拉卓玛　马世飞　马宇腾　马　旭
马利君　马　宏　马　迟　马岩松　马枥鑫
马英男　马树军　马重阳　马　鸥　马晓冬
马　嘉　乌竹木　元　伟　孔　雯　尤　鑫
尹双庆　尹　言　尹思懿　尹　航　尹　谦
文　雅　毛正宇　毛红静　牛俊恒　牛振青
牛　强　王　丁　王大欣　王小雄　王元韬
王天南　王开平　王文博　王　方　王永利
王永春　王永峰　王申为　王　伟　王　刚
王　宇　王　孜　王　宏　王志杰　王秀军
王宗祺　王　旻　王欣欣　王　祎　王苑璐
王　迪　王　勇　王　峥　王　彦　王思雯
王　洋　王炳川　王　娟（财经）
王　娟（新闻）　王　振　王　晓
王晓龙（动力）　王晓龙（新闻）　王晓姣
王晓薇　王浴浩　王海琨　王　涛　王继忠
王　曼　王绪龙　王　萌　王　强（文艺）
王　强（新闻）　王　晶　王　策　王雅娟
王　嘉　王潇静　王赛晨　王　瑾　王　聪
王　麒　邓　力　邓泯霞　邓耀明　付　兵
付　谦　兰　天　兰　惠　冉晓峰　冯　乐
冯　超　冯新春　冯耀华　卢　薇　卢　霜
厉瑞艳　史献宇　叶　恺　叶珮琳　尔星星
左云彩　左　博　左　晶　田　刚　田　旺
田　玥　田　洋　田海燕　田　涛　田铭晖
白　鸥　石之声　石宝平　石冀明　石璐娃
艾冬云　乔鲁京　任卫民　任田一娇
任　阳　任　婷　关文平　关　月　刘力维
刘书含　刘井元　刘长利　刘　仪　刘　冉
刘　帅　刘亚东　刘光辉　刘　帆　刘庆军
刘成淼　刘　妍　刘志霞　刘　佳　刘建鹏
刘　枫　刘欣然　刘　波　刘　畅　刘绍芬
刘非非　刘　洋（财经）　刘　洋（科教）
刘　洋（制作）　刘　茹　刘　哲　刘恩国
刘　效　刘晓彤　刘晓健　刘海述　刘海涛
刘海鹏　刘海燕　刘　莎　刘雪婷　刘朝晖
刘　然　刘　琪（广告）　刘　琪（新闻）
刘紫昀　刘越峰　刘　瑜　刘瑞鹏　刘旖旎
刘　燕　刘燕伟　匡　莉　吕少鹏　吕　军
吕　芳　吕　品　吕晓欧　回景达　孙一心
孙书明　孙元元　孙天旭　孙东燕　孙立国
孙　扬　孙　兵　孙京晶　孙　凯　孙建华
孙建峰　孙　松　孙　诺　孙　起　孙喜斌
孙　斌　孙湘源　孙　璐　安天宇　安玉民
安　洋　尧　弘　师　洋　师　瑶　庄　严
成小烨　曲　馥　朱　江　朱　宏　朱　岩
朱雨稼　朱晓宇　朱　慧　朱　蕾　毕　江
毕郑阳　池　恒　汤　戌　牟占旸　米　红
纪　然　西　欧　许小净　许广亮　许佳多

许　栋　那　倩　闫丹丹　闫阳春　闫振平
闫　焓　闫福强　齐武军　齐若凡　齐　韫
何建民　何　洋　余婷婷　佟　彤　吴承皓
吴泽栋　吴　峰　吴海涛　吴　群　宋　民
宋宇强　宋　旸　宋　建　宋晓月　宋　淼
张　义　张　正　张　伟（财经）
张　伟（动力）　张　伟（行政）　张宇明
张　帆（财经）　张　帆（制作）　张　庆
张　红　张　阳　张丽丽　张　妍　张志杰
张志恒　张　佳　张建宁　张　弢　张忠文
张　怡　张　昊　张明荣　张　炜　张牧磊
张　虎　张　恒　张恺轩　张　洁　张　洋
张洪亮　张晓山　张晓龙　张晓耕　张　栩
张桂花　张海波　张笑竹　张艳菊　张　莹
张　唯　张　捷　张萌萌　张铭元　张富容
张琴敏　张　舒　张腾飞　张　骞　张鹏雷
张毓倩　张墨一　张德军　张　磊　张　镇
张燕民　时大蕾　李子寅　李小兵
李　丹（卫视）　李　丹（新闻）
李天莉　李文利　李月章　李　宁　李　伟
李伟刚　李光军　李　旭　李江江　李红国
李红燕　李　臣　李　达　李丽君　李　妍
李杨微　李　芳　李　卓　李建利　李　昂
李明嘉　李　昕　李贤桂　李　姜　李　威
李娜娜　李思羽　李　洋　李　健　李晓东
李晓梦　李海峰　李润云　李　烨　李　莉
李　婧　李　晗　李维宁　李　铮　李　喆
李　斌　李　晶　李　淼　李　琛　李　琪
李　辉　李　蓓　李　颖　李　鹏　李赜彤
李　黎　李燕英　李　璐　李耀东　杜宏远
杜明欣　杜　波　杨文华　杨玉卓　杨导南
杨　帆　杨建忠　杨　杰　杨　波　杨宣军
杨彦君　杨　洋　杨珊珊　杨晓飞　杨　涛
杨　捷　杨　敏　杨微斯　杨　瑒　杨慧颖
杨　璐　汪亚洲　沈　艳　沈曙云　狄高进
肖　宬　芮　浩　苏士伟　苏小兵　苏　红

苏　抒　苏　勇　苏　爽　苏　阔　谷悦欣
邹　斌　邹　晶　陆　平　陆　放　陈大立
陈小健　陈立一　陈立强　陈　宇　陈阿茫
陈姝燕　陈思策　陈钦伟　陈　晔　陈　晨
陈　梅　陈　铮　陈　楠　陈静岩　陈　磊
陈　蕾　单春节　周　云（计财）
周　云（总编室）周　亚　周　宏　周志萍
周　轩　周　欣　周晓琳　周笑飞
周　淼（播出）　周　淼（人事）
周　琳（生活）　周　琳（新媒体）周　潇
周　疆　孟云涛　孟　伟　孟祥意　孟　磊
季　红　官　健　易金彪　易　钢　林　杰
林　琛　林　蕾　武冠中　武　奕　竺　弋
罗　丹　罗　军　罗　炜　苑明旺　范为新
范　震　郑长红　郑兆强　郑　芳　郑　磊
郑璐红　金　巍　侯　卫　侯湫洧　侯　爵
信薇娜　姚京明　姚瑞玲　姜　艺　姜正雨
宫　璇　段静欢　洪　岩　洪　贺　胡　阳
胡　杰　胡知奂　赵一文　赵巴根　赵文毓
赵木子　赵东伟　赵乐鹏　赵立庄　赵亚波
赵　伟　赵　阳　赵丽莎　赵　彤　赵　岩
赵　昊　赵金珠　赵　娇　赵家跃　赵　宸
赵　悦　赵　钰　赵　晨　赵　硕　赵菲菲
赵跃强　赵雪艳　赵新月　赵　鹏　赵　磊
赵黎明　郝丽萍　郝治和　郝　霖　倪建楠
唐冬梅　唐　远　唐　青　唐　荦　夏　晖
夏新颖　夏　颖　夏　磊　奚烁辰　徐艺凡
徐　立　徐　光　徐　妍　徐志军　徐　倩
徐　展　徐　晨　徐颖媛　徐　薇　徐　璐
柴济东　柴　焱　殷　亮　秦冬阳　秦亚利
秦新春　耿　芸　聂一菁　莫　青　莫晓云
袁虹娟　贾乃锐　贾广伟　贾贺翔　郭　宏
郭　杨　郭娇雯　郭春晓　郭笑梅　郭　强
郭景波　郭　毅　钱丹丹　钱晓燕　钱瑞泓
陶洁丽　高　飞　高　存　高　扬　高红星
高明华　高海春　高笑冉　高婉梅　高　爽

高　菲　高　晰　高　琳　高　源　高　磊
商屹楠　崔　倩　崔笑田　常伟力　常　烁
常海龙　康兆伟　康洪启　康　健　康雪梅
晨　曲　曹一楠　曹　飞　曹东亮　曹董辉
梁　实　梁　炜　梁　爽（老干办）
梁　爽（制作）梁雪松　梅雪凌　盛　媛
阎　石　阎秀恒　隆世一　隋如文　隋　鑫
黄　怿　傅文胜　彭　琨　斯　蕾　景　刚
景思斯　楮　旭　焦少波　焦建莉　焦雨晨
焦　峰　董　欣　董晓琳　董桂萍　董晨阳
蒋　巧　蒋华娟　谢大威　谢海波　谢　静
韩　飞　韩　风　韩益亚　韩　靖　韩慧勇
颉　宇　鲁　昭　鲁　盾　窦晋平　褚文胜
解　非　路伦一　靳玉娜　靳诗凝　靳萌萌
翟　娜　蔡晶晶　谭秀凤　谭　焱　德旻晖
樊　波　樊　煜　潘全心　潘林娜　潘海云
潘　续　颜　葵　穆　同　薛　旸　薛　炜
薛海珍　薛润洁　薛　频　霍志勇　霍继英
霍　雯　戴　青　魏向东　魏　齐　魏伯寅
魏　艳　魏紫光

以上受到表彰的同志要珍惜荣誉、再接再厉，为推动我台科学发展做出新的更大贡献。希望全台广大干部职工向他们学习，不断解放思想，开拓创新，真抓实干，为开创我台科学发展的新局面而努力奋斗！

北京电视台

2016 年 7 月 4 日

节目播出时间表

2015 年北京电视台节目播出时间表

总编室

北京卫视节目编排方案

（2015 年 1 月 1 日起执行）

<table>
<tr><th>时 间</th><th>星期一</th><th>星期二</th><th>星期三</th><th>星期四</th><th>星期五</th><th>星期六</th><th>星期日</th><th>周五、六时间</th></tr>
<tr><td>6：00：00</td><td colspan="7">广宣 1′</td><td>6：00：00</td></tr>
<tr><td>6：01：00</td><td colspan="7">《法治进行时》（卫视版）18′</td><td>6：01：00</td></tr>
<tr><td>6：19：00</td><td colspan="7">广宣 1′</td><td>6：19：00</td></tr>
<tr><td>6：20：00</td><td colspan="7">《养生堂》精华版 35′</td><td>6：20：00</td></tr>
<tr><td>6：55：00</td><td colspan="7">《早间气象服务》2′</td><td>6：55：00</td></tr>
<tr><td>6：57：00</td><td colspan="7">广宣 3′</td><td>6：57：00</td></tr>
<tr><td>7：00：00</td><td colspan="5">《北京您早》120′</td><td colspan="2">《北京您早》90′</td><td>7：00：00</td></tr>
<tr><td>9：00：00</td><td>广宣 5′</td><td colspan="3">广宣 8′</td><td>广宣 5′</td><td colspan="2">广宣 5′</td><td>8：30：00</td></tr>
<tr><td rowspan="3">9：05：00</td><td rowspan="3">《全是你的》（重播）70′</td><td rowspan="3">《周一小季播》（重播）60′</td><td rowspan="3">《中国笑点》（重播）60′</td><td rowspan="3">《大戏看北京》（重播）60′</td><td rowspan="3">《我是大医生》（重播）70′</td><td colspan="2">《这里是北京》（少儿版）10′</td><td>8：35：00</td></tr>
<tr><td colspan="2">广宣 3′</td><td>8：45：00</td></tr>
<tr><td colspan="2">《红星剧场》第一集（重播）39′</td><td>8：48：00</td></tr>
<tr><td>10：15：00</td><td>广宣 5′</td><td colspan="3">广宣 8′</td><td>广宣 5′</td><td colspan="2">广宣 5′</td><td>9：27：00</td></tr>
<tr><td>10：20：00</td><td colspan="5">《红星剧场》第一集（重播）45′</td><td colspan="2">《红星剧场》第二集《重播》39′</td><td>9：32：00</td></tr>
<tr><td>11：05：00</td><td>广宣 5′</td><td colspan="3">广宣 8′</td><td>广宣 5′</td><td colspan="2">广宣 4′</td><td>10：11：00</td></tr>
<tr><td>11：10：00</td><td colspan="5">《红星剧场》第二集（重播）45′</td><td>《周五季播》（精华版）100′</td><td>《周六季播》（精华版）100′</td><td>10：15：00</td></tr>
<tr><td>11：55：00</td><td>广宣 5′</td><td colspan="3">广宣 6′</td><td>广宣 5′</td><td colspan="2">广宣 5′</td><td>11：55：00</td></tr>
<tr><td>12：00：00</td><td colspan="7">《特别关注》58′</td><td>12：00：00</td></tr>
<tr><td>12：58：00</td><td colspan="7">《午间气象服务》2′</td><td>12：58：00</td></tr>
<tr><td>13：00：00</td><td colspan="7">广宣 5′</td><td>13：00：00</td></tr>
</table>

续表

<table>
<tr><th>时　间</th><th>星期一</th><th>星期二</th><th>星期三</th><th>星期四</th><th>星期五</th><th>星期六</th><th>星期日</th><th>周五、六时间</th></tr>
<tr><td>13：05：00</td><td colspan="5">《军情解码》45′</td><td colspan="2">《午茶剧场》第一集 45′</td><td>13：05：00</td></tr>
<tr><td>13：50：00</td><td colspan="7">广宣 7′</td><td>13：50：00</td></tr>
<tr><td>13：57：00</td><td colspan="5">《午茶剧场》第一集 45′</td><td colspan="2">《午茶剧场》第二集 45′</td><td>13：57：00</td></tr>
<tr><td>14：42：00</td><td colspan="7">广宣 8′</td><td>14：42：00</td></tr>
<tr><td>14：50：00</td><td colspan="5">《午茶剧场》第二集 45′</td><td colspan="2">《午茶剧场》第三集 45′</td><td>14：50：00</td></tr>
<tr><td>15：35：00</td><td colspan="7">广宣 7′</td><td>15：35：00</td></tr>
<tr><td>15：42：00</td><td colspan="5">《午茶剧场》第三集 45′</td><td colspan="2">《午茶剧场》第四集 45′</td><td>15：42：00</td></tr>
<tr><td>16：27：00</td><td colspan="7">广宣 6′</td><td>16：27：00</td></tr>
<tr><td>16：33：00</td><td colspan="5">《午茶剧场》第四集 45′</td><td colspan="2">《午茶剧场》第五集 45′</td><td>16：33：00</td></tr>
<tr><td>17：18：00</td><td colspan="7">广宣 7′</td><td>17：18：00</td></tr>
<tr><td>17：25：00</td><td colspan="7">《养生堂》60′</td><td>17：25：00</td></tr>
<tr><td>18：25：00</td><td colspan="5">广宣 5′（含广告 5′）</td><td colspan="2">18：25：00</td><td></td></tr>
<tr><td>18：30：00</td><td colspan="5">《北京新闻》、天气预报 30′</td><td colspan="2">18：30：00</td><td></td></tr>
<tr><td>19：00：00</td><td colspan="5">转播中央台《新闻联播》30′</td><td colspan="2">19：00：00</td><td></td></tr>
<tr><td>19：30：00</td><td colspan="5">广宣 3′</td><td colspan="2">19：30：00</td><td></td></tr>
<tr><td>19：33：00</td><td colspan="4">《红星剧场》第一集 45′</td><td colspan="2">《红星剧场》第一集 39′</td><td>《红星剧场》第一集 45′</td><td>19：33：00</td></tr>
<tr><td>20：18：00</td><td colspan="7">广宣 8′</td><td>20：12：00</td></tr>
<tr><td>20：26：00</td><td colspan="4">《红星剧场》第二集 45′</td><td colspan="2">《红星剧场》第二集 39′</td><td>《红星剧场》第二集 45′</td><td>20：20：00</td></tr>
<tr><td>21：11：00</td><td colspan="4">广宣 8′</td><td colspan="2">广宣 9′</td><td>广宣 8′</td><td>20：59：00</td></tr>
<tr><td>21：19：00</td><td colspan="3">《身边》35′</td><td rowspan="2">《我是大医生》70′</td><td rowspan="5">《周五季播节目》100′</td><td rowspan="5">《周六季播节目》100′</td><td rowspan="2">《全是你的》70′</td><td rowspan="5">21：08：00</td></tr>
<tr><td>21：54：00</td><td colspan="3">广宣 6′</td></tr>
<tr><td rowspan="2">22：00：00</td><td rowspan="2">《周一小季播》60′（第一季《中国艺术范》）</td><td rowspan="2">《中国笑点》60′</td><td rowspan="2">《大戏看北京》60′</td><td>广宣 4′</td><td>广宣 4′</td></tr>
<tr><td rowspan="2">22：33《档案特别节目》50′</td><td rowspan="2">22：33《大戏看北京》（重播）60′</td></tr>
<tr><td>23：00：00</td><td colspan="3">广宣 3′</td></tr>
</table>

续表

<table>
<tr><th>时　间</th><th>星期一</th><th>星期二</th><th>星期三</th><th>星期四</th><th>星期五</th><th>星期六</th><th>星期日</th><th>周五、六时间</th></tr>
<tr><td rowspan="2">23：03：00</td><td colspan="3" rowspan="2">《档案》40′</td><td colspan="4">广宣 3′</td><td>22：48：00</td></tr>
<tr><td rowspan="3">23：26
《我是大医生》（重播）70′</td><td rowspan="3">《周五季播节目》（重播）100′</td><td rowspan="3">《周六季播节目》（重播）100′</td><td rowspan="3">23：36
《全是你的》（重播）70′</td><td rowspan="3">22：51：00</td></tr>
<tr><td>23：43：00</td><td colspan="3">广宣 3′</td></tr>
<tr><td>23：46：00</td><td>《新上档竞标栏目》30′</td><td>《杨澜访谈录》30′</td><td>《梦想合伙人》30′</td></tr>
<tr><td>0：16：00</td><td colspan="7">《晚间气象服务》2′（周四 0：36、周五 00：46）</td><td>0：31：00</td></tr>
<tr><td>0：18：00</td><td colspan="7">广宣 3′</td><td>0：33：00</td></tr>
<tr><td>0：21：00</td><td colspan="3">《光阴》50′</td><td rowspan="3">0：41
《好梦剧场》五集</td><td colspan="2">《晚间精品栏目荟萃》60′</td><td rowspan="3">0：51
《好梦剧场》五集</td><td>0：36：00</td></tr>
<tr><td>1：11：00</td><td colspan="3">广宣 4′</td><td colspan="2">广宣 4′</td><td>1：36：00</td></tr>
<tr><td>1：15：00</td><td colspan="3">《好梦剧场》五集</td><td colspan="2">《好梦剧场》四集</td><td>1：40：00</td></tr>
</table>

文艺频道节目编排方案

（2015 年 3 月 30 日起执行）

<table>
<tr><th>时　间</th><th>星期一</th><th>星期二</th><th>星期三</th><th>星期四</th><th>星期五</th><th>星期六</th><th>星期日</th><th>时　间</th></tr>
<tr><td>6：00</td><td colspan="7">广宣时段 2′（宣传 2′）</td><td>6：00</td></tr>
<tr><td>6：02</td><td colspan="7">《笑动 2015》（重播）60′</td><td>6：05</td></tr>
<tr><td>7：02</td><td colspan="7">广宣时段 3′（宣传 2′＋广告 1′）</td><td>7：02</td></tr>
<tr><td>7：05</td><td>《脱口而出》（精编版）（重播）</td><td colspan="3">《今晚 80 后脱口秀》（重播）20′</td><td>《脱口而出》（精编版）（重播）</td><td colspan="2">《脱口而出》（精编版）20′</td><td>7：05</td></tr>
<tr><td>7：25</td><td colspan="7">《文娱午报》（重播）30′</td><td>7：25</td></tr>
<tr><td>7：55</td><td colspan="7">广宣时段 5′（《百姓文化录》3′＋ 广告 2′）</td><td>7：55</td></tr>
<tr><td>8：00</td><td colspan="7">《欢乐微逗秀》（首播）20′</td><td>8：00</td></tr>
<tr><td>8：20</td><td colspan="7">广宣时段 5′（宣传 1′＋广告 2′＋公益 1′＋宣传 1′）</td><td>8：20</td></tr>
<tr><td>8：25</td><td colspan="7">《周播节目日播联播》50′（重播）</td><td>8：25</td></tr>
<tr><td>9：15</td><td colspan="7">广宣时段 5′（宣传 1′＋广告 3′＋宣传 1′）</td><td>9：15</td></tr>
<tr><td>9：20</td><td colspan="6">《好戏连连看》（重播）暂定名 50′</td><td>《欢天戏地》（重播）50′</td><td>9：20</td></tr>
<tr><td>10：10</td><td colspan="7">广宣时段 5′（宣传 1′＋广告 2′＋公益 1′＋宣传 1′）</td><td>10：10</td></tr>
<tr><td>10：15</td><td>《电视先锋榜》30′</td><td colspan="6">《文化之约》（编辑版）30′</td><td>10：15</td></tr>
<tr><td>10：45</td><td colspan="7">广宣时段 5′（宣传 1′＋广告 2′＋公益 1′＋宣传 1′）</td><td>10：45</td></tr>
<tr><td>10：50</td><td colspan="7">《笑动 2015》（重播）60′</td><td>10：50</td></tr>
<tr><td>11：50</td><td colspan="7">广宣时段 5′（《百姓文化录》首播 3′＋广告 2′）</td><td>11：50</td></tr>
<tr><td>11：55</td><td colspan="7">《文娱午报》30′</td><td>11：55</td></tr>
</table>

续表

时　间	星期一	星期二	星期三	星期四	星期五	星期六	星期日	周五、六时间
12：25	《我爱收藏》30′（重播）	广宣时段5′（宣传1′+广告3′+宣传1′）			《脱口而出》（重播）30′			12：25
12：30		《今晚80后脱口秀》（重播）20′		《脱口而出》（精编版）20′（重）				12：30
12：50		广宣时段5′（宣传1′+广告3′+宣传1′）						12：50
12：55	周播节目日播联播50′							12：55
13：45	广宣时段5′（宣传1′+ 广告2′+ 公益1′+宣传1′）							13：45
13：50	《欢天戏地》50′	《好戏连连看》（暂定名）50′						13：50
14：40	广宣时段5′（宣传1′+广告2′+公益1′+宣传1′）							14：40
14：45 14：45	《季播节目》70′（重播）	《我爱我家》50′（重播）	《光荣绽放》50′（重播）	《影视风云》50′（重播）	《星夜故事》50′（重播）	《我家有明星》70′（重播）		《春妮的周末时光》70′（重播）
15：35		《欢乐微逗秀》20′						
15：55	广宣时段5′（《百姓文化录》3′+广告2′）							15：55
16：00	《综艺麻辣烫》60′							16：00
17：00	广宣时段5′（宣传1′+广告3′+宣传1′）							17：00
17：05	《笑动2015》60′							17：05
18：05	广宣时段5′（宣传1′+广告3′+宣传1′）							18：05
18：10	《音乐风云榜》30′							18：10
18：40	广宣时段5′（宣传30”+广告4′+宣传30”）							18：40
18：45	《每日文娱播报》45′							18：45
19：30	广宣时段5′（宣传30”+广告4′+宣传30”）							19：30
19：35	《我爱我家》50′	《光荣绽放》50′	《影视风云》50′	《星夜故事》50′	《我家有明星》70′	《春妮的周末时光》70′	《超级播出季》70′	19：35
20：25	广宣时段5′（宣传1′+广告3′+公益30”+宣传30”）							
20：30	《今晚80后脱口秀》20′				《脱口而出》（精编版）20′	广宣时段5′（宣传1′+广告3′+公益30″+宣传30”）		20：45
20：50	广宣时段5′（宣传30”+广告2′+回放30”+剧宣30”+广告1′+宣传30”）				《脱口而出》30′		《我爱收藏》30′	20：50
20：55	《炫剧场》第一集45′							
21：40	广宣时段5′（宣传30”+广告2′+回放30”+剧宣30”+广告1′+宣传30”）				广宣时段5′（宣传30”+广告2′+回放30”+剧宣30”+广告1′+宣传30”）			21：20
21：45	《炫剧场》第二集45′				《炫剧场》第一集45′			21：25
22：30	广宣时段5′（广告1′+剧宣30”+预告30”+广告1′+回放30”+剧宣30”+广告1′）				广宣时段5′（广告1′+剧宣30”+预告30”+广告1′+回放30”+剧宣30”+广告1′）			22：10

续表

时　间	星期一	星期二	星期三	星期四	星期五	星期六	星期日	时　间
22：35	《炫剧场》第三集 45′				《炫剧场》第二集 45′			22：15
23：20	广宣时段 5′（广告 1′ + 宣传 2′ + 下集预告 1′ + 宣传 1′）				广宣时段 5′（广告 1′ + 宣传 1′ + 剧宣 30” + 预告 30” + 宣传 2′）			23：00
23：25	《文化之约》30′	23：25《每日文娱播报》（重播）45′			《每日文娱播报》（重播）45′			23：05
23：55	《每日文娱播报》（重播）45′				23：55 广宣时段 5′（宣传 2′ + 广告 2′ + 宣传 1′）			23：55
0：15		0：10《今晚 80 后脱口秀》（重播）20′			《脱口而出》（重播）30′		《我爱收藏》（重播）30′	0：00
0：40	《午夜星歌榜》100′	0：30《午夜星歌榜》100′						0：30
2：20	《脱口而出》（精编版）20′（重播）	《音乐风云榜》（重播）30′						2：10
2：40	《午夜星歌榜》100′（重播）							2：40
4：20	《午夜星歌榜》100′（重播）							4：20

科教频道节目编排方案

（2015 年 1 月 1 日起执行）

时　间	星期一	星期二	星期三	星期四	星期五	星期六	星期日	周五—周日时间
6：00：00	《开播晨曲》1′							6：00：00
6：01：00	频道宣传 3′ + 公共宣传 1′ + 公益宣传 1′							6：01：00
6：06：00	《法治进行时》50′（重播）							6：06：00
6：56：00	《第三调解室》50′（重播）							6：56：00
7：46：00	频道宣传 2′ + 公共宣传 1′ + 广告 2′ + 公益宣传 1′							7：46：00
7：52：00	《星月剧场》45′（重播）							7：52：00
8：37：00	频道宣传 2′ + 广告 2′ + 公益宣传 1′							8：37：00
8：42：00	《星月剧场》45′（重播）							8：42：00
9：27：00	频道宣传 1′ + 广告 2′ + 公益宣传 1′							9：27：00
9：31：00	《电视先锋榜》30′	《您吃对了吗》（重播）20′						9：31：00
9：51：00	10：01《晚晴》20′	《健康北京》（重播）30′						9：51：00
10：21：00	频道宣传 1′ + 广告 2′ + 公益宣传 1′							10：21：00
10：25：00	《法治中国 60》60′（重播）							10：25：00
11：25：00	频道宣传 30” + 公共宣传 30” + 广告 4′							11：25：00
11：30：00	《现场说法》25′							11：30：00
11：55：00	广告 5′							11：55：00

续表

时　间	星期一	星期二	星期三	星期四	星期五	星期六	星期日	周五—周日时间
12：00：00	《法治进行时》50′							12：00：00
12：50：00	广告 4′							12：50：00
12：54：00	（第三调解室）（精编版）50′							12：54：00
13：44：00	《正剧场》一集 45′				《警法目录》50′	《庭审纪实》50′		13：44：00
14：29：00	广告 2′				广告 2′			14：34：00
14：31：00	《正剧场》二集 45′				《正剧场》一集 45′			14：36：00
15：16：00	广告 1′				广告 1′			15：21：00
15：17：00	《正剧场》三集 45′				《正剧场》二集 45′			15：22：00
16：02：00	广告 2′ + 公益宣传 1′				广告 1′ + 公益宣传 1′			16：07：00
16：05：00	《正剧场》四集 45′				《正剧场》三集 45′			16：09：00
16：50：00	广告 2′				公益宣传 1′ + 广告 2′			16：54：00
16：52：00	《最北京》（精编版）35′	《记忆 2015》（精编版）35′				《非常向上》45′	《品味艺术》（精编版）35′	16：57：00
17：27：00	频道宣传 30” + 公共宣传 30” + 广告 2′（周六：17：42）							17：32：00
17：30：00	《非常幽默》37′（周五、周日 32′；周六 22′）							17：35：00
18：07：00	《您吃对了吗》20′							18：07：00
18：27：00	《健康北京》30′							18：27：00
18：57：00	广告 3′							18：57：00
19：00：00	《法治中国》60′ 60′							19：00：00
20：00：00	《记忆 2015》50′					《品味艺术》50′	《最北京》50′	20：00：00
20：50：00	频道宣传 30” + 广告 2′ + 公共宣传 30”							20：50：00
20：53：00	《第三调解室》50′							20：53：00
21：43：00	《法治中国 60′》60′（重播）							21：43：00
22：43：00	广告 3′							22：43：00
22：46：00	《现场说法》25′（重播）							22：46：00
23：11：00	广告 1′							23：11：00
23：12：00	《法治进行时》50′（重播）							23：12：00
00：02：00	公共宣传 1′ + 广告 1′ + 公益宣传 1′							00：02：00
00：05：00	《记忆 2015》50′重播				《非常向上》45′（重播上周）	《品味艺术》（重播）50′	《最北京》50′（重播）	00：05：00
0：55：00	频道宣传 1′ + 广告 1′ + 上集回放 30” + 公共宣传 30”							0：55：00

续表

时　间	星期一	星期二	星期三	星期四	星期五	星期六	星期日	周五—周日时间
0：58：00	《星月剧场》一集 45′							0：58：00
1：43：00	下集预告 30”　+广告 1′+上集回放 30”　+广告 1′							1：43：00
1：46：00	《星月剧场》二集 45′							1：46：00
2：31：00	下集预告 30”　+公共宣传 30”							2：31：00
2：32：00	结束夜曲 1′							2：32：00

影视频道节目编排方案

（2015 年 2 月 23 日起执行）

时　间	星期一	星期二	星期三	星期四	星期五	星期六	星期日	播出时长
7：04：00	广宣时段 2′（公益宣传 1′、公宣 1′）							0：02：00
7：06：00	（重播）英雄剧场 -1 正片 45′							0：45：00
7：51：00	广宣时段 3′10″（频宣 5″+广告 1′+下集预告 30″+预告剧宣 30″+公益宣传 1′+频宣 5″）							0：03：10
7：54：10	（重播）英雄剧场 -2 正片 45′							0：45：00
8：39：10	广宣时段 5′10″（频宣 5″+广告 1′+下集预告 30″+预告剧宣 30″+公益宣传 1′+广告 2′+频宣 5″）							0：05：10
8：44：20	（重播）首都剧场 -1 正片 43′30″							0：43：30
9：27：50	广宣时段 1′40″（频宣 5″+下集预告 30″+广告 1′+频宣 5″）							0：01：40
9：29：30	（重播）首都剧场 -2 正片 42′30″							0：42：30
10：12：00	广宣时段 3′40″（频宣 5″+广告 2′+下集预告 30″+广告 1′+频宣 5″）							0：03：40
10：15：40	（重播）首都剧场 -3 正片 42′30″							0：42：30
10：58：10	广宣时段 3′40″（频宣 5″+广告 2′+下集预告 30″+广告 1′+频宣 5″）							0：03：40
11：01：50	（重播）首都剧场 -4 正片 43′30″							0：43：30
11：45：20	广宣时段 2′40″（频宣 5″+广告 2′+下集预告 30″+频宣 5″）							0：02：40
11：48：00	电影时间正片 95′30″（中插广告 1+广告 2′+频宣 15″+广告 2′）							1：40：45
13：28：45	广宣时段 6′10″（频宣 5″+公益宣传 1′+公宣 1′+广告 1′+频宣 3′05″）							0：06：10
13：34：55	★家和剧场 -1 正片 45′							0：45：00
14：19：55	广宣时段 7′10″（频宣 5″+广告 2′+下集预告 30″+预告剧宣 30″+公益宣传 1′+公宣 1′+广告 2′+频宣 5″）							0：07：10
14：27：05	★家和剧场 -2 正片 45′							0：45：00
15：12：05	广宣时段 7′10″（频宣 5″+广告 2′+下集预告 30″+预告剧宣 30″+公益宣传 1′+公宣 1′+广告 2′+频宣 5″）							0：07：10
15：19：15	★家和剧场 -3 正片 45′							0：45：00

续表

时　间	星期一	星期二	星期三	星期四	星期五	星期六	星期日	播出时长
16：04：15	广宣时段 7′10″（频宣 5″+广告 2′+下集预告 30″+预告剧宣 30″+公益宣传 1′+公宣 1′+广告 2′+频宣 5″）							0：07：10
16：11：25	★家和剧场-4 正片 45′							0：45：00
16：56：25	广宣时段 7′10″（频宣 5″+广告 2′+下集预告 30″+预告剧宣 30″+公益宣传 1′+公宣 1′+广告 2′+频宣 5″）							0：07：10
17：03：35	★英雄剧场-1 正片 45′							0：45：00
17：48：35	广宣时段 11′10″（频宣 5″+广告 3′+下集预告 30″+频宣 1′+广告 2′+预告剧宣 30″+公益宣传 1′+公宣 1′+广告 2′+频宣 5″）							0：11：10
17：59：45	★英雄剧场-2 正片 45′							0：45：00
18：44：45	广宣时段 10′20″（频宣 5″+广告 3′35″+上集回放 30″+频宣 1′+公益宣传 1′+公宣 1′+广告 3′05″+频宣 5″）							0：10：20
18：55：05	★首都剧场-1 正片 43′30″							0：43：30
19：38：35	广宣时段 9′40″（频宣 5″+广告 1′+下集预告 30″+公宣 1′30″+广告 2′+公益宣传 1′+频宣 1′+上集回放 30″+广告 2′05″）							0：09：40
19：48：15	★首都剧场-2 正片 42′30″							0：42：30
20：30：45	广宣时段 10′15″（频宣 5″+广告 2′05″+下集预告 30″+公益宣传 1′+广告 2′+频宣 2′+上集回放 30″+广告 2′05″）							0：10：15
20：41：00	★首都剧场-3 正片 42′30″							0：42：30
21：23：30	广宣时段 11′45″（频宣 5″+广告 2′05″+下集预告 30″+公宣 1′30″+广告 3′+公益宣传 1′+频宣 1′+上集回放 30″+广告 2′05″）							0：11：45
21：35：15	★首都剧场-4 正片 43′30″							0：43：30
22：18：45	广宣时段 10′35″（频宣 5″+广告 2′+下集预告 30″+公益宣传 1′+广告 1′+频宣 3′+广告 3′）							0：10：35
22：29：20	★电影时间 正片 95′30″（中插广告 2′+广告 2′+频宣 15″+广告 1′）							1：40：45
0：10：05	广宣时段 2′10″（频宣 5″+广告 2′+频宣 5″）							0：02：10
0：12：15	（重播）英雄剧场-1 正片 45′							0：45：00
0：57：15	广宣时段 3′10″（频宣 5″+广告 1′+下集预告 30″+预告剧宣 30″+公益宣传 1′+频宣 5″）							0：03：10
1：00：25	（重播）英雄剧场-2 正片 45′							0：45：00
1：45：25	广宣时段 3′35″（频宣 5″+广告 1′+下集预告 30″+预告剧宣 30″+公益宣传 1′+频宣 30″）							0：03：35
1：49：00	★星光剧场-1 正片 45′							0：45：00
2：34：00	★星光剧场-2 正片 45′							0：45：00
3：19：00	★星光剧场-3 正片 45′							0：45：00
4：04：00	★星光剧场-4 正片 45′							0：45：00
4：49：00	★星光剧场-5 正片 45′							0：45：00
5：34：00	★星光剧场-6 正片 45′							0：45：00
6：19：00	★星光剧场-7 正片 45′							0：45：00

财经频道节目编排方案

（2015年3月2日起执行）

时　间	星期一	星期二	星期三	星期四	星期五	星期六	星期日	时　间
6：00	频宣4′+公宣3′+公益1′							
6：08	《北京发布》20′	《天下财经》30′					《谁在影响我》20′	6：08
6：28	《谁在影响我》20′						《财经锋汇》25′	6：28
6：48	公宣2′+公益2′+广告1′	6：38 微理财5′×2 +公宣2′+公益2′+广告1′						
6：53	《首都经济报道》60′							
7：53	频宣2′+公益1′+广告1′							
7：57	《数说北京》30′	《财富故事》30′（重播）（日重四、一重五）						
8：27	公宣1′+公益1′+广告1′							
8：30	《微理财》5′×2							
8：40	《理财》50′							
9：30	频宣1′+公宣2′+公益1′+广告1′							
9：35	《财富晚间道》60′1（日重四、一重五）							
10：35	《财富晚间道》60′2（日重四、一重五）							
11：35	频宣2′+公宣1′+公益1′+广告1′							
11：40	《消费大讲堂》40′	《消费大讲堂》40′	《天下财经投资者说》40′			《拍之道》5′×2 《税收天地》30′	《数说北京》30′	
12：20	频宣2′+公宣1′+公益1′+广告1′							
12：25	电视剧场第一集 上集回放1′+广告1′30″+正片45′+广告30″+下集预告1′							
13：14	电视剧场第二集 上集回放1′+广告1′30″+正片45′+广告30″+下集预告1′							
14：03	电视剧场第三集 上集回放1′+广告1′30″+正片45′+广告30″+下集预告1′							
14：52	频宣2′+公宣2′+公益1′+广告1′							
14：58	《拍宝》50′		《法眼精编》50′	《才高八斗》50′	《法眼精编》50′	《拍宝》50′		
15：48	频宣2′+公宣2′+公益1′+广告1′							
15：54	《电视先锋榜》30′	《财富故事》30′（重播）（日重五）				《财经锋汇》25′+《拍之道》5′	《财富故事》30′	
16：24	公益1′+广告1′+微财经5′×2							

续表

时间	星期一	星期二	星期三	星期四	星期五	星期六	星期日	时间
16：36	《理财》50′							
17：26	频宣1′+公宣1′+公益1′+广告1′					频宣2′+公益2′+广告2′	广告1′	17：26
17：30	《法眼看剧》25′1					17：32《谁在影响我》20′	《问鼎世界》20′	17：27
17：55	《法眼看剧》25′2					17：52《问鼎世界》20′	《问鼎世界》20′	17：47
18：20	频宣1′+公宣1′+公益1′+广告2′					18：12《法眼看剧》25′	《法眼看剧》25′	18；07
18：25	《天下财经》30′					18：37《北京发布》20′	《财经锋汇》25′	18：32
18：55	频宣2′+公益1′+广告2′					频宣1′+公益1′+广告1′		18：57
19：00	《首都经济报道》60′							
20：00	频宣2′+公益1′+广告2′					广告2′		20：00
20：05	《天下财经投资者说》40′					《季播节目》50′	《才高八斗》50′	20：02
20：45	频宣2′+公宣1′+广告2′							
20：50	《法眼看剧》25′					公益1′+广告2′+微理财5′×2		20：52
21：15	频宣2′+公益1′+广告2′					《理财》周末版50′		21：05
21：20	《微理财》5′×2					频宣2′+公宣1′+广告2′		21：55
21：30	《理财》50′							
22：20	广告2′					《拍宝》50′		22：00
22：22	《财富故事》30′							
22：52	公宣1′+广告2′					频宣2′+公宣1′+广告2′		22：50
22：55	《财富晚间道》60′							
23：55	频宣2′+公宣1′+公益1′+广告1′							
0：00	《电视购物》150′							
2：30	结束							

体育频道节目编排方案

（2015 年 1 月 1 日起执行）

时 间	星期一	星期二	星期三	星期四	星期五	星期六	星期日
6：00	广宣时段 5′（3 +2）						
6：05	《BTV 赛场》105′（重播）						
7：50	广宣时段 5′（2 +3）						
7：55	《快乐健身一箩筐》30′（重播）						《电视先锋榜》
8：25	广宣时段 5′（1 +4）						
8：30	《天天体育》50′（重播）						
9：20	广宣时段 5′（1 +4）						
9：25	《BTV 赛场》105′						《NBA 直播》
11：10	广宣时段 5′（2 +3）						
11：15	《快乐健身一箩筐》30′（重播）						《电视先锋榜》
11：45	广宣时段 5′						
11：50	《声声体育》30′						
12：20	广宣时段 5′（2 +3）						
12：25	《欢乐二打一》50′（重播）						
13：15	广宣时段 5′（1 +4）						
13：20	《BTV 赛场》103′						
15：03	广宣时段 2′						
15：05	《声声体育》30′（重播）						
15：35	广宣时段 2′						
15：37	《BTV 赛场》103′					直播：中超或其他	
17：20	广宣时段 2′						
17：22	《快乐健身一箩筐》30′（重播）						
17：52	广宣时段 3′						
17：55	《欢乐二打一》50′						
18：45	广宣时段 5′（1 +4）						
18：50	《体坛资讯》40′						
19：30	广宣时段 5′						

续表

时间	星期一	星期二	星期三	星期四	星期五	星期六	星期日
19：35	《足球100分》		《直播或BTV赛场》105′	《体育议起来/足球家》	直播或BTV赛场105′		
21：20	广宣时段5′						
21：25	《天天体育》50′						
22：15	广宣时段5′（1+4）						
22：20	《快乐健身一箩筐》30′					直播：英超或中超	
22：50	广宣时段5′（2+3）						
22：55	《欢乐二打一》50′（重播）						
23：45	广宣时段5′（1+4）						
23：50	《中超集锦》	《英超集锦》	《西甲集锦》		《篮球风情/荟萃》		
0：40	广宣时段5′（2+3）						
0：45	《天天体育》50′（重播）						
1：35	《BTV赛场》100′（重播）						
3：15	《BTV赛场》100′（重播）						
4：55	《天天体育》50′（重播）						
5：45	《欣赏》						

生活频道节目编排方案

（2015年3月16日起执行）

时间	星期一	星期二	星期三	星期四	星期五	星期六	星期日
6：00	开始曲、频道宣传6′+广告3′						
6：09	《这是为什么》20′（重播）					《大城小事》45′（重播上周六）	《第一房产》45′（重播）
6：29	频道宣传1′+公宣1′+公益宣传1′+广告2′						
6：34	《第一房产》信息版20′（重播）	《我爱我车》20′（重播）		《四海漫游》20′（重播）			
6：54	频道宣传1′+公宣1′+公益宣传1′+广告3′						
7：00	《美食地图·一探到底》30′（重播）					《电视先锋榜》30′	
7：30	频宣1′+公益宣传1′+广告1′						
7：33	《食全食美》27′（重播）						
8：00	频宣1′+公宣1′+公益宣传1′+广告3′						
8：06	《健康到家》45′（重播）					《生活+家装攻略》45′（重播）	《生活+》45′（重播）
8：51	频宣1′+公益宣传1′+广告3′+生活气象2′						
8：58	《生活2015》90′（重播）						

续表

时间	星期一	星期二	星期三	星期四	星期五	星期六	星期日
10：28	频宣1′+公益宣传1′+广告4′					频宣2′+公益宣传1′+广告1′	
10：32						《幸福厨房》45′（重播）	《大城小事》45′（重播周六）
10：34	《选择精编》78′（首播）						
11：17						频宣1′+公益1′+广告3′	
11：22						《美食地图·一探到底》（精编）45′（重播上周六）	《美食地图·一探到底》（精编）45′（重播周六）
11：52	频宣1′+广告1′						
11：54	《健康到家》（首播）45′					频宣1′	
12：07						《美食地图·一探到底》27′（重播上周六、周日）	
12：08							
12：35						《美食地图·一探到底》27′（重播上周六、周日）	
12：39	频宣2′+广告1′						
12：42	《这是为什么》20′（首播）						
13：02	频宣1′+公宣1′+生活气象2′+广告3′						
13：09	《生活特供》85′（首播）					《生活特供》92′（首播）	
14：34	公宣1′+公益宣传1′+广告4′						
14：40	《生活面对面》30′（重播）						
14：41						频宣1′+公益宣传1′+广告3′	
14：46						《选择精编》60′（首播）	
15：10	频宣1′+公益宣传1′+广告4′						
15：16	《选择》45′（重播）						
15：46						频宣1′+公宣1′+公益宣传1′+广告3′	
15：52						《生活广角》（重播）45′	
16：01	频宣1′+公宣1′+公益宣传1′+广告4′						
16：08	《生活广角》45′（重播）						
16：37						频宣1′+公益宣传1′+公宣1′	
16：53	频宣1′+公益宣传1′+公宣1′					《食全食美》27′（重播上周一、周二）	
16：56	《食全食美》27′（重播）						
17：07						频宣1′+公益宣传1′+广告3′	
17：12						《生活+家装攻略》45′（首播）	《第一房产》45′（首播）
17：23	公益宣传1′+广告3′						
17：27	《快乐生活一点通》30′（重播）						
17：57	频宣1′+广告2′						
18：00	《食全食美》27′（首播）					《美食地图》27′（首播）	

续表

<table>
<tr><th>时 间</th><th>星期一</th><th>星期二</th><th>星期三</th><th>星期四</th><th>星期五</th><th>星期六</th><th>星期日</th></tr>
<tr><td>18：27</td><td colspan="7">广告2′</td></tr>
<tr><td>18：29</td><td colspan="7">《生活2015》90′（首播）</td></tr>
<tr><td>19：59</td><td colspan="7">频宣30″+公益宣传30″+广告1′</td></tr>
<tr><td>20：01</td><td colspan="5">《生活面对面》30′（首播）</td><td rowspan="3">《美食地图·一探到底》精编（首播）45′</td><td rowspan="3">《幸福厨房》45′（首播）</td></tr>
<tr><td>20：31</td><td colspan="5">广告3′</td></tr>
<tr><td>20：34</td><td colspan="5" rowspan="3">《快乐生活一点通》30′（首播）</td></tr>
<tr><td>20：46</td><td colspan="2">频宣30″+公益宣传30″+广告2′</td></tr>
<tr><td>20：49</td><td rowspan="3">《大城小事》45′（首播）</td><td rowspan="3">《生活+》45′（首播）</td></tr>
<tr><td>21：04</td><td colspan="5">频宣30″+公益宣传30″+公宣1′+广告2′</td></tr>
<tr><td>21：08</td><td colspan="5" rowspan="2">《美食地图·一探到底》30′（首播）</td></tr>
<tr><td>21：34</td><td colspan="2" rowspan="2">频宣30″+公益宣传30″+广告4′</td></tr>
<tr><td>21：38</td><td colspan="5" rowspan="2">频宣30″+公益宣传30″+广告2′</td></tr>
<tr><td>21：39</td><td colspan="2" rowspan="4">《选择》60′（首播）</td></tr>
<tr><td>21：41</td><td colspan="5">《选择》45′（首播）</td></tr>
<tr><td>22：26</td><td colspan="5">广告3′</td></tr>
<tr><td>22：29</td><td colspan="5" rowspan="3">《生活广角》45′（首播）</td></tr>
<tr><td>22：39</td><td colspan="2">广告2′</td></tr>
<tr><td>22：41</td><td colspan="2" rowspan="3">《生活广角》45′（首播）</td></tr>
<tr><td>23：14</td><td colspan="5">频宣30″+公益宣传30″+广告2′</td></tr>
<tr><td>23：17</td><td colspan="2" rowspan="3">《我爱我车》20′（首播）</td><td colspan="2" rowspan="3">《四海漫游》20′（首播）</td><td rowspan="3">《第一房产》信息版20′（首播）</td></tr>
<tr><td>23：26</td><td colspan="2">频宣1′+广告3′</td></tr>
<tr><td>23：30</td><td rowspan="2">《美食地图·一探到底》精编10′（重播）</td><td rowspan="2">《美食地图·一探到底》精编10′（首播）</td></tr>
<tr><td>23：37</td><td colspan="2">广告3′</td><td colspan="2"></td><td></td></tr>
<tr><td>23：40</td><td colspan="7">《生活2015》（重播）90′</td></tr>
<tr><td>1：10</td><td colspan="7">频宣4′</td></tr>
<tr><td>1：14</td><td colspan="7">《生活广角》45′（重播）</td></tr>
<tr><td>1：59</td><td colspan="7">公宣1′+公益宣传1′+广告1′+节目预告+结束语2′</td></tr>
<tr><td>2：04</td><td colspan="7">结束</td></tr>
</table>

青年频道节目编排方案

（2015 年 1 月 4 日起执行）

时 间	星期一	星期二	星期三	星期四	星期五	星期六	星期日
6：00	频宣 1′						
6：01	《探索》45′						
6：46	广告 1′＋公益 2′＋频宣 1′						
6：50	《谁在说》50′	《谁在说》55′					《谁在说》50′
7：45	广告 2′＋公益 1′（7：40）	广告 1′＋公益 1′					广告 2′＋公益 2′＋频宣 1′（7：40）
7：47	（7：43）	青春剧场 1 45′					（7：45）
8：32	广告 2′＋公宣 2′＋频宣 2′（8：28）	广告 2′＋公宣 1′＋频宣 2′					
8：37	（8：34）	青春剧场 2 45′					
9：22	广告 2′＋公宣 2′＋频宣 2′（9：19）	广告 2′＋公宣 1′＋频宣 2′					
9：27	（9：25）	青春剧场 3 45′					
10：12	广告 2′＋公宣 2′＋频宣 2′（10：10）	广告 2′＋公宣 1′＋频宣 2′					
10：17	（10：16）	青春剧场 4 45′					
11：02	广告 2′＋公宣 1′＋频宣 2′（11：01）	广告 2′＋公宣 1′＋频宣 1′					
11：06	《军情解码》50′						
11：56	广告 3′						
11：59	《谁在说》50′	《谁在说》55′					《谁在说》50′
12：54	广告 3′＋公宣 2′＋频宣 2′（12：49）	广告 3′					广告 3′＋公宣 1′＋频宣 1′（12：49）
12：57	（12：56）	《探秘幕后》45′					（12：54）

续表

时　间	星期一	星期二	星期三	星期四	星期五	星期六	星期日
13：42	广告3′+公宣2′+频宣2′（13：41）	广告3′+公宣1′+频宣2′					广告3′+公宣1′（13：39）
13：48	《书香北京》（周六）45′	《书香北京》（周日）45′	《书香北京》（周六）45′	《书香北京》（周日）45′	《状元榜》45′		季播50′（13：43）
14：33	广告2′+公宣1′+频宣1′						
14：37	《电视先锋榜》30′	《不许不开心》30′			《电视先锋榜》30′	《探索》（外购）45′×3（14：37）	《探索》（外购）45′×3（14：37）
15：07	广告2′+公宣1′						
15：10	《北京客》30′						
15：40	广告2′+公益1′						
15：43	《不许不开心》30′						
16：10	广告2′+公益1′+频宣2′						
16：15	《探秘·幕后》45′						
17：00	广告3′+公宣1′						
17：04	《谁在说》50′	《谁在说》55′					《谁在说》50′
17：59	广告3′+公宣2′+频宣3′+公益1′（17：54）	广告3′+公宣1′					广告3′+公益1′+频宣2′（17：57）
18：03	《军情解码》50′						《军情解码》30′
18：53	广告2′+公宣1′						广告3′+公宣1′+频宣1′（18：33）
18：56	《不许不开心》30′					《不许不开心》30′（周二）（18：56）	《状元榜》45′（18：38）
19：26	广告3′+公宣1′						广告3′+公宣1′+公益1′+频宣2′（19：23）
19：30	《谁在说》55′						《谁在说》50′
20：25	广告3′+公宣1′						广告3′（20：20）
20：28	《青年探秘者特辑·幕后》45′						《季播节目》50′（20：23）
21：13	广告3′+公宣1′						

续表

时间	星期一	星期二	星期三	星期四	星期五	星期六	星期日
21：17	《军情解码》50′						
22：07	广告2′+公益1′						广告3′+公益1′
22：10	《北京客》30′						《书香北京》45′
22：40	广告2′+公益2′+频宣1′						广告2′+公益1′（22：55）
22：45	午夜青春剧场4集						午夜青春剧场4集（22：58）
1：55	重播：《北京客》30′						结束（2：30）
2：25	结束						

新闻频道节目编排方案

（2015年1月19日起执行）

时间	星期一	星期二	星期三	星期四	星期五	星期六	星期日
6：00	广宣5′（含公益）					《北京议事厅》20′	《这里是北京》20′
6：05	《这里是北京》（重播）20′						
6：25	广宣5′（含公益）					6：20《红绿灯》40′	
6：30	《红绿灯－早直播》（直播）30′						
7：00	《北京您早》120′（卫视周一至周五并机直播至9：00，周六日并机直播至8：30）						
9：00	《直播北京》（1）（9：00—11：57）177′（直播）（含公益）						
	9：00－9：16《直播北京1早间版》，16′						
	9：16—9：18 频宣早间版1，2′						
	9：18—9：58《红绿灯》（重播）40′						
	9：58—10：00 频宣早间版2，2′						
	10：00—10：40《每日文娱播报》（重播）约40′						
	10：40—10：42 频宣午间版1，2′						
	10：42－10：58《直播北京1午间版》，约16′（根据《每日文娱》实际时长调节）						
	10：58—11：00 频宣午间版2，2′						
	11：00—11：40《红绿灯》（重播）40′						
	11：40—11：42 频宣午间版3，2′						
	11：42－11：57《直播北京1午间版》，15′						
11：57	广告3′						
12：00	《特别关注》58′（并机直播）						

续表

<table>
<tr><th>时　间</th><th>星期一</th><th>星期二</th><th>星期三</th><th>星期四</th><th>星期五</th><th>星期六</th><th>星期日</th></tr>
<tr><td>12：58</td><td colspan="7">广告 2′</td></tr>
<tr><td>13：00</td><td colspan="6">《北京新发现》（重播）20′</td><td>《极致》（重播）20′</td></tr>
<tr><td>13：20</td><td colspan="6">宣传 3′＋广告 2′（含公益）</td><td rowspan="3">《电视先锋榜》30′</td></tr>
<tr><td>13：25</td><td>《镜鉴》（首播）20′</td><td colspan="4">《这里是北京》（重播）20′</td><td>《极致》（首播）20′</td></tr>
<tr><td>13：45</td><td colspan="6">宣传 3′＋广告 2′（含公益）</td></tr>
<tr><td>13：50</td><td colspan="7">《新闻手语》（首播）10′</td></tr>
<tr><td>14：00</td><td colspan="7">宣传 3′＋广告 2′（含公益）</td></tr>
<tr><td>14：05</td><td colspan="2">《都市阳光 2 期》（首播）20′</td><td>《人才》（首播）20′</td><td>《怎么看》（首播）20′</td><td>《党建进行时》（首播）20′</td><td>《消费观察》（首播）20′</td><td>《北京议事厅》（首播）20′</td></tr>
<tr><td>14：25</td><td colspan="7">宣传 2′＋广告 3′（含公益）</td></tr>
<tr><td>14：30</td><td rowspan="2">《有话就说》（重播）50′</td><td colspan="3" rowspan="2">《锐观察》（重播）50′</td><td>《美丽乡村》（首播）30′</td><td>《美丽乡村》（重播）30′</td><td rowspan="2">《锐观察》（重播）50′</td></tr>
<tr><td></td><td colspan="2">《这里是北京》（重播）20′</td></tr>
<tr><td>15：20</td><td colspan="7">广告 3′（含公益）</td></tr>
<tr><td>15：23</td><td colspan="7">《晚间新闻报道》（重播）50′</td></tr>
<tr><td>16：13</td><td colspan="7">广告 2′（含公益）</td></tr>
<tr><td>16：15</td><td colspan="7">《红绿灯》（重播）40′</td></tr>
<tr><td>16：55</td><td colspan="7">宣传 2′＋广告 3′</td></tr>
<tr><td>17：00</td><td colspan="7">《都市晚高峰》85′（直播）</td></tr>
<tr><td></td><td colspan="7">中插《天气晚高峰》3′</td></tr>
<tr><td>18：25</td><td colspan="7">广告 5′</td></tr>
<tr><td>18：30</td><td colspan="7">《北京新闻》25′（并机直播）</td></tr>
<tr><td>18：55</td><td colspan="7">《天气预报》5′（首播）</td></tr>
<tr><td>19：00</td><td colspan="7">《直播北京》（2）（19：00—20：10）70′（直播）（含公益）</td></tr>
<tr><td></td><td colspan="7">中插《空气质量播报》3′</td></tr>
<tr><td></td><td colspan="7">中插广宣时段，2 段 2′（含公益）</td></tr>
<tr><td>20：10</td><td colspan="7">广告 2′</td></tr>
<tr><td>20：12</td><td colspan="7">《天气视点》3′（首播）</td></tr>
<tr><td>20：15</td><td colspan="6">《锐观察》（直播）50′</td><td>《有话就说》50′</td></tr>
<tr><td>21：05</td><td colspan="7">宣传 2′＋广告 3′</td></tr>
<tr><td>21：10</td><td colspan="7">《红绿灯》40′（直播）</td></tr>
</table>

续表

时　间	星期一	星期二	星期三	星期四	星期五	星期六	星期日
21：50	宣传2′+广告3′（含公益）						
21：55	《晚间新闻报道》50′（直播）						
22：45	宣传2′+广告3′						
22：50	《北京新发现》20′（首播）						
23：10	《这里是北京》20′（首播）						
23：30	广告3′						
23：33	《红绿灯》40′（重播）						
0：13	《北京新闻》25′（重播）						
0：38	《锐观察》50′（重播）						《有话就说》50′
1：28	《晚间新闻报道》50′（重播）						
2：18	《红绿灯》40′（重播）						
2：58	全天结束						

卡酷少儿卫视常规编排方案

（2015年1月5日起执行）

时　间	星期一	星期二	星期三	星期四	星期五	星期六	星期日
06：00－06：30	剧场《蹦蹦跳跳》						
06：30－07：00							
07：00－07：30	《卡酷幼儿园》					剧场《超级大连播》	
07：30－08：00	剧场《环球梦工厂》						
08：00－08：30							
08：30－09：00							
09：00－09：30							
09：30－10：00							
10：00－10：30							
10：30－11：00							
11：00－11：30							
11：30－12：00							
12：00－12：30							
12：30－13：00							
13：00－13：30							
13：10－13：55							
13：55－14：25							

续表

<table>
<tr><th>时 间</th><th>星期一</th><th>星期二</th><th>星期三</th><th>星期四</th><th>星期五</th><th>星期六</th><th>星期日</th></tr>
<tr><td>14：25－14：55</td><td colspan="5" rowspan="5">剧场《环球梦工厂》</td><td colspan="2" rowspan="6"></td></tr>
<tr><td>14：55－15：25</td></tr>
<tr><td>15：25－15：55</td></tr>
<tr><td>15：55－16：25</td></tr>
<tr><td>16：25－16：55</td></tr>
<tr><td>16：55－17：00</td><td colspan="5">《卡酷全卡通》</td></tr>
<tr><td>17：00－17：30</td><td colspan="7" rowspan="2">剧场《中国创造》</td></tr>
<tr><td>17：30－18：00</td></tr>
<tr><td>18：00－18：30</td><td>《剧星派》</td><td>《七色光》</td><td>《动画联盟》</td><td>《卡酷动物园》</td><td rowspan="2">季播</td><td colspan="2" rowspan="2">《闪天下》</td></tr>
<tr><td>18：30－19：00</td><td colspan="4" rowspan="2">剧场《中国创造》</td></tr>
<tr><td>19：00－19：30</td><td colspan="3"></td></tr>
<tr><td>19：30－20：00</td><td colspan="7" rowspan="5">剧场《酷片酷映》</td></tr>
<tr><td>20：00－20：30</td></tr>
<tr><td>20：30－21：00</td></tr>
<tr><td>21：00－21：30</td></tr>
<tr><td>21：30－22：00</td></tr>
<tr><td>22：00－22：08</td><td colspan="5">《十分开心》</td><td></td><td></td></tr>
<tr><td>22：08－23：00</td><td colspan="6" rowspan="3">剧场《合家欢》</td><td></td></tr>
<tr><td>23：00－23：30</td><td></td></tr>
<tr><td>23：30－00：00</td><td>《电视先锋榜》</td></tr>
<tr><td>00：00－00：36</td><td colspan="7" rowspan="5">剧场（重播）</td></tr>
<tr><td>00：36－01：20</td></tr>
<tr><td>01：20－02：34</td></tr>
<tr><td>02：34－03：48</td></tr>
<tr><td>03：48－06：00</td></tr>
</table>

纪实频道节目编排方案

（2015 年 4 月 1 日起执行）

<table>
<tr><th>时 间</th><th>星期一至星期五</th><th>星期六</th><th>星期日</th><th>时 间</th></tr>
<tr><td>6：00：00</td><td colspan="3">《这里是北京》纪实晚间版 60′（50′+3′+3′+4′）（重播）</td><td>6：00：00</td></tr>
<tr><td>7：00：00</td><td colspan="3">《中国故事》60′（50′+3′+3′+4′）（重播）</td><td>7：00：00</td></tr>
<tr><td>8：00：00</td><td colspan="3">《中国故事》60′（50′+3′+3′+4′）（重播）</td><td>8：00：00</td></tr>
</table>

续表

时　间	星期一至星期五	星期六	星期日	时　间
9：00：00	《奇趣自然》30′（27′＋1′30″＋1′30″）（重播）	《口述》30′（27′＋1′30″＋1′30″）（重播）		9：00：00
9：30：00	《这里是北京》纪实晚间版60′（50′＋3′＋3′＋4′）（重播）		《时尚装苑》 《电视先锋榜》	9：30：00
10：30：00	《档案》纪实版60′（50′＋3′＋3′＋4′）（重播）			10：30：00
11：30：00	《奇纪实》/《寰宇客》60′（50′＋3′＋3′＋4′）（重播）			11：30：00
12：30：00	《奇纪实》/《寰宇客》60′（50′＋3′＋3′＋4′）（重播）			12：30：00
13：30：00	《奇纪实》/《寰宇客》60′（50′＋3′＋3′＋4′）（重播）			13：30：00
14：30：00	《奇纪实》/《寰宇客》60′（50′＋3′＋3′＋4′）（重播）			14：30：00
15：30：00	《中国故事》60′（50′＋3′＋3′＋4′）（重播）			15：30：00
16：30：00	《口述》30′（27′＋1′30″＋1′30″）（重播）			16：30：00
17：00：00	★《口述》30′（27′＋1′30″＋1′30″）	《昨天的故事》30′（27′＋1′30″＋1′30″）（重播）	《纪实天下》30′（27′＋1′30″＋1′30″）（重播）	17：00：00
17：30：00	★《奇趣自然》30′（27′＋1′30″＋1′30″）	★全景（27′＋1′30″＋1′30″）		17：30：00
18：00：00	★《这里是北京》纪实晚间版60′（50′＋3′＋3′＋4′）			18：00：00
19：00：00	★《中国故事》60′（50′＋3′＋3′＋4′）			19：00：00
20：00：00	★《寰宇客》54′（50′＋4′）			20：00：00
20：54：00	频道宣传6′			20：54：00
21：00：00	★《纪实天下》通档30′（《影事》/《新视听》/《时尚装苑》/《昨天的故事》/《纪实天下》）（27′＋1′30″＋1′30″）	《纪录片影院》90′重播（77′＋3′＋3′＋4′＋3′）	★《纪录片影院》90′（77′＋3′＋3′＋4′＋3′）	21：00：00
21：30：00	★《奇纪实》54′（50′＋4′）			21：30：00
22：24：00	频道宣传6′			22：24：00
22：30：00	★《档案》纪实版60′（50′＋3′＋3′＋4′）			22：30：00
23：30：00	《奇趣自然》30′（27′＋1′30″＋1′30″）（重播）	全景（27′＋1′30″＋1′30″）（重播）		23：30：00
0：00：00	《档案》纪实版60′（50′＋3′＋3′＋4′）（重播）			0：00：00
1：00：00	《奇纪实》/《寰宇客》60′（50′＋3′＋3′＋4′）（重播）			1：00：00
2：00：00	结束			2：00：00

长城（美国/亚洲/欧洲/加拿大/拉美/马来西亚/澳大利亚）平台国际频道节目编排方案

（2015 年 2 月 9 日起执行）

<table>
<tr><th>北京时间</th><th>节目时长</th><th>星期一</th><th>星期二</th><th>星期三</th><th>星期四</th><th>星期五</th><th>星期六</th><th>星期日</th><th>节目时长</th></tr>
<tr><td>6：00</td><td>0：01</td><td colspan="7">《节目导视》A3 1′</td><td>6：00</td></tr>
<tr><td>6：01</td><td rowspan="2">0：50</td><td>《锐观察》25′</td><td rowspan="2" colspan="5">《北京新闻》50′</td><td>《锐观察》25′</td><td>6：01</td></tr>
<tr><td>6：51</td><td>《四海漫游》17′</td><td>《四海漫游》17′</td><td>6：26</td></tr>
<tr><td>6：51</td><td>0：02</td><td colspan="7">《节目导视》A2 2′</td><td>6：43</td></tr>
<tr><td>6：53</td><td>0：45</td><td colspan="7">《军情解码》45′</td><td>6：45</td></tr>
<tr><td>7：38</td><td>0：25</td><td>《拍宝》45′</td><td colspan="5">《财富故事》25′</td><td>《品味艺术》45′</td><td>7：30</td></tr>
<tr><td>8：03</td><td>0：02</td><td colspan="7">《节目导视》B3 2′</td><td>8：15</td></tr>
<tr><td>8：05</td><td>0：17</td><td colspan="7">《北京新发现》17′</td><td>8：17</td></tr>
<tr><td>8：22</td><td>0：02</td><td colspan="7">《节目导视》A1 2′</td><td>8：34</td></tr>
<tr><td>8：24</td><td>0：25</td><td rowspan="2">《国际频道季播节目》60′</td><td colspan="5">《北京客》25′</td><td rowspan="2">《我是大医生》60′</td><td>8：36</td></tr>
<tr><td>8：49</td><td>0：35</td><td colspan="4">《档案》35′</td><td>《青年探秘者》35′</td><td>9：01</td></tr>
<tr><td>9：24</td><td>0：02</td><td colspan="7">《节目导视》B4 2′</td><td>9：36</td></tr>
<tr><td>9：26</td><td>0：15</td><td colspan="7">《您吃对了吗?》15′</td><td>9：38</td></tr>
<tr><td>9：41</td><td>0：25</td><td colspan="7">《健康北京》25′</td><td>9：53</td></tr>
<tr><td>10：06</td><td>0：02</td><td colspan="7">《节目导视》A1 2′</td><td>10：18</td></tr>
<tr><td>10：08</td><td>0：22</td><td>《美食地图》22′</td><td colspan="5">《食全食美》22′</td><td>《美食地图》22′</td><td>10：20</td></tr>
<tr><td>10：30</td><td>0：25</td><td>《美食地图·一探到底》25′</td><td colspan="5">《快乐生活一点通》25′</td><td>《美食地图·一探到底》25′</td><td>10：42</td></tr>
<tr><td>10：55</td><td>0：03</td><td colspan="7">《节目导视》B1 3′</td><td>11：07</td></tr>
<tr><td>10：58</td><td>0：20</td><td colspan="7">《这里是北京》20′</td><td>11：10</td></tr>
<tr><td>11：18</td><td>0：50</td><td colspan="7">《养生堂》50′</td><td>11：30</td></tr>
<tr><td>12：08</td><td>0：02</td><td colspan="7">《节目导视》A2 2′</td><td>12：20</td></tr>
<tr><td>12：10</td><td>0：25</td><td>《每日文娱播报》25′</td><td colspan="5">《幸福厨房》42′</td><td>《状元榜》42′</td><td>12：22</td></tr>
<tr><td>12：35</td><td>0：03</td><td colspan="7">《节目导视》B2 3′</td><td>12：54</td></tr>
</table>

续表

北京时间	节目时长	星期一	星期二	星期三	星期四	星期五	星期六	星期日	节目时长
12：38	0：50	《锐观察》25′	《北京新闻》50′					《锐观察》25′	12：57
13：28		《四海漫游》17′						《四海漫游》17′	13：47
13：28	0：02	《节目导视》A1 2′							13：47
13：30	0：42	《书香北京》42′	《北京记忆》42′					《书香北京》42′	13：49
14：12	0：03	《节目导视》B1 3′							14：31
14：15	0：55	《大戏看北京》55′	《我爱我家》40′	《光荣绽放》40′	《影视风云》40′	《星夜故事》40′	《我家有明星》55′	《春妮的周末时光》55′	14：34
15：10			《今晚80后脱口秀》15′						15：29
15：10	0：03	《节目导视》B2 3′	《节目导视》A3 1′					15：29	
15：13	0：45	《军情解码》45′							15：30
15：58	0：17	《北京新发现》17′						16：15	
16：15	0：02	《节目导视》B4 2′							16：15
16：17	0：15	《您吃对了吗?》15′							16：17
16：32	0：25	《健康北京》25′							16：32
16：57	0：03	《节目导视》C1 3′							16：57
17：00	0：22	《食全食美》22′					《美食地图·一探到底》22′		17：00
17：22	0：25	《快乐生活一点通》25′					《美食地图·一探到底》25′		17：22
17：47	0：02	《节目导视》A1 2′							17：47
17：49	0：20	《这里是北京》20′							17：49
18：09	0：50	《养生堂》50′							18：09
18：59	0：03	《节目导视》C2 3′							18：59
19：02	0：42	《北京记忆》42′					《书香北京》42′	《书香北京》42′	19：02
19：44	0：02	《节目导视》A2 2′							19：44
19：46	0：25	《北京客》25′					《我是大医生》60′	《国际频道季播节目》60′	19：46
20：11	0：35	《档案》35′	《青年探秘者》35′						20：11
20：46	0：02	《节目导视》C3 2′							20：46
20：48	0：25	《财富故事》25′					《品味艺术》45′	《拍宝》45′	20：48

续表

北京时间	节目时长	星期一	星期二	星期三	星期四	星期五	星期六	星期日	节目时长
21：13	0：45	《军情解码》45′							21：33
21：58	0：02	《节目导视》C4 2′							22：18
22：00	0：50	《北京新闻》50′					《锐观察》25′	22：20	
22：50	0：00						《四海漫游》17′	22：45	
22：50	0：17	《北京新发现》17′							23：02
23：07	0：03	《节目导视》B1 3′							23：19
23：10	0：40	《我爱我家》40′	《光荣绽放》40′	《影视风云》40′	《星夜故事》40′	《我家有明星》55′	《春妮的周末时光》55′	《大戏看北京》55′	23：22
23：50	0：15	《今晚80后脱口秀》15′							0：02
0：05	0：03	《节目导视》B2 3′							0：17
0：08	0：15	《您吃对了吗?》15′							0：20
0：23	0：25	《健康北京》25′							0：35
0：48	0：02	《节目导视》B3 2′							1：00
0：50	0：25	《每日文娱播报》25′					《幸福厨房》42′	《SK状元榜》42′	1：02
1：15	0：22	《食全食美》22′							1：44
1：37	0：02	《节目导视》A1 2′					《节目导视》A3 1′		1：44
1：39	0：25	《快乐生活一点通》25′					《美食地图·一探到底》25′		1：45
2：04	0：20	《这里是北京》20′							2：05
2：24	0：02	《节目导视》B4 2′							2：25
2：26	0：50	《养生堂》50′							2：27
3：16	0：02	《节目导视》A1 2′							3：17
3：18	0：42	《北京记忆》42′					《书香北京》42′	《书香北京》42′	3：19
4：00	0：02	《节目导视》A2 2′					《节目导视》A3 1′		4：01
4：02	0：25	《北京客》25′					《我是大医生》60′	《国际频道季播节目》60′	4：02
4：27	0：35	《档案》35′				《青年探秘者》35′			4：27
5：02	0：03	《节目导视》B1 3′							5：02
5：05	0：40	《我爱我家》40′	《光荣绽放》40′	《影视风云》40′	《星夜故事》40′	《我家有明星》55′	《春妮的周末时光》55′	《大戏看北京》55′	5：05
5：45	0：15	《今晚80后脱口秀》15′							6：00

广告价格表

2015年北京电视台广告价格表

广告部

北京卫视广告价格表

资源分类	段位号	栏目首播时间	栏目名称	刊例价（单位：元）		
				15秒	10秒	5秒
B类	B01	约06：00～06：02	《法制进行时》（前）	5000	4000	2500
	B02	约06：20～06：22	《养生堂》（精华版）（前）	5000	4000	2500
	B03	约06：22～06：54	《养生堂》（精华版）（中）	6000	4800	3000
	B04	约06：56～07：00	《北京您早》（前）	6000	4800	3000
	B05	约07：00～9：00	《北京您早》（中）（周一～周五）	8000	6400	4000
	B06	约07：00～08：30	《北京您早》（中）（周六、日）	8000	6400	4000
	B07	约09：00～09：05	《军情解码》（少儿版）（前）（周一～周五）	8000	6400	4000
	B08	约09：05～09：45	《军情解码》（少儿版）（中）（周一～周五）	8000	6400	4000
	B09	约08：30～08：35	《这里是北京》（少儿版）（前）（周六、日）	8000	6400	4000
	B10	约08：35～08：45	《这里是北京》（少儿版）（中）（周六、日）	8000	6400	4000
	B11	约09：45～09：48	上午剧场1集（前）（周一～周五）	8000	6400	4000
	B12	约10：33～10：37	上午剧场2集（前）（周一～周五）	8000	6400	4000
	B13	约08：45～08：48	上午剧场1集（前）（周六、日）	8000	6400	4000
	B14	约09：33～09：37	上午剧场2集（前）（周六、日）	8000	6400	4000
	B15	约11：22～11：26	《黄金栏目带》（重播）（前）（周一～周五）	8000	6400	4000
	B16	约10：23～10：27	《周末季播节目》（重播）（前）（周六、日）	8000	6400	4000
	B17	约11：56～12：00	《特别关注》（前）	12000	9600	6000
	B18	约12：00～12：58	《特别关注》（中）	25000	20000	12500
	B19	约13：00～13：05	午茶剧场1集（前）	12000	9600	6000
	B20	约13：50～13：57	午茶剧场2集（前）	8000	6400	4000
	B21	约14：42～14：50	午茶剧场3集（前）	8000	6400	4000
	B22	约15：35～15：42	午茶剧场4集（前）	8000	6400	4000
	B23	约16：27～16：33	午茶剧场5集（前）	8000	6400	4000

续表

资源分类	段位号	栏目首播时间	栏目名称	刊例价（单位：元）		
				15 秒	10 秒	5 秒
A类	A01	约17：18～17：25	《养生堂》（前）	12000	9600	6000
	A02	约17：25－18：25	《养生堂》（中）	38000	30400	19000
	A03	约18：25～18：30	《北京新闻》（前）	38000	30400	19000
	A04	约19：30～19：33	《晚间黄金剧场》1集（前）	80000	64000	40000
	A05	约20：18～20：22	《看气象》（前）	86000	68800	43000
	A06	约20：24～20：28	《晚间黄金剧场》2集（前）	86000	68800	43000
	A07	约21：13～21：16	《剧看点》（前）	60000	48000	30000
	A08	约21：18～21：21	《身边——生命缘》（前）（周一～周三）	48000	38400	24000
	A09	约21：21～21：56	《身边——生命缘》（中）（周一～周三）	48000	38400	24000
	A10	约21：56～22：00	《十点综艺栏目带》（前）（周一～周三）	25000	20000	12500
	A11	约21：18～21：21	《我是大医生》（前）（周四）	48000	38400	24000
	A12	约21：21～22：31	《我是大医生》（中）（周四）	48000	38400	24000
	A13	约21：08～21：11	周五、周六季播（前）	48000	38400	24000
	A14	约21：18～21：21	周日《全是你的》（前）	48000	38400	24000
	A15	约21：21～22：31	周日《全是你的》（中）	单独定价		
	A16	约22：00～23：00	《周间季播》（中）（周一）	单独定价		
	A17		《综艺节目》（中）（周二）	40000	32000	20000
	A18		《大戏看北京》（中）（周三）	40000	32000	20000
	A19	约22：31～22：35	《档案特别节目》（前）（周四）	15000	12000	7500
	A20		《新上档栏目》（前）（周日）	15000	12000	7500
	A21	约22：35～23：25	《档案特别节目》（中）（周四）	30000	24000	15000
	A22		《新上档栏目》（中）（周日）	30000	24000	15000
	A23	约22：40～22：45	《季播节目》重播（前）（周五、周六）	15000	12000	7500
B类	B24	约23：00～23：03	《档案》（前）（周一～周三）	15000	12000	7500
	B25	约23：03～23：43	《档案》（中）（周一～周三）	30000	24000	15000
	B26	约23：45～23：48	《专题栏目带》（前）（周一～周三）	6000	4800	3000
	B27	约23：27～23：30	《我是大医生》重播（前）（周四）	6000	4800	3000
	B28	约23：27～23：30	《全是你的》重播（前）（周日）	6000	4800	3000
	B29	约00：18～00：21	《光阴》（前）（周一～周三）	6000	4800	3000
	B30	约00：40～00：43	《精品栏目荟萃》（前）（周四、周日）	6000	4800	3000
	B31	约00：15～00：18	《精品栏目荟萃》（前）（周五、周六）	6000	4800	3000
	B32	1：11之后	夜间时段	5000	4000	2500

备注：

1. 2015年广告价格以15秒广告价格为基数，30秒广告价格按照两条15秒价格计算，5秒广告价格按照15秒广告价格的一半计算。其他秒数广告价格：25秒价格为30秒乘以0.9；20秒价格为30秒乘以0.8；10秒价格为30秒乘以0.4；45秒广告价格为30秒和15秒广告价格之和；60秒广告价格为两条30秒广告之和。

2. 节目播出时间以北京卫视最终编排为准。

文艺频道广告价格表

A 特类栏目广告价格表

栏目名称	首播时间	重播时间	刊例价（单位：元）		
			30 秒	15 秒	5 秒
《每日文娱播报》	18：45～19：30	23：55～00：40（周一） 23：25～00：10（周二～周四） 23：05～23：50（周五～周日）	60000	36000	18000
《文娱午报》	11：55～12：25	07：25～07：55			

A 类栏目广告价格表

栏目名称	首播时间	重播时间	刊例价（单位：元）		
			30 秒	15 秒	5 秒
《音乐风云榜》	18：10～18：40	——	30000	18000	9000
《我爱我家》	19：35～20：25（周一）	14：45～15：35（周二）	25000	15000	7500
《光荣绽放》	19：35～20：25（周二）	14：45～15：35（周三）	25000	15000	7500
《影视风云》	19：35～20：25（周三）	14：45～15：35（周四）	25000	15000	7500
《星夜故事》	19：35～20：25（周四）	14：45～15：35（周五）	25000	15000	7500
《我家有明星》	19：35～20：45（周五）	14：45～15：55（周六））	30000	18000	9000
《春妮的周末时光》	19：35～20：45（周六）	14：45～15：55（周日）	30000	18000	9000
《超级播出季》	19：35～20：45（周日）	14：45～15：55（周一）	25000	15000	7500
《脱口而出》精编版	20：30～20：50（周四）	02：20～02：40（周一） 12：30～12：50（周五） 07：05～07：25（周五）	18000	10800	5400
《脱口而出》	20：50～21：20（周五、周六）	12：25～12：55（周六、日） 00：00～00：30（周五、六）	20000	12000	6000
《我爱收藏》	20：50～21：20（周日）	00：00～00：30（周日）	20000	12000	6000
《今晚 80 后脱口秀》	20：30～20：50（周一～周三）	07：05～07：25（周二～周四） 12：30～12：50（周二～周四） 00：10～00：30（周二～周四）	25000	15000	7500

续表

B 类栏目广告价格表					
栏目名称	首播时间	重播时间	刊例价（单位：元）		
			30 秒	15 秒	5 秒
《欢乐微逗秀》	08：00～08：20	15：35～15：55（周二～周五）	6000	3600	1800
《欢天戏地》	13：50～14：40（周一）	09：20～10：10（周日）	10000	6000	3000
《笑动 2015》	17：05～18：05	06：02～07：02 10：50～11：50	15000	9000	4500
备注：此价格表于 2015 年 3 月 2 日执行。如有修改，请参照最新价格表。					

A 类时段广告价格表						
段位	播出时间	段位描述		刊例价（单位：元）		
		前节目主题	后节目主题	30 秒	15 秒	5 秒
Ab01	18：05～18：10	《笑动 2015》	《音乐风云榜》	18000	10800	5400
Ab02	18：40～18：45	《音乐风云榜》	《每日文娱播报》	24000	14400	7200
Ab03	19：30～19：35	《每日文娱播报》	《我爱我家》（周一） 《光荣绽放》（周二） 《影视风云》（周三） 《星夜故事》（周四） 《我家有明星》（周五） 《春妮的周末时光》（周六） 《超级播出季》（周日）	32000	19200	9600
Ab07	20：25～20：30 （周一～周四）	《我爱我家》（周一） 《光荣绽放》（周二） 《影视风云》（周三） 《星夜故事》（周四）	《今晚 80 后》（周一～周三） 《脱口而出》精编版（周四）	15000	9000	4500
Ab04	20：50～20：55 （周一～周四）	《今晚 80 后》（周一～周三） 《脱口而出》精编版（周四）	炫剧场第一集上集回放 （周一～周四）	15000	9000	4500
Ab05	20：45～20：50 （周五～周日）	《我家有明星》（周五） 《春妮的周末时光》（周六） 《超级播出季》（周日）	《脱口而出》（周五、周六） 《我爱收藏》（周日）	13000	7800	3900
Ab06	21：20～21：25 （周五～周日）	《脱口而出》（周五、六） 《我爱收藏》（周日）	炫剧场第一集上集回放 （周五～周日）	15000	9000	4500
	21：40～21：45 （周一～周四）	炫剧场第一集 （周一～周四）	炫剧场第二集上集回放 （周一～周四）			
Ab08	21：40～21：45 （周一～周四）	炫剧场第一集 （周一～周四）	炫剧场第一集下集预告 （周一～周四）	15000	9000	4500
备注：此价格表于 2015 年 3 月 2 日执行。如有修改，请参照最新价格表。						

续表

B类时段广告价格表

段位	播出时间	段位描述		刊例价（单位：元）		
		前节目主题	后节目主题	30秒	15秒	5秒
Bb01	07：02～07：05	《笑动2015》（重播）	《脱口而出精编》（重播）（周六、日、周一） 《今晚80后脱口秀》（重播）（周二～周五）	4000	2400	1200
Bb02	07：55～08：00	《文娱午报》（重播）	《欢乐微逗秀》	4000	2400	1200
Bb03	08：20～08：25	《欢乐微逗秀》	《周播节目联播》（重播）	6000	3600	1800
Bb04	09：15～09：20	《周播节目联播》（重播）	《好戏连连看》（重播）（周一～周六） 《欢天戏地》（周日）	6000	3600	1800
Bb05	10：10～10：15	《好戏连连看》（重播）（周一～周六） 《欢天戏地》（周日）	《电视先锋榜》（周一） 《文化之约》（周二～周日）	5000	3000	1500
Bb06	10：45～10：50	《电视先锋榜》（周一） 《文化之约》（周二～周日）	《笑动2015》（重播）	6000	3600	1800
Bb07	11：50～11：55	《笑动2015》（重播）	《文娱午报》	12000	7200	3600
Bb08	12：25～12：30（周一～周五）	《文娱午报》	《今晚80后脱口秀》（重播）	12000	7200	3600
Bb09	12：50～12：55（周二～周五）	《今晚80后脱口秀》（重播）	《周播节目联播》	6000	3600	1800
Bb10	13：45～13：50	《周播节目联播》	《欢天戏地》（重播）（周一） 《好戏连连看》（周二～周日）	7000	4200	2100
Bb11	14：40～14：45	《欢天戏地》（重播）（周一） 《好戏连连看》（周二～周日）	《超级播出季》（重播）（周一） 《我爱我家》（重播）（周二） 《光荣绽放》（重播）（周三） 《影视风云》（重播）（周四） 《星夜故事》（重播）（周五） 《我家有明星》（重播）（周六） 《春妮的周末时光》（重播）（周日）	5000	3000	1500
Bb12	15：55～16：00	《超级播出季》（重播）（周一） 《欢乐微逗秀》（周二～周五） 《我家有明星》（重播）（周六） 《春妮的周末时光》（重播）（周日）	《综艺麻辣烫》（重播）	5000	3000	1500
Bb13	17：00～17：05	《综艺麻辣烫》（重播）	《笑动2015》	6000	3600	1800
备注：此价格表于2015年3月2日执行。如有修改，请参照最新价格表。						

续表

B 类时段广告价格表						
段位	播出时间	段位描述		刊例价（单位：元）		
		前节目主题	后节目主题	30 秒	15 秒	5 秒
Bb23	22：10～22：15（周五～周日）	炫剧场第一集（周五～周日）	炫剧场第一集下集预告（周五～周日）	6000	3600	1800
Bb14	22：10～22：15（周五～周日）	炫剧场第一集下集预告（周五～周日）	炫剧场第二集上集回放（周五～周日）	6000	3600	1800
	22：30～22：35（周一～周四）	炫剧场第二集下集预告（周一～周四）	炫剧场第三集上集回放（周一～周四）			
Bb22	22：30～22：35（周一～周四）	炫剧场第二集（周一～周四）	炫剧场第二集下集预告（周一～周四）	6000	3600	1800
Bb20	22：30～22：35（周一～周四）	炫剧场第三集上集回放（周一～周四）	炫剧场第三集（周一～周四）	6000	3600	1800
Bb21	23：20～23：25（周一～周四）	炫剧场第三集（周一～周四）	炫剧场第三集下集预告（周一～周四）	6000	3600	1800
Bb16	23：20～23：25（周一～周四）	炫剧场第三集（周一～周四）	《文化之约》（周一）《每日文娱播报》（重播）（周二～周四）	5000	3000	1500
Bb17	23：55－00：00（周五～周日）	《每日文娱播报》（重播）（周五～周日）	《脱口而出》（周五～周六）《我爱收藏》（周日）	5000	3000	1500
备注：此价格表于 2015 年 3 月 2 日执行。如有修改，请参照最新价格表。						

炫青春套播						
类别	频道	段位描述	播出时间	刊例价（单位：元）		
				30 秒	15 秒	5 秒
B	BTV 文艺	炫剧场第一集上集回放后	20：50～20：55（周一～周四） 21：20～21：25（周五～周日）	30000	18000	9000
		炫剧场第一集下集预告前	21：40～21：45（周一～周四） 22：10～22：15（周五～周日）			
		炫剧场第二集上集回放后	21：40～21：45（周一～周四） 22：10～22：15（周五～周日）			
		炫剧场第二集下集预告前	22：30－22：35（周一～周四） 23：00～23：05（周五～周日）			
	BTV 青年	青春剧场第一集前	22：40～22：45（周一～周日）			
		青春剧场第二集前	23：30～23：48（周一～周日）			
		青春剧场第三集前	00：20～00：38（周一～周日）			
		青春剧场第四集前	01：10～01：28（周一～周日）			
		重播青春剧场第一集前	07：40～07：47（周一～周日）			
		重播青春剧场第二集前	08：28～08：37（周一～周日）			
		重播青春剧场第三集前	09：19～09：27（周一～周日）			
		重播青春剧场第四集前	10：10～10：17（周一～周日）			
备注：此价格表于 2015 年 3 月 2 日执行。如有修改，请参照最新价格表。						

科教频道广告价格表

A 特类栏目广告价格表					
栏目名称	首播时间	重播时间	刊例价（单位：元）		
			30 秒	15 秒	5 秒
《法治进行时》	12：00～12：50	06：06～06：56 23：12～00：02	75000	45000	22500
《法治中国 60 分》	19：00～20：00	10：25～11：25 21：43～22：43			

A 类栏目广告价格表					
栏目名称	首播时间	重播时间	刊例价（单位：元）		
			30 秒	15 秒	5 秒
《您吃对了吗》	18：07～18：27	09：31～09：51（周二～周日）	10000	6000	3000
《记忆 2015》（含精编）	20：00～20：50 （周一～周五）	00：05～00：55（周一～周四） 16：52～17：27（周二～周五）	16000	9600	4800
《品味艺术》（含精编）	20：00～20：50（周六）	00：05～00：55（周六） 16：57～17：32（周日）	20000	12000	6000
《最北京》（含精编）	20：00～20：50（周日）	00：05～00：55（周日） 16：52～17：27（周一）	20000	12000	6000
《第三调解室》（含精编）	20：53～21：43	06：56～07：46 12：54～13：44	40000	24000	12000

B 类栏目广告价格表					
栏目名称	首播时间	重播时间	刊例价（单位：元）		
			30 秒	15 秒	5 秒
《晚晴》	10：01～10：21（周一）	——	6600	3960	1980
《警法目录》	13：44～14：34（周五）	——	15000	9000	4500
《庭审纪实》	13：44～14：34（周六、周日）	——	15000	9000	4500
《非常向上》	16：57～17：42（周六）	00：05～00：50（周五）	12000	7200	3600
《非常幽默》	17：30～18：07（周一～周四） 17：35～18：07（周五、周日） 17：35～17：57（周六）	——	10000	6000	3000
备注：此价格表于 2015 年 3 月 2 日执行。如有修改，请参照最新价格表。					

续表

A 类时段广告价格表

段位	播出时间	段位描述		刊例价（单位：元）		
		前节目主题	后节目主题	30 秒	15 秒	5 秒
Ac01	11：55～12：00	《现场说法》	《法治进行时》	37000	22200	11100
Ac02	12：50～12：54	《法治进行时》	《第三调解室》精编	29000	17400	8700

B 类时段广告价格表

段位	播出时间	段位描述		刊例价（单位：元）		
		前节目主题	后节目主题	30 秒	15 秒	5 秒
Bc01	09：27～09：31	星月剧场第二集（重播）	《电视先锋榜》（周一） 《您吃对了吗》（重播） （周二～周日）	5000	3000	1500
Bc02	10：21～10：25	《晚晴》（周一） 《健康北京》（重播） （周二～周日）	《法治中国 60 分》（重播）	5000	3000	1500
Bc03	11：25～11：30	《法治中国 60 分》（重播）	《现场说法》	9000	5400	2700
Bc04	16：50～16：52 （周一～周四）	正剧场第四集	《季播节目》精编（周一） 《记忆 2015》精编 （周二～周四）	6000	3600	1800
Bc05	16：54～16：57 （周五～周日）	正剧场第三集	《记忆 2015》精编（周五、周日） 《非常向上》（周六）	6000	3600	1800
Bc06	17：27～17：42	《季播节目》精编(周一) 《记忆 2015》精编 （周二～周五、周日） 《非常向上》（周六）	《非常幽默》	6000	3600	1800
Bc07	18：57～19：00	《健康北京》	《法治中国 60 分》	8000	4800	2400
Bc08	20：50～20：53	《记忆 2015》（周一～周五） 《品味艺术》（周六） 《季播节目》（周日）	《第三调解室》	11000	6600	3300
Bc9	22：43～22：46	《法治中国 60 分》（重播）	《现场说法》（重播）	8000	4800	2400
Bc10	23：11～23：12	《现场说法》（重播）	《法治进行时》（重播）	7000	4200	2100
Bc11	00：02～00：05	《法治进行时》（重播）	《记忆 2015》（重播）	5000	3000	1500
Bc12	00：55～00：58	《记忆 2015》（重播）	星月剧场第一集	5000	3000	1500
Bc13	01：49～01：53	星月剧场第一集	星月剧场第二集（上集回放前）	5000	3000	1500
备注：此价格表于 2015 年 3 月 2 日执行。如有修改，请参照最新价格表。						

续表

精英套播						
类别	频道	段位描述	播出时间	刊例价（单位：元）		
				30秒	15秒	5秒
B	BTV 科教	星月剧场第二集（上集回放后）	01：43～01：46	23000	13800	6900
		重播星月剧场第一集前	07：46～07：52			
		重播星月剧场第二集前	08：37～08：42			
		正剧场第二集前	14：29～14：31（周一～周四）			
		正剧场第一集前	14：34～14：36（周五～周日）			
		正剧场第三集前	15：16～15：17（周一～周四）			
		正剧场第二集前	15：21～15：22（周五～周日）			
		正剧场第四集前	16：02～16：05（周一～周四）			
		正剧场第三集前	16：07～16：09（周五～周日）			
	BTV 财经	下午剧场第一集（上集回放后）	12：35			
		下午剧场第二集（上集回放后）	13：24			
		下午剧场第三集（上集回放后）	14：13			
备注：此价格表于2015年3月2日执行。如有修改，请参照最新价格表。						

影视频道广告价格表

A 特类时段广告价格表					
栏目名称	首播时间	重播时间	刊例价（单位：元）		
			30秒	15秒	5秒
Td01	19：38～19：40	首都剧场1集下集预告	42000	25200	12600
Td02	19：40～19：43	首都剧场2集前	40000	24000	12000
Td03	19：43～19：46	首都剧场2集上集回放	42000	25200	12600
Td04	20：29～20：31	首都剧场2集下集预告	50000	30000	15000
Td05	20：31～20：32	首都剧场3集前	48000	28800	14400
Td06	20：32～20：34	首都剧场3集上集回放	52000	31200	15600
Td07	21：16～21：18	首都剧场3集下集预告	50000	30000	15000
Td08	21：18～21：20	首都剧场4集前	48000	28800	14400
Td09	21：20～21：23	首都剧场4集上集回放	52000	31200	15600

A 类时段广告价格表					
栏目名称	首播时间	重播时间	刊例价（单位：元）		
			30 秒	15 秒	5 秒
Ad01	18：51～18：55	首都剧场 1 集上集回放	30000	18000	9000
Ad02	22：07～22：11	首都剧场 4 集下集预告	30000	18000	9000

B 类时段广告价格表					
栏目名称	首播时间	重播时间	刊例价（单位：元）		
			30 秒	15 秒	5 秒
Bd01	08：14～08：16	重播首都剧场 1 集剧前	6000	3600	1800
Bd02	08：59～09：02	重播首都剧场 2 集剧前	6000	3600	1800
Bd03	09：45～09：48	重播首都剧场 2 集下集预告	6000	3600	1800
Bd04	09：48～09：51	重播首都剧场 3 集剧前	6000	3600	1800
Bd05	10：34～10：37	重播首都剧场 3 集下集预告	6000	3600	1800
Bd06	10：37～10：40	重播首都剧场 4 集剧前	6000	3600	1800
Bd07	11：24～11：27	重播首都剧场 4 集下集预告	6000	3600	1800
Bd08	13：00～13：02	家和剧场 1 集前	6000	3600	1800
Bd09	13：47～13：50	家和剧场 1 集下集预告	6000	3600	1800
Bd10	13：50～13：53	家和剧场 2 集前	6000	3600	1800
Bd11	14：38～14：41	家和剧场 2 集下集预告	6000	3600	1800
Bd12	14：41～14：44	家和剧场 3 集前	6000	3600	1800
Bd13	15：29～15：32	家和剧场 3 集下集预告	6000	3600	1800
Bd14	15：32～15：35	家和剧场 4 集前	6000	3600	1800
Bd15	16：20～16：24	家和剧场 4 集下集预告	6000	3600	1800
Bd16	17：56～18：01	英雄剧场 1 集下集预告	12000	7200	3600
Bd20	18：01～18：03	英雄剧场 2 集上集回放	12000	7200	3600
Bd17	18：48～18：51	英雄剧场 2 集后	20000	12000	6000
Bd18	22：11～22：16	电影时间前（两个段）	30000	18000	9000
Bd19	23：48～22：51	晚间重播英雄剧场 1 集前	5000	3000	1500

备注：1. 首都剧场实行买一赠二政策，凡购买首都剧场首播一次，可在首都剧场重播、家和剧场中各选择相应秒数一次赠播。
2. 在首都剧场晚间时段使用赠播或错漏补播的客户，不获得上述广告赠播。
3. 此价格表于 2015 年 4 月 1 日执行。如有修改，请参照最新价格表。

英雄套播						
类别	频道	段位描述	播出时间	刊例价（单位：元）		
				30 秒	15 秒	5 秒
B	BTV 影视	晚间重播英雄剧场 1 集下集预告	00：36～00：38	20000	12000	6000
		晚间重播英雄剧场 2 集下集预告	01：24～01：25			
		早间重播英雄剧场 1 集下集预告	07：26～07：28			
		早间重播英雄剧场 2 集下集预告	08：13～08：15			
		英雄剧场 1 集前	17：09～17：11			
		英雄剧场 2 集前	18：00～18：03			
备注：此价格表于 2015 年 4 月 1 日执行。如有修改，请参照最新价格表。						

生活频道广告价格表

A 特类栏目广告价格表					
栏目名称	首播时间	重播时间	刊例价（单位：元）		
			30 秒	15 秒	5 秒
《生活 2015》	18：29～19：59	08：58～10：28 23：40～01：10	35000	21000	10500
《生活特供》	13：09～14：34(周一～周五) 13：09～14：41（周六、周日）	——			

A 类栏目广告价格表					
栏目名称	首播时间	重播时间	刊例价（单位：元）		
			30 秒	15 秒	5 秒
《生活面对面》	20：01～20：31(周一～周五)	14：40～15：10（周一～周五）	25000	15000	7500
《季播节目》	20：01～20：46（周六）	11：22～12：07（周六） 11：22～12：07（周日）	23000	13800	6900
《幸福厨房》	20：01～20：46（周日）	10：32～11：17（周六）	23000	13800	6900
《快乐生活一点通》	20：34～21：04(周一～周五)	17：27～17：57（周一～周五）	30000	18000	9000
《生活＋》	20：49～21：34（周日）	08：06～08：51（周日）	29000	17400	8700
《美食地图·一探到底》	21：08～21：38(周一～周五)	07：00～07：30（周一～周六）	25000	15000	7500
《选择》	21:41～22:26(周一～周五) 21:39～22:39(周六、周日)	15：16～16：01（周一～周五）	24000	14400	7200

B 类栏目广告价格表					
栏目名称	首播时间	重播时间	刊例价（单位：元）		
			30 秒	15 秒	5 秒
《健康到家》	11：54～12：39(周一～周五)	08：06～08：51（周一～周五）	10000	6000	3000
《这是为什么》	12：42～13：02(周一～周五)	06：09～06：29（周一～周五）	10000	6000	3000
《生活＋家装攻略》	17：12～17：57（周六）	08：06～08：51（周六）	20000	12000	6000
《第一房产》	17：12～17：57（周日）	06：09～06：54（周日）	20000	12000	6000
《食全食美》	18：00～18：27(周一～周五)	07：33～08：00（周一～周日）	25000	15000	7500
《大城小事》	20：49～21：34（周六）	06：09～06：54（周六） 10：32～11：17（周日）	27000	16200	8100
《生活广角》（含精编）	22：29～23：14(周一～周五) 22：41～23：26(周六、周日)	01：14～01：59 15：52～17：23	20000	12000	6000
《我爱我车》	23：17～23：37（周一、周二）	06：34～06：54（周二、周三）	15000	9000	4500
备注：此价格表于 2015 年 3 月 2 日执行。如有修改，请参照最新价格表。					

A 类时段广告价格表						
段位	播出时间	段位描述		刊例价（单位：元）		
		前节目主题	后节目主题	30 秒	15 秒	5 秒
Ag01	17：57～18：00	《快乐生活一点通》（重播）（周一～周五） 《生活＋家装攻略》（周六） 《第一房产》（周日）	《食全食美》（周一～周五） 《美食地图》（周六、周日）	12000	7200	3600
Ag02	18：27～18：29	《食全食美》（周一～周五） 《美食地图》（周六、周日）	《生活 2015》	20000	12000	6000
Ag03	19：59～20：01	《生活 2015》	《生活面对面》（周一～周五） 《季播节目》（周六） 《幸福厨房》（周日）	24000	14400	7200
Ag04	20：31～20：34（周一～周五）	《生活面对面》	《快乐生活一点通》	24000	14400	7200
Ag05	20：46～20：49（周六）	《美食地图·一探到底》（精编）	《咱爸咱妈的美好时代》	22000	13200	6600
Ag06	20：46～20：49（周日）	《幸福厨房》	《生活＋》	22000	13200	6600
Ag07	21：04～21：08（周一～周五）	《快乐生活一点通》	《美食地图·一探到底》	20000	12000	6000
Ag08	21：38～21：41（周一～周五）	《美食地图·一探到底》	《选择》	16000	9600	4800
Ag09	21：34～21：39（周六、周日）	《咱妈咱妈的美好时代》(周六) 《生活＋》（周日）	《选择》	16000	9600	4800
备注：此价格表于 2015 年 3 月 2 日执行。如有修改，请参照最新价格表。						

续表

B 类时段广告价格表						
段位	播出时间	段位描述		刊例价（单位：元）		
		前节目主题	后节目主题	30 秒	15 秒	5 秒
Bg01	06：00～06：09	——	《健康生活》（重播）（周一～周五） 《大城小事》（重播）（周六） 《第一房产》（重播）（周日）	3000	1800	900
Bg02	06：29～06：34（周一～周五）	《健康生活》（重播）	《经营性节目》（重播）（周一） 《我爱我车》(重播)(周二、周三) 《四海漫游》(重播)(周四、周五)	3000	1800	900
Bg03	06：54～07：00	《经营性节目》(重播)(周一) 《我爱我车》(重播)(周二、周三) 《四海漫游》(重播)(周四、五) 《大城小事》（重播）（周六） 《第一房产》（重播）（周日）	《美食地图·一探到底》（重播）（周一～周五） 《季播节目》（重播）（周六） 《电视先锋榜》（周日）	3000	1800	900
Bg04	07：30～07：33（周一～周五）	《美食地图·一探到底》（重播）	《食全食美》（重播）	3000	1800	900
Bg05	08：00～08：06	《食全食美》（重播）（周一～周五） 《季播节目》（重播）（周六） 《咱爸咱妈的美好时代》（重播）（周日）	《健康到家》（重播）（周一～周五） 《生活＋家装攻略》（重播）（周六） 《生活＋》（重播）（周日）	3000	1800	900
Bg06	08：51～08：58	《健康到家》（重播）（周一～周五） 《生活＋家装攻略》（重播）（周六） 《生活＋》（重播）（周日）	《生活 2015》（重播）	6000	3600	1800
Bg07	10：28～10：34（周一～周五）	《生活 2015》（重播）	《选择》（精编）	6000	3600	1800
Bg08	10：28～10：32（周六、日）	《生活 2015》（重播）	《幸福厨房》（重播）（周六） 《美食地图·一探到底》（重播）（周日）	6000	3600	1800
Bg09	11：07～11：22（周六、日）	《幸福厨房》（重播）（周六） 《美食地图·一探到底》（重播）（周日）	《老有才啦》（周六） 《上菜 2》（重播）（周日）	6000	3600	1800
Bg10	11：52～11：54（周一～周五）	《选择》（精编）	《健康到家》	8000	4800	2400
Bg25	12：39～12：42（周一～周五）	《健康到家》	《这是为什么》	8000	4800	2400
Bg11	13：02～13：09（周一～周日）	《健康生活》（周一～周五） 《美食地图·一探到底》（周六、周日）	《生活特供》	8000	4800	2400
Bg12	14：34～14：40（周一～周五）	《生活特供》	《生活面对面》（重播）	8000	4800	2400
备注：此价格表于 2015 年 3 月 2 日执行。如有修改，请参照最新价格表。						

续表

B 类时段广告价格表						
段位	播出时间	段位描述		刊例价（单位：元）		
		前节目主题	后节目主题	30 秒	15 秒	5 秒
Bg13	14：41～14：46（周六、周日）	《生活特供》	《上菜 2》（重播）（周六、周日）	8000	4800	2400
Bg14	15：10～15：16（周一～周五）	《生活面对面》（重播）	《选择》（重播）	8000	4800	2400
Bg15	15：46～15：52（周六、周日）	《上菜 2》（重播）（周六、周日）	《生活广角精编》（周六、周日）	5000	3000	1500
Bg16	16：01～16：08（周一～周五）	《选择》（重播）	《生活广角》（精编）	5000	3000	1500
Bg17	17：07～17：12（周六、周日）	《生活广角》（精编）	《生活＋家装攻略》（周六） 《第一房产》（周日）	5000	3000	1500
Bg18	17：23～17：27（周一～周五）	《生活广角》（精编）	《快乐生活一点通》（重播）	5000	3000	1500
Bg19	22：26～22：29（周一～周五）	《选择》	《生活广角》	16000	9600	4800
Bg20	22：39～22：41（周六、周日）	《选择》	《生活广角》	16000	9600	4800
Bg21	23：14～23：17（周一～周五）	《生活广角》	《我爱我车》（周一、周二） 《四海漫游》（周三、周四） 《经营性节目》（周五）	10000	6000	3000
Bg22	23：26～23：30（周六、周日）	《生活广角》	《美食地图·一探到底》（精编）（周六） 《美食地图·一探到底》（重播）（周日）	10000	6000	3000
Bg23	23：37～23：40（周一～周五）	《我爱我车》（周一、周二） 《四海漫游》（周三、周四） 《经营性节目》（周五）	《生活 2015》（重播）	7000	4200	2100
Bg24	01：59～02：04	《生活广角》（重播）	——	4000	2400	1200
备注：此价格表于 2015 年 3 月 2 日执行。如有修改，请参照最新价格表。						

财经频道广告价格表

A 类栏目广告价格表					
栏目名称	首播时间	重播时间	刊例价（单位：元）		
			30 秒	15 秒	5 秒
《天下财经投资者说》	20：05～20：45（周一～周五）	11：40～12：20（周三～周五）	20000	12000	6000
《首都经济报道》	19：00～20：00	06：53～07：53	15000	9000	4500
《李播节目》	20：02～20：52（周六）	——	20000	12000	6000
《理财》	21：30～22：20（周一～周五） 21：05～21：55（周六、周日）	08：40～09：30 16：36～17：26	15000	9000	4500
《拍宝》	22：00～22：50（周六、周日）	14：58～15：48 （周一、周二、周六、周日）	20000	12000	6000

B 类栏目广告价格表					
栏目名称	首播时间	重播时间	刊例价（单位：元）		
			30 秒	15 秒	5 秒
《数说北京》	11：50～12：20（周日）	07：57～08：27（周一）	10000	6000	3000
《天下财经》	18：25～18：55(周一～周五)	06：08～06：38（周二～周六）	10000	6000	3000
《谁在影响我》	17：32～17：52（周六）	06：08～06：28（周日） 06：28～06：48（周一）	22000	13200	6600
《财经锋汇》	18：32～18：57（周日）	06：28～06：53（周日） 15：54～16：19（周六）	10000	6000	3000
《北京发布》	18：37～18：57（周六）	06：08～06：28（周一）	22000	13200	6600
《财富八斗》	20：02～20：52（周日）	14：58～15：48（周四）	15000	9000	4500
《法眼看剧》	20：50～21：15（周一～周五）	17：30～17：55（周一～周五） 17：55～18：20（周一～周五） 18：12～18：37（周六） 18：07～18：32（周日）	15000	9000	4500
《财富故事》	22：22～22：52(周一～周五)	07：57～08：27（周二～周日）	15000	9000	4500
《财富晚间道》	22：55～23：55	09：35～10：35 10：35～11：35	15000	9000	4500
备注：此价格表于 2015 年 3 月 2 日执行。如有修改，请参照最新价格表。					

续表

A 类时段广告价格表						
段位	播出时间	段位描述		刊例价（单位：元）		
		前节目主题	后节目主题	30 秒	15 秒	5 秒
Ae01	18：20～18：25（周一～周五）	《法眼看剧》（重播）（周一～周五）	《天下财经》（周一～周五）	8000	4800	2400
Ae03	18：55～19：00（周一～周五）	《天下财经》（周一～周五）	《首都经济报道》	16000	9600	4800
	18：57～19：00（周六、周日）	《北京发布》（周六） 《财经锋汇》（周日）	《首都经济报道》			
Ae04	20：00～20：05	《首都经济报道》	《天下财经投资说》（周一～周五） 《季播节目》（周六） 《财高八斗》（周日）	20000	12000	6000
Ae07	20：45～20：50（周一～周五）	《天下财经投资说》（周一～周五）	《法眼看剧》（周一～周五）	16000	9600	4800
Ae06	20：52～20：55（周六、周日）	《快乐收藏》（周六） 《财高八斗》（周日）	《理财》（周六、周日）	16000	9600	4800
Ae08	21：15～21：20（周一～周五）	《法眼看剧》（周一～周五）	《微理财》（周一～周五）	12000	7200	3600
Ae09	21：55～22：00（周六、周日）	《理财》（周六、周日）	《拍宝》（周六、周日）	12000	7200	3600
Ae10	22：20～22：22（周一～周五） 22：50～22：55（周六、周日）	《理财》（周一～周五） 《拍宝》（周六、周日）	《财富故事》（周一～周五） 《财富晚间道》（周六、周日）	8000	4800	2400
Ae11	22：52～22：55（周一～周五）	《财富晚间道》	《法眼看剧》	8000	4800	2400
备注：此价格表于 2015 年 3 月 2 日执行。如有修改，请参照最新价格表。						

B 类时段广告价格表						
段位	播出时间	段位描述		刊例价（单位：元）		
		前节目主题	后节目主题	30 秒	15 秒	5 秒
Be01	06：48～06：53（周二～周六）	《天下财经》（重播）	《首都经济报道》（重播）	3000	1800	900
Be02	07：53～07：57	《首都经济报道》（重播）	《财富故事》（重播）	5000	3000	1500
Be03	08：27～08：30	《财富故事》（重播）	《微理财》（重播）	5000	3000	1500
Be05	09：30～09：35	《理财》（重播）	《财富晚间道》（重播）	5000	3000	1500

续表

B 类时段广告价格表						
段位	播出时间	段位描述		刊例价（单位：元）		
		前节目主题	后节目主题	30 秒	15 秒	5 秒
Be07	11：35～11：40	《财富晚间道》（重播）	《天下财经投资者说》（重播）（周一～周五） 《拍之道》（周六、周日）	5000	3000	1500
Be08	12：20～12：25	《天下财经投资者说》 《数说北京》	电视剧场第一集	5000	3000	1500
Be09	14：52～14：58	电视剧场第三集	《拍宝》（重播） （周一、周二、周六、周日） 《经济法眼精编》（重播） （周三、周五） 《财高八斗》（重播）（周四）	5000	3000	1500
Be10	15：48～15：54	《拍宝》（重播） （周一、周二、周六、周日） 《经济法眼精编》（重播） （周三、周五） 《财高八斗》（重播）（周四）	《电视先锋榜》（重播）（周一） 《财富故事》（重播） （周二～周五、周日） 《财经峰汇》（重播）（周六）	5000	3000	1500
Be11	16：24～16：36	《电视先锋榜》（重播）（周一） 《财富故事》（重播） （周二～周五、周日） 《财经峰汇》（重播）（周六）	《理财》（重播）	5000	3000	1500
Be12	17：26～17：30（周一～周五）	《理财》（重播）	《法眼看剧》（重播）（周一～周五）	8000	4800	2400
	17：26～17：32（周六）		《谁在影响我》（重播）（周六）			
	17：26～17：27（周日）		《问鼎世界》（重播）（周日）			
Be14	23：55～00：00	《财富晚间道》	《电视购物》	8000	4800	2400
备注：此价格表于 2015 年 3 月 2 日执行。如有修改，请参照最新价格表。						

青年频道广告价格表

A 类栏目广告价格表					
栏目名称	首播时间	重播时间	刊例价（单位：元）		
			30 秒	15 秒	5 秒
《谁在说》	19：30～20：25(周一～周五) 19：30～20：20（周六、周日）	06：50～07：45（周一～周日） 11：59～12：54（周一～周日） 17：04～17：59（周一～周日）	27000	16200	8100
《军情解码》	21：17～22：07 （周一～周日）	11：06～11：56（周一～周日） 18：03～18：53（周一～周六） 18：03～18：33（周日）	18000	10800	5400

B 类栏目广告价格表					
栏目名称	首播时间	重播时间	刊例价（单位：元）		
			30 秒	15 秒	5 秒
《不许不开心》	18：56～19：26 （周一～周五）	14：37～15：07（周二～周四） 15：43～16：10（周一～周五） 18：56～19：23（周六）	12000	7200	3600
《状元榜》	18：38～19：23（周日）	13：48～14：33（周五、周六）	12000	7200	3600
《青年探秘之特别节目·幕后》	20：28～21：13 （周一～周五）	12：57～13：42（周一～周日）	12000	7200	3600
《周末季播节目》	20：23～21：13（周六、周日）	13：43～14：33（周日）	15000	9000	4500
《书香北京》	22：10～22：55（周六、周日）	13：48～14：33（周一、周二） 13：48～14：33（周三、周四）	10000	6000	3000
《北京客》	22：10～22：40 （周一～周五）	15：10～15：40（周一～周五） 01：55～02：25（周一～周五）	10000	6000	3000
《探索》	14：37～17：00（周六、周日）	06：01～06：46（周一～周日）	17000	10200	5100
备注：此价格表于 2015 年 3 月 2 日执行。如有修改，请参照最新价格表。					

续表

B 类时段广告价格表						
段位	播出时间	段位描述		刊例价（单位：元）		
		前节目主题	后节目主题	30 秒	15 秒	5 秒
Bh01	06：46～06：50（周一～周日）	《探索》（重播）	《谁在说》（重播）	3000	1800	900
Bh02	07：40～07：47（周一～周日）	《谁在说》（重播）	《青春剧场》1（重播）	3000	1800	900
Bh03	08：28～08：37（周一～周日）	《青春剧场》1（重播）	《青春剧场》2（重播）	3000	1800	900
Bh04	09：19～09：27（周一～周日）	《青春剧场》2（重播）	《青春剧场》3（重播）	3000	1800	900
Bh05	10：10～10：17（周一～周日）	《青春剧场》3（重播）	《青春剧场》4（重播）	5000	3000	1500
Bh06	11：01～11：06（周一～周日）	《青春剧场》4（重播）	《军情解码》（重播）	5000	3000	1500
Bh07	11：56～11：59（周一～周日）	《军情解码》（重播）	《谁在说》（重播）	5000	3000	1500
Bh08	12：49～12：57（周一～周日）	《谁在说》（重播）	《青年探秘之特别节目・幕后》（重播）	5000	3000	1500
Bh09	13：41～13：48（周一～周日）	《青年探秘之特别节目・幕后》（重播）	《书香北京》（重播）等	5000	3000	1500
Bh10	14：33～14：37（周一～周日）	《书香北京》（重播）等	《不许不开心》（重播）等	5000	3000	1500
Bh11	15：07～15：10（周一～周五）	《不许不开心》（重播）等	《北京客》（重播）	5000	3000	1500
Bh12	15：28～15：43（周一～周日）	《北京客》（重播）	《不许不开心》（重播）	5000	3000	1500
Bh13	16：10～16：15（周一～周日）	《不许不开心》（重播）	《青年探秘之特别节目・幕后》（重播） 《探索》	5000	3000	1500
Bh14	17：00～17：04（周一～周日）	《青年探秘之特别节目・幕后》（重播） 《探索》	《谁在说》（重播）	7000	4200	2100
Bh15	17：54～18：03（周一～周日）	《谁在说》（重播）	《军情解码》（重播）	7000	4200	2100
Bh16	18：33～18：56（周一～周日）	《军情解码》（重播）	《不许不开心》等	7000	4200	2100
Bh17	19：26～19：30（周一～周日）	《不许不开心》等	《谁在说》	8000	4800	2400
Bh18	20：25～20：28（周一～周日）	《谁在说》	《青年探秘之特别节目・幕后》等	10000	6000	3000

续表

B 类时段广告价格表						
段位	播出时间	段位描述		刊例价（单位：元）		
		前节目主题	后节目主题	30 秒	15 秒	5 秒
Bh19	21：13 ~ 21：17（周一 ~ 周日）	《青年探秘之特别节目 · 幕后》	《军情解码》	10000	6000	3000
Bh20	22：07 ~ 22：10（周一 ~ 周日）	《军情解码》	《书香北京》等	8000	4800	2400
Bh21	22：40 ~ 22：45（周一 ~ 周日）	《书香北京》等	《青春剧场》1	8000	4800	2400
Bh22	23：30 ~ 23：48（周一 ~ 周日）	《青春剧场》1	《青春剧场》2	5000	3000	1500
Bh23	00：20 ~ 00：38（周一 ~ 周日）	《青春剧场》2	《青春剧场》3	5000	3000	1500
Bh24	01：10 ~ 01：28（周一 ~ 周日）	《青春剧场》3	《青春剧场》4	5000	3000	1500
备注：此价格表于 2015 年 3 月 2 日执行。如有修改，请参照最新价格表。						

新闻频道广告价格表

A 类栏目广告价格表					
栏目名称	首播时间	重播时间	刊例价（单位：元）		
			30 秒	15 秒	5 秒
《都市晚高峰》	17：00 ~ 18：25	——	10000	6000	3000
《红绿灯》	21：10 ~ 21：50	06：20 ~ 07：00（周六、周日） 09：18 ~ 09：58 11：00 ~ 11：40 16：15 ~ 16：55 23：33 ~ 00：13 02：18 ~ 02：58	23000	13800	6900
《晚间新闻报道》	21：55 ~ 22：45	15：23 ~ 16：13 01：28 ~ 02：18	15000	9000	4500

B类栏目广告价格表					
栏目名称	首播时间	重播时间	刊例价（单位：元）		
			30秒	15秒	5秒
《红绿灯－早直播》	06:30～07:00(周一～周五)	——	5000	3000	1500
《美丽乡村》	14：30～15：00（周五）	14：30～15：00（周六）	8000	4800	2400
《新闻手语》	13：50～14：00	——	5000	3000	1500
《北京议事厅》	14：05～14：25（周日）	06：00～06：20（周六）	8000	4800	2400
《锐观察》	20：15～21：05 （周一～周六）	14:30～15:20（周二、周三、周日） 00：38～01：28（周一～周六）	10000	6000	3000
《有话就说》	20：15～21：05（周日）	00：38～01：28（周日） 14：30～15：20（周一）	8000	4800	2400
《北京新发现》	22：50～23：10	13：00～13：20（周一～周六）	10000	6000	3000
《这里是北京》	23：10～23：30	06：00～06：25 （周一～周五、周日） 13：25～13：45（周二～周五） 15：00～15：20（周五～周六）	10000	6000	3000
备注：此价格表于2015年3月2日执行。如有修改，请参照最新价格表。					

B类时段广告价格表						
段位	播出时间	段位描述		刊例价（单位：元）		
		前节目主题	后节目主题	30秒	15秒	5秒
Bj01	06：00～06：05 （周一～周五）	——	《这里是北京》（重播）	3000	1800	900
Bj02	06：25～06：30 （周一～周五）	《这里是北京》（重播）	《红绿灯－早直播》	3000	1800	900
Bj03	09：00～11：57	《直播北京》	《直播北京》	4000	2400	1200
Bj04	11：57～12：00	《直播北京》	《特别关注》	4000	2400	1200
Bj05	12：58～13：00	《特别关注》	《北京新发现》（重播） （周一～周六） 《极致》（重播）（周日）	5000	3000	1500
Bj06	13：20～13：25 （周一～周六）	《北京新发现》（重播） （周一～周六）	《镜鉴》（周一） 《这里是北京》（重播） （周二～周五） 《极致》（周六）	4000	2400	1200
Bj07	13：45～13：50 （周一～周六）	《镜鉴》（周一） 《这里是北京》（重播） （周二～周五） 《极致》（周六）	《新闻手语》	4000	2400	1200

续表

B 类时段广告价格表						
段位	播出时间	段位描述		刊例价（单位：元）		
		前节目主题	后节目主题	30 秒	15 秒	5 秒
Bj08	14：00～14：05	《新闻手语》	《都市阳光》（周一、周二） 《人才》（周三） 《怎么看》（周四） 《党建进行时》（周五） 《消费观察》（周六） 《北京议事厅》（周日）	4000	2400	1200
Bj09	14：25～14：30	《都市阳光》（周一、周二） 《人才》（周三） 《怎么看》（周四） 《党建进行时》（周五） 《消费观察》（周六） 《北京议事厅》（周日）	《有话就说》（周一） 《锐观察》（重播）（周二～周日）	4000	2400	1200
Bj10	15：20～15：23	《有话就说》（周一） 《锐观察》(重播)(周二～周日)	《晚间新闻报道》（重播）	4000	2400	1200
Bj11	16：13～16：15	《晚间新闻报道》（重播）	《红绿灯》（重播）	4000	2400	1200
Bj12	16：55～17：00	《红绿灯》（重播）	《都市晚高峰》	6000	3600	1800
Bj13	18：25～18：30	《都市晚高峰》	《北京新闻》	10000	6000	3000
Bj14	19：00～20：10	《直播北京》	《直播北京》	6000	3600	1800
Bj15	20：10～20：12	《直播北京》	《看气象》	8000	4800	2400
Bj16	21：05～21：10	《锐观察》（周一～周六） 《有话就说》（周日）	《红绿灯》	8000	4800	2400
Bj17	21：50～21：55	《红绿灯》	《晚间新闻报道》	10000	6000	3000
Bj18	22：45～22：50	《晚间新闻报道》	《北京新发现》	7000	4200	2100
Bj19	23：30～23：33	《这里是北京》	《红绿灯》（重播）	5000	3000	1500
备注：此价格表于 2015 年 3 月 2 日执行。如有修改，请参照最新价格表。						

栏目套装广告价格表

一周综艺套（BTV 文艺）					
栏目名称	首播时间	重播时间	刊例价（单位：元）		
			30 秒	15 秒	5 秒
《我爱我家》	19：35～20：25（周一）	14：45～15：35（周二）	120000	72000	36000
《光荣绽放》	19：35～20：25（周二）	14：45～15：35（周三）			
《影视风云》	19：35～20：25（周三）	14：45～15：35（周四）			
《我家有明星》	19：35～20：45（周五）	14：45～15：55（周六）			
《春妮的周末时光》	19：35～20：45（周六）	14：45～15：55（周日）			
《超级播出季》	19：35～20：45（周日）	14：45～15：55（周一）			

文艺开心套（BTV 文艺）					
栏目名称	首播时间	重播时间	刊例价（单位：元）		
			30 秒	15 秒	5 秒
《周播节目联播》	12：55 13：45	08：25～09：15	20000	12000	6000
《好戏连连看》	13：50～14：40（周二～周日）	09：20～10：10（周一～周六）			
《文化之约》	23：25～23：55（周一）	10：15～10：45（周二～周日）			
《综艺麻辣烫》	16：00～17：00	——			

快乐健康套（BTV 生活）					
栏目名称	首播时间	重播时间	刊例价（单位：元）		
			30 秒	15 秒	5 秒
《快乐生活一点通》	20：34～21：04（周一～周五）	17：27～17：57（周一～周五）	35000	21000	10500
《健康生活》	12：42～13：02（周一～周五）	06：09～06：29（周一～周五）			

文艺专题广告价格表

段位	序 号	播出时间	段位描述		刊例价(单位:元)	广告时长	平均收视	收视率＊24000	实付价格(元/分钟)
			前节目主题	后节目主题	30秒				
文艺专题套一									15000
Bb01	1	07:02～07:05	《笑动2015》(重播)	《今晚80后脱口秀》等(重播)	4000	1	0.02	480	1000
Bb04	2	09:15～09:20	《周播节目日播联播》(重播)	《好戏连连看》等	6000	3	0.11	2640	2000
Bb07	3	11:50～11:55	《笑动2015》(重播)	《文娱午报》	12000	2	0.2	4800	5000
Bb10	4	13:45～13:50	《周播节目日播联播》	《好戏连连看》等	7000	2	0.34	8160	3000
Bb16	5	23:25～23:30(周二～周五)	《今晚80后脱口秀》等(重播)	《每日文娱播报》(重播)	10000	2	0.2	4800	4000
文艺专题套二 15000									
Bb02	1	07:55～08:00	《文娱午报》(重播)	《欢乐微逗秀》	4000	2	0.02	480	2000
Bb05	2	10:10～10:15	《好戏连连看》等	《文化之约》等	5000	2	0.01	240	2000
Bb08	3	12:25～12:30(周二～周五)	《文娱午报》	《今晚80后脱口秀》(重播)	12000	3	0.14	3360	5000
Bb11	4	14:40～14:45	《好戏连连看》等	《春妮的周末时光》等(重播)	5000	2	0.23	5520	3000
Bb17	5	00:15～00:22	《每日文娱播报》(重播)	《综艺麻辣烫》	5000	1	0.13	3120	3000
文艺专题套三									15000
Bb03	1	08:20～08:25	《欢乐微逗秀》	《周播节目日播联播》(重播)	6000	2	0.04	960	2000
Bb06	2	10:45～10:50	《文化之约》等	《笑动2015》(重播)	6000	2	0.06	1440	2000

续表

段位	序　号	播出时间	段位描述		刊例价（单位：元）	广告时长	平均收视	收视率＊24000	实付价格（元/分钟）
			前节目主题	后节目主题	30 秒				
文艺专题套三									15000
Bb09	3	12：50～12：55（周二～周五）	《今晚 80 后脱口秀》（重播）	《周播节目日播联播》	6000	3	0.21	5040	5000
Bb12	4	15：55～16：00	《春妮的周末时光》等（重播）	《综艺麻辣烫》（重播）	5000	2	0.15	3600	3000
Bb13	5	17：00～17：05	《综艺麻辣烫》（重播）	《笑动 2015》	6000	3	0.12	2880	3000

	节目名称	首播时间	重播时间	实付价格（元/分钟）
节目专题内容植入	《每日文娱播报》	18：45～19：30	23：35～00：20	20000
	《文娱午报》	11：55～12：25	07：25～07：55	10000

备注：节目中专题内容植入需符合节目内容调性，经我公司和栏目组共同确认方可安排播出。

科教商讯快报相关段位总刊例情况表

段　位	序　号	播出时间	段位描述		刊例价（单位：元）	广告时长	平均收视	收视率＊24000	实付价格（元/分钟）
			前节目内容	后节目内容	30 秒				
科教专题套一									18000
	1	7：50～7：52	《第三调解室》	《星月剧场》		2	0	0	1000
Bc01	2	09：27～09：31	《星月剧场》二集（重播）	《您吃对了吗》等（重播）	5000	2	0.07	1680	2000
Bc03	3	11：25～11：30	《法治中国 60 分》（重播）	《现场说法》	9000	4	0.25	6000	6000
Bc06	4	17：32～17：35	《记忆 2015 精编版》等	《非常幽默》	6000	2	0.15	3600	3000
Bc10	5	22：58～23：01	星月剧场一集	星月剧场一集下集预告	8000	1	0.24	5760	6000
科教专题套二									18000
	1	8：39～8：41	《星月剧场》	《星月剧场》		2	0	0	2000

续表

段位	序号	播出时间	段位描述		刊例价（单位：元）	广告时长	平均收视	收视率 *24000	实付价格（元/分钟）
			前节目内容	后节目内容	30 秒				
科教专题套二									18000
Bc02	2	10：21～10：25	《健康北京》等（重播）	《法治中国60分》（重播）	5000	2	0.08	1920	2000
Bc05	3	16：50～16：57	《正剧场》3集	《记忆2015》（精编版）等	6000	2	0.15	3600	4000
Bc07	4	18：55～19：00	《健康北京》	《法制中国60分》	8000	3	0.2	4800	5000
Bc13	5	23：47～23：51	星月剧场二集	星月剧场二集下集预告	5000	2	0.19	4560	5000

财经商讯快报相关段位总刊例情况表

段位	频道	播出时间	段位描述		刊例价（单位：元）	广告时长	平均收视	收视率 *24000	实付价格（元/分钟）
			前节目内容	后节目内容	30 秒				
财经专题套一									15000
Be04	BTV 财经	08：55～09：00	《微财经》	《理财》（重播）	5000	5	0.03	720	1000
Be07	BTV 财经	12：00～12：02（周一～周五）	《财富晚间道》II（重播）	《经济法眼》（重播）	5000	2	0.14	3360	4000
Be10	BTV 财经	15：52～15：55	《微财经》	《事业有成》等（重播）	5000	3	0.10	2400	2000
Ae01	BTV 财经	18：23～18：25	《经济法眼》（周一～周五）	《天下财经》（周一～周五）	8000	2	0.09	2160	3000
Ae02		18：20～18：25（周六、日）	《问鼎世界》（周六、周日）	《天下财经投资者说》（周六、周日）	8000	5	0.09	2160	
Be14	BTV 财经	23：25～23：30	《财富晚间道》《收藏之道》	《财富剧场》等（重播）	8000	5	0.31	7440	
财经专题套三									15000
Be05	BTV 财经	09：50～09：55	《理财》（重播）	《财富晚间道》I（重播）	5000	5	0.08	1920	2000
Be08	BTV 财经	12：27～12：30（周一～周五）	《经济法眼》（重播）	电视剧场第一集	8000	3	0.06	1440	2000

续表

段位	频道	播出时间	段位描述		刊例价（单位：元）	广告时长	平均收视	收视率 *24000	实付价格（元/分钟）
			前节目内容	后节目内容	30 秒				
财经专题套三									15000
Be11	BTV 财经	16：25～16：30	《事业有成》等（重播）	《数说北京》等（重播）	5000	5	0. 08	1920	2000
Be13	BTV 财经	17：55～18：00	《理财》（重播）	《经济法眼》《问鼎世界》	8000	5	0. 12	2880	3000
Ae04	BTV 财经	19：58～20：00	《首都经济报道》	《事业有成》等	20000	2	0. 21	5040	6000
财经专题套二									10000
Be03	BTV 财经	08：18～08：23	《事业有成》等（重播）	《财富故事》等（重播）	5000	5	0. 04	960	1000
Be06	BTV 财经	10：55～11：00	《财富晚间道》I（重播）	《财富晚间道》II（重播）	5000	5	0. 11	2640	3000
Be09	BTV 财经	14：57～15：00	电视剧场第三集	《拍宝》等（重播）	5000	3	0. 08	1920	2000
Ae03	BTV 财经	18：55～18：58	《天下财经》等	《首都经济报道》	16000	3	0. 09	2160	4000
财经专题套四									10000
Be02	BTV 财经	07：43～07：48	《首都经济报道》（重播）	《事业有成》等（重播）	5000	5	0. 02	480	1000
Be12	BTV 财经	17：00～17：05	《数说北京》等（重播）	《理财》（重播）	8000	5	新增时段		2000
Ae05	BTV 财经	20：30～20：32（周一～周五）	《事业有成》等	《财富剧场》	16000	2	0. 15	3600	5000
Ae06		20：30～20：35（周六、日）	《谁在影响我》《北京发布》	《约会总裁》《财高八斗》	16000	5	0. 15	3600	
Be15	BTV 财经	23：55～24：00（周一～周五）	《财富剧场》（重播）	《电视购物》	8000	5	0. 00	0	2000

节目专题内容植入	节目名称	首播时间	重播时间	实付价格（元/分钟）
	《首都经济报道》	18：58～19：58	06：43～07：43	20000
	《理财》	21：30～22：20	09：00～09：50 17：05～17：55	10000

备注：节目中专题内容植入需符合节目内容调性，经我公司和栏目组共同确认方可安排播出。

生活商讯快报相关段位总刊例情况表

段位	频道	播出时间	段位描述		刊例价（单位：元）	广告时长	平均收视	收视率＊24000	实付价格（元/分钟）
			前节目内容	后节目内容	30 秒				
生活专题套一									18000
Bg05	BTV 生活	08：00～08：06	《食全食美》等（重播）	《健康到家》《生活＋》等（重播）	3000	3	0.02	480	1000
Bg07	BTV 生活	10：28～10：33（周一～周五）	《生活 2015》（重播）	《选择》精编	6000	1	0.11	2640	3000
Bg08		10：28～10：32（周六、周日）	《生活 2015》（重播）	《幸福厨房》（重播）（周六）《大城小事》（周日）	6000	3		0	
Bg11	BTV 生活	13：02～13：09（周一～周日）	《健康生活》（周一～周五）《美食地图》（周六、日）	《生活特供》	8000	4	0.23	5520	
Bg14	BTV 生活	15：10～15：16（周一～周五）	《生活面对面》（重播）	《选择》（重播）	8000	3	0.26	6240	3000
Bg15		15：46～15：52（周六、周日）	《选择》（精编）	《生活广角》（精编）	5000	4	0.14	3360	
Ag01	BTV 生活	17：57～18：00	《快乐生活一点通》《第一房产》等	《食全食美》（周一～周五）《美食地图》（周六、周日）	12000	2	0.34	8160	
生活专题套二									18000
Bg06	BTV 生活	08：51～08：58	《健康到家》《生活＋》等（重播）	《生活 2015》（重播）	6000	3	0.07	1680	3000

续表

段位	频道	播出时间	段位描述		刊例价（单位：元）	广告时长	平均收视	收视率 * 24000	实付价格（元/分钟）
			前节目内容	后节目内容	30 秒				
Bg09	BTV 生活	11：17 ~ 11：22（周六、周日）	《幸福厨房》（重播）（周六）《大城小事》（周日）	《美食地图·一探到底》（精编）	6000	3	0. 20	4800	5000
Bg10		11：51 ~ 11：55（周一 ~ 周五）	《选择》（精编）	《健康到家》	8000	3	0. 21	5040	
Bg12	BTV 生活	14：34 ~ 14：40（周一 ~ 周五）	《生活特供》	《生活面对面》（重播）	8000	3	0. 14	3360	3000
Bg13		14：41 ~ 14：46（周六、周日）	《生活特供》	《选择》（精编）	8000	4	0. 26	6240	
Bg17	BTV 生活	17：07 ~ 17：12（周六、周日）	《生活广角》（精编）	《生活 + 家装攻略》（周六）《第一房产》（周日）	5000	3	0. 26	6240	4000
Bg18		17：23 ~ 17：27（周一 ~ 周五）	《生活广角》（精编）	《快乐生活一点通》（重播）	5000	4	0. 11	2640	
Bg23	BTV 生活	23：37 ~ 23：40（周一 ~ 周五）	《我爱我车》《四海漫游》等	《生活 2015》（重播）	7000	1	0. 09	2160	3000

	节目名称	首播时间	重播时间	实付价格（元/分钟）
节目专题内容植入	《生活 2015》	18：29 ~ 19：59	08：58 ~ 10：28 23：40 ~ 01：10	20000

备注：节目中专题内容植入需符合节目内容调性，经我公司和栏目组共同确认方可安排播出。

青年商讯快报相关段位总刊例情况表

段位	序号	播出时间	段位描述		刊例价（单位：元）	广告时长	平均收视	收视率*24000	实付价格（元/分钟）
			前节目内容	后节目内容	30秒				
青年专题套一								20000	
Bh01	1	07：00～07：04（周一～周五）	《相声小品集锦》	《军情解码》（重播）	3000	1	0.01	240	1000
Bh02		07：15～07：18（周六）	《书香北京》（重播）	《军情解码》（重播）	3000	1	0.01	240	
Bh03		07：21～07：24（周日）	《书香北京》（重播）	《军情解码》（重播）	3000	1	0.01	240	
Bh07	2	11：21～11：24（周一～周五）	青春剧场第三集	《军情解码》（重播）	5000	2	0.07	1680	2000
Bh08		11：29～11：32（周日）	青春剧场第三集	《军情解码》（重播）	5000	2	0.07	1680	
Bh09		11：33～11：37（周六）	青春剧场第三集	《军情解码》（重播）	5000	2	0.07	1680	
Bh13	3	13：34～13：39（周一～周五）	《谁在说》（重播）	《不许不开心》等（重播）	5000	3	0.09	2160	2000
Bh14		13：47～13：52（周六）	《谁在说》（重播）	《季播节目》（重播）	5000	3	0.09	2160	
Bh17		13：37～13：40（周日）	《谁在说》（重播）	《季播节目》（重播）	5000	2	0.10	2400	
Bh18	4	15：13～15：17（周一～周五）	《青年探秘之特别节目·幕后》（重播）	《书香北京》等	5000	2	0.05	1200	2000
Bh23		15：25－15：28（周六）	《北京客》（重播）	《不许不开心》（重播）	7000	3	0.05	1200	
Bh24		15：27－15：29（周日）	《状元榜》（重播）	《相声小品集锦》（重播）	7000	3	0.05	1200	
Bh28	5	18：31～18：36（周一～周五）	《军情解码》（重播）	《相声小品集锦》（重播）	7000	2	0.11	2640	3000
Bh29		18：31～18：35（周六）	《谁在说》（重播）	《军情解码》（重播）	7000	2	0.11	2640	
Bh32		18：36～18：40（周日）	《军情解码》（重播）	《状元榜》	7000	2	0.11	2640	

续表

段 位	序 号	播出时间	段位描述		刊例价（单位：元）	广告时长	平均收视	收视率＊24000	实付价格（元/分钟）
			前节目内容	后节目内容	30 秒				
青年专题套一								20000	
Bh35	6	20：26 ~ 20：31（周一 ~ 周五）	《谁在说》	《青年探秘之特别节目·幕后》	10000	3	0. 26	6240	6000
Bh36		20：25 ~ 20：30 周六、日）	《谁在说》	《季播节目》	10000	3	0. 26	6240	
Bh39	7	22：31 ~ 22：35（周一 ~ 周五）	《军情解码》	《北京客》	8000	3	0. 15	3600	4000
Bh40		22：05 ~ 22：10（周六、日）	《军情解码》	《书香北京》	8000	3	0. 15	3600	
青年专题套二								20000	
Bh04	1	07：54 ~ 07：58（周一 ~ 周五）	《军情解码》（重播）	《谁在说》	3000	3	0. 07	1680	2000
Bh05		08：08 ~ 08：12（周六）	《军情解码》（重播）	《谁在说》	3000	3	0. 07	1680	
Bh06		07：54 ~ 07：58（周日）	《军情解码》（重播）	《谁在说》	3000	3	0. 07	1680	
Bh10	2	12：34 ~ 12：39（周一 ~ 周五）	《军情解码》（重播）	《谁在说》（重播）	5000	3	0. 06	1440	2000
Bh11		12：47 ~ 12：52（周六）	《军情解码》（重播）	《谁在说》（重播）	5000	3	0. 06	1440	
Bh15		12：37 ~ 12：42（周日）	《相声小品集锦》（重播）	《谁在说》（重播）	5000	3	0. 09	2160	
Bh16	3	14：24 ~ 14：28（周一 ~ 周五）	《不许不开心》等（重播）	《青年探秘之特别节目·幕后》（重播）	5000	2	0. 10	2400	2000
Bh20		14：52 ~ 14：55（周六）	《周末季播》（重播）	《北京客》（重播）	5000	2	0. 08	1920	
Bh21		14：40 ~ 14：42（周日）	《周末季播》（重播）	《状元榜》（重播）	5000	2	0. 08	1920	
Bh25	4	17：36 ~ 17：41（周一 ~ 周五）	《谁在说》（重播）	《军情解码》（重播）	7000	3	0. 13	3120	3000
Bh26		17：31 ~ 17：36（周六）	《相声小品集锦》（重播）	《谁在说》（重播）	7000	3	0. 13	3120	
Bh27		17：28 ~ 17：55（周日）	《谁在说》（重播）	《相声小品集锦》（重播）	7000	3	0. 13	3120	

续表

段位	序号	播出时间	段位描述		刊例价（单位：元）	广告时长	平均收视	收视率＊24000	实付价格（元/分钟）
			前节目内容	后节目内容	30 秒				
青年专题套二								20000	
Bh33	5	19：26 ~ 19：31（周一 ~ 周五）	《不许不开心》	《谁在说》	8000	3	0. 16	3840	4000
Bh34		19：25 ~ 19：30（周六、日）	《军情解码》等（重播）	《谁在说》	8000	3	0. 16	3840	
Bh37	6	21：16 ~ 21：21（周一 ~ 周五）	《青年探秘之特别节目·幕后》	《军情解码》	10000	3	0. 14	3360	4000
Bh38		21：30 ~ 21：35（周六、日）	《季播节目》	《军情解码》	10000	3	0. 14	3360	
Bh41	7	23：05 ~ 23：08（周一 ~ 周五）	《北京客》	《探索》	8000	2	0. 09	2160	3000
Bh42		22：55 ~ 22：58（周六、日）	《书香北京》	《探索》	8000	2	0. 09	2160	

新闻商讯快报相关段位总刊例情况表

段位	序号	播出时间	段位描述		刊例价（单位：元）	广告时长	平均收视	收视率＊24000	实付价格（元/分钟）	销售率
			前节目内容	后节目内容	30 秒					
新闻专题套一									15000	
Bj03	1	09：00 ~ 11：57	《直播北京》	《直播北京》	4000	10	0. 13	3120	3000	
Bj04	2	11：57 ~ 12：00	《直播北京》	《特别关注》	4000	3	0. 16	3840	4000	16
Bj07	3	13：45 ~ 13：50（周一 ~ 周六）	《这里是北京》等（重播）	《新闻手语》	4000	2	0. 04	960	2000	0
Bj10	4	15：20 ~ 15：23	《锐观察》等（重播）	《晚间新闻报道》（重播）	4000	3	0. 04	960	2000	0
Bj19	5	23：30 ~ 23：33	《这里是北京》	《红绿灯》（重播）	5000	3	0. 16	3840	4000	4. 05
新闻专题套二									15000	
Bj03	1	09：00 ~ 11：57	《直播北京》	《直播北京》	4000	10	0. 13	3120	3000	

续表

段位	序号	播出时间	段位描述		刊例价（单位：元）	广告时长	平均收视	收视率*24000	实付价格（元/分钟）	销售率
			前节目内容	后节目内容	30秒					
新闻专题套二									15000	
Bj05	2	12：58～13：00	《特别关注》	《北京新发现》（重播）（周一～周六）《极致》（重播）（周日）	5000	2	0.12	2880	3000	1.03
Bj08	3	14：00～14：05	《新闻手语》	《北京议事厅》等	4000	2	0.02	480	2000	0
Bj11	4	16：13～16：15	《晚间新闻报道》（重播）	《红绿灯》（重播）	4000	3	0.08	1920	2000	0.07
Bj15	5	20：10～20：12	《直播北京》	《看气象》	8000	2	0.19	4560	5000	
新闻专题套三									15000	
Bj03	1	09：00～11：57	《直播北京》	《直播北京》	4000	10	0.13	3120	3000	
Bj06	2	13：20～13：25（周一～周六）	《北京新发现》（重播）（周一～周六）	《这里是北京》等（重播）	4000	2	0.06	1440	2000	2.14
Bj09	3	14：25～14：30	《北京议事厅》等	《锐观察》等	4000	3	0.03	720	2000	0
Bj12	4	16：55～17：00	《红绿灯》（重播）	《都市晚高峰》	6000	3	0.13	3120	3000	1.23
Bj16	5	21：05～21：10	《锐观察》等	《红绿灯》	8000	4	0.21	5040	5000	

节目专题内容植入	节目名称	首播时间	重播时间	实付价格（元/分钟）
	《晚间新闻报道》	21：55～22：45	15：23～16：13 01：03～01：53	20000
	《都市晚高峰》	17：00～18：25	——	10000

备注：节目中专题内容植入需符合节目内容调性，经我公司和栏目组共同确认方可安排播出。

大事记

2015 年北京电视台大事记

一月

1 日　北京卫视推出两版“记者好形象　社会正能量”主题宣传片，展现新记者对记者职业精神的接力与传承，诠释对记者职业的热爱、感悟和使命担当。

9 日　市委常委、宣传部部长李伟，常务副部长王海平，副部长严力强、张淼，巡视员崔耀中，秘书长张劲林及相关单位负责人一行到北京电视台新媒体基地调研。北京广播电视台党委书记刘志远，北京广播电视台台长、北京电视台党委书记、台长赵多佳陪同。

7 日　北京电视台深入开展“走基层、转作风、改文风”活动。赵多佳台长带队赴密云县古北口镇、北庄镇就特色民俗旅游运营、资源盘活及村民就业收入等进行调研、采访、采风，并与密云县委书记汪先永，县委副书记、县长王海臣，县委常委、宣传部部长刘名义等就密云县民俗旅游经济发展情况、有益经验及下一步发展规划进行座谈交流。

同日　北京电视台副总编辑朱江带领新闻节目中心部分记者赴河北张家口、崇礼和延庆县，就当地政府群众对冬奥会的期盼和申冬奥筹备工作等进行调研采访，并与 2022 年冬奥申委新闻宣传部副部长、张家口市人大常委会副主任王志军进行座谈交流。

9 日　北京卫视大型综艺真人秀《造梦者》首期播出后反响热烈。据央视索福瑞收视数据显示，《造梦者》首秀表现出色，全国 34 城收视率 1.57%，收视份额 4.37%；本地收视率 6.6%，收视份额 17.2%，在竞争激烈的周五晚间档同时段排名第四。

10 日至 31 日　亚洲杯足球赛在澳大利亚举行。北京电视台体育频道对本次比赛进行了全面报道，直播、录播全部比赛，并在三档新闻节目和《足球 100 分》等专栏中进行重点报道。体育节目中心派出 15 人的报道团队，不断创新报道形式、丰富报道内容。在前方租用评论席、卫星车，购买赛后的 FLASH 单边采访权，专访多名中国队队员，并通过北京电视台独有的 4G 直播包进行信号回传，进一步丰富了报道内容和手段。

12 日　市委常委、宣传部部长李伟主持召开专题研讨会，听取北京电视台关于纪录片《档案——解密西藏》（暂定名）的专题汇报，要求充分发挥《档案》栏目特色和优势，通过解密档案的方式解密西藏，从主权、人权、宗教三个方面做好纪录片的内容策划。西藏自治区党委宣传部部长董云虎、常务副部长张晓峰，北京市委宣传部常务副部长王海平、副部长严力强等出席会议，北京电视台台长赵多佳、西藏电视台常务副台长丹增及北京电视台副总编辑徐滔、卫视节目中心负责人和《档案》栏目组主创人员参加。该纪录片共6集，计划于2015年8月31日起在北京卫视和西藏电视台同步播出。

13日　市新闻出版广电局副局长杨培丽带队来北京电视台进行安全播出管理体系审核并召开总结会，对北京电视台总工办、制作部、播出部、信息网络管理部、转播传送部、动力部、技术设备管理部的安全播出管理体系建设工作和落实情况进行全面检查。北京广播电视台技术部主任王建、市新闻出版广电局科技处副处长张春彦、邓永斌等相关单位领导随同检查。北京电视台总工程师田方、副总工程师毕江及各技术部门负责人参加了检查和总结会。

21日和23日　北京市第十四届人民代表大会第三次会议和政协北京市第十二届委员会第三次会议分别开幕，北京电视台北京卫视频道、新闻频道分别直播了大会开幕式，并于当日《北京新闻》头条播出相关报道，实现了北京电视台2015年北京市“两会”报道的“开门红”。

24日　北京卫视播出《我是演说家》收官之作。胡渐彪、陈秋实和梁植三位选手经过层层选拔，最终站上了终极对决的演讲台。三位选手以《语言的力量》为题，援引历史，观照当下，讲述经历，传递观点。他们充满力量的语言和出色的演讲获得了现场观众和导师的一致肯定。最终，梁植以幽默轻松的话风、犀利精辟的观点和鲜明的主流价值观，荣获《我是演说家》冠军。

29日　2015年北京电视台春节联欢晚会新闻发布会举行。北京电视台副总编辑艾冬云及总编室、研发部、广告部、文艺节目中心、新媒体发展中心、京视卫星传媒有限公司、京视电广传媒有限公司等部门负责人及首农集团、奇虎360公司有关代表和来自新华社、人民日报、光明日报、北京日报、新浪网等的40余位媒体代表参加。

30日　2015年北京电视台环球春晚新闻发布会举行。北京电视台台长赵多佳及总编室、青少·海外节目中心相关负责人和来自新华社北京分社、人民日报海外版、北京日报、新京报、北京青年报、腾讯、搜狐、爱奇艺等媒体的30余位代表参加。

同月　第二届“牵手蓝天亲子环保嘉年华”在水立方举行，这是北京电视台新闻节目中心环保公益项目“牵手蓝天”与国家游泳中心水立方共同打造的大型亲子类环保教育活动。活动历时12天。

同月　亚洲杯足球赛在澳大利亚举行，北京电视台体育频道获得赛事转播权，对全部32场比赛进行现场直播，并派出17人的前方报道团，全面报道该项赛事。

二月

1日　北京电视台《2015环球春晚》在BTV大剧院录制完成。市委宣传部常务副部长王海平、秘书长张劲林、北京广播电视台党委书记刘志远、北京电视台台长赵多佳和外交部、国侨办等单位有关负责人，俄罗斯、以色列、西班牙驻华大使及澳大利亚、瑞士、韩国、南非、泰国、美国、德国、荷兰、加拿大等国家的驻华使馆官员到场观看。晚会拟于2月17日（腊月二十九）晚在北京卫视和青年频道同步播出。

3日　市委常委、宣传部部长李伟主持召开专题会，听取北京电视台2015年春节联欢晚会筹备情况汇报，市委宣传部常务副部长王海平、副部长严力强参加，北京电视台台长赵多佳、副总编辑艾冬云及文艺节目中心负责人、春晚导演等汇报情况。李伟部长对2015年北京电视台春节联欢晚会筹备工作予以肯定，并对晚会整体方案提出要求：一是晚会要紧扣主题明线，传播感恩传承等主流价值观，将晚会情感节目做得生动感人；二是要严格把控底线，拒绝低俗内容，拒绝“问题艺人”。王海平、严力强要求晚会要在良好内容设计的基础上做好做精。

8日至9日　《北京电视台2015年春节联欢晚会》完成录制工作，将于大年初一（2月19日）19：35在北京卫视和文艺频道同步播出。市委宣传部常务副部长王海平、巡视员崔耀中，市新闻出版广电局副局长臧增祥，北京广播电视台党委书记刘志远、北京电视台台长赵多佳等领导到场观看了晚会录制。来自国内外的知名演员和演出团体献上了精彩演出。

10日　“北京电视台2015年工作会议”在BTV大剧院召开。会议总结了2014年工作，对2015年工作进行了全面部署并对2014年“十佳员工”进行了表彰。北京广播电视台党委书记刘志远出席会议并讲话，北京电视台党委书记、台长赵多佳作工作报告。北京广播电视台副台长苏仁先、北京电视台领导班子成员、副科级（副制片人）以上干部、党支部（党总支）书记、副书记、委员、团支部书记、工会小组长、受表彰人员及职工代表近千人参加会议。会议由党委副书记、常务副台长韦小玉主持，台内网对会议进行了全程视频直播。

同日　市新闻出版广电局韩昱副局长率队来北京电视台进行安全生产大检查。北京电视台副台长李岭涛及保卫部、播出部、信息网络管理部、动力部等部门领导陪同检查，市新闻出版广电局办公室、北京广播电视台办公室相关同志参加。

11日　北京电视台举办《生命缘》栏目专家研讨会，国家新闻出版广电总局宣传管理司司长高长力、国家卫生计生委宣传司司长、新闻发言人毛群安及中国社会科学院、清华大学、北京市卫生计生委等相关单位领导专家出席会议。参会领导和专家对《生命缘》节目给予高度评价，认为《生命缘》属于真正的现象级节目，摒弃了某些节目“有意思、没意义”的导向，坚持做“有意义、有价值”的节目，在处理社会关系、思考生死价值、精进记者职业素养、传播医疗健康知识等方面都起到示范作用。节目构建了媒体、医疗、大众相互沟通、理解、支撑的优质平台，对于推动社会包容、构建社会和谐起到了积极作用。

12日　北京网络广播电视台办公区改建工程正式竣工并完成验收。北京电视台台长赵多佳、副台长李岭涛到改建工程现场，仔细检查了新媒体发展中心办公区和职工食堂等改造区域，对工程质量和装修效果给予肯定。

14日至17日　《2015BTV卡酷少儿动画春晚》每晚18：30首播，以“吉羊送吉祥”为主题，打造了4场不同形态、各具特色的主题晚会，以《2015BTV卡酷动画春晚》为开端，卡酷少儿卫视自2月14日起开启打通全天节目编排，形成持续半个月的春晚节目带，为小观众奉上以动画春晚、首播动画新片、新春特别节目及“吉羊送吉祥”互动活动为主体的春节节目。

15日 市委常委、宣传部部长李伟到北京电视台看望慰问新闻采编播人员和技术部门工作人员。市委宣传部副部长严力强，北京电视台党委书记、台长赵多佳及总工程师田方等陪同。

19日 《2015年北京电视台春节联欢晚会》在北京卫视和文艺频道、青年频道、BRTN网站同步播出，晚会以“和美北京中国梦”为主题，坚持创新与节俭并举，整台晚会蕴含着人与人、人与社会、个人与国家之间的小情愫、大情怀，通过创新创意的艺术化呈现时代华章、反映百姓生活，展现出鲜明的北京特色和国际视野。

27日 每周五原创栏目《卡酷异想世界》登陆北京电视台卡酷少儿卫视。这是一档科学异想挑战类节目，通过科技手段把孩子们的奇思妙想变成现实。

三月

3日 北京电视台文艺频道正式实行24小时播出。这是北京电视台第6个实现24小时播出的频道，将进一步扩大频道影响力，凸显频道品牌实力，吸引更多年轻受众关注。

5日 北京电视台新闻节目中心在各档新闻栏目中推出《身边的雷锋 传承的力量》专栏，当天共推出相关报道11条，总时长超过25分钟，引导全社会从雷锋精神中汲取力量，让文明礼仪、志愿服务蔚然成风，不断提升首都文明水平。

6日 北京电视台举行2014年度“巾帼文明岗”优秀集体和优秀女职工表彰大会，表彰10个“巾帼文明岗”优秀集体和90位优秀女职工。之后，还举行了首届“职场之美”BTV风采服装秀。党委书记、台长赵多佳，党委副书记、常务副台长韦小玉，党委副书记、纪委书记彭司海，总工程师田方，副总编辑艾冬云等出席活动。

12日 中央政法委宣教室主任查庆九，北京市委副秘书长、政法委常务副书记邱水平，市委政法委副书记贾沫微等一行到北京电视台调研政法宣传和舆论引导工作，并就政法栏目制作流程、工作机制、合作建设及运用电视平台提升政法宣传能力等问题与北京电视台台长赵多佳、常务副台长韦小玉、副总编辑徐滔等进行座谈交流。

21日 北京电视台举办“影视剧新春答谢会”，国家新闻出版广电总局电视剧司副司长杨铮，北京电视台台长赵多佳及影视剧中心负责人参加，与央视—索福瑞媒介研究有限公司副总经理郑维东、著名导演郑晓龙、《北平无战事》制片人侯鸿亮、北京华录百纳影视股份有限公司总经理刘德宏探讨业界形势、共话发展。活动现场颁发了4大类24个奖项。其中《红高粱》《大丈夫》《我的儿子是奇葩》《勇敢的心》4部影视剧凭借超高收视率和良好口碑获得了BTV年度金奖；《北平无战事》《产科医生》《红色》3部影视剧获得了BTV年度品质奖；8部影视剧获得了BTV年度最佳收视奖；9部影视剧获得了BTV年度收视贡献奖。

24日至26日 北京电视台台长赵多佳带队赴湖南广播电视台、上海广播电视台调研，学习交流广电行业机制创新、事业产业融合发展等方面的经验做法。北京广播电视台计财部和北京电视台办公室、总编室、研发部、人事部、计财部、经营管理部负责人及相关人员参加。

24日 由中国电视艺术家协会主办的“2015年北京电视台春节联欢晚会研讨会”召开，中国视协分党组书记、驻会副主席、秘书长张显，中国视协分党组成员、副秘书长张彦民，中国视协理论研究部主任赵彤，中央电视台总编室节目研发中心主任吴克宇，《中国艺术报》副总编辑康伟等和业界专家出席。北京电视台副总编辑艾冬云及文艺节目中心负责人、春晚主创人员等参加。与会人员围绕晚会的创作经验、艺术探索、节目创新等话题展开了深入交流。

25日 市委宣传部副部长严力强在北京电视台主持召开纪念长征胜利80周年纪录片专家研讨会。中央党史研究室、中国社会科学院、军事科学院、国防大学等单位专家参会，并对该片提出指导意见。北京电视台副总编辑徐滔及纪录片主创人员参加。

27日 北京电视台召开青年创新工作站终评暨青年人才培养工作汇报会，对2014年度14个通过初评、开展创建工作的青年创新工作站进行评审验收，并对进一步做好青年人才培养工作进行动员部署。党委书记、台长赵多佳出席会议并讲话，党委副书记、常务副台长韦小玉主持会议。台领导班子成员及各部门负责人担任评委。

同月 北京电视台体育节目中心捐赠的助力申冬奥万人签名板由北京奥运博物馆正式收藏，成为该馆首件关于申办冬奥会的藏品。

四月

5日 由北京电视台发起，联合上海、广东、江苏、四川、湖北、天津、河南、山西等地电视台共同推出“永远的丰碑——纪念抗战胜利70周年”大型直播报道，并由此开启了北京电视台纪念抗战胜利70周年系列报道的序幕。

7日 北京电视台纪实频道与新纪实（北京）传媒公司、国家地理频道在清华大学大礼堂共同推出公益环保主题活动“我和海洋有个约会”暨大型纪录片《多灾之年》的全球首映仪式。活动邀请世界知名环保人士、公益大使、专家等与清华大学的同学和现场媒体记者共同观看了“地球日”公益宣传片，并就保护海洋、保护环境、保护地球等话题进行深入交流。由著名导演詹姆斯·卡梅隆领衔5位顶级制作人制作、已获2014年艾美奖的大型系列纪录片《多灾之年》在现场举办全球首映典礼。北京电视台纪实频道将其作为“4·22地球日”特别节目，从4月20日起在全球同步首播、大陆地区独播该片。

16日 北京电视台承办的“第五届北京国际电影节开幕式”在雁栖湖国际会展中心隆重开幕。广电总局和北京市领导蔡赴朝、王安顺、童刚、陈刚、李伟等出席开幕式。蔡赴朝、美国影星施瓦辛格和天坛奖评委会主席吕克·贝松分别致辞。王安顺市长宣布开幕。北京电视台台长赵多佳、常务副台长韦小玉、副总编辑朱江参加了开幕式。晚会以“光影礼赞”为主题，致敬世界电影诞生120周年和中国电影诞生110周年。著名影人冯小刚，斯琴高娃、张国立、梅葆玖、宋承宪，歌手孙楠、陈慧琳、郑淳元、贝蒂希金斯等为观众带来了精彩的表演。田华、王铁成、王晓棠等10位为中国电影做出杰出贡献的老艺术家走上舞台，接受全场致敬。第五届北京国际电影节主竞赛单元“天坛奖”国际评奖委员会评委、著名影人费尔多·邦达尔丘克、陈可辛、罗伯特·马克·卡门、周迅等登台与观众见面。

20日 北京电视台举行2014年度青年创新工作站命名表彰仪式，对获得首批青年创新工作站称号的10个集体进行隆重表彰。党委书记、台长赵多佳和台领导班子成员、各部门及台属企业负责人参加。党委副书记、常务副台长韦小玉主持仪式。经党委扩大会研究决定，媒体内部文化与执行力青年创新工作站（办公室）、电视节目录制新技术应用青年创新工作站（制作部、信息网络管理部）、北京卫视数据管理查询系统青年创新工作站（卫视节目中心）、创新性转播技术在体育比赛中的应用与融合青年创新工作站（转播传送部）、北京电视台微平台矩阵管理青年创新工作站（新媒体发展中心）、基于新媒体运营数据的用户分析和内容推荐研究青年创新工作站（信息网络管理部、新媒体发展中心）、《一辨真伪》专栏青年创新工作站（新闻节目中心）、以能力建设为导向的信息系统运维管理模式青年创新工作站（信息网络管理部）、《声声体育》栏目青年创新工作站、公益宣传联合青年创新工作站（总编室、广告部、制作部）被命名为首批青年创新工作站。

27日 北京电视台与天津电视台、河北电视台联合推出大型采访报道“京津冀协同发展正当时”，在北京电视台《北京新闻》、天津电视台《天津新闻》和河北电视台《河北新闻联播》同步开播，拉开了三地聚焦京津冀协同发展、展现三地共识、经济生活变化的大幕。

28日 我国慈善领域最具权威的活动之一“2015中国慈善榜”发布，北京电视台新闻节目中心因长期报道扶弱助残、践行慈善以及拍摄最美社工等，为推动中国公益慈善事业进步做出积极贡献，被授予中国慈善榜公益推动力大奖。

29日 在“首都网络安全日”之际北京电视台生活频道《生活2015》栏目组联合市网信办、团市委、市公安局共同举办了“猎豹移动杯”大学生网络安全知识竞赛，来自北京大学、清华大学、北京科技大学、北京航空航天大学、北京邮电大学、中国农业大学、中国人民公安大学、北京信息科技大学等8所高校的大学生参加。

五月

6日 市委宣传部副部长严力强在北京电视台主持召开专题会，研究《档案》栏目组制作的《西藏》《伟大的贡献》两部纪录片进度、脚本大纲等并听取相关工作汇报。

9日 《最美和声》第三季在北京卫视开播。杨坤、萧敬腾、张杰、谭维维4位音乐导师率领各自的音乐伙伴，向《最美和声》第三季的冠军发起冲击。

同日 BTV少年传媒学院“综艺主持表演班”正式开班教学，第一期20名学员走进北京电视台800平方米演播室体验学习。“综艺主持表演班”创新探索

"体验式教学"的特色办学模式，由文艺节目中心《我家有明星》栏目团队负责教学实践的组织和实施，目标是打造具有传媒影响力、专业性和高品质的电视传媒艺术教育品牌，倡导多元素质教育综合培养，普及传媒知识，建立青少年传媒艺术基地，储备多元人才。优秀学员还将作为北京电视台童星培养计划的储备人才，获得签约定向培养的机会。

12日　市新闻出版广电局规划发展处、网络视听节目管理处及华商传媒研究院相关领导和专家一行来北京电视台调研传统媒体与新媒体融合发展现状、趋势和规划。调研围绕北京电视台媒体融合布局、效果、发展方面遇到的突出问题和解决方案等议题展开。研发部、人事部、新媒体发展中心负责人参加。

13日　北京电视台台长赵多佳、副总编辑朱江与市金融工作局党委书记霍学义等在北京电视台就"2015年打击非法集资"专项行动宣传报道工作进行座谈交流，新闻、财经节目中心相关负责人参加。

15日　"砥砺·奉献"BTV援建工作影像展揭幕暨《记者手记》图书发布赠书仪式举行。这是北京电视台加强社会主义核心价值观教育的一项重要内容，也是落实"三严三实"专题教育要求，进一步培育从业人员职业素养、职业道德、职业精神的具体体现。北京电视台党委书记、台长赵多佳，北京广播电视台纪委书记王伟，市委宣传部新闻处处长金鹏，北京广播电视台党委办公室主任杨秀英以及北京电视台领导班子成员、中层干部、援建者代表和干部职工代表100余人出席仪式。北京电视台党委副书记、常务副台长韦小玉主持仪式。

16日　北京电视台建台36周年之际，举办了2014年度"十佳""优秀"员工，历年援藏、援疆干部，驻玉树、什邡记者站记者携家属走进电视台参观交流活动。此次已是北京电视台第4个年头组织"十佳"员工和家属来台，并是首次接待援建工作者及家属来台参观交流。

18日　由北京电视台联合市残疾人联合会等单位共同举办的"心阅美文 书香致远"大型诗歌朗诵会在首都图书馆举办，北京电视台副总编辑朱江及青少·海外节目中心第二党支部代表与众多首图文化志愿者参加活动。

26日　北京电视台召开系列纪录片《西藏》研讨会。国家新闻出版广电总局理论文献影视片创作领导小组副组长金德龙、中央文献研究室副主任杨胜群、中央统战部《中国西藏》杂志社前社长张晓明和军事科学院、中央档案馆、中宣部理论局、国家新闻出版广电总局宣传司、中央人民广播电台、中央电视台、市委宣传部新闻处等单位领导和专家出席会议，与北京电视台副总编辑徐滔及卫视节目中心、《档案》栏目负责人等，围绕纪录片文稿、主题、立意等方面内容进行了研讨。

27日　北京电视台副总编辑朱江带队赴中关村创业大街调研，先后走访了车库咖啡、创业家等多家创业服务机构，学习创新型孵化器企业的创业经验，研究财经节目加强经济报道的创新思路，财经节目中心负责人及相关栏目制片人、编导等参加调研。

同日　北京电视台与中国人民对外友好协会共同策划的"北京卫视《养生堂》

革命老区全国巡讲”正式启程。在此次活动中，北京电视台首次将演播室搭建在偏远革命老区，并邀请医疗健康专家与老区人民面对面交流。活动将先后在东西南北中五处革命老区和抗日战争遗迹所在地开展。

28日　北京电视台举办“三严三实”专题教育党课报告会，集体学习观看市委书记郭金龙《深入学习践行“三严三实”，以良好作风做好新时期首都工作》的党课报告。党委书记、台长赵多佳在会上以《落实“三严三实”要求，扎实推进北京电视台改革发展》为题讲党课，标志着北京电视台“三严三实”专题教育全面启动。台领导班子成员、全台副处级以上干部及台属一级企业负责人共100余人参加。

29日　市委宣传部副部长严力强、张淼在北京电视台主持召开组建北京新媒体集团及北京新媒体科技股份公司相关工作专题会，市文资办主任周茂非、北京电视台台长赵多佳、奇虎360公司总裁齐向东及相关单位负责人参加。

31日　“华夏银行杯”北京电视台第三届“观众喜爱的主持人”大型评选活动暨公益新闻行动在中国儿童中心正式启动，台长赵多佳、副总编辑朱江、艾冬云出席启动仪式。

六月

1日　中宣部副部长孙志军到北京电视台新媒体基地调研，市委宣传部部长李伟陪同调研，市委宣传部副部长张淼、北京广播电视台党委书记刘志远、北京电视台台长赵多佳参加。

同日　北京电视台文艺节目中心《我家有明星》之“天才宝贝追梦春晚”第三季的启动宣传片在世贸天阶巨型天幕亮相，标志着“天才宝贝追梦春晚”第三季正式启动。副总编辑艾冬云参加启动活动。

3日　北京电视台举行大型电视探访活动《非常丝路·千年穿越》启动仪式。文化部、商务部、国务院新闻办、国家新闻出版广电总局和北京市委宣传部、市政府新闻办、市外办、市侨办、北京大学等单位相关负责人，泰国、希腊、白俄罗斯、波兰、塔吉克斯坦等国驻华使节和北京电视台台长赵多佳，常务副台长韦小玉，副总编辑朱江、艾冬云及相关部门负责人等参加。

同日　北京电视台新闻节目中心与北京市环境保护局、北京摄影家协会联合举办的第十一届“牵手蓝天　你我同行”环保摄影比赛圆满落幕，比赛共收到摄影作品9000余组，生动反映了“绿色北京”的巨大变化，再现了北京市民积极参与环境建设的精神风貌。

5日　第七届“北京影响力”启动仪式暨“京津冀协同发展主题论坛”举行。市发改委副主任、市京津冀协同发展办公室副主任刘伯正，北京电视台台长赵多佳、副总编辑朱江和京津冀三地的30余位企业家参加活动。

8日　北京电视台党委书记、台长赵多佳带领新一批援疆记者赴新疆和田北京电视台记者站。赵多佳一行看望了北京电视台驻疆记者和援疆干部，前往北京电台和田希望小学向学生和老师赠送了文具书籍等慰问品。同学们向赵台长赠送了自己制作的花篮。北京电视台自2010年开始援疆工作，至今已经派出21名驻站记者在大漠风沙中坚守，报道北京市的援疆成就，报道和田的人文风情。

同日 2015“牵手蓝天·卡酷七色光电视才艺大赛”举行启动仪式。该活动由北京电视台新闻节目中心和卡酷传媒公司共同发起，以“大手牵小手，环保一起走”为主题，通过鼓励、带动青少年以文艺创作、文艺演出的形式，树立环保意识，培养环保习惯，并通过孩子们的行动带动家庭和全社会参与环保行动，爱护环境。北京电视台新闻节目中心主持人，春节联欢晚会、环球春晚、动画春晚导演及多家培训机构负责人参加。

9日 北京电视台召开“2022年冬奥会申办城市遴选日活动宣传报道策划会”，邀请中宣部、新华社、中国传媒大学等单位的专家，就2022年冬奥会举办城市遴选日活动报道如何突出时代特色和媒体发展态势及充分体现新媒体和传统媒体的融合等方面进行专题策划和研讨。朱江副总编辑及总编室、总工办、研发部、卫视节目中心、新闻节目中心、体育节目中心、新媒体发展中心、制作部、信息网络管理部相关负责人及申冬奥报道骨干人员参会。

10日 北京电视台新媒体发展中心大楼改造工程正式开工，这是北京电视台积极推进新媒体发展中心转企改制、加快新媒体集团组建的又一重要举措。

11日 北京电视台在2015年全国血液管理暨2012—2013年度无偿献血表彰大会上被国家卫计委、中国红十字会总会、总后勤部卫生部联合授予全国无偿献血促进奖特别奖称号。北京电视台也是北京市唯一获此荣誉的媒体单位。

同日 北京电视台科教节目中心《第三调解室》人民调解委员会获得全市优秀公益品牌，并被授予北京市社会组织公益服务品牌银奖，成为北京市两个获此殊荣的调解组织之一。

12日 支部生活杂志社副社长罗广玉带领广告发行部、计财部负责人一行来北京电视台调研，并就广告创收、公司化运营等问题与北京电视台副台长王澎及广告部、经营管理部相关负责人进行深入交流。

同日 北京电视台召开大型系列纪录片《伟大的贡献》审稿会，国家新闻出版广电总局理论文献影视片创作领导小组副组长金德龙及来自中央档案馆、中宣部理论局、军事科学院、中央人民广播电台、中央电视台、市委宣传部新闻处等单位的专家、领导参会，就该项目文稿、主题方向、立意等方面进行深入审查。各位专家一致肯定了文案的方向及口径，并提出了具体的修改意见。

13日 “2015首都科技盛典”颁奖仪式在北京电视台举行，副市长隋振江、市委副秘书长郭广生、市政府副秘书长朱炎、市科委主任闫傲霜及市经信委、市科协、市妇联、海淀区、中关村管委会等单位的领导和北京电视台常务副台长韦小玉出席。该活动由市委宣传部、市科委联合主办，北京科技协作中心、首都科技服务业协会与北京电视台承办。

同日 由北京电视台联合市文物局共同发起的公益新闻行动“我为古都代言”宣布启动，北京电视台副总编辑艾冬云及文艺频道负责人和参选主持人参加，相关单位领导、专家、媒体和志愿者参加活动。

16日　北京电视台举行党委中心组“三严三实”专题教育扩大学习会，邀请中国内部审计协会副会长兼秘书长鲍国明以“领导干部经济责任审计”为题作专题报告。党委书记、台长赵多佳及台领导班子成员，全台中层干部等300余人参加学习。党委副书记、常务副台长韦小玉主持会议。

同日　北京电视台联合青海省委宣传部、青海广播电视台共同举办的“2015青海国际水与生命音乐之旅——世界防治荒漠化和干旱日主题音乐会”在青海贵德举行。音乐会以“敬畏自然、颂扬河流、关爱生命、建设生态文明”为主题，邀请天津交响乐团及汉族、藏族、蒙古族、土族艺术家等，通过交响乐、原生态民歌、组合演唱等形式，表达热爱自然、热爱生活、热爱生命，共筑美丽中国的心声。

19日　北京电视台拍摄、制作的电视系列片《为你而歌》第13部审片会在市委宣传部举行，市委宣传部常务副部长王海平、市委组织部副部长李世新、北京电视台长赵多佳、副总编辑徐滔及科教节目中心相关负责人参加。

同日　市政府新闻办公室主任、北京冬奥申委副秘书长兼新闻宣传部部长王惠，北京冬奥申委新闻宣传部副部长赵卫来北京电视台，听取“非常丝路·千年穿越”大型采访活动及“2022年冬奥会举办城市遴选日”大型直播系列报道情况汇报。北京电视台副总编辑朱江及办公室、总编室、总工办、新闻、体育、卫视、青少·海外节目中心、新媒体发展中心等部门相关负责人参加。

20日　北京电视台副总编辑艾冬云率新闻节目中心部分主持人到园博园参加“彩色跑”活动，为“观众喜爱的主持人”大型评选活动造势。本次彩色跑的主题是“和你在一起　为爱彩色跑”，与第三届观众喜爱主持人评选“心悦百姓、行为民生”的主题产生共鸣。

23日　北京电视台主办的“共圆冬奥梦　京张心连心”第十九届京张心连心大型文艺演出在张家口市怀来举行，来自怀来县的4000名青少年观众与百名群众广场舞团一起，共同参与了一场欢乐的音乐盛宴与美好的梦想祈福仪式。

24日至25日　在中国共产党成立94周年及深入开展“三严三实”专题教育之际，北京电视台分别在天安门国旗护卫队和中国人民解放军三军仪仗队举行“我是党员我宣誓”主题教育活动。北京电视台领导班子成员，全台党组织、团组织代表，受到表彰先进集体代表和先进个人，新党员和入党积极分子、发展对象300余人分别参加了活动。武警北京市总队、北京卫戍区有关领导出席。

同月　北京电视台副总编辑徐滔赴西藏拉萨慰问北京电视台援藏干部并到拍摄现场看望纪录片《西藏》栏目组编辑记者，指导拍摄工作。她还与西藏自治区党委常委、宣传部长董云虎、宣传部副部长张晓峰等领导就纪录片《西藏》创作及拍摄工作进行了深入交流。

七月

1日　北京电视台媒资统一检索系统投入运行。该系统整合了原有播出版节目、归档版资料检索功能，可通过制播网和办公网进行访问，并将推广节目调用及下载任务纳入电子化审批流程。

2日 北京电视台举办申冬奥宣传报道系列培训，邀请国家体育总局冬季运动管理中心主任、北京冬奥申委副秘书长兼体育部部长赵英刚来台，为近百名参与申冬奥宣传报道的部门主任、编辑记者和主持人、技术人员等作了题为《点燃冬奥火炬 实现冰雪梦想》的主题报告。朱江副总编辑主持培训并讲话。

同日 中央电视台技术管理中心、技术制作中心和国家新闻出版广电总局广播科学研究院技术经济研究所相关领导一行17人来北京电视台调研，与毕江副总工程师及总工办、动力部负责人等就“十三五”期间电视科技发展规划进行座谈交流。

3日 北京电视台召开《平安京津冀》栏目警媒合作协调会。北京市公安局、天津市公安局、河北省公安厅相关领导，北京电视台副总编辑徐滔，天津广播电视台、河北电视台领导及北京电视台科教节目中心相关负责人等参加。

17日 “陪伴是最好的礼物”大型新闻公益行动第二季启动仪式在北京电视台举行。活动由北京电视台与市民政局、市社区服务协会、市老龄委、市福利彩票发行中心等联合举办，是市民政局“圆满老人，弘扬孝德，构建和谐”系列活动的一项重要内容。

21日 北京电视台副总编辑艾冬云带队赴北京卫戍区，与卫戍区政治部领导同志就北京电视台将在9月3日推出的“永远的丰碑——纪念中国人民抗日战争暨世界反法西斯战争胜利70周年大型直播报道”相关事宜进行座谈。党委办公室、新闻节目中心有关人员参加。

29日 北京电视台召开频道独立经营改革工作领导小组办公室扩大会议。这是北京电视台实施频道独立经营改革试点工作半年来召开的一次重要会议，台领导赵多佳、韦小玉、彭司海、王澎、徐滔及总编室、研发部、人事部、计财部、广告部、经营管理部和各节目中心、京视卫星公司、京视电广公司、京视体育公司、新纪实（北京）传媒投资公司相关负责人参加。

31日 2022年冬奥会举办城市在马来西亚吉隆坡召开的国际奥委会第128次全会上揭晓，北京获得2022年冬奥会举办权，成为唯一一个成功申办夏季和冬季奥运会的城市。当天9：00—21：30，北京电视台在北京卫视、新闻频道、体育频道和BRTN北京网络广播电视台同步推出申冬奥大型直播《通向2022》，与亿万观众和网友全程见证了这一荣耀时刻的诞生。

八月

4日 北京电视台党委副书记、常务副台长韦小玉率队赴武警北京总队，与总队政治部主任拓成祥等领导就纪念中国人民抗日战争暨世界反法西斯战争胜利70周年相关报道及进一步加强合作、建立长期共建关系等方面进行座谈研讨。党办、新闻节目中心相关负责人参加。

同日 北京电视台召开台属企业审计整改工作汇报会，专题研究各台属企业在审计过程中发现问题的整改落实情况，党委副书记、纪委书记彭司海、副台长王澎及监察审计办公室、经营管理部、台属一级企业和所属企业相关负责人、财务负责人参加会议。

11 日　北京电视台田方总工程师带队到苏州街工作区检查 3D 项目组新办公区搭建工作情况，并主持召开专题会。总工办、制作部负责人及有关人员参加。

12 日至 15 日　台长赵多佳率队赴拉萨看望北京电视台援藏工作人员，并与北京援藏指挥部领导、拉萨市委宣传部领导及拉萨市广电局、拉萨市广播电视台领导进行座谈交流。北京广播电视台财务部负责人及北京电视台总编室、文艺节目中心、新闻节目中心、办公室有关负责同志参加。

12 日至 13 日　北京电视台举行 2015 年上半年节目评奖会。副总编辑朱江、艾冬云、徐滔和国家新闻出版广电总局、市记协、市新闻学会、中国人民大学、中国传媒大学等单位的领导专家担任评委，从参评的 200 余件作品中评选出 78 件优秀作品。

13 日　北京市人民政府外事办公室抽查工作小组一行三人来北京电视台检查因公出国（境）管理工作及护照管理情况，并与办公室负责人及外事专办员进行座谈。

14 日　大型系列纪录片《西藏》审片会在北京电视台召开。中央统战部七局副局长金志国、中央统战部藏研中心宗教研究所所长李德成及藏研中心研究员陈庆英、理论文献影视片创作领导小组副组长金德龙、中央文献研究室副主任杨胜群、中央人民广播电台副总编辑杨文延、北京市委宣传部副部长严力强、西藏自治区社科院党委书记车明怀、西藏自治区文联党组书记沈开运等，以及来自中央统战部、中央党史研究室、军事科学院、中央档案馆、中央电视台、西藏自治区党委宣传部等单位的 18 位有关人员和专家参加，并在审看后对《西藏》予以充分肯定。

17 日　9 集大型系列纪录片《伟大的贡献》审片会在北京电视台召开。理论文献影视片创作领导小组副组长金德龙、中央文献研究室副主任杨胜群及来自军事科学院、中央档案馆、中央电视台和北京市委宣传部的领导及专家参加，并在审看后对该片予以充分肯定。

同日　由北京电视台联合湖北广播电视台、杭州广播电视台、辽宁广播电视台，以“众筹”模式摄制的纪念中国人民抗日战争暨世界反法西斯战争胜利 70 周年特别节目——12 集大型纪录片《钢铁记忆》举行开播仪式。北京电视台台长赵多佳在开播仪式上致辞，抗战老战士代表、总政治部群众工作部原部长宋英奇和总后勤部十八分部原参谋长陶尊贤以及国防大学教授房兵、旅日作家萨苏等嘉宾出席并发言。北京电视台韦小玉、彭司海、田方、朱江、李岭涛、艾冬云等参加。

18 日　2015 年拉美国家广播电视资深媒体人士研修班到北京电视台新媒体基地参观交流。研修班由国家新闻出版广电总局与商务部联合举办，来自古巴、巴拿马、玻利维亚、巴西、阿根廷、苏里南、智利、巴哈马、厄瓜多尔、格林纳达、秘鲁等国主流媒体和媒体主管部门的约 25 位编辑、记者及相关管理人员参加。

同日　北京电视台常务副台长韦小玉出席“华夏梦·环卫情”BTV 主持人携手环卫子女绽放国家大剧院公益演出，该演出是北京电视台第三届“观众喜爱的主持人”评选的一项特别公益活动。

同日　市新闻出版广电局副局长杨培丽带队检查北京电视台安全播出工作。北京广播电视台副台长苏仁先和市广电局科技处相关领导陪同检查。北京电视台总工程师田方、副总工程师毕江及相关部门负责人参加。

19日 北京电视台举行“铭记历史 致敬英雄”——《伟大的贡献》《养生堂——革命老区巡讲特别节目》首播发布会。中国友好和平发展基金会、光明日报、北京市委宣传部等单位领导和专家，北京电视台副总编辑徐滔及卫视节目中心相关同志参加。

21日 北京电视台召开《通向2022》总结研讨暨党委中心组“三严三实”学习扩大会，结合落实“三严三实”要求，对“7·31”申冬奥直播报道工作进行全面总结研讨。党委书记、台长赵多佳和台领导班子成员、全台中层干部，以及参与直播报道的项目负责人、主持人、业务骨干代表等200余人参加会议。国广市场调查（北京）有限公司总经理、北京大学新闻与传播学院特聘研究员靳智伟，中国社会科学院世界传媒研究中心秘书长、副研究员冷淞参会并作点评发言。党委副书记、常务副台长韦小玉主持会议。

22日 作为世界三大赛事之一的第十五届世界田径锦标赛在北京国家体育场开幕，这是北京携手张家口申办冬奥会成功后北京承办的首个国际级大型赛事。北京电视台本着“跳出体育看体育”的宗旨，围绕“弘扬积极向上公平公正体育精神、体现开阔大气稳健大台大国风范”的报道主题，综合运用直播、口播、专访、特写、编后、集锦、MV等多种报道形式，全天候、全方位、多角度展示赛事盛况。自8月22日至8月27日，北京电视台共转播世锦赛比赛13场，总时长约40小时；各档新闻资讯类栏目共编发赛事报道200多条，总时长达到400分钟以上。

27日 北京电视台和市人力社保局联合制作的纪录片《燕京八绝》在北京电视台举行初审会。北京电视台台长赵多佳，市人力社保局局长张欣庆，副局长陈蓓、李淑萍，北京工美集团总工艺师郭鸣，北京非物质文化遗产中心主任千容，北京电视台副总编辑艾冬云及新闻节目中心和《这里是北京》栏目相关负责人参加审片。

同月 第十八届北京影视春燕奖颁奖活动在北京电视台举行，中国文联副主席、中国电视艺术家协会主席赵化勇，北京市文联副主席、北京视协主席孙向东和北京电视台党委书记、台长赵多佳等领导出席活动并颁奖。活动共颁发25个电视奖项、17个电影奖项和10个网络视听奖项。北京电视台共有13部电视作品和2位电视工作者获得表彰。其中，《2014年北京电视台春节联欢晚会》获“最佳综合电视文艺节目奖”，动画片《我的朋友猪迪克》获“最佳电视美术片奖”，电影《飞越老人院》获“最佳故事片奖”；吕军、孙仝获得“电视十佳工作者”称号。

同月 第十七届华北地区电视技术协作会在河北张家口召开。来自河北、天津、内蒙古、山西、北京五地省级电视台有关领导及技术部门骨干参会，北京电视台总工程师田方带领技术部门有关同志参加。会议围绕“网时代、超高清、融媒体”的主题展开广泛深入研讨，并评选出12个技术类奖项，北京电视台荣获多个奖项，综合成绩排名第一。

九月

2日　市委常委、宣传部部长李伟到北京电视台检查安全生产播出工作并看望慰问“9·3”纪念活动期间坚守岗位的一线员工，市委宣传部副部长严力强及北京电视台党委书记、台长赵多佳、总工程师田方、副总编辑艾冬云、副总编辑徐滔及相关部门负责人等参加。

3日　为隆重纪念中国人民抗日战争暨世界反法西斯战争胜利70周年，北京电视台12个频道将并机推出《永远的丰碑》大型直播特别报道（含并机直播央视《纪念中国人民抗日战争暨世界反法西斯战争胜利70周年大会》）。

15日　北京电视台举办的“和田电视台领导干部岗位能力北京培训班”开班，北京电视台总工程师田方及办公室、总编室、总工办、人事部、京视传媒等相关部门负责同志参加开班仪式。新疆和田地区电视台台长王炎等10位同志参加培训。

同日　由北京电视台体育频道与海涛旅游主办、京视体育公司和《快乐健身一箩筐》栏目等承办的“海涛旅游杯”2015北京万人广场舞大赛在方庄体育公园拉开帷幕。

18日　北京电视台举办大型系列纪录片《伟大的贡献》《西藏》研讨会。《光明日报》原总编辑、原西藏自治区党委常委、宣传部长苟天林，北京市委宣传部副部长严力强，西藏自治区党委宣传部副部长张晓峰，国家新闻出版广电总局重大理论文献影视片创作领导小组副组长金德龙，国家新闻出版广电总局宣传司副司长田玉红及来自中央统战部、中央党史研究室、中国藏学研究中心、北京市委宣传部、北京市新闻出版广电局、北京市互联网信息办公室等单位的领导和专家，北京电视台常务副台长韦小玉、总工程师田方、副总编辑徐滔及两部纪录片主创人员参会。

同日　“明月照人还——2015年BTV中秋晚会”在北京电视台大剧院录制。晚会以“心升明月，情暖中秋”为主题，在内容和形式上突出以下特色与创新：一是歌舞节目主打怀旧，语言节目力推原创，梦幻魔术惊艳舞台。二是开辟第二现场“月亮小屋”，邀请开国将领后辈、“给家乡的孩子带本书”公益活动捎书信使代表等讲述感人故事，送上中秋祝福。三是网台融合联动，台上台下、线上线下全程同步互动，首次在晚会过程中发起实时公益众筹等活动，向全社会传播正能量，弘扬中国梦。晚会将于9月26日、27日晚分别在北京卫视和文艺频道播出。

22日至24日　北京电视台和承德市委、市政府共同举办“聚焦承德”主题采访活动。承德市委书记郑雪碧，承德市委常委、宣传部部长张庆祥，北京电视台台长赵多佳及副总编辑朱江和相关部门负责人参加。

22日　北京电视台推出《行动北京》2015世界无车日直播特别节目。此次直播在北京卫视、新闻频道并机播出，北京网络广播电视台、千龙网联合若干网站同步互动播出。

23日　市委宣传部副部长严力强来北京电视台调研纪录片生产情况并主持召开专题会，听取《档案》栏目2016年重大题材纪录片《长征》《解放》有关情况汇报。

25日　由北京广播电视台工会、团委主办，北京电视台工会承办的2015年北京广播电视台文艺汇演在北京电视台大剧院举行。国家新闻出版广电总局工会副主席杜晓雯；市总工会政法文卫工会主席原在会；北京广播电视台党委副书记、常务副台长，北京电台党委书记、台长席伟航；北京广播电视台纪委书记、工会主席王伟；北京电台常务副台长陈晓红；北京电视台党委副书记、常务副台长韦小玉等领导观看演出。

28日　市委常委、宣传部长李伟，市委常委、组织部长姜志刚等领导一行到北京电视台新媒体基地调研，市委宣传部常务副部长王海平、市委组织部副部长张革、市新闻出版广电局局长李春良、北京广播电视台党委书记刘志远、北京电视台台长赵多佳及市委宣传部有关处室负责人陪同。

30日　北京电视台新闻节目中心获得“甲午沉船——疑似致远舰水下探摸”直播报道权，成为继央视、新华社之后的第三家报道单位。

同月　由市委宣传部策划、北京电视台《档案》栏目承制的大型系列纪录片《伟大的贡献》在北京卫视播出后，以其宏大的历史叙事、珍贵的档案发掘、创新的电视语汇，获得了相关专家和广大观众的肯定。

十月

9日　大型公益活动“文明旅游　袋动中国”在青海坎布拉落下帷幕。“文明旅游　袋动中国”是首个由省级电视频道组成公益联盟进行的全国性公益活动，由北京电视台及首都精神文明办发起，八大省级电视频道联合人民网、BRTN北京网络广播电视台、北广传媒等共同主办。

10日　北京电视台研发部邀请韩国制作人金庚坤进行讲座，介绍分享韩国真人秀节目制作理念、流程细节等。研发部、文艺、青少·海外等节目中心相关负责人及全台制片人、编导等200余人参加。

13日　北京电视台台长赵多佳等与来北京电视台考察调研的新疆新闻出版广电局副局长、新疆电视台党委书记姚兰一行进行座谈交流，北京电视台党委副书记彭司海，副总编辑朱江，副总工程师毕江，新疆电视台副台长、总工程师高天山，新疆电视台副台长、新疆卫视总监霍延敏等及北京电视台总编室、研发部、总工办、人事部、计财部、广告部、卫视节目中心、新媒体发展中心相关部门负责人参加。

16日　北京电视台总编室、研发部、广告部联合召开节目编播会商平台专题研讨会，邀请中国传媒大学电视与新闻学院教授郎劲松、中国社会科学院世界传媒研究中心秘书长冷凇两位专家，就2016年全台频道节目规划布局进行深入研讨。各节目中心和经营主体相关负责人30余人参加。

19日　北京市地税局副局长吕兴渭一行来北京电视台调研税收宣传报道工作，并就与财经频道《税收天地》及新闻频道相关节目的进一步合作与北京电视台副总编辑朱江、艾冬云等进行座谈，财经节目中心、新闻节目中心相关负责人等参加。

19日至30日　北京电视台纪实频道

推出中国首部大型4K高清人文历史纪录片《长城：中国的故事》。该片由北京电视台纪实频道、央视纪录片频道、上海纪实频道、中国教育台四家上星频道及爱奇艺视频“四台一网”联合播出。

20日　市新闻出版广电局党组成员、驻局纪检组组长戴维一行就《关于严肃纪律加强大型活动和广告经营管理的意见》的贯彻落实情况来北京电视台调研。北京广播电视台纪委书记王伟陪同调研。北京电视台党委副书记、纪委书记彭司海，副台长王澎及监审办、广告部、总编室、人事部、计财部、经管部、招投标办公室、卫视节目中心、新闻节目中心、文艺节目中心、青少·海外节目中心负责人等参加调研座谈。

21日　中共中央政治局委员、中央书记处书记、中央宣传部部长刘奇葆同志到北京紫禁城影业有限责任公司调研。中宣部副部长、国家新闻出版广电总局局长蔡赴朝，中宣部副部长景俊海，文化部副部长杨志今，北京市委常委、宣传部长李伟等陪同。中宣部、中央文明办、北京市委宣传部、市文化局、市新闻出版广电局、首都文明办等单位有关负责同志参加。北京电视台台长、北京紫禁城影业有限责任公司董事长赵多佳陪同领导调研并汇报相关情况。

23日至24日　北京电视台与团市委共同组织的“牵手蓝天”首都大学生环保辩论赛总决赛举行，经过两天、五场的激烈辩论，中国传媒大学代表队最终获得总冠军。

26日　市委宣传部副部长严力强在北京电视台主持召开专题会议，听取大型系列纪录片《解放》进展情况汇报。北京电视台台长赵多佳、副总编辑徐滔及市委宣传部和北京电视台相关部门负责人参加。

十一月

5日　北京电视台京视传媒有限公司与坤鼎集团签署合作协议，双方将在北京市通州区联合打造“京视文化产业双创基地”和“京视文化产业人才培训基地”。北京电视台台长赵多佳、通州区委常委、副区长于世疆及北京电视台常务副台长韦小玉、副台长王澎和坤鼎集团董事长邱明等参加，并为两个基地揭牌。

10日　北京电视台举办81集大型历史传奇剧《芈月传》全国首播新闻发布会，该剧主创人员与全国媒体及观众代表进行现场互动，分享剧里剧外的精彩故事。北京电视台副总编辑徐滔参加。《芈月传》将于11月30日在北京卫视红星剧场开播。

13日17时至15日17时　北京电视台以现场直播和连线报道的方式对市重点工程——三元桥大修改造工程施工的全过程、重要节点进行了长时间、大规模、全方位、多角度的报道，报道分别在《都市晚高峰》《北京新闻》《直播北京》《锐观察》《红绿灯》《晚间新闻报道》等栏目中播发，有力配合了工程各部门的工作，为市民出行提供了便利。

14日　国内首档聚焦传承展示中国传统文化的真人秀节目《传承者》在北京卫视开播。

15日　北京电视台举行“华夏银行杯”北京电视台第三届“观众喜爱的主持人”大型评选活动颁奖仪式，台长赵多佳及副总编辑艾冬云参加并为获奖主持人颁奖。

15日至20日　北京电视台与西城区什刹海街道联合制作的6集人文纪录片《拾说什刹海》在生活频道播出。该片聚焦“什刹海”这一兼具北京气质和民俗气息，浓缩中国近代史变迁的代表性地点，讲述生活在其中的普通人情感故事，弘扬京韵文化与核心价值观。

18日　北京电视台举办《税收天地》开播一周年节目研讨会，国家税务总局办公厅副主任、中国税务报社社长郭晓林，中国税务杂志社社长尚力强，中国税务出版社社长张铁勋，市国税局党组书记、局长李亚民，市地税局党组书记刘江平，市委宣传部、北京大学、中国社会科学院、中国税务报社等单位有关领导专家与北京电视台台长赵多佳、副总编辑朱江及总编室、研发部、计财部、财经节目中心相关负责人等一起进行了座谈研讨。

19日　人事部、总工办会同播出部组织2015年度播出安全专业考核，切实检验国家新闻出版广电总局62号令落实情况及安全播出一线员工实操能力。党委副书记、常务副台长韦小玉及副总工程师毕江到现场做考前动员。

同日　北京电视台举行北京卫视2016年重点资源推介暨广告招商会。副总编辑徐滔、卫视节目中心、京视卫星公司负责人和北京卫视品牌栏目《档案》《身边·生命缘》《养生堂》《我是大医生》团队，以及中粮集团、北京银行、碧生源、加多宝、燕京啤酒、首农集团、蒙牛、红星、牛栏山、汤臣倍健、同仁堂等知名企业，国内外百余家广告商、合作伙伴及媒体代表参加。

26日　2015年度青年创新工作站创建集体首场中期工作推进会举行。副总编辑朱江主持会议并讲话，党办、总编室、研究发展部和青少·海外、财经、体育、生活节目中心、京视电广传媒公司负责人及6个创建集体代表参会，中国人民大学、上海文广集团、联想控股集团的相关专家应邀出席。

27日　市委宣传部副部长严力强来北京电视台主持召开专题会，听取大型系列纪录片《解放》工作进展汇报，北京电视台副总编辑徐滔、卫视节目中心及《档案》栏目组负责人参会。

十二月

1日　党委书记、台长李春良到北京电视台任职后，第一次召集班子成员召开党委（扩大）会，传达学习市委常委、宣传部长李伟等领导对北京电视台改革发展和主要领导交接等工作的重要指示精神，并对做好下一阶段重点工作提出明确要求。

7日　北京电视台召开干部大会，台长李春良与全台中层以上干部、台属一级企业主要负责人见面，结合学习贯彻市委常委、宣传部长李伟等领导重要指示精神，对进一步推进北京电视台改革发展提出要求。常务副台长韦小玉主持大会。

同日　台长李春良在重要新闻时段到播出安全重点区域检查工作，田方总工程师、毕江副总工程师和办公室、制作部、信息网络管理部、总工程师办公室、播出部负责人陪同。

同日　台长李春良主持召开专题会，听取2015年广告经营情况汇报，研究部署2016年广告经营工作。彭司海副书记、田方总工程师、朱江副总编辑、王澎副台长、艾冬云副总编辑、徐滔副总编辑及办公室、研发部、人事部、计财部、广告部、经营管理部负责人、京视卫星公司、京视电广公司、京视体育公司、新纪实公司负责人和有关人员参加。

8日　北京电视台新闻节目中心承办《廉洁颂——讲述纪检监察干部的故事》主题教育活动。党委副书记、纪委书记彭司海代表北京电视台参加了活动。此次活动由市纪委和市委宣传部主办。

8日7时至10日12时　北京市首次启动空气重污染红色预警。北京电视台认真落实市委宣传部要求，精心部署开展宣传报道，反应迅速、报道及时、服务性强，取得了良好的宣传效果。各档栏目累计播发相关报道150多条次，时长超过330分钟；滚动播出提示字幕900多字，播发相关信息6800余次。

10日　由北京电视台与济南电视台、长春电视台、石家庄电视台联合举办的第五届《北京喜剧幽默大赛》颁奖典礼在BTV大剧院举行。副总编辑艾冬云和济南广播电视台、长春广播电视台、石家庄广播电视台相关领导参加。

17日　北京市副市长王宁到市新闻出版广电局调研，在北京电视台，李春良台长汇报了北京市新闻出版广播影视工作及北京电视台工作情况。北京电视台常务副台长韦小玉、总工程师田方、副总编辑朱江、副总编辑艾冬云等参加。

19日　由中广联广播电视研究发展委员会与北京电视台联合主办的2015年中广联电视研委会年会暨“深化融合，探路发展”论坛在北京电视台举行。活动以“紧密围绕发展、时刻服务发展、大力促进发展”为宗旨，邀请广电传媒领域专家学者共论融合议题，探路媒体发展。国家新闻出版广电总局网络视听节目管理司副司长董年初、北京市新闻出版广电局副局长王霞、北京电视台副台长李岭涛及中广联有关负责同志等参加。

21日　由北京卫视联合上海千足传媒共同打造的国内首档二孩题材节目《二胎时代》首播发布会在北京电视台41层阳光大厅举行，副总编辑徐滔及卫视节目中心、京视卫星传媒负责人以及上海千足文化传播有限公司、节目总导演、节目独家冠名商代表等参加发布会。

22日　“同在蓝天下——2015年第七届北京影响力颁奖晚会”在BTV大剧院举行。市委宣传部副部长严力强，市委社会工委书记、市社会建设办公室主任宋贵伦，北京电视台党委书记、台长李春良及市发改委、市国资委相关领导出席活动并颁奖。北京电视台党委副书记彭司海、副总编辑朱江参加。

23日　市委宣传部常务副部长王海平、副部长严力强来北京电视台听取2016年春节联欢晚会筹备情况汇报。北京电视台党委书记、台长李春良、副总编辑艾冬云及春晚导演组同志汇报相关情况。市委宣传部文化处、精品办及市新闻出版广电局有关领导参加。

索　　引

索　引

汉语拼音索引

B

C

W

X

Y

Z

数字索引

英文字母索引

图书在版编目（CIP）数据

2016北京电视台年鉴 /《北京电视台年鉴》编辑部编.
北京：北京日报出版社, 2016.12
ISBN 978-7-5477-2346-3

Ⅰ.①2… Ⅱ.①北… Ⅲ.①北京电视台—2016—年鉴
Ⅳ.①G229.271-54

中国版本图书馆CIP数据核字(2016)第254054号

责任编辑：王小云　张志新

2016北京电视台年鉴

出版发行　北京日报出版社
地　　址　北京市东城区东单三条8-16号东方广场东配楼四层
邮　　编　100005
电　　话　发行部：（010）65255876
　　　　　总编室：（010）65252135
印　　刷　廊坊飞腾印刷包装有限公司
经　　销　各地新华书店
版　　次　2016年 12月第1版
印　　次　2016年 12月第1次印刷
开　　本　787毫米×1092毫米　1/16
印　　张　26.25　　彩　　插　2.75
字　　数　620千字
定　　价　128.00元